建筑师的大学

金磊 主编

天津大学出版社

图书在版编目（CIP）数据

建筑师的大学 / 金磊主编 . — 天津 ：天津大学出版社，2017.10
ISBN 978-7-5618-5975-9

Ⅰ . ①建… Ⅱ . ①金… Ⅲ . ①建筑师 — 生平事迹 — 中国 — 现代 Ⅳ . ① K826.16

中国版本图书馆 CIP 数据核字（2017）第 245590 号

策划编辑 韩振平　苗　淼　郭　颖
责任编辑 李　源
装帧设计 逸　凡

出版发行 天津大学出版社
地　　址 天津市卫津路 92 号天津大学内（邮编：300072）
电　　话 发行部：022-27403647
网　　址 publish.tju.edu.cn
印　　刷 廊坊市海涛印刷有限公司
经　　销 全国各地新华书店
开　　本 152 ㎜ ×228 ㎜
印　　张 29
字　　数 466 千
版　　次 2017 年 10 月第 1 版
印　　次 2017 年 10 月第 1 次
定　　价 68.00 元

写给《建筑师的大学》一书的序

修　龙（中国建筑学会理事长）

前不久，金磊主编给我一份他正在主编的新书书稿，希望我能为这本书作序。看到书名——《建筑师的大学》，我为之一振，不仅是因为我的职业与建筑师紧密相连，更是因为“大学”两字，一种特殊的情感和思绪油然而生，让我对书的内容产生了阅读的渴望。

这本书收录了中国建筑业界老中青三代学者自述的大学故事，书里的主人公大多是我所熟知的：马国馨、程泰宁、何镜堂、张锦秋等老一辈建筑大家是我们的前辈和心目中的偶像；崔愷、常青、孟建民等中生代学者，他们与我同龄，是我们这代建筑人的代表；还有庄惟敏、周恺等一批青年精英，他们是我们行业未来发展的希望。这几代人中的很多人已在金主编组织出版的一系列著作中出现，从《建筑师的童年》到《建筑师的自白》，这些建筑大家、学者和精英的故事都曾深深打动过我，也正因为此，当我在《建筑师的大学》一书中再次看到他们名字的时候，真的想再看看他们身上还有什么样的故事发生。

书中老中青三代建筑师以各自的大学生涯为主线，讲述那段特殊的历史，亦学习、亦生活、亦创作、亦实践的“故事”。这里面有人生的命运多舛与转机，有对知识的渴望与“贪婪”，有学工、学农的难忘经历，也有朴实无华、终生难忘的师生缘、师徒情……只有经历过这些学习和生活的片段，才能产生共鸣。作为那个时代的亲历者，我和他们中的有些人有着相同的经历。对我们这代人来讲，“文革”过后，大学就像命运的一种馈赠，让我们通过读书和学习，在无望中看到曙光，开启对未来的期盼和别样的人生。

我以为，《建筑师的大学》与《建筑师的童年》《建筑师的自白》可以称为建筑师成长“三部曲”，鲜活生动地复原了中国建筑学的近代史，从多维的角度展示了建筑师的成长、工作与思考，从一个专业建筑学人的角度，让读者可以重新回顾那段经历，重新认识那个年代，重新梳理那份人生感悟，非常有意义。

《建筑师的大学》的付梓，是对前辈建筑师求学经历的记录和职业精神的弘扬，是与社会、与业界、与建筑学人的一次心灵互动，也是对青年建筑师和建筑学子职业生涯规划的一次再梳理，期待以后能有机会读到更多默默无闻、兢兢业业的业界同人和优秀建筑师们的故事。

感谢金主编一直以来在建筑传播事业上兢兢业业、耕耘不止，让我们能够再次读到这样立意新颖、视角独特、发人深思的作品。同时，我也希望越来越多的人能够关注建筑业，热爱建筑业，我想这也是他策划这本书的初衷。

祝贺《建筑师的大学》出版，特此为序。

2017年7月

目 录

目 录

半个世纪的眷恋

李拱辰

1954 年初夏我结束了中学的学业，考入了天津大学（简称天大）建筑系建筑学专业。对我来说，这是一个非常重要的时间节点，它决定了我一生的志向，我也从此踏上了属于我的学习、探索、创作的建筑师之路。

我为什么选择投身建筑学？这得从中学说起。我初中在北京育英中学（今北京市第二十五中学）就读，初中开始我就喜欢写写画画。初一那年，一次我找到一块松木板，突发奇想，动手刻了一幅木版画《鲁迅像》，印出来挂在墙上沾沾自喜。初二的暑期，我闲来无事，“画”了一幅剪纸《庆祝八一建军节》，大胆地寄给了报社，不料此剪纸竟然被当年北京唯一的报纸《新民报》采用了，接着报社又邀我“画”了一幅《向捕鼠模范看齐》的剪纸，这幅剪纸也被登了出来。我平时还常练练美术字，参与布置教室，等等。之后，我在北京一中读的高中。高中三年里，我课余时间参加了校美工团的活动，利用更多的时间和机会提高自己的美术水平。每个学期我都被老师指定，脱离班上学习十天左右，跟随美术老师设计绘制“五一”“十一”游行时仪仗队用的领袖像、装饰丰富的大型标语等等。这些经历使我得到了锻炼，收获不小，也算积累了一些美术功底吧！高中毕业前夕，填报高考志愿成了主要话题。我自己希望沿着我的兴趣特长发展，很想报考美术院校，但是，又觉得自身基础薄弱，发展堪忧，因而不免心虚。正苦于无人指路之际，我的教导主任张幼成老师问起了我的打算，我把自己的想法如实地汇报给他。他语重心长地对我说：“你不一定要单纯地学画画，可以考虑学习一种需要一定绘画基础的实用技术。你看建筑系如何？”老师一席话使我茅塞顿开。经过进一步的了解，我喜欢上了建筑学专业。不久，学校组织毕业班同学参观清华大学和北京大学，以便大家对大学的专业有更加感性的认识。我重点参观了清华大学的建筑系馆，模型教具琳琅满目，作业渲染美不胜收，特别是一幅首都剧场的水彩渲染，色彩绚丽、光影丰富，地面倒影流光溢彩，深深地吸引了我。因此我暗下决心：一定要学建筑！

根据当年规定，学生报考建筑学专业，入学时需要加试素描。我们考的是“爱奥尼克柱头”。考试时，几位老师不断地在我们身后巡回观察，不时低声议论，有时又在记录些什么。两日后张榜公布，我被录取了。从此开始了我五年的建筑学学习生涯。

大家徐中

徐中先生，天津大学建筑系的创始人，天津大学建筑系主任，著名的建筑大家。

我们真的很幸运，入学时正是1952年国家进行高校院系调整后不久，津沽大学及唐山铁道学院建筑系的并入，充实了天津大学建筑系。徐中先生风华正茂，刚刚就任建筑系系主任，他四处奔波、广纳贤才，为系里请来了多位优秀教师。徐中先生的建筑教育思想渗透在了现实的各个教育环节当中。天津大学建筑系步入了一个方兴未艾的时期。

徐先生高高的身材，略带花白的头发从前拢向后，永远是那么整齐，操着一口浓浓的江南口音。在系里，我们常常能见到他忙碌的身影。高兴的是他给我们上了第一课，那时听说他刚从海牙参加一个国际建筑会议回来。

建筑系的第一课是专业思想教育，大体是向学生讲述所学专业的重要性及建筑师的社会责任，激发学生对所学专业的热情和兴趣，加深对所学专业的认知，更加热爱自身所学的专业。徐先生首先向我们讲述了“建筑”在人们生活中的重要地位以及它的影响力。徐先生引导着我们的思绪娓娓道来，大意是：初到一个地方，谈起对那个地方印象如何，这印象往往是由人们对那里的建筑的印象甚至街道的印象构成的。可见建筑在人们的生活中、心目中占有多么重要的地位。而建筑师主要是设计建筑作品，这些建筑放在一起就形成了街道、广场，甚至城市。徐先生几句话点明了我们未来从事的工作是多么重要！徐先生还循循善诱地教导我们："建筑师是人类生活的组织者。"徐先生讲的大意是：建筑师的规划、布局，直接组织和规定了人们从哪里进门、往哪里走、去哪里办事……所以设计必须从方便人的行为出发，充分体现对人的关怀。这些话一直铭记在我心中，萦回在我的脑海里，影响了我一生，成为我工作中的座右铭。

大一的第二学期，徐先生教我们班"构图原理"。这对搞设计的人来说，无疑是一门重要课程。而构图原理中很多概念，并不是通过语言就能表达清楚的。徐先生给我们反复讲解，用设计实例剖析，使大家轻松地接受了构图原理课程内容，为设计课打好了基础，同学们受益匪浅。

大二的设计课有小住宅设计，为了让大家形象地了解小住宅的布局、家具布置、使用功能中的细节，系里组织我们参观了徐先生的家。现在想来，这么多同学拥向他家，该给徐先生家里带来多大负担哪！几年的设计课，徐先生曾多次给同学们改草图，亲力亲为，边改边讲，记忆中我也曾挤在边上听过，只是没轮到改我的设计图，这也是我的终生遗憾！

师恩难忘

我们在天大上学时，建筑系的师资力量是十分雄厚的，应该说那时是天大建筑系的鼎盛时期之一。老师们教得积极、认真、热情，同学们学得也很有劲头。很多当年的景象至今还历历在目，令人难忘。老师们一点一滴地把知识教给我们，使我们在成长的路上顺利前行，而他们却渐渐老去，有的已经作古，他们的音容笑貌我却难以忘怀。如今，我们也到了这把年纪，当年老师的谆谆教导，恩重如山的师生情谊，至今萦回在我的脑海里。

大一的"投影几何与阴影透视"是许松照先生和李培德先生教的，许先生讲课声音动听，图画得准确，概念讲得清晰透彻不枯燥，同学们爱听。教素描的是赵冠洲、杨化光、高飞、高尚廉、丁莱亲几位先生。杨化光先生是位著名画家，执掌国立北平艺术专科学校（简称北京艺专，今中央美术学院）的杨仲子先生曾聘请杨化光先生到北京艺专西洋画系教授油画，终因爆发学潮学校停课而未果。杨先生教学细致认真，我画素描喜欢抠住某个细部，局部画出效果再向外扩展。

杨化光先生不止一次地纠正我，让我从画面整体出发，把明暗光感一层层地全面表达出来。杨先生曾留法，在世界知名的巴黎国立高等美术学院学习油画。她对同学像慈母一般，喜欢同学到她家去玩。她家客厅像个小美术馆，墙面挂满油画，令人目不暇接。我们逐幅欣赏，先生也常插话介绍有关技法或背后的故事。久而久之，串门聊天之中我们不知不觉地又上了一堂美术欣赏课。美术教研室还有一位刚来系里不久的高才生，呼延夜泊先生（王学仲先生），他教我们“西洋美术史”。先生略带山东口音，两个学时的课程，一边放幻灯片一边滔滔不绝地讲述、分析国外的艺术经典，带领我们去认识西洋美术的发展历程、时代背景、成就和影响以及与建筑艺术息息相关的方方面面，从另一个侧面给予我们艺术的享受。教我们“建筑构造”的是林世铭先生。印象里先生年岁稍长，操着浓浓的天津口音。从他讲课的口气里能听出是位工程经验丰富的老师，讲到各种做法构造时细致、深入、全面，民间的做法、传统的做法、现在的做法一一列举，让我们清楚地认识了材料的性能，也收获了许多施工等方面的实践经验。教我们“建筑物理”的是沈天行先生。那时，她刚学成回国，实验室也刚刚建立，身边只有一名教助。她担任几个班的教学和实验工作，十分繁忙。

卢绳先生也是一位具有大家风范的老师，他曾是中国营造学社的成员，早年跟随梁思成先生一起研究中国古建筑，协助梁先生编辑《中国建筑史》。卢先生学识渊博，诗、文、画、建筑无一不精。卢先生体态微胖，嗓音略带沙哑，讲起课来面带微笑，语言生动风趣，很受同学欢迎。卢先生上课从不带讲义、讲稿，只带粉笔。他讲起课来语速略快，滔滔不绝。卢绳先生教学有几招令学生折服：一是他讲起课来常引用古诗词、典故、故事等丰富内容，引导学生加深理解，旁征博引，使学生触类旁通，多角度地增加了学识；二是他写得一手漂亮的板书，先生的字体圆润遒劲，别具一格，老练帅气；三是卢先生的“黑板草图”堪称一绝，先生讲课时要把多数古建实例画在黑板上，无论平面、立面、鸟瞰，都画得准确生动，笔法熟练如行云流水，线条勾勒似笔走龙蛇，学生无不为之惊叹。天津大学的老校长李曙森先生都说，听卢先生的课绝对是一种艺术享受。

“建筑设计初步”是建筑师的重要基础课，也是“师傅领进门”的开始。记得课程内容一部分是专业基础知识，讲西洋“五柱范”和中国古建相关知识，另一部分是建筑制图的入门，包括铅笔图和水墨渲染。两部分教学交替进行。教我们的老师是宋元谨先生、胡德君先生、王福义先生和林兆龙先生。西洋“五柱范”讲完，老师留了一张作业，五种柱式的铅笔图，要求只用 HB 铅笔表达线条的粗细、深浅，基本功的训练可见一斑。之后的渲染教学，老师们极其认真，从裱纸和墨汁过滤教起，四位老师同时在课堂上，分别指导同学，甚至手把手地教同学怎么做。画渲染图时老师提供了两张范图，一张是已完成的，一张是和学生作业同步的。上课时，老师画一步，同学学着画一步。记得有几个同学画坏了，老师帮他们一起洗掉重画。后来了解到这都是系主任徐中先生的严格要求：必须重视学生基本功的教育培养，老师必须当堂示范。四位老师教得认真，要求严格，一丝不苟。此外，老师们还教我们一项技术——描图，就是平时备些小块的描图纸，把纸蒙在书刊杂志的图形上，用墨水小钢笔把图或照片描画下来，一方面提高自己画草图的水平、熟练程度，一方面充实头脑中设计元素的信息贮存。于是，同学们课余都去系资料室描图不辍，甚至坚持了若干年。

“建筑设计”是我们专业的核心课程，师资力量也十分雄厚，徐中先生会不定期地参与辅导改图。平时每次课总是有四位老师一起到课，分别辅导同学改图，教过我们的有：沈玉麟、冯建逵、童鹤龄、张文忠、郑谦、彭一刚、聂兰生、屈浩然、张敕以及工业设计教研室的何广麟、庄涛声等各位先生。先生们大多是边改边讲。冯建逵先生改小住宅设计时就告诫大家，住宅厨房除考虑通风外要尽量避免异味影响客厅等空间。彭一刚先生给我改校园中心区规划时曾用“点与线”和“线与线”的关系说明环境空间的变化与重复，讲得形象生动。临近交图时，老师会辅导同学画好衬景、背景，提升画面效果。冯建逵先生擅长画水彩的树。一次，他为一个同学画了几棵暖调子的冲天大树，画面气势大增，这使同学们充分领教了先生纯熟的技法，也激励了同学们的学习热情。那时各年级的作业，老师评分后都在系里走廊展出，供同学观摩，使大家在无论设计手法还是表现技法上都可以相互借鉴，相互学习，相互促进，共同提高。

实习印象

每年暑期根据教学计划都要安排实习。这是教学与实践相结合的校外课堂，一般安排得比较丰富，城市可能是我们不曾去过的，内容可能是同学们从未接触过的——新奇和兴奋使我们每当暑期到来之前就会向老师们不断打探。

大一暑期的实习是在北京，内容是：认识实习 + 测绘实习 + 水彩实习。认识实习是在故宫，将学过的古建基本知识结合实际现场教学，通过参观讲解巩固所学知识，收获颇丰。古建测绘是天大的长项，我们测绘的是故宫乾隆花园几栋宫殿的外檐装修。那时乾隆花园尚未对外开放，建筑的细部上都是厚厚的一层灰尘，我们仍然饶有兴趣地挥汗爬上爬下，描绘着古风古韵的纹样，下课出来彼此相觑，个个都酷似泥人一般。水彩写生实习在颐和园内进行，大家经过八至十天的写生都有不小的进步，可算是一次强化的水彩画训练。

大二暑期的实习地点是鞍山和大连，内容是施工操作实习和参观实习。那时，鞍山作为全国的钢铁基地，正在如火如荼的建设过程中，是全国人民向往的地方，我们也期盼投入火热的建设中去。来到鞍钢第二初轧厂，工地负责人首先安排我们砌砖，在工人师傅带领下，从砂浆搅拌到墙体砌筑，我们挥汗如雨地干了十多天。第二项操作是学习土方工程施工，由工人师傅“一带二”教我们开履带式拖拉机牵引的铲运机。当年设备是从前苏联进口的，只有大工程工地才有。手握操纵杆、耳听轰鸣声的操作经历了一周左右。大连的参观实习安排得紧凑短促。设计单位先给我们介绍了大连的城市规划与发展，然后我们参观了部分道路、广场以及大连火车站、秋林公司等老建筑，同学们满怀收获返回天津。

大三暑期是工长实习，目的是体验一下建筑物由图纸到建成的中间过程。我们被分配到各个工地，我和另外三位同学有幸被分在北京西单电报大楼工地。我们四人又分到不同的工种，我分到钢筋工，跟随一位顾工长做钢筋翻样工作。电报大楼是林乐义大师的力作，当时主体施工已近尾声，顾工长教我画的是钟楼部分。钢筋翻样这项工作我不曾经历，只好用心去学。顾工长是上海人，工作细致认真，教我很耐心，我在他办公桌旁架起一块图板画了起来。那时施工很细致，钢筋加工依靠翻样图下料加工。翻样图是把设计院施工图中所配钢筋抽出，按比例放大画在牛皮纸上，分段注明加工尺寸，算出下料长度，注明共加工多少根。所有配筋根根如此。特别是钟楼四角自下向上收分的斜柱，箍筋一根一个长度，需要仔细算清。一个多月的实习，我和顾工长学了不少，达到了他的要求，满足了施工需要。

我读完大四正是 1958 年，是“大跃进”的年代，为了教学与实践相结合，学校把我们都放到设计院去“经受锻炼”了将近一个学期。

1959年只剩下一个学期了，我们需要做毕业设计，因此安排了毕业实习。班上同学分为规划、民用、工业三个设计组做毕业设计。我在工业设计组，设计题目是兰溪铝厂规划设计。因此我们来到了浙江省兰溪，这是我第一次来到南方的县城，一切都是新奇的，古朴的街巷、石板路、干摆瓦屋面……于是，在这优雅的环境中，在碧水青山的兰江之畔开始了我们的工作。毕业实习主要是围绕毕业设计的题目进行调研、搜集资料。同学分成若干组分别进行，我和另外一位同学负责兰溪历史与人文方面的资料搜集。我们先借来县志，了解了兰溪的历史沿革、县域发展变迁、工农业概况等，顺藤摸瓜又深入了解了相关的内容，详细记录，以为毕业设计提供相关研究决策的客观依据。

我所经历的大学实习丰富多彩，这使我们增长了学识，补充了课堂学习的不足，同时也开阔了我们的眼界。实习的日子令我难忘，至今仍能勾起我许多美好的回忆！

校园生活

校园生活多姿多彩，逸闻趣事不胜枚举。年深日久，我仅将记忆中的几件身边事追忆如后，以飨大家。

入学时期的天大。1954 年 9 月初是我入学的时间。我第一次离开家，离开北京，天津的一切都是那样陌生与新奇，以百货大楼、劝业场为代表的天津建筑，更与我熟悉的北京建筑大不相同。来到校园，我的印象是“大”且“新”。校园从南到北，从东到西，望不到头，走也要走好久。那时校区新建不久，建筑也都只有两三年的历史，到处都很新。虽然没有茂密的大树，但是，林木栽种

唐山大地震纪念碑（笔者的作品）

也呈现了几分优雅。几栋崭新的教学楼，过火砖的外墙色泽质朴、含蓄、多变，丰富的瓦屋顶与我头脑中“老北京”的屋顶，似有某些内在联系，于是，我开始关心它们。那时，九楼还没完工，图书馆还没开工，八楼则竣工不久。出于学建筑的缘由，我随时关心它们的进展。待它们落成后，其主从关系、退让关系、群体关系便可一览无余，成为校园中最为精彩的一笔。这些作品也出自徐中先生之手，近年来被命名为“天津大学建筑群”，已经成为天津的文物保护建筑了。其次，印象最深的是天大的伙食，那个年代上大学伙食费是国家全包的。学校为同学们安排得很好，八人一桌，每餐八菜，煎炒烹炸，荤素搭配，味道可口。早饭也很丰富，主食有馒头、花卷、糖包，有时有油条，稀的米粥、豆粥、豆浆、面汤、馄饨，每天两三种花样，小菜有花生米、腐乳、咸菜等。开饭按班级排桌次，周日则凭校徽进食堂凑桌，因此，常有外校同学好友来此蹭吃。这种国家管饭的日子我们经历了一年多一些的时间后宣告结束。

学长的影响力。一个系高班对低班总会有些影响，譬如某人的学习成绩突出或生活的某方面特殊等。我们班的绘图教室在八楼318的后半部分，是我们学习观摩的近水楼台，教室前边是“老建五”的大哥哥大姐姐。后来留校的张敕、方咸孚已是名声在外了，他们班后排有位男生，设计渲染都不错，我们常趁他不在时掀开盖图布去“偷艺”。此人打扮与众不同，卷曲的长发、连鬓胡子，好像从来不修剪，人送绰号“普希金”。后来才得知真名叫章竟屋，曾任甘肃省建筑设计研究院总建筑师，擅于水彩，多年坚持，始终如一。这些年还和他有些联系，章老已出版水彩画集两册，足见水平。低他们一班的尚廓、荆其敏那时设计作业也已小有名气，是我们班共同关注的重要人物。比我们高一班有位女同学叫黄秀龄，她画的水墨渲染图中有一只古建斜脊上的琉璃兽，画得十分细腻，因质感光感写实传神，琉璃光泽凸显而受到很多同学的关注，出了名。说起她，为了不直呼其名，而以善意的昵称“琉璃狗”代之。他们班一度出过一份墙报名为《光和热》，形式新颖，版面漂亮。引起轰动的是他们画的系里老师的漫像，每期一幅，据说是黄为隽手笔。简单几笔，面部表情准确传神，动作选择经典夸张，每逢出刊都引来系里人们围观，个个笑得乐不可支。

参与校内社会活动。建筑系的学生善画，这是普遍的认识。所以，学校里和画画沾边的事都找建筑系学生承担。我们班亢亮同学就参加了课余社团美工团的活动，记得还负些责任。同学齐志达则是学校电影组的成员，学校每周六放映电影，前边插播一些幻灯片，内容是配合当时中心工作的标语口号或是宣传性的连环画。幻灯机是老式的，幻灯片是玻璃片放进片夹左右推拉。常见他在宿舍制作，有的是用彩色玻璃纸刻制，有的是画好画稿，描到玻璃或透明无色玻璃纸上，再用透明色涂上颜色。我受系里委派参加学生会下属的《津大生活》黑板报编辑部，负责每期的报头设计和文章标题的美化，用彩色粉笔装饰版面。每期要在六里台、七里台校区各出一版，十到十五天出一期，工作量也不算小。此外，我还担任着学校校刊编辑部的美术工作，主要是重要报导或节假日专版的通栏标题的装饰美化。每有任务，我都按要求画好墨稿，随之制版印刷。

勤工俭学与义务劳动。那个年代提倡学生参加劳动，大约1958年年初，为了用建筑人的眼光美化一下校区湖里的游船，我们班把游船油饰的活儿揽了下来。请来师傅一讲，按工序先得“捻船”，就是把船板缝隙间已经干裂损坏

在唐山大地震纪念碑前合影（中间是笔者，2016 年 7 月）

的填料剔除，用手指粗细的麻绳浸油，填入缝隙，用凿子打紧，以防渗漏。这是项涉及安全的技术活，大家多次练习终于过关。开始工作后，同学们分为两组，一组负责剔旧缝，一组负责捻船。干了不久发现了问题，不知哪位同学犯了书呆子气，把船板缝隙里的填料无论好坏全剔掉了，再看缝隙，已然船内船外通透了。大家议论，这哪里是修船，比捻新船还麻烦，费工费料。同学们赶快纠正，用了半个多月活儿干完了。湖面上荡漾着白色的小船，两舷各有一抹靓丽的红色，同学们终于看到了劳动的成果。1958年夏天，我们参加了一次义务劳动，参与天津水上公园建设中挖湖堆山的土方工程。施工全无机械，挖土靠铁锹，运土靠“轱辘马”（一种近似矿车的轨道车）。那时大家劳动积极性很高，都想快干多干，表现表现。班上同学分成三组，装车组只管装，卸车组只管卸，推车组只管运，运距150~200米，轨道高低不平，还有上坡路。我们还特意安排了几名巡道工，确保一路顺利。效率是很高，但是大家都累得很。每日劳动后半程，车子推一趟就得吃一个小馒头，喝些绿豆汤，补充体力。干完活儿，大家个个汗流浃背，筋疲力尽。今天的游客们休闲在水上公园里，一定不会想到当年建园的劳累与艰辛吧！

转瞬间，毕业五十多年了，历历往事渐渐远去，都已成为过往云烟，留下的只有美好的记忆和令人陶醉的向往。流年似水，岁月如歌，忆往昔，多少起伏跌宕，多少欢声笑语；想当年，大学的学习生活引领我们走上了专业道路，多姿多彩的校园生活锤炼了我们的意志与灵魂。我怀念母校！感恩母校！

李拱辰

1936 年生，河北建筑设计研究院有限责任公司原总建筑师，现为资深总建筑师。

我的大学

马国馨

时光荏苒，从1959年进入清华大学（简称清华）到现在都五十多年了。在清华学习虽然只有短短的六年，但却是我人生中的重要经历，许多事情甚至影响了我的一生。在清华的时候，应该说还是不太懂事的年纪，所以在许多事情上随着大溜，有的事情当时糊涂后来明白，有的当时糊涂后来也没弄清楚，有的好似明白实际仍旧糊涂。

笔者入学时肖像

一

我是从北京的中学考上清华的。实际上我老家在山东济南，学习成绩一直也不错，但1955年考高中时不知为什么却没有考上，后来到了北京。1956年顺利地考上了北京市第六十五中学（原育英中学高中部），结果在北京安家落户一下子就六十多年了。

高中毕业填志愿，那时大人也不太过问，全凭自己兴趣，对于专业内容根本不了解。最早我想报北京大学的古典文献和中国协和医科大学（分别是那年新开的专业和学校），志愿中也报过大连海运学院（那时特热门）、唐山交通大学桥隧系（亲戚的推荐），但最后第一志愿还是选定了清华建筑系。一来知道系主任梁思成是梁启超的儿子，名气很大；二来听说将来要学美术，比较合我的兴趣。

到了大学以后我有许多不适应，首先就是学习。按说我在高中功课不错，代数、几何、三角都学得挺好，但大一的高等数学却怎么也学不进去，就是听不明白，记得期末考试后数学老师透露说班上只有一个人不及格，那时我可紧张了，心想这人大概就是我了，但最后我得了三分，侥幸逃过一劫。还有画法几何，我对那些投影、透视、阴影等也是一头雾水。因为数学课没学进去，所以那些结构课、力学课也都学得稀里糊涂。

上美术课和设计初步课也很吃力。上学时虽然喜欢画画，但和学校科班的训练大不相同，在美术老师中王乃壮老师比较爱批评人，但幸好是于学信和程国英老师教我，他们都很和气。水彩课我有一张作业还得过两分。建筑初步包括制图和工程字，成绩也不理想。快毕业的时候看到有的同学大学成绩门门五分，以我那时的学习状况既无可能也没有这个奢望。

设计课是我喜欢的课程。一来是课程气氛很宽松，可以自由发挥，而且老师还鼓励大家有与众不同的想法；二来设计课学时比较多，内容也很丰富，又有专用教室，除去老师来看图时紧张一点外，其他时间都较自由，大家在教室里边画图边哼歌，一次越南留学生甚至还把收音机拿来大放音乐，结果让老师说了一顿。汪坦、李德耀、吕俊华、王志霞等老师都教过我，他们的修改或指点常常给人柳暗花明、绝处逢生的启示。那时说是设计，我们大多也是东抄西抄。

建筑史我也十分喜爱。因为这可以和自己中学时的那些历史知识结合起来。我曾担任过中国古代建筑史的课代表。那时，莫宗江老师大概夜里经常晚睡，所以早上起不来，于是我就去他家里叫他，只见茶几上几个烟灰缸里都是堆成小山一样的香烟头。莫先生有一个规矩就是考试卷子上出现一个错别字就要扣一分。这使我养成了经常查字典以免出错的习惯。但说实话，对中国古建的那些“则例”和专有名词我还是弄不清楚。相形之下，对陈志华先生的西洋古代建筑史和吴焕加先生的西洋近现代建筑史更有兴趣，除了上课有投影仪，可以看到直观的实例外，我还知道了许多未了解的逸闻趣事。听了这些课程之后，我们的眼界和胆子好像都大了起来，大家有进城的机会肯定是一路高谈阔论，评头品足，大有舍我其谁的劲头，想起来还是少年气盛。

另外我还喜欢外文。俄文在中学就学过，但清华的俄文教材编得很好，上下册的《语法手册》和《简明语法》到现在我还珍惜地保存着。学外文我有一件很风光的事：那时全校统考俄语，考核指标就是印刷符号的翻译数量，卷子发下来以后，我好多地方都是连蒙带猜，最后成绩可能还可以，记得成绩优秀的名单还登过《新清华》，这是我清华六年中名字上过《新清华》的第一次，心中自然十分得意。后来系里开选修课，有雕塑和第二外语，我毫不犹豫选择了英文，虽然全校通用的教材里那么多原子能、半导体的单词，和自己的专业一点关系也没有，但我学得津津有味，那些根本不用的单词直到现在还记得清楚。后来专业外语的英文教材是哥伦比亚大学出版的哈姆林著的《二十世纪的建筑形式与功能》，其中的“BALANCE”一章，辜传诲先生的绅士风度和略带磁性的英国标准口音令我至今记忆犹新。

清华的老师传道、授业、解惑都十分认真负责，我至今感激不尽，但那时我不是好学生，回想起来也很对不住老师。上课时留学生和女生都坐在教室前排，我总是坐在最后一排的角落，常有些“小动作”。教建筑构造的吴永福老师讲课时有个很特别的口头语，他自己并不感觉，是王育民发现以后告诉了我。于是上课听讲时在记笔记的同时，我还要用正字统计老师口头语的数量。以至毕业几十年后一次校庆返校遇到吴先生，他还追问我他那个口头语到底是什么。而下课我们最常去的地方是图书馆，校图书馆的阅览室从来没去过一次，到那儿去主要是可以借到很多有趣或古僻的图书，好把手中的六张借书证物尽其用。而系图书馆就在系馆清华学堂，管理的老师一老一小——毕树棠老师和郑国卿老师——毕老师是“活字典”，博闻强识，山东口音很重，连老师们有问题都经常向他求教。毕业以后才知毕老是20世纪20年代后的著名作家，中华人民共和国成立后中国作家协会的第一批会员，这更增加了我们对他的怀念和尊敬。在系图书馆看书也没什么目的，反正乱翻一气，看到有趣的就抄在小本本上，记得光各种小汽车的造型我就抄了一本，毕业时忘记送给哪位同学了。图书馆的乱翻书使我们增加了许多的外围知识，每次都要待到食堂开饭或锻炼的时候才恋恋不舍地离开。

二

大学时期正是17~23岁长身体的时候。1957年蒋南翔校长提出了“争取至少为祖国健康地工作五十年”的口号。体育方面我没有任何特长，对于对抗性、技巧性的项目都不擅长，但在清华那样的环境里却养成了锻炼的习惯，一到课外活动时一定去操场，但我是独来独往，生怕别人见我笨手笨脚。那时跑圈、举杠铃、玩双杠都练过，觉得男孩子身上有鼓鼓的肌肉还是很时髦的。

除了课堂学习以外，清华还安排了劳动、实习、军训等项目，这对于身体和意志的锻炼也是大有益处的。入学后第一次劳动就是去八达岭三堡修路种树，记得山区天气已经很冷，在陡峭的山上挖鱼鳞坑和水平条，要求土层有一定的厚度，标准就是举起大镐自由落体落下后，镐头能全部没入土中为合格。我那时老遇上鱼鳞坑的任务，石头山上土层本来就薄，手磨起了血泡还达不到要求，真是苦不堪言。晚上睡觉在铁路边上一间小屋的炕上，一角堆着土豆，每到半夜我就发现被窝里滚进了好多土豆。

大一的工人实习在昌平200号，我被分在钢筋工组，绑钢筋、弯钢筋、断钢筋都干过。我最怵的就是扛钢筋，又粗又长的钢筋压在肩膀上摇摇晃晃，又疼又累，而且每天劳动完了还要开会谈体会。我只记得有的同学谈起体会心得一套一套的，可我们都困得要命，有一次不知是谁讲得正高兴，可是蚊帐里同学鼾声大作，大家都相视而笑。

另外还安排了军训，在昌平工程兵技校，上课、操练、爆破、打靶、夜行军等。那时最头疼的事，一是打背包，因为不熟悉又没劲，所以打出来松松垮垮像个大面包；再有就是吃饭，到开饭的时候以班为单位，别人都是风卷残云，可我吃得特慢，老落在最后特别苦恼。记得还参加过“五一”“十一”游行，在清华民兵师的方队扛过前苏联的马克沁重机枪。

在教育革命时，结合课程设计，我们还去双桥、上庄劳动过。为猪舍的设计到猪场去劳动时，我被分在种猪圈，那些种猪又高又壮，营养也十分讲究。负责的是一位农村姑娘，第一次见面也不知称呼什么好，只好叫一声“大姐”，结果那姑娘岁数还没我大，弄得人家不好意思。当时的任务一是把一批小猪放出去遛，那些猪到处乱跑，追得人很累；再就是起圈，要把猪圈里的粪起出来，再垫上新土，虽然穿着大雨靴，但我还是被溅了一身的粪土，加上喂猪的泔水，身上的酸臭味可想而知。

此外还有装修实习和工长助手实习也是专门安排的。装修实习是在朝外小型使馆和中国青年出版社宿舍，项目由五建公司施工，我负责协助师傅做立面的干粘石，但和以前的那些活相比，这都算不得什么了。工长助手实习是在虎坊桥芭蕾舞团宿舍，由一建公司施工。我跟的工长姓樊，是一个南方小老头。后来我在工作以后的第一个公共建筑工程国际俱乐部做现场设计时又遇到了樊工长，我那时已是设计代表了。当然对于业务和身体最集中的考验还是毕业设计。清华的毕业设计讲究真刀真枪，我们承担的任务就是到四川绵阳去进行三线建设——建设清华分校，而且一切从零开始。我们去了以后，住在老乡家里，先从地形图测量开始，然后是规划设计，三通一并转入正规建设，艰苦的农村生活、陌生的环境、很不熟悉的业务对我们都是考验，但有了入学以来的那些经历，有了各种形式的锻炼，这些困难好像都不在话下了。记得测量地形图时四个人一组，大家分别负责跑杆、看镜、计算、展点，每天扛着仪器和大平板，要把测量的地段每一处细节都跑到测出，各组之间还有点暗中比赛的感觉，晚上回来都精疲力尽了还有很多内业。开始施工时要修一条从涪江边公路翻过山口进入校区的道路，那时设计组里没有搞道路设计的，于是把这个任务交给了我。我找了一些书，边看边学，弄清楚道路设计的平曲线、竖曲线等概念，在老师们的指点下，最后把施工图纸画出，大家和民工们一起劳动，胜利完成了任务。这条公路可以说是我独立完成的第一项设计任务呢！因为有过去的多次劳动和实习，所以我们和工地民工、当地的老乡都相处得十分融洽。我们自带理发工具理发，后来工地的民工知道了，每天下班时就在我们设计室门口排队等我们理发。等我们要离开工地回北京时，他们都是“张哥”“李哥”地称呼，依依惜别。有时我们还去游泳，常常和池塘中的水牛为伴，那么怕当众出丑的我也在大家的逼迫下学了游泳，并在班上游泳好手前后左右的保护下，从池塘的一端游到了另一端，算是通过了“毕业考试”，但回来以后这点技术未得巩固，很快又还给“老师”们了。

三

在清华的六年学习中，我感到特别幸运的经历是参加了学生文工团（后来叫“文艺社团”）军乐队。和自己的其他基础或专业课程相比，这门课程的学时最长，内容也更丰富，按现在的话就是修了“双学位”，除理工科课程外，还专修了文科的课程，这也是我六年中的意外收获。

我从小就爱好很杂，在高中时也是如此。中学临毕业时，在天桥剧场看了清华大学学生文工团给应届高中毕业生的演出，尤其是军乐队的表演，给我印象很深，他们的演奏给我极大的震撼。

后来军乐队招生，我想机会来了，壮着胆子去报了名。当时班上报名的人很多，最终只有十几个人参加了军乐队。那个年头学校里也没有什么特长生，大部分人都是从头学起。在那个时代，理工科大学设音乐室，并有专职教师的大概也就是清华一家了。我被分配学低音萨克管，整个乐队只此一件。低音萨克管有一米多高，乐器本身就不轻，加上外面的大箱子，又笨又重。每周我都提着大箱子来往于二号楼和校西北门的音乐室之间上课或排练。音乐室的周乃森先生也成了教我时间最长的老师之一。

当时学校把学生文工团和体育代表队的骨干力量安排集中住在一起，和我同宿舍住的同班同学还有沈大钟（大号）、何惟增（黑管），集中住的团员各专业都有。团里对团员学习也要求得比较严格，如果功课不好或有不及格就要回到班上去。由于同学们来自各系，我更加开阔了眼界，毕业以后大家来往也很密切，关系亲近程度也不亚于大学同班同学。那时，我主要还是和军乐队的同学较熟，和其他各队很少交往。

低音萨克管在乐队中的作用和大号差不多，基本都是单调的节奏，鲜有旋律，按说枯燥的很，可我因为能加入这个集体满足了自己的愿望而乐此不疲，即使单调的节奏也觉得津津有味。因为几十人的乐队就是靠各种乐器，靠主副旋律，靠节奏打击，靠指挥协调，通力合作才能完成一曲美妙的乐曲。这也像社会人生，就是要有主角配角，缺了任何一个角色都不会完美。每次演出或训练我都觉得是精神上的享受，非常过瘾。

在文工团集中住以后，因为活动很多，除“五一”“十一”游行外，还有周末的舞会、对外的演出、欢迎外宾、集会庆祝等，队里还组织了比较机动灵活的校乐队。在校乐队里我吹中音萨克管，有了较多的旋律可吹。我还练过独奏曲《音乐会练习曲》《野蜂飞舞》等，但都没达到演出的水平。这样在一队我吹低音，在校乐队吹中音，成了队里的“双枪将”。毕业以后四十年我一直没有接触乐器，后来老校友联欢，军乐队校友要求出节目，有人给我找了一只萨克管，虽然荒废那么长时间，但一上手还不感生疏，仿佛又回到了四十多年前。2005 年五字班同学毕业四十周年，我还上台独奏了里姆斯基－柯萨科夫的《印度客人之歌》，演完后机五的军乐队员戴佩琨给了三个字的评价：“还得练！”对于学习建筑的人来说，文工团军乐队的经历很有价值，人们不是常说“建筑是凝固的音乐”嘛！艺术上的相通、形式上的启迪固然重要，但由此引起关于人生角色的思索和体会也很宝贵。

四

大学六年除了学业和身体的进步外，对人生、处世、立项的历练和成长而言也是一个重要的时期。刚入大学时我的思想并不开放，直到大学五年级时才加入共青团，而就在临毕业前入了党。我自己性格内向，尤其在人前更为拘谨腼腆，一说话就脸红出汗。到大学以后我也是如此，开会很少发言，常常躲在不为人注意的角落里，遇到人人都要发言的场合，也总是憋到最后一个，然后满脸通红地挤出几句了事。同学送我一个“马老”的外号，大概我那时就已经老气横秋了。班里的集体活动我也很少参加，一到星期六就早早乘车回家，所以给人“清高”或不合群的印象。

但那个时代在大学老想“自顾自”也不可能。大的形势和气氛摆在那里，总得为大家服点务，干点事。到文工团集中住以后，情况不太一样，因为正好“三年困难时期”，比较宽松，课余为大家安排的活动也比较多。我当过全体集中人员的文艺干事，其实就是管发电影票一件事。那时是按各单位人数每场发固定数目的影票，如果简单点就按各队的比例发下去完事，但大家对各场次电影的需求不同，因此发下的有限票子很难满足需求。我就每周发电影票时在文工团食堂贴一张大表，每人有什么需求都登在上面，然后我根据大家的要求，早早到工字厅后荷花池边发电影票的地方去换票。一开始没经验，等慢慢熟悉以后我就得心应手了，即使是十分热门的电影，我也能想办法满足团里的每一人。这虽然要花不

1965 年与建五班同学在四川绵阳（二排左四为笔者）

少时间，但能为大家服务、让大家满意的成就感也使我与刚入学时比有了很大改变，也可以说是比较“关心集体”了吧。再加上同学的帮助和开导，我在 1964 年 5 月入了团。

到四川绵阳参加分校建设后，又从文工团的集体回到了班集体。那时建五班在学校已经连续好几次被评为“四好”班集体了，所以我是从两个集体得益。六年中政治运动也不少，什么“红专”辩论、“三面红旗”的讨论、教育革命、反“右倾”、清理思想等等。我因为不爱发言讲话，也没挨过“批”，文工团的生活也很愉快，对我来说还没有感到太多的压抑。到四川以后，等于到了与外界完全隔绝的地方，所以借着入团的热情，我好像变了一个人，什么事都积极努力，觉得心情舒畅，有劲，愿意多干点事，别人让干什么就努力去做好。当年 8 月在绵阳分校工地，我入了党。不管怎样，在学校这几年中除了学习、身体外，在思想上也有了比较大的变化，好像开朗多了。毕业以后遇到班上同学，包括老伴关滨蓉在内，都说和入学时的我相比简直判若两人。

在清华的六年时间，正是我们学知识、长身体、明事理的宝贵年华。虽然劳动、军训、实习等内容占去了很多时间，比别的学校毕业得晚也使大家在评定职称、涨工资、分配住房等方面受到很多影响，但从另一方面想，这些经历和体验都变成了我们一生中宝贵的财富。现在的同学可能不会有我们这样的机会和体会。这些财富，恰恰从多方面体现了清华教育方针路线的润物无声和潜移默化，并在后来的社会大学里不断地作用发酵，推动和指导我们继续学习，奉献和回报社会。

马国馨

1942 年生，中国工程院院士，全国工程勘察设计大师，北京市建筑设计研究院有限公司总建筑师。

我的母校

——师恩难忘、同窗情深

程泰宁

从南京工学院（简称南工，原中央大学，今东南大学）建筑系毕业已经六十多年了，半个多世纪漫长的岁月磨平了我对很多往事的记忆，但是，在母校的四年学习生活却恍如昨日，提笔写这篇回忆文章，我仿佛又看到了学校大礼堂的尖顶，看到了老师们亲切的笑容，听到了班上同学那毫无拘束的欢快的笑声……

一、师恩难忘

那时候的建筑系在“中山院”——一幢小小的三层楼房，从建筑外形到内部，都像一个“家”，一个有200多位师生工作、学习在一起的大家庭。这个大家

学生时代在测绘古建筑

学生时代肖像

与同学在课余时

庭的家长自然是系主任杨廷宝先生，而在这个大家庭中最受尊敬的自然也是我的老师们。

尽管未入学的时候，对于“中大”（中央大学的简称）建筑系的名教授已有耳闻，但入学后，仍然为老师的“豪华阵容”感到惊奇和兴奋。当时全国建筑专业的三位学部委员（院士）有两位在南工建筑系（杨廷宝和刘敦桢先生），另一位是清华大学的梁思成先生；高班同学常常提起的“南刘北梁”“南杨北梁”的称谓也使同学们感到自豪。

更为难得也让我们深感幸运的是，在我们读书的四年中，包括杨廷宝、刘敦桢、童寯、李剑晨、刘光华等所有名教授都在教学第一线，这使我们能够亲聆教诲。例如我们这班的建筑设计课一直是杨廷宝、童寯、刘光华三位先生教授的，他们三人治学方法不同，教学风格也各具特点。杨先生治学严谨，学识渊博，对中、外建筑都有很深的造诣，教学风格也比较宽松，改图时常常给同学讲一些道理。记得一次课程设计，我很“卖力”地画了几个思路不同的草图想给杨先生点评，看第一个他说可以，看第二、三个，他说“也可以”，并不提具体意见。我一心想听听杨先生的看法却得不到回应，一时感到很失望。杨先生大概从我的表情中看出了这点，就给我讲了一番道理，大意是说，做设计没有一定的规矩，怎么做都能做好，还举了不少例子。当时我对这番话不能完全理解，甚至存下了疑问，直到多年以后，随着阅历的增长，才慢慢理解了杨先生这番“无定式、无成法”

的教诲。和杨先生不同，童先生博学多闻而又洒脱不羁，他敏于思而讷于言，在改图时讲得很少，常常只说一两句评语后就拿支 6B 铅笔在你的草图上大笔涂改，改得不满意就用手指当橡皮在图上擦抹，改完了，自己歪着头看一会，大概觉得改得还不错，然后一言不发地走开了，留下你思索他的修改意图。他的这种“风格”有时也会带来一些麻烦，有一次他给一位女同学改图，照例拿了 6B 铅笔纵横涂抹，可这一次是一张正图。这一来还能按时交图吗？童先生一走，这位女同学便哭了起来。因此，有些同学更喜欢刘光华先生改图。那时刘先生从美国回来不久，视野开阔、思想活跃，改图时和同学们的交流也比较轻松，不时还和同学们开开玩笑。此外有一点也是同学们所欢迎的，那就是但凡刘先生改的图，评图时他一定会为你答辩，最后得分也比较高。三位教授的思路和教学风格的不同，使学生能够从不同侧面去理解建筑，学习知识。特别是从他们不同风格中所表现出来的同样认真负责的教学态度使同学们终生受益。

老师们不但在学术上对同学们循循善诱，而且对我们思想品德、敬业精神的培养也十分重视。记得二年级去山东曲阜学习，时间安排很紧，但同学们都要求顺道去泰山玩玩。也许是助教们感到无法说服学生，便把刘敦桢先生搬了出来。刘先生专门给同学们谈了一次话，他并没有批评我们，而是谈了很多他年轻时做古建筑调查的艰辛，然后说到这次实习时间安排的困难，要求同学们实习完毕后立即返回学校。刘先生当时身体已不太好，讲话时气接不上来，讲几句就要挺挺胸，深深地吸一口气才能继续讲下去。同学们听完了刘先生这番诚恳得让人感动的谈话，原来还是热热闹闹的议论一下子偃旗息鼓了。从中，我体会到了一种人格的力量，也感受到了老师们谆谆教诲我们的苦心。

当然，不仅仅是“言传”，更重要的是“身教”。四年中，老师们的言行和风度常常给我们以潜移默化的影响。令我印象最深的就是老师之间相互支持、相互尊重，关系十分融洽。这不仅给我们这个大家庭带来了祥和的气氛，也给我们这些涉世未深的年轻学生以如何做“人”的教育。有一件小事，我至今常常想起。一天，系里的布告栏上贴出了一张刘敦桢先生的病假条，抬头写的是“呈・系主任杨”，后面是杨先生的签名：“宝。年月日”。这张别开生面的代替课程变更通知的请假条，使人想到很多的东西。我们都知道刘先生的资格很老，他曾经担任过原中大的工学院院长，但他并没有摆老资格，而是处处强调他对杨先生的尊重，这是很不容易的。而杨先生对其他教师的尊重就更为同学们所熟知了。有一次是系里的年轻教师画了一张南京航空学院主楼的渲染图，画的过程中杨先生来看过，觉得不错，后来童先生也去看了，他一时兴起，用豪放的笔触加了天空背景。大概是由于绘画风格的不同吧，等到杨先生再去看时，不由得一怔，旁边的老师连忙告诉他天空是童先生加的，他马上改口说童先生的水彩画得如何如何好……作为年轻的学生，当时我更多地只把这当作一件趣事，经过这几十年生活的磨练，我不仅感受到了杨先生的高尚品德，同时也完全理解了杨先生这么做对于维护一个集体的团结是多么重要啊！

这些老教授不但彼此相互尊重，而且对年轻教师也是奖掖有加，经常在同学面前夸奖年轻的助教们。有一次中国建筑史的作业是画雀替的卷草纹样，刘敦桢先生拿出了两个样板，一个是刘先生自己编的《中国建筑史》这本书上的插图，另一个是年轻助教潘谷西先生画的示范图，刘先生分析这两幅图时说："你们看，潘先生这张画得好多了，卷草的构图多流畅……"坦率地说，当时我还分辨不出这两幅图的好坏，但刘先生竟然说潘先生画得比印刷出来的书上的插图还要好，一下子增加了潘先生在我心里的分量。

事实上，不仅是教授，那时候的年轻教师的确是个个出色，对教学也是尽心尽力。我至今还保存着齐康先生画的西洋建筑史插图和钟训正先生画的构图原理的插图，还有钟先生为同学们做设计翻晒的大量参考资料，插图很精美，资料也很丰富，为了完成这一本本插图和资料，他们所花的时间和精力之多是不难想象的。

我们还有很多好老师，像李剑晨先生、张镛森先生、张致中先生等等，实际上当时南工建筑系的教师队伍是一个十分出色的群体，一个有很高的学术造诣同时又具有高尚品德的群体，正是有了他们，才有了南工建筑系卓尔不群的特色，才有了为数众多的、在业务上有实力的毕业生，没有他们，也就不可能有我们的今天，师恩难忘啊！

舞蹈排练

考察古建筑

同学合影（后排右三为笔者）

二、同窗情深

除了几十位老师，我们这个大家庭中占多数的当然还是同学们。那时候学生虽然比现在少，但全系也有一二百人。我们生活在这个大家庭里，彼此相处十分融洽。入学时，我只有十六岁，当时父母陪伴到校的情况是绝对没有的，进校时全靠高班同学的照应。他们就像大哥哥大姐姐一样帮助我们搬行李，帮助我们熟悉环境，所以到校的第一天我就认识了系里的学生干部，比我们高一二班的韩惠宗、孙钟阳等同学。在以后的四年中，系里同学，包括一些年轻助教，常在一起打球、排文艺节目，有的高班同学还到我们班来帮助改图，关系十分密切（密切到几位“别有用心”的年轻助教和高班同学后来和我们班的几位女同学真的成了一家人）。直到今天，有时碰到系里其他班的同学——不管当时是否熟悉，都会有一种亲切的感觉。

当然，最密切的自然是我们自己这个班了。我们这个班当时在系里是比较活跃的，也很有自己的特色。有两件事很能体现我们这个班的“精神风貌”。一个冬天的下午上自修课，大概是天气太冷，几个不安分的同学放下了画笔，互相开着玩笑在教室里追逐起来，跟着全班同学都起哄了，教室里乱成一团。正在这闹得不可开交的时候，突然，教室门被推开了，门外站着闻声而来的杨廷宝先生，平时一贯“微笑待人”的杨先生这时板着脸，扫了大家一眼，很严厉地说了声“不像话”，然后“砰”的一下把门带上走了。面对这突如其来的训斥，教室里顿时静寂下来，不过，也只静寂了两三秒钟，突然不约而同地爆发起了更为放肆的笑声。这种笑声，似乎是想表示我们对这训斥并不在意，甚至是不满，但是同学们毕竟是心里有数的，笑了一阵，这种多少带有自嘲意味的笑声似乎也笑不下去了，同学们一个个迤迤然地回到了自己的座位，安静地画起图来。另一件事是在1956年春天，全班同学到玄武湖划船。船划到一座桥边，我们忽然看到一条大鱼被湖里拦鱼用的网卷住了。大家连忙划过去七手八脚地把这条大鱼拖上船来，嚷嚷着要把鱼杀了带回去，但是谁也没有带刀。而且这是一条多么大的鱼啊，足有一米三四长，挣扎得很猛烈。我和五六个同学死死地把它揿在船上，最后硬是用手塞到大鱼的鳃帮里来回折腾终于非常“残酷”地把它弄死了。这么大的鱼怎么带回去呢？公园门口是要查的，发现了就不好办了。于是我们在僻静处扔下了舱底满是鱼血的游船，然后派一个同学马上回学校拿来了一件冬天穿的棉大衣，让班上的“大个”徐炳章同学穿上，把鱼裹在大衣里。鱼实在太长了，大衣的下摆还露出一截尾巴，炳章只能装着身体不舒服的样子，由我们几个同学搀扶簇拥着混出了公园大门。回到学校，我们马上把鱼交给厨房做醺鱼，班上三十几个同学都分到一大块，吃得有滋有味。这件事，直到多年后的今天，同学在一起时还能清楚地回忆起来，而且总是给我们带来一阵欢笑。

我们这个班常常有这样的越轨之举，在那个年代，也算是“另类”了。而这也恰恰反映了我们这个班的特色：思想活跃、真诚友爱。这表现在生活上，也表现在学习上。同学之间在学习上相互切磋、相互促进，班上同窗共读的气氛很好。我们班包括我在内的大部分同学在入学前对“建筑学”并无了解。拿我来说，报考这个专业纯属偶然，可以说我是浑浑噩噩跨进建筑艺术殿堂的。对专业的不了解再加上没有美术基础，我在学习上困难不少，一年级时设计成绩常常得三分（五分制）。但班上有几位同学如张耀曾、顾馥保等入学时就画得不错，在班上，他们显得很突出，常常是他们把设计图画好后放在窗台上让大家欣赏，馥保还常常点着名把同学叫过去看他画好的图，这对我和其他同学来说是一个极好的学习机会。老师的教导再加上同学中的榜样激励，让我下决心赶上去。我的美术基础不好，于是每年寒暑假回家就把自己关在或冰冷或闷热的亭子间里画画，假期完了，小小亭子间的三面墙壁也贴满了大幅小幅的画作。就是在班上几个尖子生的带动下，在相互切磋、相互促进的气氛中，我们班的成绩普遍提高了，我的学习成绩也慢慢赶了上来。这不仅使我在大学的后两年获得了两枚优秀生奖章，更重要的是我迷上了建筑。从那个时候起，建筑就成了与我生命共生的事业。因此，一直以来，我对我们这个班总是怀有一种亲切和感激之情。

回首往事，师恩难忘，同窗情深，悠悠母校情啊！

程泰宁

1935年生，中国工程院院士，全国工程勘察设计大师，东南大学建筑理论与设计中心主任，中联筑境建筑设计有限公司主持人。

宝剑锋从磨砺出

何镜堂

1938年，我出生在广东省东莞市——珠江三角洲著名的鱼米之乡。家乡弯弯的河涌、浓浓的荔枝林、密密的山村构成一幅幅美丽的自然图画，深深地吸引着我。少年时代的我酷爱画画，常常带着干粮和画板跟哥哥到郊外写生，而上中学以后我又很喜欢数理化，想成为科学家。后来听老师说起建筑师是半个艺术家又是半个科学家，正好兼顾了我的两个理想，从此便与建筑结下了不解之缘，开启了我的建筑人生。

1956年高中毕业后，我考入具有优良教学传统的华南工学院（简称华工，今华南理工大学，简称华南理工）建筑学系。当时的华工建筑系大家云集，教学氛围兼容并蓄，开放活跃。

初学建筑的我很快认识到，建筑师不同于其他门类的工程师，不可能“躲进小楼成一统”，必须了解现代生活、时代潮流，这是我入学之初的一个感悟。老师说，建筑包括生活的方方面面，建筑师应该是最懂得生活，也是最会抓住机会学习和总结的。建筑师的使命不是躲进书斋建象牙塔，而是必须让自己融于生活。我在生活中学习的习惯也就从此逐渐养成。

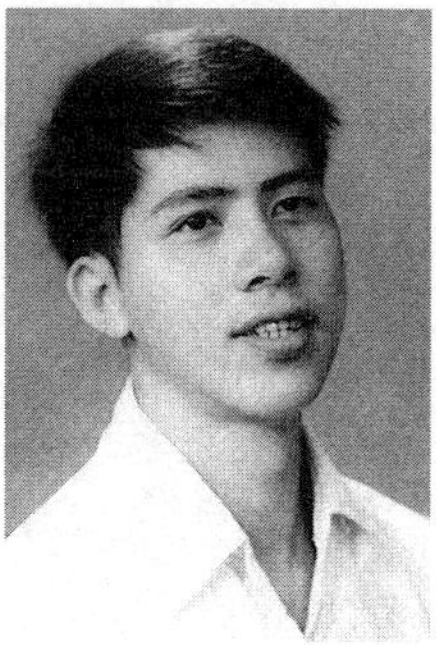

大学时代的笔者

大学一年级时，我发现自己的美术功底不够，为了突破这一瓶颈，我走到哪里都画板不离手。我喜欢在本子上不断地练习线条，看到有意思的东西和漂亮的构图，我也赶紧用笔在画板上记录下来，此外我还利用暑假在家乡专攻素描和水彩画。结果新学期一开始，我的绘画水平突飞猛进，让大家刮目相看。

1961年，我因学业成绩优异，成为华工建筑系的第一批研究生。我非常珍惜这来之不易的学习机会。我的导师是岭南现代建筑创始人之一的夏昌世先生。夏先生重理论与实践的结合，强调因地制宜的建筑环境观、经济适用的建筑功能观、创新节能的建筑技术观，这些给了我很大的启发。

能读夏先生的研究生让我异常兴奋。得知消息后，我正好看见楼道里戴着黑框眼镜、拄着拐杖的夏先生迤迤然行来，我连忙跑到导师跟前，自我介绍："我叫何镜堂，刚被推荐上您的研究生。"夏先生抬头看了看我，脸上一派云淡风轻："是吗？我还不知道呢。"我当时很有些沮丧，甚至怀疑这样一位"真名士自风流"的大教授是不是很难相处。关于夏先生的传闻很多，比方说，连同事通知他开会都难入其门，他的飘然逸气给人一种难以亲近之感。但很快我就打消了心中的疑虑。近距离接触之后，我了解到夏昌世教授的真实个性，在耿介孤高的外表下面，其实有一颗坦荡的心——觉得你好，无论你是三教九流他都以诚相待。

笔者的绘画作品

夏先生爱喝早茶，他上课的方式经常是叫弟子们一起"饮茶"。散淡的一句半句，说者仿佛无心，听者却是有意。夏先生就在这最能体现岭南人精致市井生活的茶楼里，和我进行从形而下到形而上的艺术交流，为我传道、授业、解惑，启迪我对建筑的思考与探索。

1963 年与夏昌世导师在桂林七星岩合照

一年之后，上级通知，研究生要重新考试。我顺利通过考试，成为建筑系第一位研究生。有一年左右时间，我每天都会去夏先生位于市区中山二路的家——一幢两层小别墅，在那里画图。夏先生是个随意的人，叼着烟斗，穿着睡衣，干自己的事情，偶尔过来看一眼，指导一下，虽不多言，可是我能感觉到导师对我的工作是满意的。为了充分利用在路上消耗的时间，我把信纸裁成了一厘米左右宽的小纸条，上面写满英文单词。英语一直是我比较薄弱的功课，排队等车的时候我会拿出来记记。站在拥挤的公共汽车上，只要还有一点间隙，我也会频频默背单词。

研究生四年，当时学习到了忘我的状态。旁人看起来，怕是还有点傻傻的。我随导师调研了粤中四大名园、潮汕庭园、皇家园林和江南园林等。每到一个地方夏先生总是让我先沿园子走一圈，然后将整个园子的总平面大致勾画出来。有了磨炼出来的素描功底，再加上我观察得很仔细，我的草图总是画得快而且好。到外地出差，我有时在导师房里加个小床，既节省了费用，又可以多些机会聆听教诲。一个导师，带一个研究生，以如今的招生规模看，称得上是“奢侈”了。四年研究生生活，我感觉如鱼得水。

我的研究生毕业论文题目是《门诊部的候诊设计研究》。夏老师在指导我写作的过程中，并非空谈设计理论，而是教导我从实地观察与调研入手，考察医院的功能流线与现实的设计需求。为了调查清楚门诊部每天到访的人数以及时间分布，我经常拿着纸笔站在中山医学院门诊部的大门旁，一个一个地记录下每个时间段到访的人数，并绘制成一张张表格，这些成为我研究与设计的重要依据。1964 年，我到北京为自己的毕业论文准备资料。在北京市建筑设计院，我找到一本很切题的英文书《医院功能及设计研究》（*STUDIES IN THE FUNCTIONS AND DESIGN OF HOSPITALS*），对我正在做的论文很有借鉴价值，我如获至宝。但当时没有复印设备，甚至也没有现在这样可以连续使用的绘图笔，借期又只有短短三天，而且全书都是英文，篇幅很长，有六十来页十六万字，读起来很费时间。这么重要的书，我不想走马观花地查阅，而是想反复研读。于是我毅然决定用最笨的法子——抄下来。我住在教育部位于西单二龙路简易的四合院式的小招待所里，一瓶墨水，一杆“小钢笔”，一叠裁好的透明纸，坐在板凳上，以床为桌，我开始了工作。画两笔就要蘸一下墨，墨不可太多，不然就会成团洇开。我不分昼夜，终于将这本六十来页、图文并茂的书全部抄录下来。而今，这本“手抄本”，成了建筑学院学生的一本“励志宝典”，密密麻麻的英文小字，徒手勾画的图表，工整如印刷体。那么多的蝇头小字，从始到终，一丝不乱，足见我当时的定力和其中所耗费的心血。几十年后，我回过头来翻看一遍，也为当年的毅力感到惊讶。

经常有人向我请教成功的秘诀，但我认为自己并不是天生异禀、才华横溢的人。1999 年，我作为我们学校自己培养的首位中国工程院院士在全校大会上做报告时，当时华南理工大学党委书记刘树道曾将我的成功模式归结为“成功 = 勤奋 + 才能 + 机遇 + 人品”。回顾我的大学研究生生活，回顾我工作中的成长过程，我认为我们只要以勤奋不断磨砺自己的才能，以坦荡正直的人品聚敛起和谐的人脉，以对事业的执着主动捕捉每一个机遇，成功自然就会水到渠成。

何镜堂

1938 年生，中国工程院院士，全国工程勘察设计大师，华南理工大学建筑学院院长兼设计院院长，教授，博士生导师。

怀念林宣先生

王小东

经常在各种媒体里看到关于林徽因先生的一些文章，因为梁思成、林徽因二位先生在东北大学（简称东大）一手创办了当时中国的第一个建筑学专业，而林宣先生又是林徽因先生的堂弟，他们之间来往密切，不少有关林徽因先生的传闻都以“据林宣先生回忆……”加以八卦。东大改为“东北工学院”后，建筑学和工用与民用建筑专业与其他学校合并，1956 年迁至西安。我 1957—1963 年在西安冶金建筑学院（简称西冶，今西安建筑科技大学，简称西建大）读建筑学专业，作为西冶的学子，曾聆听林宣先生讲授中国建筑史，所以梁思成、林徽因二位先生也应是我的师门长辈。

林宣先生个头不低，但仍不失儒雅。先生爱建筑、爱学生，在我看来，是一个没有自私之心的学者。他性格温和，不过有时会透出一些女性化的神态。他讲课时娓娓道来，引人入胜。即使平日在教室以外见面，他也是颔首微笑而过。至于认真二字，更是令人终生难忘。那时讲课是没有课本的，讲义都是他和张似赞先生自编油印而成的。有一次讲义刚发下来，他就叫当时是学习委员的我把它们收上去。原来其中一页印得很不清楚，及至再发下来，发现五十多本讲义里模糊的那一页几乎被林、张先生用钢笔重写了一遍。同学们都被震惊了，也被他们的认真深深感动。我想，这种方式的教育比讲义内容的作用更大，对我而言，至今还是一种榜样的力量在激励着自己。

爱，伴您而行

——追记我国著名建筑教育家、建筑史学家林宣先生

西建大官网缅怀林宣教授的文章

2013 年 6 月 24 日，笔者（前排右一）与女儿在“院士走进紫禁城活动”中

1973 年我到西安出差，在大雁塔下见到了林宣先生，他和一群人在研究大雁塔倾斜的问题。我们约定了晚上去他家拜访。和我一同去的还有黄汇，她和梁思成先生也很有缘分。她结婚时，梁先生到乌鲁木齐主持了婚礼。林先生仍然住在原来的单元楼房中，房间很小，堆满了书，他说他现在不得不给学生教授中学的化学、物理等，有空时还在学几门外语，我记得好像有捷克文这样的小语种。因为梁思成先生刚去世不久，话题自然就提到了梁、林二位先生。林宣先生讲到了他们在一起生活和工作的一些事情，其中有“金爸”（金岳霖）常在梁先生的沙龙中坐而不语，林徽因先生在生病时还会要纸和笔说灵感来了，等等，还说到想把他母亲接到西安来（我曾在梁先生家中见过的一位瘦小的老太太），可能因为梁先生去世的原因吧。

2004 年，林宣先生获得了中国建筑学会的建筑教育奖，我因为获得了建筑创作优秀奖，2005 年年初，参加了颁奖会。本以为能见到林宣先生，但得知他已去世了，惊痛的同时，他们告诉我先生在病床上已知道了获奖的消息，也算是对先生一生的肯定吧。

关于“人间四月天”等等的传说，只是姑妄听之。我只知道梁思成、林徽因二位先生从宾夕法尼亚大学学习建筑归来，为东北大学、清华大学乃至中国的建筑教育、中国古建筑的研究，以及国徽、人民英雄纪念碑的设计，联合国大厦的设计等做出了丰功伟绩。我从林宣先生的身上，看到了我们今天缺失了的……

王小东

1938 年生，中国工程院院士，新疆建筑设计研究院名誉院长，资深总建筑师。

一个学生参加“国庆工程”的回忆

张锦秋

金磊主编为《建筑师的大学》约稿，我欣然接受。写什么？我脑海中立即浮现出我们为“国庆工程”奋战的日日夜夜。对一个建筑师来说，还有什么比这段经历更“大学”呢？

1958 年清华园无处不洋溢着“大跃进”的气息。大约 6 月，“荒岛”南侧一个以丰富地下泉水为水源的露天游泳池工程开工了。这是由校团委发起组织的义务劳动工程，号召同学们自己动手建设一个全校师生长期盼望的大游泳池。我们班的罗森同学被调去负责工地现场组织管理，土木系几位即将毕业的同学当工长。我由于是《新清华》的记者，被调去负责工地宣传工作，准确点说，是宣传鼓动工作。我每天忙于在劳动现场采写好人好事，通过广播组织报道劳动竞赛，播放愉悦劳动的音乐。收工时，大喇叭上就响起《莫斯科郊外的晚上》《山楂树》的悠扬乐声。正当我全身心为游泳池奔忙正欢的时候，接到我们班上通知：立即回系里参加“国庆工程”中国革命·历史博物馆（今中国国家博物馆）方案设计。

其实，我这个学生当时对“国庆工程”并不很了解，后来才知道国家为了迎接中华人民共和国成立十周年，决定在首都兴建十多个大工程，以中国建筑学会的名义向全国建筑界发出参加设计竞赛的邀请。全国各大设计院与五个知名大学的建筑系都踊跃参加，经过两轮试作，从第三轮起分项分工逐渐明确起来。天安门广场规划和人民大会堂由同济大学、南工、天大、华工与北京市规划局和北京市建筑设计院（简称北京市设计院）合作；中国革命·历史博物馆由清华与北京市设计院合作；北京火车站由建筑工程部北京工业建筑设计院（简称建工部北京工业院）与南工合作；全国农业展览馆由建工部北京工业院做；中国美术馆由建工部北京工业院与清华提供方案；国家大剧院、中国科技馆由清华做；钓鱼

20 世纪 50 年代的中国革命 · 历史博物馆

台国宾馆、军事博物馆、民族文化宫、民族饭店、华侨大厦、北京工人体育场都由北京市设计院做。清华参与的情况我也是后来才陆续知道：李道增先生主持，六年级建九班参加国家大剧院；汪国瑜先生主持，我们五年级建〇班参加中国美术馆；蔡君馥先生主持，建〇班参加中国科技馆；还有就是高亦兰先生主持，建〇班参加中国革命·历史博物馆。国家大剧院已明确交由清华负责全套设计，后因资金不足而暂停。中国美术馆最后定的是戴念慈总建筑师的方案，吸收几位清华同学参与施工图设计。中国科技馆由清华承担全部设计工作，工程建设已由地下出了地面一、二层，由于资金不足而停工。只有中国革命·历史博物馆从方案设计到施工图我们全程参与直到胜利竣工。

接到转移工作通知的第二天，我来到“清华学堂”建筑系馆楼内的中国革命·历史博物馆方案设计室报到，立即被那别开生面的场景所感动。一块比门板大得多的图板被架在四五十公分的高度，上面横裱着中国革命·历史博物馆的立面图（或一点透视），水彩渲染正在进行。我们班渲染高手刚用大板笔渲完了蓝天，接着就由两位同学用吹风机吹干，然后又开始下一遍渲染。工作紧张而有条不紊地进行着。夜晚时分，大比尺的平、立、剖线条图已经完成，但还没有注字，因为要有人来写工整的仿宋体，这个任务就交给了我这个刚入组的人。当晚一整套方案图完成，第二天一早就送到“上面”。原来，中国革命·历史博物馆方案竞选到此时只剩下北京市设计院和清华建筑系两家。“拉锯战”非常激烈，经过多少回合我已记不清。其实，关于博物馆的平面布局两家没有多大分歧，要把7万平方米的博物馆做得和17万平方米的人民大会堂体量相匹配，自然就得采用穿插庭院的布局。大家都研究了西方各类经典的博物馆平面，口字形、日字形、田字形等等，最后，两家都在横过来的日字形前面加了一个横向的内院。英雄所见略同嘛。但在建筑形体、立面风格、艺术处理上就各不相同了。两家每轮新送上的方案总有一些新意，在不同的方面略胜对方一筹，“拉锯”的原因就在于此。我们的设计是真正的“集体创作”。每调整一轮新方案都要进行讨论，集思广益。系里的老师汪国瑜、高亦兰、周维权等先生也会参加讨论，偶尔也勾一些草图。当然不能在集体创作时都只动嘴不动手。周维权先生还一边听讨论一边削好四五只软铅笔，催促大家“该动手了”。大家纷纷勾出自己预想的草图，最后往往是由冯钟平同学等高手根据大家的意思画出图来征得大家的认可，才正式上板。例如，这座博物馆面对天安门广场的西立面是正立面，它朝向人民英雄纪念碑和人民大会堂。通过讨论，大家认为这里的空廊不应是一般的门廊，它应该标志着中国革命的伟大胜利，应该设计为一个“胜利门”。于是就设计出了一个略具传统意蕴、宏伟、独创的“胜利门”方案。这一炮打响，获得“上面”的认可。当时具体主管此项工作的国务院秘书长齐燕铭同志在这张大渲染图上签了“最后以此方案为准”几个字，并签了名。我们全系为之鼓舞。后来这个方案仍然未被实施。是什么原因，可能只有后来跟随张开济总建筑师深化立面设计的冯钟平同学才能说得清。

不久我们接到通知，由清华建筑系派出一个由学生组成的设计团队到北京市设计院报到，在张开济总建筑师主持下开展施工图设计。我有幸被分到这个团队，经历了我设计生涯中的第一次洗礼。

我们这个团队由建〇支部书记肖林同学带队，她在我们班上是老大姐式的人物。这个设计组中冯钟平、甘伟林等同学被安顿在南礼士路北京市设计院附近的一个单位大院，由张开济总建筑师直接领导他们做立面设计、中轴线上公共空间室内设计等艺术性要求较高的工作。我们其他十多个人则被安置到紧临博物馆

1959 年春，中国革命 · 历史博物馆设计组同学在工地（右一为笔者）

基地的东郊民巷西头一个老使馆的后院进行现场设计。北京市设计院领导考虑很周到，把我们交给负责中国革命 · 历史博物馆的第二设计所进行统筹安排。建筑专业施工图基本上在现场进行，由所里一位主任建筑师黄工辅导我们。据说他在中华人民共和国成立前在上海的营造厂工作，施工图经验丰富。他热情、负责，操着一口上海普通话，对我们有问必答。另外，还专门请了两位建筑工程施工单位的放样师傅辅导我们进行大样设计。通过放样，我们才知道原来方案图上画的东西怎样才建得起来，或者，画得挺美却做不出来。我先是负责画基本图的一、二层平面图，这才知道方案图与施工图有多大距离！功能、流线、服务辅助设施，各专业的关系，直到每一个楼梯、门窗的尺寸定位，等等，设计师都得考虑周到、交待清楚。当时，我国还没有相应的规范，特别对文物库的技术要求我们知之甚少。馆方的一个总代表是位女干部，她说她也说不清。那时咱们中国还没有现代博物馆的专家。于是馆方请来了从前苏联留学、工作过的名画家罗工柳先生给我们讲了一次他在前苏联所了解的博物馆、美术馆的情况。我完成平面基本图以后被分配做陈列厅和休息廊（此方案是以宽交通廊兼作休息厅的）的室内设计。墙面、地面相对简单，主要是顶棚和灯具设计。陈列厅内主要是要解决好风口和灯的关系。休息廊空间竖高，我设计了由荷花形灯罩组成的吊灯。为这套非标的灯具我还被派去参加了一场订货会议，向生产方交底。我第一次参与这种场面，心跳不已，怕人家不听我这个学生的话。哪知，我提出的要求人家一一接受，我在此感受到设计师的“权威”。

我们在这个老使馆的后院里，夜以继日地奋战，真是毫不怠懈。带队人肖林同学提醒大家要根据自己的选择进行必要的体育锻炼。每天清晨我出了东郊民巷直抵天安门广场，沿着首都伟大的中轴线跑步前进。这时的天安门广场非常肃静，天安门、人民英雄纪念碑都被笼罩在一片淡紫色的晨曦之中，宛如一幅水彩渲染长卷。当初升的太阳把碑顶照亮时，我的晨练也就结束了。在这段充满诗意的时光，我年轻的心似乎从图板上跳了出来，脑海中会浮现种种遐想：祖国欣欣向荣的前景、党和人民对我们青年的殷切期望、为祖国健康工作五十年……在这里，我对建筑师的职业、人生的价值有了新的理解。

现场设计结束不久，我们获悉，“国庆工程”以十个月的周期从设计到施工全部完成，创造了城建史上的“神话”。1959 年 8 月的一个夜晚，国家为参与这一盛举的人们举行庆功宴，我们团队全体受到邀请！黄昏时分，我们被送到已屹立着人民大会堂和中国革命·历史博物馆雄伟身影的天安门广场旁。主会场在人民大会堂。我们这个设计团队和施工的师傅们在博物馆这边的一个大工棚里接受了国家对我们的犒赏。广播喇叭里传来大会堂内的盛况，相互举杯，开怀畅饮，欢聚一堂，我们沉浸在一片欢乐之中。

“国庆工程”这堂“大学”课程下课了，我们又回到了美丽的清华园。我们将迎来在清华建筑系六年的最后一个学期。

张锦秋

1936 年生，中国工程院院士，全国工程勘察设计大师，现为中国建筑西北设计研究院总建筑师。2015 年，中国科学院紫金山天文台正式以她的名字命名了“张锦秋星”。

蓦然回首 初心依旧

刘景樑

我时常感慨，自己的阅读速度总是赶不上金磊主编的出版速度。前不久，又接到了金主编发来的约稿函，他将带领我们这些刚刚完成《建筑师的童年》的建筑学人，快步疾行直接升入《建筑师的大学》。盛情之下，我欣然执笔，渐渐启动记忆的舱门，已然又回到那充满激情的大学时代。

提起大学生活，每个人都有许多丰富多彩、深刻难忘的人和事，但我的思绪还是习惯性地追溯到起点，新生入学报到的场景清晰地展现在我的眼前。

1958 年的 8 月，我收到了天津大学建筑系的录取通知书，期盼已久的愿望终于实现了！还记得入学报到那天阳光格外明媚，我骑着自行车，车后架上驮着行李，无比兴奋地来到位居南开区七里台的学校报到。当年建筑系在第八教学楼，八楼门口挂着醒目的“欢迎新生入学”的大红横幅。学长们热情地做新生导引，带着我来到六里台 25 号宿舍楼 105 寝室，宿舍楼是天大校园早期建设的建筑之一，六栋形态相同的由过火砖砌筑的三层中式坡顶宿舍楼分列于道路两侧，至今仍保留在天大校园内。

笔者大学时代的肖像

那些引路人

此刻，我又想起引领我叩响建筑学之门的启蒙老师——高中一年级教制图课的严嘉琛老师，是他的一番指点迷津，让我选定了建筑系的报考方向。我在《建筑师的童年》中曾描述过这段师生情，当时还为“多次托人寻找恩师未能如愿”而深感遗憾。没想到，2015

2015 年笔者携家人拜访严嘉琛老师（一排左一）

年之夏，承蒙上海公安的热情协助，我得知了恩师的音讯，激动万分，当即携夫人和女儿飞往上海。7 月 16 日，在严老师八十八岁寿辰前一天登门谢师。我们师生一别，整整一个甲子年，两家人相聚其乐融融，也终于了却我多年的感恩心愿。

在我们的一生中恩师无数，令人记忆深刻的老师，恰恰是用一种学术品格来影响着自己的学生。为人师者，不单纯是“传道、授业、解惑”，同时还传播着一种做人的品格，正所谓“道之所存，师之所存也”。

卢绳先生就是我大学时遇到的这样一位良师，也正是他后来带领我们去承德进行古建测绘。在建筑历史的授课中，卢先生更多的是教学生在建筑设计中怎样将中国建筑历史的财富和现代建筑设计结合起来，不仅教授建筑史，还亲自辅导设计课。卢先生授课时的板书如行云流水，正画倒勾，可以顷刻间把一幅幅中国传统的建筑群、鸟瞰图准确而生动地绘制在黑板上，堪称一绝。

由于健康原因，我在大学五年级上学期末休学，转年（1963 年）转入下一

1962 年承德避暑山庄古建测绘小组与卢绳教授（一排左二）合影（二排左三为笔者）

个班级。因教学课程安排要求，我必须补一门工业建筑课程设计。当年系里安排聂兰生先生辅导我“单兵教练”，这真是名副其实的“开小灶”辅导。聂先生教学严谨，从总图设计、单体设计、建筑构造逐一耐心详尽讲授，重启发、严要求地指导，一遍又一遍地完善图纸，直至我最后以优良成绩完成了此项课程作业。聂先生独到的铅笔草图手法也让我受益匪浅。同时，聂先生超常的记忆力更是常常令我们为之折服。2014 年在我们毕业五十年同学聚会上，先生如数家珍地将到会同学的名字甚至当年的“绰号”脱口而出。在我毕业后的多年工作中，还能经常得到聂先生的指导与帮助。

古建测绘实习

当年五年制的大学建筑学教育中，按惯例有两次设计实习：一次毕业设计，还有一次测绘实习。我最难忘的是四年级时去河北省承德避暑山庄进行古建筑测绘的实习活动。

1962 年 7 月，同学们热切盼望的古建测绘实习开始了。当年去承德需要从北京转车，下午刚刚到北京我便病倒了，候车时，我实在坚持不住，就躺在站台台阶两侧的挡墙上。当时带队的荆其敏老师见此情景，为了让我得到更好的休息，主动把校方给老师买的卧铺票送到我手里，并嘱咐我上车后要好好休息。那是我第一次走进带有上中下三层卧铺的车厢，第一次“体验”火车的卧铺席，经过那一夜的休整，第二天凌晨高烧渐渐退下来，然而老师的关爱所带给我的温暖，却深深地烙在我的心里。

到了承德，系里为我们联系了正值暑期放假期间的农业机械学校作为住宿地，学校在僧帽山脚下，白天做设计教室，晚上打地铺睡觉。我们班被分成三个设计小组，在卢绳老师、荆其敏老师、方咸孚老师的带领下，分别对避暑山庄、普乐寺（圆亭子）、普宁寺（大佛寺）进行实地测绘。避暑山庄占地 8 000 亩（1 亩 =666.7 平方米），经清代前中期康熙、雍正、乾隆三代皇帝先后建设 98 年，是中国现存面积最大的皇家园林。山庄及周围庙宇无论是在建筑学、造园艺术方面还是在政治、经济方面，都有广泛意义。普宁寺则是乾隆时代修建的第一座寺庙，建筑风格汉藏结合，是承德外八庙中最为完整、壮观的寺庙建筑群，也是外八庙宗教活动的中心。

我被分在了当时正在翻修的普宁寺的测绘小组。清晨迎着凉爽的微风，踏着崎岖的土路，徒步走向测绘现场。那时我们都是用皮尺丈量建筑的平面尺寸，用长竹竿丈量立面可达到的高度，还经常借助为翻修搭建的脚手架，爬到屋顶高度的脚手板上观察古建筑结构构造以及勾绘屋脊上的仙人走

聂兰生先生指导方案创作

兽草图。爬到上面的同学细细量尺，在地面上的同学认真记录，有时为一个准确数据上下往返几次，直到满意为止。晚上回到教室，我们再一张一张地整理数据，一点一点地演算、绘图。

当年的案头工具是我们从学校一路运去的图板、丁字尺、三角板，绘图是清一色的钢笔、鸭嘴笔、圆规、点圆规等基本工具，用具虽然简易，却给我留下极其深刻的印象。现在回忆起来，利用最基础的绘图工具，潜心绘制曲线屋顶和每一瓦陇、瓦当的那些个日日夜夜真是印象颇深。屋面曲线要一点点求证，铅笔打底稿，然后用钢笔描出流畅的曲线；而瓦当要根据瓦陇的宽度定出圆心位置，再用点圆规一个一个地画出只有 2~3 毫米直径的圆。在点圆规上，蘸墨少了画出的圆不完整，蘸墨多了又可能会沾污图纸，这样还需要用刀片将污点刮去再重绘，所以要想画好檐口的一排瓦当，往往不是一次能够完成的。

夏夜，挑灯绘图的教室环境很不平静，不但常有蚊虫来捣乱，而且昏暗的

笔者测绘古建筑（普宁寺）

1962 年笔者（后排右一）所在古建测绘小组在承德棒槌山合影

2014 年与家人重走古建测绘道路，于承德棒槌山留念

照明也可能随时断电。但在三位老师的悉心指导下，同学们都极其认真地绘图，大家十分珍惜这次古建测绘实习的学习机会。晚间，老师教我们如何用中国传统营造法式中平面和空间的比例关系推算图形尺寸，教我们如何从曲线的建筑屋面描绘细部上的轮廓，结合古建测绘讲授中国古建筑的演变历史，同学们也是热情高涨，几乎每天都画到深夜。经过四周的实地测绘，完成了大学期间的第一次实习——古建筑测绘，毕业之后，得知校方将我们的实习成果编辑出版了一本《承德古建筑测绘图集》。

记得那时三个测绘小组之间还经常互动，分别到其他测绘点参观、学习、交流。

以上这些都成为我大学生活期间难以忘怀的记忆片段。直到 2014 年当我与家人故地重游时，沿着当年的古建测绘足迹，再次感受了往日时光，在大红台建筑的最高台阶上，在棒槌山峰脚下再次留下跨越时空记忆的影像。如今回忆起 55 年前那列隆隆作响的绿皮列车，那趟无比“温暖”、充满了浓浓师生情的卧铺旅程，那段“白天赶路测绘、晚上精心制图”的学习场景，当年的求索与收获，仍历历在目，恍若昨天。

1959 年工地劳动合影（一排右一为笔者）

贯穿大学的劳动

各种类型的劳动也是当年大学生品格锻炼的课堂。有投身共建校园——红砖大楼（39 号宿舍）的工地劳动；有为期一个月的重型机械厂劳动实习；有在广阔田野的麦收劳动；还有“大炼钢铁运动”期间，为了完成评比指标，每天课后到校园内外收集废铁。

1958 年末，为响应毛主席“一定要根治海河”的号召，我们也加入百万治河大军之中，在塘沽二道闸河段，两次挥锹上阵，一次在酷暑，一次在严冬，白天劳动军事化管理，晚间住在草席搭起的工棚里。挖河清淤很苦很累，挖泥、抬筐、搡车，早出晚归，有时还要挑灯夜战，但大家的热情，在艰苦的劳动中，丝毫不减。那时大家一心想把任务圆满完成，哪怕环境恶劣，哪怕困难重重，都无所畏惧，都把它视为磨炼意志、为城市建设做贡献的锻炼机会。

结语

回忆至此，内心依然感慨万千。回忆老师引路、古建测绘实习、各种劳动锻炼等等，有些人看了会感到平淡陌生，没有夺人眼球的情节或亮点。是啊，同样是难忘的大学时代，却因不同的社会发展阶段，有着鲜明的时代烙印。在抗日烽火连天的年代，西南联合大学的师生们一路颠沛流离，移动的课桌、油印手抄的课本、敬业坚守的教师，依然造就出一大批国家的栋梁之才。改革开放后的大学生，眼界开阔、学贯中西、才华飞扬，他们早已甩掉图板圆规，甚至闻所未闻，取而代之的是目不暇接的电脑新技术。而我们这一代大学生，成长在祖国建设的火红年代，成长为一批刻苦学习、坚韧不拔、积极向上、富于理想的建设人才。如今毕业 53 年了，如果说褪去光环、洗尽铅华，那么，我至今铭记、受益并坚守的就是当年的初心：感恩师长，授业育人，引我前行，砥砺中流。

在整理材料的过程中，我联系了几位大学同学，他们也帮我提供了大学期间最难忘、最宝贵的素材和照片，我想，这些感受正是我们那一代人努力追求青春年华的印记。

刘景樑

1941 年生，全国工程勘察设计大师，天津市建筑设计院名誉院长。

大学，我的建筑基因

顾孟潮

大学阶段（1957—1962 年）是我人生最好的时期，也是我最困难的时期。

中国人年纪按阴历计算要虚两岁，所以我可以忝为耄耋之年。近80年的人生，上大学的时间不过是区区五年，占一生的 1/16，占我 60 年建筑生涯的 1/12，时间很有限。但是，这五年是由学校人变成社会人的转折点。

当时我到部队被人们称作“三门干部”，即出家门、进校门、毕业后进机关门的人，一切需要“从零开始”。

回想起来，大学这五年对于我成为一个真正的建筑人来说，确实是入门、开窍、定向、决定未来沉浮成败的关键时期，许多因素成了我日后执业的“建筑基因”。

大学时代的几个“第一次”

大学时代曾经发生许多个“第一次”。

前提是，我是第一次离开北京到外地生活和学习。1957 年 9 月 1 日入学以后，遇到的一切困难，都只能独自面对，通过自己思考和自己动手解决，基本无人依靠。好在我自小学、中学都住校，生活能力已受到了 12 年的锻炼，尚能应付。所以，这里从记忆印象深刻的几个“第一次”说起。

1. 文字见报

1957 年某日《北京日报》头版刊登了题为《不用缝的纽扣》和《灯泡的充气包装》的两则科技短消息，这是我从前苏联科普杂志《科学与生活》上摘译的两条信息。

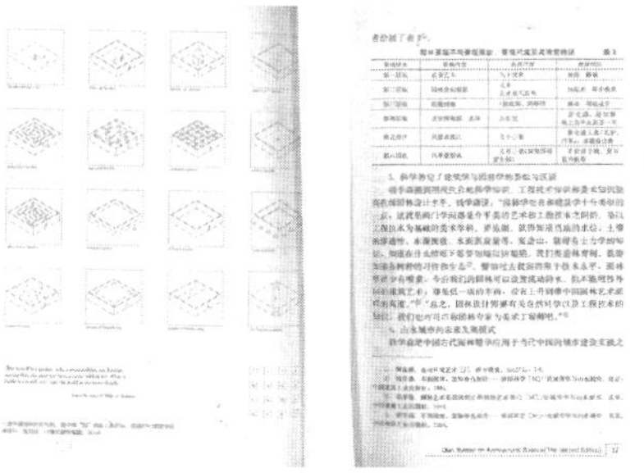

笔者译著《建筑构图概论》书影

在学校运动会上

2. 文章刊载

1958 年，在我经常翻阅的《国外建筑文摘》（中国建筑科学研究院情报所编辑）上，刊登了《砖石结构的未来发展趋势》一文，这是我根据前苏联俄文版专业书翻译的一篇文章。

3. 译著出版

1961 年中国建筑工业出版社的《新书预告》刊出，由顾孟潮等译、原苏联建筑科学研究院主编的《建筑构图概论》即将出版。该书属于高等建筑院校迫切需要的建筑设计基础理论教材。但是，鉴于 20 世纪 60 年代“中苏关系”的恶化，该书迟至 22 年后的 1983 年才正式出版。

4. 登话剧舞台

1958 年，我有幸担任著名物理学家丁西林编的独幕剧《压迫》的男主角（房客）。该剧讲述了该男士因为手头拮据，无奈与同样手头拮据的女士假扮夫妻，合租同一间客房，不巧遭到警察盘问的尴尬故事。

5. 登大学体坛

大学入学不久，由于我在北京小学、北京市第八中学都是校体操队队员，经过初试即入选为大学体操队队员。大概这也是班里选我当文体委员的原因。

6. 参观十大建筑，访问建筑名家

1959 年，中华人民共和国成立十年大庆时，我还是刚刚进入三年级的学生，羌苑老师点名我和布正伟、马子民（已故）三位同学组成建筑理论研究小组，专程去北京访问十大建筑（十大建筑指：人民大会堂、中国革命·历史博物馆、

大学课间

民族文化宫、中国人民革命军事博物馆、全国农业展览馆、民族饭店、钓鱼台国宾馆、北京火车站、华侨大厦、北京工人体育场）设计和建设的名家和美学家，包括梁思成、汪坦、吴良镛、张镈、林乐义、严星华、甘东、宗白华等。这次专访和建筑调查研究使我们受益终生，远远超出当初想法——单纯为编写《新中国十年建筑史》收集素材资料，以便开始起草工作。

7. 在校充当建筑工人

由“反右”开始的大学生年代，所谓“政治挂帅”是压倒一切的——把“教育与生产劳动相结合”作为重要的学习方式和内容。几乎每个学期，都安排很多劳动，如建造“红专楼”“大炼钢铁”、在大学食堂参与厨房劳动、住到海河改造工程的工地参加劳动等，在我们丝毫没有思想准备的情况下突然一个接一个地降临了。好的一面是，使我们对实践的重要性有了更深刻的认识，也相应地提高了实际操作能力。

8. 参加社会主义教育运动

我们参加了“批右派”“双反”（即“反浪费、反保守”运动）和“教改”等社会主义教育运动，为此经常停课、读文件、听报告、贴大字报、开批判会等。

9. 办班报《红鹰》

班上在团支部的领导下办了一周左右出一期的班报——自己动手写稿、自己手工刻蜡板的八开四版的油印小报，报的名字叫《红鹰》，意思是“走又红又专的道路”，报道班上好人好事，同学们学习、劳动等各类活动的情况，很受大家欢迎。有时《红鹰》上好的文章还被利用课间向全班广播，或被推荐到校刊发表。

笔者在天安门前

笔者在学习

10. 参加勤工俭学

那时读建筑学开销比较大，绘画的纸、笔、水彩画颜料和参考书都需要自己花钱买，对于经济困难的同学尽管有助学金补助，还是有不小的负担。为此我就参加些勤工俭学活动，如刻刻印教材的蜡板、修理学校的游船、为报刊撰文等补贴零用钱。

11. 从首都到边疆

1962 年 10 月毕业时，正值中国和印度开仗（中印边界自卫反击战），听了陈毅总理向知识分子脱帽行礼道歉的报告，十分感动，便主动要求到最艰苦的新疆去工作。有同学诚心诚意地劝我再慎重考虑一下，可我仍毫不动摇地报了名。当年在北京火车站，向新疆西行的列车出发那天，大约有 20 个同学为我壮行，火车启动的汽笛一响，我耳边就响起荆轲的告别词：“风萧萧兮易水寒，壮士一去兮不复还。”

12. 从地方到军旅

那时的火车尚未提速，北京到乌鲁木齐需要三天四夜，而且只通到盐湖站，必须在盐湖的地窝子里的通铺上男女老幼混合着和衣睡上一夜，第二天再坐几个小时汽车才能到达乌鲁木齐市。到乌市后，去新疆军区报到就算是参军了。我先在军区招待所住下，几天后再坐军用卡车走五六天，才到终点站——中印边界自

天津大学主楼

实习现场

卫反击战前线指挥部所在地的南疆军区，作为名副其实的军人上岗。因为出发前想的是去打仗，一本专业书都没有带。意外的是，仍然安排我从事我所热爱的建筑学专业，我高兴地赶快把留在北京的专业书托运到新疆。只是困难比在学校时更多更大了，军区与北京相隔万里，发封信往返就要十天半个月，苦于眼前既无老师又没有参考书，这时才意识到什么叫“从零开始”。

建筑事业的基因群组

回想起来，大学五年对于我这个要成为一个真正以建筑为终生事业的建筑人来说，确实是入门、开窍、定向、决定未来沉浮成败的关键时期，许多因素成了我日后执业的“建筑基因”。

1. 运动特多，艰难五年

1957—1962 年，建筑界建筑学被视为“资产阶级集中的堡垒”，是“兴无灭资”的重点户，处于反复经受折腾的年代。1957 年“反右运动”，1958 年“大跃进”，1959 年“反右倾运动”，1960—1962 年连续三年困难时期都不例外，同时又要贯彻“调整、充实、整顿、提高”八字方针，搞“教改”和“双反运动”等等。

于是有了前面所说的参加劳动、“大炼钢铁”等，占去了很多学时，使同学们非常焦急，感到一年一年时间匆匆地过去了，真正学到的东西太少——这种时不我待的压力真正变成了我们求知若渴的学习动力。尽管最后三年由于粮食等副食品供应十分困难，我们年轻人吃不饱肚子，上楼梯腿都在打颤，但仍然抓紧一切时间自己为自己补课——钻资料室搜集资料，画水彩画，买专业书，找老师请教……大家十分珍惜在校学习的机会。所以说，我的大学阶段是我人生最好的时期，也是我最困难的时期。

2. 恩师多多，吉人相助

这五年也是我人生最好的时期。好在我年轻时遇见了那么多高水平、高道德的名师。如徐中（系主任，理论、实践均精通的教授）、卢绳（中国营造学社最年轻的成员，中西建筑史皆通）、胡德君（教建筑初步，手把手为我改草图的入门老师）、高尚廉（留日归来的水彩画家）、沈玉麟（留美归来的规划专家）、张国良（俄语高校统一教材的编写者）、彭一刚（当时虽然是助教，但他的小钢笔画和学校的图书馆设计已使他成为学生崇拜的对象）。而且不少老师是我的“吉人”，徐中主任亲自写信为我联系译著出版；卢绳教授的忠告让我躲过一劫；高尚廉老师，我多次登门求教，她从来循循善诱而不嫌烦；沈玉麟教授主动无偿地承担我译著的校稿工作……与这些良师益友相处的情景让我终身难忘。

3. 同学合作，得心应手

1960 年原苏联建筑科学研究院编的《建筑构图概论》（俄文版）出版，几

老同学再聚首

个同学人手一册地买了回来，如获至宝。为了早日吸取该书的营养，大家一拍即合组成翻译小组，我出面组织布正伟、邹得侬、孟莉、陈永山、李培宗等同学，大家分工翻译，相互切磋，边译边讲，克服当时缺乏讲构图原理专业书的困难，乐此不疲，受益良多。

4. 与文有缘，笔不离手

大学学习期间，我形成“与文有缘，笔不离手”的好习惯。特别是当时读到介绍毛主席“不动笔不读书”的做法，我很受启发，做了不少外文书的读书笔记，如《视错觉》《住宅设计原理》《医院设计》的读书笔记和日记，编班报《红鹰》，为报刊撰文等，提高了驾驭文字和学习建筑理论的能力。

5. 理论渊源，增加预见

我由于长期广泛阅读中外建筑书刊受益匪浅，包括参观实习和访问建筑名家、美学家，培养了对建筑理论、美学书刊阅读的兴趣。如当时中文的《建筑》《建筑设计》《建筑译丛》《国外建筑文摘》《科技新书目》我几乎每期必读，外文的主要是影印版的俄文版建筑书我也买了不少，还自费订阅了前苏联的建筑学刊物，到王府井报刊门市部读前苏联《建设报》。许多国外信息都是这样较早知晓的，眼界和思路也因此宽广些。

6. 远离中心，外语救我

在北京上中学时我便经常到北京图书馆（今中国国家图书馆）看书或听学术讲座。到大学后只能寒暑假去国家图书馆看中外文书刊。离开北京后我感到信息源减少很多，容易跟不上快速发展的形势。在大学学的第二外语（英语）因高年级课程重未能坚持完成，而 1962 年到新疆后更感到闭塞，于是我自学了第二外语——英语，这为我增加了一大信息通道。在某种意义上是“外语救了我”，使我多一根敏感神经，及早发现自己学术和专业上的弱点和不足，能够及时弥补。我自中学开始与前苏联朋友通信后，外语几乎伴随了我全部 60 年建筑生涯。如果没有来自外文方面的信息帮忙，我可能会比现在滞后许多。

顾孟潮

1939 年生，中国建筑学会教授级高级建筑师。

老师的启蒙给我丰富滋养

布正伟

20 世纪五六十年代交接时期，我们上设计课那会儿，特别喜欢扎堆式地围着一个同学的图桌，听上课老师给这位同学指点设计和改图，而老师说的有趣有味儿的话，也常常在同学之间流传。再就是，每到政治运动来了搞“大批判”的时候，也正是设计教学中各种话语广为传播、同学大开眼界的时候。就这样，我从低班到高班再到做研究生的那 9 年，知道了老师们说的不少管用的设计启蒙话语。这些话语就像一粒粒种子，撒播在我求知欲甚强的心田上，生根发芽，破土成长，让我在毕业后漫长的职业建筑师生涯中，收获了一茬又一茬……

一、建筑构图是建筑师的看家本领

1960 年大三的暑假，拍摄于原北京苏联展览馆（今北京展览馆）前。手上提的是笔者自己动手制作的木制画箱，它一直陪伴着笔者的大学生活，到南方实习也带在身边

我是 1957 年进入天津大学建筑系的，一入学就赶上了“反右”，后来是“教改”、批判“白专道路”。当时，我们还没有系统地学到什么设计理论知识，倒是这些政治运动对“建筑构图”“形式主义”“唯美主义”的揭露和批判，让“建筑构图”这个特别吸引人的概念深深地印刻在我们好奇的头脑里了。系里“大批判”的注意力之所以集中到了“建筑构图”上，并不是因为它是研究建筑形式美规律的学科，而只是因为设计教学把“建筑构图”看得太重，甚至提高到了“是建筑师的看家本领”的程度，把同学引向了迷恋形式主义、唯美主义的“白专道

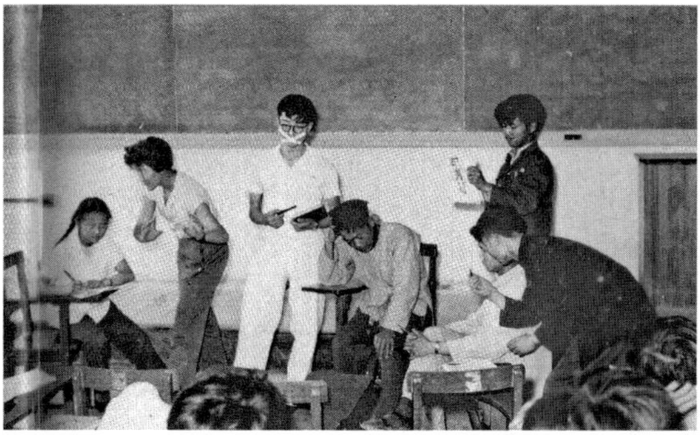

1957年上大一时赶上了“反右”，这是批判会上自编自演的活报剧，批评对待运动的各种消极态度，中立者是笔者，为“守口如瓶，一言不发者”

路”。但“建筑构图是建筑师的看家本领”这句话是谁说的，始终都不得而知，恐怕还是泛指设计课老师的“集体潜意识”吧。我清楚地记得，高班的徐显棠同学成了全系的典型，而在建筑构图方面功底突出的彭一刚老师，则被看作宣扬“构图万能论”的代表。

尽管这次“大批判”的雷声很大，给大家造成了很大的思想压力，但风平浪静之后，同学做设计和老师辅导设计还是照样地按嘴上不说的构图原理，津津有味地改来改去，正如大家所说的那样：“建筑构图就像臭豆腐——批判时很臭，吃起来很香！”进入高年级后，我和班里几位俄语好的同学，还分章合作翻译了前苏联出版的《建筑构图概论》一书，得到了徐中先生的赞许。想不到，就在我准备印制研究生毕业论文的时候，“文化大革命”的风暴来了，这一次上纲上线到顶了：把努力推进建筑设计基本功训练的徐中先生打成了“资产阶级反动学术权威”，是“鼓吹‘建筑构图万能论’的总后台”。然而，看看“文革”期间建筑设计教学质量的大滑坡，再看看徐中先生复出后，重振建筑设计基本功训练的雄风使教学很快恢复了元气，建筑设计专业学生多次在国内外大学生设计竞赛中名列前茅这些事实，就再也无可争辩了：把建筑构图基本功当作“看家本领”来抓，是完全必要的，也是符合建筑设计规律的。

从学校走进设计院以后，我虽然经历了4次设计单位的大变动，但始终都以徐中、童鹤龄、彭一刚、聂兰生、张文忠、黄为隽等先生为榜样，在漫长的建筑创作实践中，总是在探寻建筑中生活美与艺术美的同时，下力气去认真对待和处理建筑的形式美问题，并一直在思考“建筑构图”概念的内涵与外延所出现的各种变化。首先，在《自在生成论》一书中，特别阐明了“建筑共性特征”与“建筑个性特征”不可分离、“建筑表现”必须分清楚“不同层级”这个至关重要的道理；论述了建筑创作中“常规变化”与“异常变化”之间互补互动的设计运作机制；总结了“建立生动秩序”所应注意的6个要点——确立中心、形成网络、寻求偏离、展示重复、利用冲突和完成过渡。《建筑语言运用的原理与技巧》的系统研究，广泛地涉及了建筑语言的语形、语义、语境、词法、句法、修辞等概念，而这些概念的含义与构成，也是我在借鉴建筑构图基本原理的基础上，进行深层次的挖掘和拓展，才逐步探索出来的。其后，又通过对现代建筑设计变异手法的洞察与分析，提出了建筑形式美的规律已由

1958 年上大二时参加“大跃进”、全民“大炼钢铁”，笔者被分配至校园“西大坑”自行修造的土化铁炉组，每天将废旧铁件熔炼成铁水，送到土转炉炼钢

1962 年在北京考察实习时，童鹤龄、何广麟、张廼苓先生（二排右二至左）和同学们合影（一排中为笔者）

1965 年，1962 级研究生布正伟、1965 级研究生夏锡南随徐中导师赴京开会时合影于八达岭

过去说的“多样统一”，演进到了当今正在成为共识的“多样统合”的理论观点——这其中就包含了对城市设计中“多样拼合”设计策略的谨慎考量……

二、建筑设计最忌讳瞎琢磨、“穷掬饬”

在打设计基础的低年级时期，难得有不受“运动”冲击、能安下心来做课题设计的时候。为了向老师们多学一点做设计的本事，除了多听多看之外，还尽可能地多收集一些可参考的资料。在图桌上画图时更期待着设计灵感的到来，好让自己在设计中表现与别人不一样的想法。那时候，我们都生怕自己做的设计方案简单、平淡，因而总喜欢从总体到局部设计变化多一点，用现在的话来说，就是特喜欢做“加法”，还舍不得“割爱”。抓不住设计中的实质问题，一股脑儿地把不少时间和精力，都花在“为变化而变化”上——这些在指导老师看来，正是初学设计的人容易犯的毛病。不过，我分到的设计题目是印刷厂的印刷车间，设计思考中的理性成分自然要多一些。我的设计是聂兰生老师指导的，没有出现节外生枝的情况，工艺设计流程顺当，车间形体处理明快，得了 5 分的设计图纸留在系里了。我还有一个不小的收获是听来的，那是指导民用建筑设计课题的老师，在给同学评图、改图讲到设计想法要清晰明确、解决问题的时候，特别强调了一点：“建筑设计最忌讳瞎琢磨、‘穷掬饬’！”

“掬饬”是北方方言，意思是“修饰、打扮”。“穷掬饬”则有“瞎显摆”的讽刺意味。后来才知道，寻求简明大方的设计方案，一直是徐中设计教学团队的优良传统。彭一刚老师说，他做学生时，徐先生就夸过他做的一个设计“简简单单，很好”。邹德侬同学在回忆做“天津火车站设计”时，担心自己与众不同的设计方案像工业厂房的“方盒子”，简单化。徐先生若有所思地看了他画的草图之后，不但没有批评他，反而鼓励他：“简单不能算毛病，能简单处理为什么要复杂？像工业厂房也没有什么不好，用工业建筑的手法处理民用建筑我看也可以！”接着他便认真提出了改进意见。徐先生的这次设计指导让邹德侬同学受益匪浅：如果不抓住设计中的实质问题，就只能浮在表面上做虚功。

“建筑设计最忌讳瞎琢磨、‘穷掬饬’！”——这句话说得满在理、挺带劲，

这张褪色的水墨渲染图虽然距今已有 50 多年了，但当时训练光影效果和画面整体感把控技巧的情景仍记忆犹新

它不仅让我在 50 多年的建筑设计实践中，一直保持着警觉之心，绝不让建筑作品的“品格”受到一点点“穷捯饬”的损害，更促使我想到了建筑创作实践中不断出现的许多新问题，诸如：后现代建筑文化思潮的涌入，为什么会让我们的不少设计也沾染上了“穷捯饬”的嗜好？我们究竟应该如何去看待西方现代建筑中的审美变异现象？针对建筑乱象，“正本清源，回归本体”的呼声不断，这说明了什么问题？为什么前一个时期会发展到了积重难返的程度？改革开放以来，这些广泛涉及建筑审美与建筑创作的棘手问题，一直吸引着我，促使我在后来持续的建筑理论思考与探索中去寻求答案……

三、钻牛角尖就放不开设计思路

到了高班，我渐渐懂得了“构思”与“构图”之间不仅有密切的联系，而且“构思”还是下笔“构图”、展开设计的关键所在。但这只是理论上的认识，如何去构思，如何有效地发现一些好的设计想法，自己的脑子里还是懵懵懂懂的，只是笼统地觉得只要有“钻劲儿”就行。在童鹤龄老师辅导我们做高层住宅设计时，我就是这么想的，再加上自己认为住宅类设计没有什么难度，于是在脑子里草草地过了一些想法之后，便按自己觉得有点与众不同的平面布局与形体组合方式，闷头画起来了。照说，这也没什么错，但问题就出在考虑不同户型厨卫自然采光通风要求、各户与交通核的便捷联系时，难以调整好那些不如人意的地方，直接影响到了住宅的使用。时间已经耗去了不少，自己却因为喜欢这个挺有意思的形体组合而不甘心就此罢手，仍然在那儿左思右想、改来改去。

童老师知道我在设计中“卡壳”之后问我：“你有没有想过别的方案？”我低声回答：“想过一点，没画。”童老师没有多说什么，只撂下了 9 个字：“再画画别的设计想法。”尽管童老师没有“剋”我，但自己觉得挺“闹心”——我

上高班时笔者与顾孟潮、邹德侬、梁应天等同学，分章合作翻译了俄文版《建筑构图概论》一书，很大胆也很辛苦

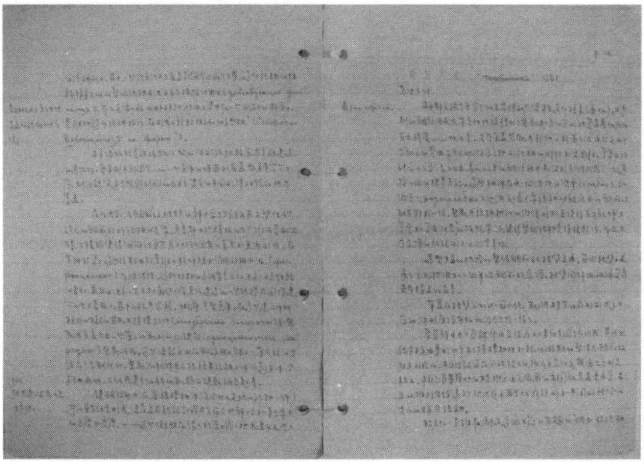

笔者在翻译俄文版《建筑构图概论》第三章《结构构成》时，写下的全章节译文笔记，也成为他写研究生毕业论文的重要参考文献之一，翻译时反复体会其论述要义

怎么就逮住一个想法“死磕到底”啊？！自己不光是忘记了要从多方案比选中择优，还完全忽视了高层住宅也同样会有不好纠缠的设计难点。脑子开窍了，后来的设计进展便顺利了，童老师对我交上去的设计作业也还算满意。不过没想到在定成绩打分之前，童老师特意把我叫到了教研室跟我说：“你在设计中能独立思考、肯钻研是好的，但有点钻牛角尖。要知道，钻牛角尖就放不开设计思路，很容易失去找到尽可能好的方案的机会。为了让你一辈子都记住这一点，我给你在 5 分上加了一个‘-’号。”这让我确实有点脸红，但童老师“慈母严父”般的心肠，也顿时让我感到无比温暖。

这次童老师就设计思想方法给我的“点穴治疗”，让我受益终身，对他讲的这些朴实无华的真话，我越琢磨越有深意。从最实处来说，如果“钻进去出不来”就会在设计构思阶段，因为“一叶障目”而把其他设计思路全堵死了；从深层面来“理论”一下，就意味着形而上学地去看待“钻劲儿”，就不能以开阔的视界、全局的眼光对建筑设计中的主要矛盾、对建筑价值创造的应有取向等，做出中肯而准确的分析和判断。随着毕业后建筑设计阅历的不断增长，自己便从对建筑设计思想方法的特殊关注，自然而然地转移到对“建筑美学思维与建筑创作智谋”的持续思考和深入探索上来了。

四、好的设计总也离不开生活体验

从 1962 年下半年读研时起，我就有机会在徐中导师的言传身教中，不断领会和感悟他在“如何看建筑和做建筑”这两方面的思想和经验了。第一个学年，他亲自安排并指导我做了三个工程项目的方案设计：天津市海员俱乐部、外贸办公楼与出口商品陈列厅、拖拉机厂住宅小区规划。徐先生规定，每周都要我带着设计草图，到他家中去汇报。每一次指导，他都深入浅出，针对各工程的不同性质和条件，把设计中要注意些什么、对各个方案中好的想法和存在的问题，乃至一些我没有考虑周到的设计细节等，他都一一讲评到了。托在徐先生身边“吃小灶”的福，在三个设计题目做下来之后，自己在设计素养和设计技能方面，确实都有明显的长进。

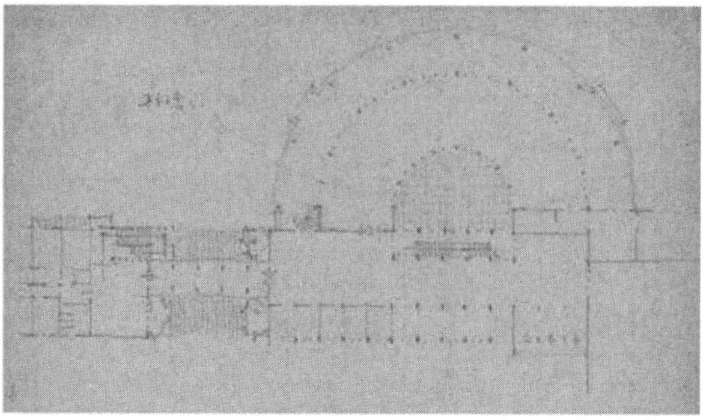

（a）

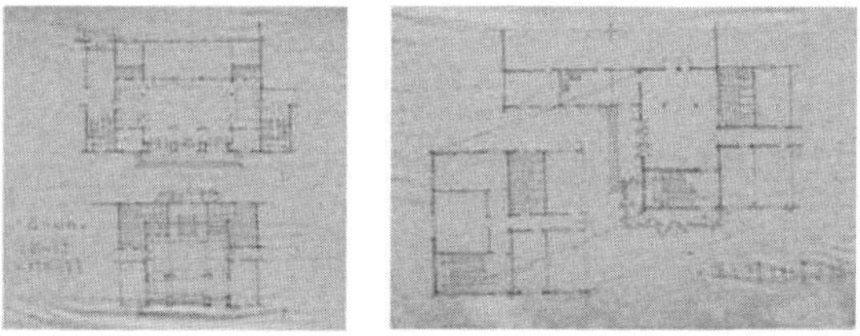

（b）

研究生第一学年做的课题设计，都是徐中导师按照天津市工程设计任务布置的。那时候笔者特别注意设计草图表达，这是保存在专业日记里用 HB 铅笔画的几个小草图

（a）1962 年读研究生时设计天津市海员俱乐部画的铅笔草图（局部）

（b）同年在设计推敲天津市外贸办公楼门厅与陈列厅连接关系时画的平面节点草图

有一次徐先生给我评图时说的话，我至今难忘。那是在做天津市外贸办公楼和出口商品陈列厅设计时，我把注意力都放在如何处理这两个相对独立又连成一体的特殊建筑的关系上了，诸如对高低不同建筑体量的组合方式、办公楼门厅交通核与陈列厅的内部联系、建筑形式与总体风格的协调等，都有较多的思考，自认为是下功夫了。然而，当徐先生看到上下两层大面积陈列厅，在图面上是长方形空白块的时候，就指着那儿问我：“下一步陈列厅设计有什么考虑吗？”他看我有点为难没有回答，便告诉我说：“这个工程设计的一个特殊性，是要展示外贸出口的各种商品，这个展示功能设计得怎么样，直接关系到工程整体的设计质量。”他还进一步做了解释：外贸出口商品的种类、规格、存放、运输路线、展示流程、陈列方式、照明通风等，都会影响到展览大厅的空间尺度、平面布置和剖面设计，如果没有调查研究，没有这方面的生活体验，脑子里就是一片空白，设计就无从下手。解释完了，徐先生若有所思地又加了一句：“好的设计总也离不开生活体验。”

“生活体验！”——这是建筑前辈们在创作实践中总结出来的一大法宝。

1965 年我和王乃香师姐做研究生实习时，曾怀着“取经”的虔诚心情到杨廷宝先生家中拜访，他曾谆谆教导我们：“要向生活学习，要多观察。”在提到生活中的例子时说：“比如看修伞的师傅是怎么做活儿的，这里面就有不少学问……”回想起来，研究生毕业前后的那些年，我去河北农村“四清”，跟贫下中农睡过简陋的牛棚；接受“再教育”到塘沽做过酷暑严冬最重最苦的盐工活儿；下放“三线”在湖北化纤厂工地上，还搞过“鼓干劲争上游，埋葬帝、修、反”的宣传活动。所有这些不寻常的生活历练，培育了我后来在设计实践中特别看重的“务实”和“细致”作风。尤其是在中国民航机场设计院的那 8 年多，我为了做好空港航站楼设计，曾经先后在国内外做了不少系统的调查研究工作。深入的观察和切身的体验，让我相继实现的几座航站楼设计，都适应和满足了当时各个方面提出的基本要求，而同时，我也从这些设计实践中总结出了“体验城市”“建筑创作从寻找城市开始”“地标建筑更需要关注城市意义的形态表达”等设计理念与设计方法。我对“如何创造城市整体美”的兴趣、思考与探索，以及自己晚年在“城市设计”实践中提出来的相关指导思想等，也都无不发端于“生活体验”这一刻骨铭心的教诲……

五、“手脑并用，眼高手到”“出手见水平”

如果说，大学 5 年设计课启蒙教育是打基础的时期，那么，接着读研究生

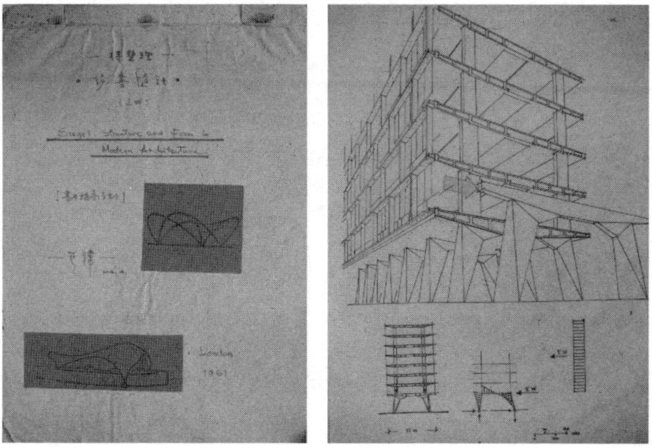

在通读英文书籍 *STRUCTURE AND FORM IN MODERN ARCHITECTURE* 时，笔者所做的“读书随记”有一大本，而书中的全部插图，都在硫酸纸上细心地描绘下来了

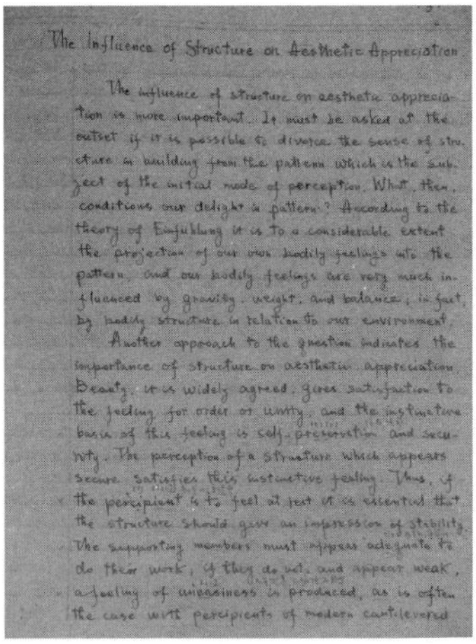

The Influence of Structure on Aesthetic Appreciation

The influence of structure on aesthetic appreciation is more important. It must be asked at the outset if it is possible to divorce the sense of structure in building from the pattern which is the subject of the initial mode of perception. What, then, conditions our delight in pattern? According to the theory of Einfühlung it is to a considerable extent the projection of our own bodily feelings into the pattern. and our bodily feelings are very much influenced by gravity, weight, and balance; in fact, by bodily structure in relation to our environment.

Another approach to the question indicates the importance of structure on aesthetic appreciation. Beauty, it is widely agreed, gives satisfaction to the feeling for order or unity, and the instinctive basis of this feeling is self-preservation and security. The perception of a structure which appears secure satisfies this instinctive feeling. Thus, if the percipient is to feel at rest it is essential that the structure should give an impression of stability. The supporting members must appear adequate to do their work, if they do not, and appear weak, a feeling of uneasiness is produced, as is often the case with percipients of modern cantilevered

从英文、俄文版的现代建筑史和专题著作中，搜集与毕业论文有关“如何对待与运用结构”方面的文献资料，是很费心又费时的，每当有所发现时便如获至宝，总要将其抄记下来存在文献盒里

的后 4 年（因“四清”和“文革”延迟一年），则是在徐中导师的引领下，进一步夯实建筑设计与建筑理论基础、向职业建筑师标准努力的提高阶段。庆幸的是，我总算赶上了“四清”“文革”前那一段安定祥和、学术思想相对活跃的时光。在徐先生的带动下，教研室经常搞一些专题讲座，每个周末骨干老师自愿结合，在徐先生家客厅做学术交流：由一位老师按自己准备的专题先讲，然后自由发言，讨论的都是现代建筑理论中大家感兴趣的问题。徐先生的插话和发言，总是妙趣横生，让人回味。上面说的这些活动，我没有落下过一次。就是在这样学术氛围的熏陶中，我深感徐中先生设计团队树立了一种极为可贵的学习风尚：既关注设计技能的手头磨炼，又重视建筑理论的思考与运用，这是我读研以前在设计课堂上从来没有感受过的。

我刚读研究生时，徐中导师在教研室给我一个人讲的第一课，就是“建筑设计实践与建筑理论修养的相互关系”。他说，只讲设计的技能、技巧，不懂以建筑理论去做指导，就成了“画图匠”；反过来，只讲理论，不能动手做设计，就会变成“空头理论家”；我们培养的总体目标应该是“既能动手又能动脑的建筑师”。这些话对我的冲击不小，因为，我考徐先生的研究生时，想的就是要多学点做设计的真本事，很反感“往建筑理论方面去靠”。徐先生这一席话像给我头上浇了一盆冷水，让我开始清醒了：要学到真本事，就既要学技能又要学理论。可是，自己还是搞不懂：建筑理论与设计实践之间，究竟怎样才算是结合在一起了呢？在与徐先生和他的设计团队的老师们越来越多的接触中，我渐渐地感觉到了，他们都忌讳把理论挂在嘴上，而是储藏在自己的脑子里。长此以往，建筑理论的作用便以潜移默化的方式，影响到了他们各自设计功力特点的形成。然而，

即使自己领会到了这一步，也还是没有很好地消解我上面所说的困惑。

当徐先生开始审阅我的毕业论文《在建筑设计中正确对待与运用结构》初稿的时候，由于论文内容涉及了设计实践和建筑理论这两个方面的问题，所以在指导我的过程中，他常常即兴讲到一些设计话题。有一次在谈到他对设计要诀的看法时，徐先生兴致勃勃地说："手脑并用，眼高手到。"他解释"眼高"，就是要有来自建筑理论修养的敏锐设计眼光；而"手到"则是说，只要有好的设计想法一出现，手头的功夫就立马能描绘、以图形方式表达出来。这两条能同时在一起起"合力作用"才算是"设计高手"，徐先生正是这样严格要求带设计课的老师都应该自己先动手亲自做好课题设计的。我喜出望外，正好借这个机会问了一句："您说，该怎么检验这两条是在一起起'合力作用'了呢？"想不到，徐先生用行家里手的一句话做了回答："出手见水平！"——听到以上这些简明、响亮的经典话语，我兴奋的心情难以言表：读研的这几年，终于寻求到"设计实践与建筑理论之间，究竟怎样才算是结合在一起"的鲜活答案了！

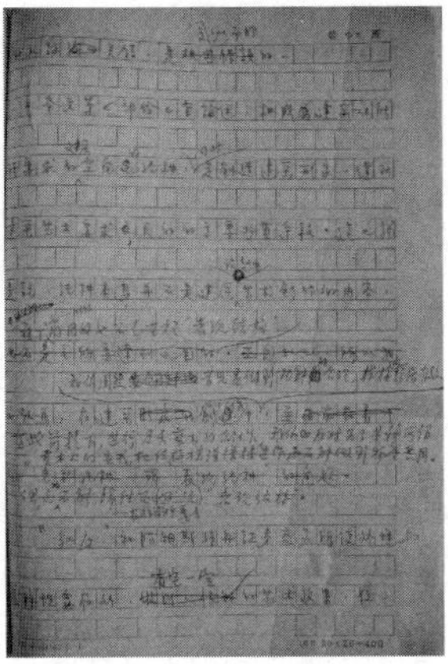

研究生毕业论文《在建筑设计中正确对待与运用结构》，同时涉及了对设计中诸多理性思考问题的考量和建筑美学中对结构审美因素及其艺术加工等问题的解析，为此，徐中导师对全文各章节都做了认真细致的审阅和修改

随着自己创作实践经验的积累和建筑理论修养的不断提高，我逐渐体会到了"出手见水平"这句话所包含的深意：在理性思维与形象思维（感性思维）高度融合的前提下，一瞬间能熟练地以图式表达的手头功夫使设计意图跃然纸上，即使是一小块草图展示，也不会出现"跌份、失格"的窘相，而总是让人可以从中品味到一种值得思考或诱人期待的东西。"手脑并用，眼高手到""出手见水平"——徐中导师提炼出来的设计要诀，对我的持久的鞭策、激励是一言难尽的。惭愧的是，我没有做得怎么好，留下了不少让自己揪心的遗憾。唯一感到慰藉的是，在建筑创作实践与建筑理论探索的双轨上，自己自始至终是尽自己的最大努力往好的方向去做了，新出版的《建筑美学思维与创作智谋》一书，便是对自己

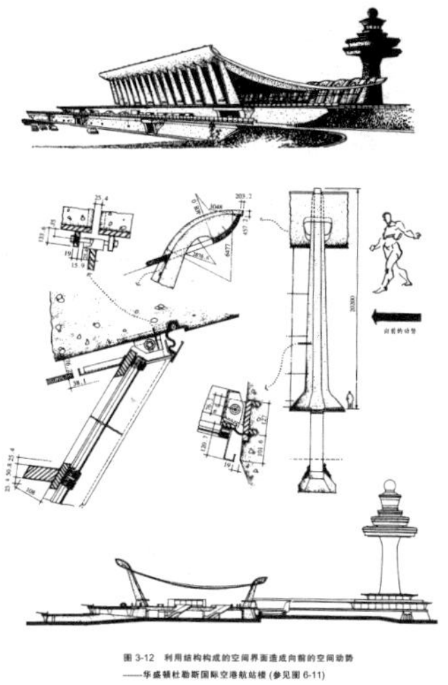

走上设计工作岗位之后，这篇研究生毕业论文逐步拓展成学术专著得以出版，又经过多次再版与补充调整，2006 年以更加完善的理论框架、更加充实的可读内容和更加丰富的手绘插图与读者见面了

50 余年来职业建筑师生涯的专业性总结。该文集总体架构所围绕的中心主题——“建筑美学理论是怎样转化为创作软实力的”，则是我近几年来在建筑美学理论的新探索中，切合当今建筑创作实际，从建筑设计运作机制和建筑创作美学思维全过程等不同视角，对建筑创作软实力与硬实力概念及其互补联动原理所做的专题性研究，同时，这也是从理论的深层次上，对上述“手脑并用，眼高手到”“出手见水平”设计要诀真谛的进一步认知与把握。

六、意犹未尽的结语

半个世纪前老师们说的设计启蒙话语，虽然都早已从当代建筑教学的语境中消失了，但当我又回忆起来的时候，就像拿出了“陈年老酒”一样，纯正浓郁的香味儿一阵阵地扑鼻而来。

时至今日，我始终认为，尽管我们的建筑价值观和建筑审美观有了众所周知的巨大变化，可是做优秀建筑师所要具备的那些“骨子里的东西”——诸如“设计创意”的确立与其“图式表达”的基本功，判断“建筑价值取向”与呵护“建筑品格”的设计直觉，“创作视野”的开阔、“设计思路”的敏捷和“生活体验”的深厚积累，以及对“创作实力”来自“设计技能”与“理论学养”双向历练的坚定信念等，不仍然还是那句老话“一个都不能少”吗？！

我在徐中先生100周年诞辰撰写《徐中的建筑美学研究及其价值、影响、启示》一文（见《建筑学报》2012.5.）的时候，特意请续任天津大学建筑学院院长的张颀先生对这篇纪念文章谈一点感想。当时他讲的这一段话在这里又一次加以引用，我想是再合宜不过了：“在建筑界百花齐放、流派纷呈的当下，建筑教育界也在忙于奔跑和追赶。但在此过程中，就不曾发现有些什么珍贵的东西已经丢掉了？丢掉了就应该回头去找一找。把建筑美学教育与设计基本功的扎实训练创造性地结合起来，是我们的优良传统，如何使这一传统更好地去适应未来建筑人才培养的规划目标，这就需要重新思考、认真探索并切实加以解决。这样去做，不是倒退，而是迷途知返。”

布正伟

1939年生，中房集团建筑设计有限公司资深总建筑师。

大学侧影二三事

黄星元

告别中学时光

1957年高考之后，我的中学生活就此结束，无数次往返进出的校门和教室，无数次挥汗长跑的操场，还有参加天津大中学生汇演中获奖并作为保留节目的蒙古族鄂尔多斯舞，都成了美好回忆。

天津市耀华中学秉承“勤朴忠诚”的校训，校有名舍，亦有名师，教学设施之好，校风之正，学生全面发展在天津有口皆碑。

告别了有着建筑美好体验和触摸的校舍，告别了我慈祥的中学老师，老师践行了“要用心血铺就学生成长之路”的誓言，使我由腼腆少言转为开朗和自信，告别了耀华，迎接大学生活的到来。

从耀华到清华

1963年与关肇邺先生合影于清华园

1957年高考与以往相比至少有两点不同。第一，全国招生人数为历年最少，仅为100 700人，录取比率大约是30%。第二，报考建筑系的考生要用一整天时间加试美术。所以，我们这一届60多位同学能相聚清华建筑系真是人生难得的缘分。回想起加试美术的情景，上午完成的是静物素描，下午要求画一张建筑想象画，我略加思索一气呵成完成了以耀华中学主入口为素材的想象画，由此也验证了对中学母校的印象之深。不知此画今在何处，真想再看它一眼。

我的中学母校是耀华中学，今年是它建校 90 周年纪念。校舍 1927 年由英国建筑师库克和安德森设计，从 1951 年到 1957 年，我在这里度过了美好的中学时光，当时只觉得校园是那么明朗精致而与众不同，四大校舍围合，扇形礼堂位于尽端，庭院内阳光倾泻，布局紧凑有序，建筑外墙全部为红褐色缸砖，门窗上缘设白色拱顶石，穿过过街楼是宽阔的大操场，围合着健身房、体育馆，图书馆则独处校园一隅，是当时少有的现代化学校建筑的经典之作，而且建造质量颇高，延续至今毫不逊色。

到北京，进清华，能上我梦寐以求的建筑系，让我有着充满阳光的心情。人生也悄悄翻过了历史的一页。初识清华园，大礼堂前一片大草坪豁然呈现，东南一隅有一座青砖红瓦细部精美的建筑，即为清华学堂，那就是梁思成先生任系主任的建筑系所在地，高雅而陌生。建筑环境能令人感到文明启蒙和身心愉悦，这个感觉在天津耀华中学也曾经有过。

从天津到北京当时坐绿皮火车要 4 个多小时，我是在西直门火车站下的车（那时十大建筑之一的北京火车站还没有建成），

一路上建筑不多，感觉没有天津繁华热闹。报到之后我被分到 2 号楼学生宿舍，这是一组民族形式的建筑群，非常好看。同学来自天南地北，方言各异，四川话、上海话、湖南话、东北话汇成各具特色的“普通话”，煞是热闹。那时住宿用具都是要自带的，南方来的同学行李都很简单，单衣单鞋，仅带一床被子，没有褥子，北方同学反倒带有厚被厚褥，好像更怕冷。每个宿舍 4 张双层床，住 8 个人，夏天在宿舍光脚穿的都是木板拖鞋，走道里嗒啦嗒啦的响声至今仿佛仍在耳边。

有一年暑假结束，由天津回京，由于火车晚点，到北京西直门火车站已经是晚上 11 点多了，公交末班车已过。好在当时年轻，我也没多想，扛起行李箱就徒步前进。因为不知道沿马路如何走，只记得西直门火车站有铁路通清华园火车站，于是我便沿着铁轨踩着枕木走。一路上不时有人投来异样的眼光。每次到

1963 年毕业设计

了铁轨岔道处，我都要细心分辨方向，万万不可走错。等到达学校宿舍已是深夜3点多了。回想起来，这也是一个有趣的经历。

人生最忆是老师

入学后，梁思成先生给我们班上过两次课，后来再也没有机会听到他的课了。记得梁先生身形清瘦，着灰色西装，讲的是建筑平面布置的概念，他用粉笔在黑板上画出房间分割的重点，讲解厅堂、卧室、厨房的平面布局功能之间的关系，道理深入浅出，语言幽默风趣。当年建筑系的老师常常引用梁先生的一句话，建筑乃“体形环境”。关于这句话，曾有不同版本各种解释。非常巧合，今年与关肇邺先生谈及此事，有了较为详细的解释，记录如下。

关先生说：“当时我亲耳听到梁先生说，环境往往被理解为生活好坏，家境优劣，实际上是屋子里所及的可触摸的桌椅板凳、各种摆设都在其内，墙面挂的、地面铺的，特别是扩大到城市范围，对建筑和城市街道都是包括在内的，称之为体形环境。”关先生还说，当时并不十分理解，如今才深刻地体会到，这才是建筑师的大视角，建筑师可视、可触摸、可感觉的建筑物体形态，是包罗万象的，当然时至今日都各有分工，更细化了。

建筑学的学习有与其他专业不同的方式，每逢课程设计，就是诸位名师的设计辅导课，一位老师带一组学生，对每个学生的作业都是亲手动笔修改，使学生原本杂乱的思路渐渐变得富有逻辑，清晰起来。有趣的是不同的老师有不同的风格，蒙上透明的草图纸后，有的用浓黑的 6B 铅笔重点勾画，有的用 HB 铅笔轻描细刻，修改后的草图或苍劲有力，或精致简约，一颗生动的树，一抹灰色的衬景都成为我们大学时光珍藏的记忆。

水彩画《清华园火车站》（作于 1962 年）

我的第一个设计课题是托儿所，辅导老师是常友石先生。她轻声细语好像对着小朋友说话，总能带你走出方案的困境到达成功的彼岸。高亦兰先生伴随着她爽朗的笑声，不经意间已画出一株生动的树。周维权先生则常看着图一言不发，用 6B 铅笔修改的草图黑白灰刚柔穿插，堪称精美的艺术作品。

关肇邺先生睿智而又风趣，特别喜欢跟学生平等讨论问题，主张建筑方案首先是认真思考几个方向比较，再动手去画。

几十年来，关先生新作不断，一次对谈中他说："对我来说，离开了建筑的思考，生活还有什么内容？"先生不断求索，平和大气，平常之心，影响了我的一生。

参加体育代表队——击剑队

1959 年春，我已是建筑系二年级的学生了。一天，我看见有几个高年级的同学用藤条编成的“马鞭杆”比画着各种动作，一只手臂伸向前去，另一支手臂在后面举起，前后移动着脚步。我出于好奇上前询问。他们答曰：击剑。接过藤剑，我仔细观看，原来是用两根藤条麻花状编成，一头细一头粗，粗端为剑柄，并有皮革做成的护手盘，细端为剑头，用胶布粘牢防止分叉，整个藤剑手感有些轻，但作为击剑运动的代用品，还是可以进行基本动作练习并参加比赛的。

这个道具看似简单却意义重大，这可是中国击剑运动最原始的用剑，是清华大学击剑队冠军梦的开始。后来，在体育用品商店就可以买到面罩、钢剑和击剑服。学校也为击剑队添置了全套设备。当时，突出的印象就是钢剑材质较脆，韧性不足，极易在中间脆断，大家练习直刺时都小心翼翼。为达到刺中身体的有效剑弓，着力应不小于 500 克，剑条脆断常有发生，所以队内练习大部分用断剑（前端用胶布绑上旧钢条或竹条），正式比赛才用好剑。早期击剑运动的艰苦条件，造就了队员们因陋就简、执着追求的精神，我们就是在这健康向上的环境中完成训练，参加多项比赛并取得优异成绩的。

1962 年击剑队训练（黄星元摄）

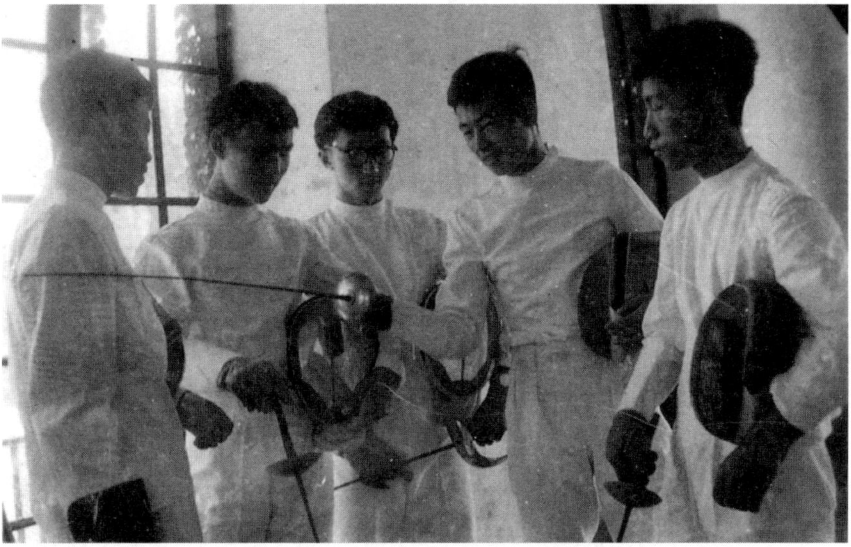

1962 年击剑队员交流

1962 年击剑一对一训练

速写 1

速写 2

清华大学一向注重学生德、智、体教育的全面发展，体育运动成绩突出，在北京高校和全国都有一定的影响。成为清华大学体育代表队队员并非易事，务必要有一定的成绩和特长，一旦成为正式队员自然也十分荣耀。我中学母校耀华中学也是一所非常注重培养学生全面发展的学校，我上中学时一直坚持长跑和体操，高考期间也没有停止锻炼，到了清华大学，虽无身高的优势，但我灵活性协调性和快速反应能力较强，1959 年就成为校击剑队的一员，直到 1963 年毕业。

在清华大学，每天下午 4 点半之后，操场上热闹非凡，各代表队都有相对固定的地盘，有体育教研室老师作为教练指导大家训练。经常可以看到我们体育界的老前辈马约翰、夏翔等著名教授来指导训练和讲述体育锻炼对人生的重要意义。击剑队基本训练主要有两个方面，一是基本技术练习，二是体能训练。基本技术，就是基本姿势的规范化和熟练应用，做到在实战中不变形；体能训练，即耐力训练，弓箭步反复做 100 次是常有的事，在体育馆后面气象台的山坡上往复跑步，挥汗如雨。击剑运动员的“后遗症”，就是右腿和右臂都比左腿和左臂粗一圈（左撇子则反之）。1960 年，郑继圣先生由北京体育学院（今北京体育大学）毕业，来到击剑队，成为我们的专职教练，从此我们开始了有序而科学的训练，郑先生极为热情和严谨，为清华击剑队的成长付出了大量心血。郑先生既是我们的教练，也是我们同龄的朋友。

在参加击剑队活动的同时，我还是《新清华》校刊的业余摄影记者，因此为击剑队拍摄了许多训练活动的照片，成为半个世纪前大学击剑队的历史影像记录。同时作为建筑系的学生，我还画了不少比赛的速写，给击剑队设计过标志。

笔者与俞存芳在清华园（1965 年关肇邺摄）

清华大学出版社 2011 年出版的《水木剑道》（纪念清华大学击剑队建队五十三周年）中就有我拍摄的照片和插图。

击剑队是一个团结向上的温暖集体，它是我大学生活的美好回忆，当然，在击剑队的最大收获就是遇到了我的终身伴侣——女子轻剑运动员、也是建筑系学生的俞存芳，相同的专业、共同的爱好伴随我们一直走向金色的年华。

黄星元

1938 年生，全国工程勘察设计大师，中国电子工程设计院顾问总建筑师。

再说我的大学

崔　愷

这是一个阳光明媚的午后，巨大的树荫遮蔽着山坡小径，远处传来一阵阵年轻人的笑声，不时有三三两两的学生从眼前走过。快到六十岁的我又一次走进校园，重新体验久别的大学生活。

时间过得真是太快了，一晃离开我的母校天津大学已经 36 年了。前几年我曾写过一篇文章，回忆我的校园、老师和同学校友。这几天为了迎接天津大学建筑教育八十华诞，有朋友又把我的文章发到群里分享，引起了同学们不小的反响。

前些天在北京大学出席何镜堂院士的作品展开幕式，《中国建筑文化遗产》主编金磊先生悄悄地在我身后提醒道，那本《建筑师的大学》快要截稿了，问我稿子写好了没有。其实我真把这事儿忘了，但也不好意思把原来那篇再登一次充数，转念一想关于这个话题好像还有些想法没表达出来：其实从更大的视角看，建筑师的大学并不仅仅是自己和母校结下的那个缘分，还有更多的层面可以解读，于是便利用来加州大学伯克利分校访学的机会，坐在这个美丽校园的浓浓树荫下再补充谈谈自己的感想……

毫无疑问，我的母校是将我引上建筑创作之路的第一站。对建筑艺术的基本认识、建筑绘图技巧、空间构成的方法以及相关专业知识都是本科阶段的主要收获，是基本功。这段基础若打不好，在后面的学习和工作过程中可能也不太容易补上。这也是为什么我们招聘员工特别看重本科教育背景的原因。

不少同学在研究生阶段都选择更好的学校就读，以便提升自己的教育品牌，这可以理解。但实际上硕士阶段学习周期短，老师管得相对较松。从设计能力方面来看提高的机会不会很大，甚至可能还会有所下滑，这是值得警惕的。当然研究生教育更多是提高分析和研究的能力，这对建筑创作也很重要。不能很好地发现问题，设计就会比较主观盲目，甚至无从下手。但是我观察发现，有不少同学把研究分析仅仅当作收集整理资料的方式，不太深入，比较泛泛或八股，以应付论文模式要求为目的，这样的话研究生的学习没太大意义。所以我总是建议致力于成为建筑师的同学一定要结合设计做研究才会真有收获。

大学时代

考虑到从事建筑设计的一般实际工作能力要求，博士已不是必要的选择。但如果有意读博，就一定要对自己毕生的事业道路有预判，要了解相关科研和教育领域的发展需求和前景，因此一定要带着事业和人生的规划来读博，绝不应盲目为了高学历而读。我发现不少同学读博的目标不清楚，选题方向摇摆不定，有时导师提出的方向又不是学生的兴趣点，这样学生就会比较纠结，既不容易做好研究，也很难有很大的收获，如果将来也不再从事这方面的工作，那就是很大的浪费。所以我建议同学不一定要选择硕博连读，最好硕士毕业工作几年再做判断，一方面在实践中发现自己真正感兴趣的，又有实际需求的问题，以这个问题为导向进行选题；另一方面也看看自己到底是适合做设计还是更适合做研究。这两点搞清楚了再选择读博也不晚。当然有了目标也才好选导师、选学校，相互选对了人，不仅对同学自己的成长很有意义，对导师而言也有了一个重要的助手，加强了研究的力量，而反之，对双方都是负担。

其实针对建筑设计这个专业的特性而言，无论在本科还是研究生阶段学到的都是比较基础的知识和能力，真正到工作实践中你才会发现要学的东西太多，处处是课堂。比如工作中身边的资深设计师要教你如何画工程图，如何熟悉规范，如何处理工地发生的问题，如何适应设计院或公司的管理制度和团队合作的要求；而经常见面的业主会教你了解开发或使用的需求，建筑投资回报的经济概念，

在校照片（右三为笔者）

谷泉工地

适应市场运作的基本规律以及企业价值观和品牌要求在建筑上的响应；还有每次汇报都要见到的政府领导会更多地从城市发展和文化特色上要求你去学习城市的历史文脉和发展规划，也会从行政文化角度要你去理解政治、经济和各种关系对设计的潜在影响；大权在握的规划部门除了按政府领导意图把好审批关外，还要你服从城市规划的相关信息和控制条件，了解各种报批文件的表达方式和内容要求；后面在项目施工中，各种现场问题、各方参加的协调会，甚至各种指责和争论都会让你压力山大，疲于应对，往往忙了半天还里外不是人，这其中要学的也实在太多。

除此之外，设计单位和行业协会还要结合政府政策的导向、学术的动态、技术的发展，要求建筑师不断补充新的知识，通过继续教育培训、学术会议、交流考察，不断充实自我，增长见识，才不会落伍。

其实还有一种学习，是以往大家不够重视的，就是向自己学习。每一个人都会有许多经历，这些经历会留在你的记忆中，有时候你在设计中要想象一个空间的场景，想象它的使用方式，那些储存在记忆中的经历体验就会呈现出来，作为你构思的参考。因此，要注意观察和体验生活的场景，并将它们有序地记忆下来，使它们成为藏在自己大脑中的资料库。我时常在和同事讨论方案时提起自己的经验，那些虽然不太清晰但又美好的情景记忆总会让我对方案发展的判断有了自信，而那些记忆有时竟是儿童时代留下的呢！

拉拉杂杂说了这么多，就是想说建筑师的大学几乎无处不在，向老师学、向同行学、向甲方学、向生活学、向自己学，到处都是取之不尽用之不竭的资源。这也要求你自己要时时保持那种好奇心和观察力，不断更新和充实大脑中的资料库，你的视野就会更宽更远，你对设计的判断就更有自信，而你的设计也就可能更贴近生活、更接地气。

这次来美访学，赶上了毕业季，各处校园中都有毕业作品展，大草坪上都是欢笑着合影的毕业生们，望着他们充满阳光的、对未来憧憬的笑脸，也不由唤起我当年离校时告别老师和同学们的难忘记忆。但经过了这么多年，我的的确确感悟到，其实走出校门并不是大学生活的结束，而是走进了更大的大学。

崔愷

1957 年生，中国工程院院士，全国工程勘察设计大师，中国建筑设计研究院有限公司名誉院长、总建筑师。

游学纪略

常　青

一、启蒙记忆

我的第一位人生导师是祖母，她老人家姓禄名殿春，和我祖父是私塾里的同窗。祖母的父亲禄世纯是一位晚清的“拔贡”，是民国时期西安城里有名的书法家。我从记事起便随祖母住在西安钟楼附近五柳巷的一处私家宅院里，受她影响喜爱上文史。幼时我有一个很深的记忆，就是每晚入睡前祖母总是要读古书给我听，在我脑子里懵懂中贮存下了一摞摞的历史知识和掌故。这个启蒙印象后来一直影响着我对历史问题的关注和兴趣。我的另一个爱好就是美术，两三岁时曾在家里到处涂鸦，画笔就是主要玩具。后来我在西安交通大学附属小学和附属中学（后改为西安市第八十三中学）都是“一线”板报员，中学毕业在水电部西安热工研究所当工人时，我还被选调到省里做过半年美工，在两米多高的脚手架上画过巨幅油画。

二、初学记

恢复高考后，念建筑学完全是个偶然。西安交通大学教工宿舍在我家隔壁，住着西安冶金建筑学院（简称西冶，今西安建筑科技大学）的张缙学教授。因我母亲曾听一位同事说起艺术与建筑学的密切关系，所以张老师的一段话“工科里与艺术直接相关的只有建筑学专业，常青就考到我们系来吧”，得到了全家人的赞同，由此引导我考进了该校的建筑系。这所学校牌子虽不大，历史却悠久，其渊源可追溯到逾 110 年前的北洋大学。建筑系的名声尤其响亮，底子是梁思成先生创始的东北大学工学院建筑系，并有刘敦桢、柳士英两位先生创建的中国第一个建筑学专业——苏南工业专科学校建筑科加盟，还有之江大学等名校系毕业生的融入，师资力量绝对是当时国内一流的。给我印象最深的师长，除了领衔初步设计课的张缙学先生，还有林徽因先生堂弟——古建筑前辈林宣先生，外国建筑史的张似赞先生，中国建筑史的赵立瀛先生，规划理论的李觉先生，建筑设计的侯继尧先生，画法几何的郑仕奇先生，等等。后来我虽游学南北，却始终感激和难忘这些引领我入门的西冶师长们。

记得本科初步设计课一开头，就是要学会往图板上裱纸，待干透后再起稿做水墨渲染，作坊味十足。当时我还以为建筑师就是工匠和画家的混合体吧，没明白这是在练就学院派的基本功——以浓淡变化和留白技法渲出立面图的质感、立体效果和空间层次。接下去感觉最难的课程是被学生们称为“头疼几何”的

左起为笔者在西安交通大学附属小学、交通大学附属中学、西安冶金建筑学院、中国科学院研究生院、东南大学、同济大学各时期的照片

“西冶”读书时，笔者在北京实习留影

1995 年，笔者与西冶设计课指导教师侯继尧教授在上海留影

画法几何，刚开始学得稀里糊涂，痛苦无比，后来受郑仕奇老师启发，把原理的几个关键点弄明白了，才发现原来这是门以透视投影法做三维图像表达的课程，有趣得很。至于美术课，虽然我是全优成绩，但其实功底和技巧并不成熟，主要还是凭着感觉作画，一次色彩写生把个苍凉的土丘画得五光十色，以至美术课王正华老师举着我的画诙谐地对大家说："瞧，这是你们班的'印象派'。"最后是专业设计课。行内都知道，要完成建筑学的设计作业，少有不熬夜的，主要是大家对自己设计的质量和完成度心中无底，所以会一直忙活到最后一刻，交图前甭管你有多少时间都会搭进去。但我是个例外，总觉得自己悟性不到，无意于围绕课堂下苦劲，而是课余见空就溜回自己的小天地，将大把时间花在了课外阅读上，尤其对那些与建筑学相关的杂书情有独钟。而且迷上了外语，自我进修，甚至用半吊子英文记课程笔记，竟先后博得两门课主讲老师认可，甚至都有了让我日后留校做助教的念头。

实际上，我学外语首先是渴望了解外部世界的建筑走向，那时候翻译过来的外国著作很有限，中国建筑工业出版社刚刚开始推进这件事。所以本科一毕业，我就迫不及待地想要翻译西方建筑原版书，还想给建筑杂志投稿。直到去京读研时才被《建筑师》杂志接受和推荐，翻译连载了《现代建筑之后》这本书。难以忘怀的是，张似赞先生曾非常仔细地为我审校、修改译稿，在求教和讨论中让我提高和进步。他曾经的一句话激励和鞭策了我："你的译文中有不少句子表达很独到，但整体上还不成熟，慢慢来，随着学力增长会不断进步的。"

三、一点感悟

现在回想起来，大学本科的专业学习，其实不过是打了个基础而已。几十门课大都是孤立学的，学生对各门课之间关系的了解若明若暗，而要将知识体系融会贯通更谈不上。苏轼的"博观而约取，厚积而薄发"，梁启超的"鸟瞰、解剖、会通"，只有经过长时期的认知和实践过程方能体会到。还是韩愈说的"闻道有先后"更能勉励历代的学子们，但愿闻得晚而能悟得深些吧。我觉得即使是同一个专业，每个人都可以有不同的路径前行，关键是能否守住个人的那点儿偏好，这可是个体生命的特有价值和意义所在。当然这些偏好若能与专业密切结合就非常幸运了。最后你会发现还是一分耕耘一分收获的老道理。此外长期对专业的思考也使我意识到，没有亲身体会的间接经验往往是不可靠的，因此对建筑学本体的透彻认知离不开专业实践。于我而言，说实话真正对建筑学这门专业瞧出点儿门道来，已经是毕业以后的事了。在设计院的短短两年中，虽因画表现图出彩而大受赏识，但我知道自己的斤两，求学深造的决心从未动摇过。经过在北京、南京和上海的研习过程，要说在认知上有了质的飞跃，应该已到三十大几的岁数上了。

四、求学京城

中国科学院的学习经历，是我人生的一大转折。那时自然科学史所每届只招一名建筑史研究生，前后共招过五名，我是第三个，另有三个都是清华大学毕业生，还有一位是中国科学技术大学的代培生。第一年基础课阶段在玉泉路的研究生院度过（今中国科学院大学）。与这里各专业学子、才子们的交流，在北京大学、中国社会科学院等处选课，以及加入中国文化书院举办的中西文化比较讲习班，聆听梁漱溟、汤一介、张岱年、杜维明等名家的演讲等，使我的眼界大开，欣喜于这个硕士学位读得真值啊。在研究生院听李政道先生演说，对其中一句“能与一个新兴学科一起成长的学子是最幸运的”印象至深。自然科学史所席泽宗院士的一句话——比较的目的不是辨异，而是释同（笔者对其原意的概括），对我后来的中外建筑比较研究有很大的影响。这些学习经历都大大拓展了我的知识面和认知领域。在专业学习方面，跟随硕士生导师张驭寰研究员在长城沿线、大江南北和戈壁荒漠四处考察古建筑，也是一段重要的印记，为日后

1985 年，笔者在中国科学院研究生院读研时留影

1986年，读研究生时参加中国科学院新疆丝路建筑考察团。后排左起为李荔、导师张驭寰研究员，前排左起为笔者、沈聿之、王春玲

的研习打下了重要基础。张老师年轻时曾做过梁思成先生的助手。他勤奋好学、吃苦耐劳，几十年来坚持古建筑考察与探究，掌握了大量一手实物资料。他家中的优质藏书数量惊人，足足装满了12个大书架。他是我见过的老先生中藏书最多的人之一。张老师为人坦诚厚道，幽默风趣，记得他在考察途中经常说一句话“加紧放松”，总能让人忍俊不禁，疲劳顿消。此外，他和师母在生活上对学生们的关心照顾也着实令人感动，我们几个在他家吃饭的次数数都数不过来。

研究生阶段，我开始向专业杂志投稿，《建筑师》理论栏、译文栏和建筑师画页都接纳过我早期青涩的习作，杨永生先生和王伯扬先生两位总编的厚爱给了我莫大的激励。此外，我还有幸到吴良镛先生、汪坦先生、周卜颐先生等学界翘楚家中拜访，在较长时间的谈话中受到教益；论文还得到过杜仙洲先生以及徐伯安和郭黛姮两位清华资深教授的点拨；单士元先生亲自带我调查故宫武英殿裕德堂；刘致平先生病榻前赠我大作《中国伊斯兰教建筑》……北京的求学记忆历历在目，永难忘怀。其中，与汪坦先生的几次幸会印象尤深。记得20世纪80年代后期的一天，我在清华教师住宅区附近遇到了正在散步中的汪坦先生，他问了我的来历后，竟随即把我带到了他的家中，这种对一个陌生学子的平易亲和令我感佩不已。记得那天他边与我交谈，边拆装起一台计算机，须知在那个年代，如此娴熟掌握电脑的老先生，可是极为罕见的啊！到了20世纪90年代中期，汪坦先生在同济大学一次演讲开场白中说了一句话："建筑首先是感性的。"这其实是在告诫建筑学子们，建筑学的非量度性重于量度性，非欧几里得选择高于欧几里得定式。有一回我曾向他请教过建筑人类学的基本概念，他以"人类学首先是触觉问题"一言蔽之，让我茅塞顿开，由衷敬佩。此外还有，他的系列名篇《西方现代建筑理论动向》和经典译作《三种历史主义》等，三十年来我反复拜读过许多遍，而且时读时新，因为其中真切反映了汪坦先生聪慧的资质和批判的眼光，不仅对西方的理论意涵洞见深邃，而且对中西的语境转换了然于心。

五、忆东大

大约是1987年早春，风闻南京工学院要开题招东西方建筑比较的博士生，连外国媒体都纷纷报道，我也为之所动报考了。虽当时已留中国科学院工作，但当考取后，冲着这个题目，我毅然带着一卷铺盖两箱书"南漂"攻博了。当时京城朋友说我放弃那儿的户口简直像"傻帽"，可我却更愿为兴趣活着。

只觉东大方离开，转瞬二十载已过来。回想三十年前我到南京工学院受业于郭湖生先生，成为"大刘公"刘敦桢先生的再传弟子，深感荣耀。刘敦桢先生对我们这一代人虽无身传，却有神传。我个人非常喜欢他的《大壮室笔记》，其中关于中外建筑比较的思想，以及特殊的观察视角和研究视野对我影响很大。比如他对中国上古高台意象和西亚巴比伦塔关系的联想，对中国汉朝特有曲臂拱的外域关联，对无梁殿源流的讨论，提出中印建筑比较的课题，等等，这些都影响了我后

1988年，笔者与妻华耘摄于南京工学院中大院门前

1998 年，与东大读博时的学长王建国、孟建民在广西参加《建筑师》编委会，合影于漓江上

来的研究。如果没有刘敦桢先生那一代人的辑古、鉴古，就没有后来者的释古、疑古。刘敦桢先生和梁思成先生所代表的第一代建筑史学家为我们开拓了广阔的领域和宏大的视野，他们以博雅精深的学品和论著，深刻影响着一代又一代的后学们，这才有了今天建筑史学研究一点一滴的进展。

作为东大建筑研究所的第六位博士生，我前面的项秉仁教授以及王建国、孟建民、张十庆、杨昌鸣、饶小军等学长都已是国内建筑学界的佼佼者。我的导师郭湖生先生性情洒脱、气质儒雅，他最经典的动作是每当有人号称揭示了、发现了什么时，总是伸手向上道一声“拿证据来”！他要的是确凿的直接证据。我体会老师其实是在说，研究从问题开始，围绕问题索引史料；要以史带论，论从史出，不能空谈泛论。但我更体会到，史识需要功夫，史慧却非功夫可及。受其教诲，读其美文，我深感老师便是这样一位以史慧穿越历史的大家，比如他对中国古都原型和演变的深度探讨和广度贯通就是开创性的，他的名言“没有广度就没有深度”，蕴含着实证逻辑和类比推理的建筑史学真谛。回想当年，除了跟随老师研习，弟子们还体味了师母所给予的家庭般的关怀和温暖。2008 年老师辞世时，灵堂门前的挽联选用了我含泪写下的悼句——“一生心思，洞彻营造春秋事；百年风范，启明学问后来人”。

在东大求学的另一个体会是，这里有端正的学院气场和浓郁的学术气氛。潘谷西先生的严谨，刘先觉先生的广博，刘叙杰先生的幽默，郑光复先生的激昂，以及朱光亚先生的勤勉等，都使我得到了学术的滋养和人格的濡染。我感到东大无论是研究还是设计方面的成就，都与对地方传统建筑精髓的体宜丝缕相连。尤其是齐康先生对新古典和新乡土设计的不倦探索，代表了老一辈建筑家对传承、转化和创新理想的执着追求。

六、体会同济

1993 年，笔者在印度考察时与阿格拉大礼拜寺学堂中的穆斯林师生合影

从东南大学来到同济大学（简称同济），我到了一处新天地，工商的城市背景、国际化的舞台、开明务实的风气，这与过去学习、生活过的三大古都几所名校截然不同。一个已过而立、游学到此的“乡下人”（也是“外地人”的意思），如何融入这种环境的“洋派”，我一片茫然，但我与上海和同济却有缘有分。一是虽生在西安，却长在“阿拉”堆里，对上海文化和生活习俗并不陌生；二是博士论文做的丝绸之路建筑，连接着中外脉络。所以路秉杰先生戏称我为“两栖动物”，罗小未先生作为联系导师，也让我参加了她主持的中外比较研究项目。到同济不久，在她的引荐下，我认识了印度建筑大师查尔斯·科里亚先生，并受邀赴印度讲学交流，完成了丝绸之路南线的考察，初圆了在东大研习时的丝路之梦。

说起来，我是同济建筑与城市规划学院同龄人中最晚进入的“外来户”，但罗小未先生等学院老教师们和老领导们虽门高户大，却无门户之见，温厚地接纳我，热忱地培养我，给了我充分的专业发展空间和平台。罗先生在专业水

1995 年，与恩师郭湖生先生在同济校园合影，右起为路秉杰、郑时龄、郭湖生、卢济威、笔者

2009 年，陪同罗小未、李德华先生（前排左一、二）欢迎美国夏威夷大学建筑学院院长 Raymond Yeh 教授与其夫人（前排右一、二）。后排右起卢永毅、笔者、陈曦（研究生）

2016 年，笔者与郑时龄院士在亚太世界文化遗产中心报告会上

准上讲质求真，主张对待学术既要持批判思维，又要有敬畏之心。她曾说：“只写了 5 篇 80 分水平的，远胜过那些写了 100 篇 60 分水平的。”在专业拓展上，罗先生主张不但应打开视野，而且要独辟蹊径。记得刚到同济的头几天，罗先生就与我谈及她和李德华先生的一个观点：“做中国建筑史研究如果不了解文化人类学，就会陷入目光狭窄的窘境。”那时他们就已敏锐地看到了中国建筑史这门传统学问所面临的挑战和需要拓展更新的方向。这句话后来竟在同济催生了一门“建筑人类学”的新课程。在对外交往上，罗先生始终表现了以洋为鉴、以华为本、真诚待人、不卑不亢的雍容气质和优雅风度，赢得了国际建筑界不少名流发自内心的尊敬和爱戴。她对此有句名言：“外国朋友不在你交了多少，而在你能把这种友谊保持多久。”

冯纪忠先生乃智者高人，是学院师生心目中毫无异议的精神领袖，他的眼界远在建筑之外，同时又精于诠释建筑本体，“建筑门外谈”就是他思想的写照。

2003 年，陪同冯纪忠先生观摩建筑系教师作品展

1999 年，在夏威夷大学建筑学院毕业典礼上（右一为笔者）

我做系主任的那些年里，每到岁末必带队到冯先生家中拜年，深感老人家思维敏锐、谈吐凝练，生理年龄和心理年龄相差甚大，耄耋之年竟还在琢磨“解构主义”的建筑学意义。而再想想学院李德华、罗小未、王季卿、杨公侠、傅信祁等同济老前辈的言谈举止，哪一位又何尝不是这样的呢？原来开明开放的理性思维，真的是抵抗心理衰老的灵丹妙药啊！不仅如此，同济的老师们，无论是什么专业方向，都有参加社会实践的经历。关于理论与实践的关系，郑时龄先生的一席话，对我触动很大。一次谈话中我提到意大利的波多盖西是一位建筑思想家，他马上提醒道，波多盖西同时也是实践家，没有接触实际的感性经验，完全脱离建筑实践，建筑理论家的角色是很难担当的。

在学院这个国际化程度颇高的学术环境里，26 年来我的研究思路不断拓展，在中外比较方面，从古代的丝绸之路建筑延伸到了近代的外滩地区建筑；在研究和教学中注重古代的智慧、西方的理论、中国的问题；在理念与操作、理论与实

2004 年，笔者主持上海市最大援藏项目日喀则宗山复原工程时拜访扎什伦布寺藏传佛教僧侣

2005 年，笔者在瑞士首届 Holcim 可持续建筑大赛亚太区金奖颁奖仪式上

2014 年，笔者在澳洲悉尼大学演讲

践的结合方面，也做了些力所能及的事情，把重点放在了历史环境的存续和再生问题上，我仍将之看作是求学上进的组成部分。这篇游学纪略，就是我对四地四校从播种、培育，到开花、结果的学业小结。人生有限，学海无涯。但若每个阶段都能有所体会和回味，学术生涯就算没有白过。

常青

中国科学院院士，美国建筑师学会荣誉会士（Hon. FAIA）。现任同济大学学术委员会委员，城乡历史环境再生研究中心主任。兼任中国建筑学会城乡建成遗产学术委员会理事长，中国城市规划学会特邀理事，《建筑遗产》和 *Built Heritage* 学刊主编，《建筑学报》《建筑师》《时代建筑》等学刊编委。曾长期主持同济大学建筑系工作（2003—2014 年任系主任）。

难忘大学生涯

孟建民

一、初识专业

在读中学时，我家住徐州市规划设计院的宿舍，作为邻居的建筑师、工程师们经常给我灌输有关建筑的知识。在读大学之前，我曾到邻居家串门，无意中翻阅到有关南京工学院校园的画页，我被其中优美的校园环境与建筑所吸引，更打动我的还有建筑学家杨廷宝先生的校园建筑水彩画，那时在我心目中就萌发了学习建筑的冲动。从此，我与建筑结下了不解之缘。“南工”也成为我所向往的高堂大殿。

恢复高考后，我参加了第一次高考，当时被淮南煤炭学院（今安徽理工大学）录取，但不合我意，我放弃入学。半年多后我又参加了第二次高考，这次如愿考取南京工学院建筑系。当时人们并不了解建筑学专业，我所在工厂的工友还取笑我考上了“泥瓦匠”专业。我并未争辩，现在看来我选择了一条适合自己的专业之路。

入校后，学校安排 8 个人住一间宿舍，当时的条件虽然很差，但我们并没有艰苦的感觉，一切都被新鲜感所包裹，老师与同学在教与学两方面各自都投入了巨大的热情。初识建筑学，唯一让我觉得有出入的地方是：本来我认为数学是一门建筑学需要的专业，但入学之后并没发现数学有多重要。特别是教我们数学的老师只按着教案念经式地讲课，全然不顾学生听课的感受，无法调动学生的学习兴趣，这彻底把我这个数学爱好者变成了数学淡漠者。对我而言，这不能不说是一种改变与遗憾。

二、名家印象

我进校前就仰慕杨廷宝先生的大名，进校后又了解了另外几位名师大家，如刘敦桢先生、童寯先生和李剑晨先生。我们进校不久，杨先生就升为副校长、副省长，我们很少能见到他，只有偶尔在举办学术活动、外宾来访时才能看到杨先生的身影。在我们读三年级的时候，杨先生给我们做过一次讲座，他聊了他到国外的求学经历及与赖特、路易斯·康等名师的学术交流与来往。那时很少用幻灯片，杨先生也没有准备讲稿，我们更多的是听他的见闻与专业实践方面的一些感受。这是杨先生给我们做的唯一一次讲座，所以我印象特别深刻。杨先生招选研究生时，我有幸成为他最后一名研究生，我与杨先生的深入交流主要是在他住院时，我作为陪护人员向他讨教了许多的专业知识与经验。

对刘敦桢先生的了解，主要是在学习中国建筑史过程中以及系里老师回忆刘先生事迹时实现的。给我印象最深的是参加刘敦桢先生的追悼大会。当时全校师生都参加了，大会非常肃穆与隆重，整个大礼堂布满了巨型挽联与写满悼文的帐幔。幕台两侧的长句挽联出自其高足郭湖生先生之手。那时我们才知刘先生是中央大学建筑系的主要创办人之一，也是老系主任，他对我国建筑史学研究的贡献及严谨治学的精神一直影响着后代学人。

童寯先生是我们在校时见面最多的大家。他那强大的学术气场让我们这帮学生不敢轻易靠近，多是敬远观之。老先生作息非常规律，每天上午定时走进系馆，先在信息栏旁吹着口哨或哼着小曲仔细查看消息，然后就一头埋进图书馆或资料室，认真研读、摘要笔记。听过老师讲童老的段子：过去，学生很怕童先生改图，有位同学小心翼翼地画的渲染图，童老看了不满意，忍不住大笔修改，等童老改完图走后，那位同学才敢抱头大哭。还有童老布置课程作业，常以精简著称，有一次他给某年级布置课程设计讲解题意，讲了不到五分钟，同学们支着耳朵正要听先生详细解说，童老却戛然而止。同学们还在愣神之间，童先生却说了一句:“你们还愣着干啥？还不快去做题？！”这时同学们才恍然明白: 还没开始，就已经结束了。

李剑晨先生有中国水彩画之父的美誉，先生的水彩画功力与作品堪称东南大学一绝。有一次李先生检视学生水彩画作品展，对我的一幅参展作品驻足点评，褒奖有加，使我受宠若惊，那也算是我在水彩画方面仅有的一次受到名家的指点与教诲。

杨老、童老与李老的水彩画都是经典名作，有人做过这样的比喻，称杨老的画有点“甜”，童老的画透着“苦”。很遗憾，没听过有人对李老作品的比喻性评价。

要记述的老师还有很多，如我的导师齐康先生，还有教过我们的郭湖生、钟训政、潘谷西、刘先觉等名师，他们都在培养我们这代人身上付出过辛勤的汗水，我要向所有教过我们的老师致以衷心的感谢并感恩终生。

三、同学之谊

在学校既有老师培育之恩，又有同学之谊。同学们一起学习、生活四年至十二年，结下了深深的同学情谊。这里我简述几位，供大家了解一二。

王建国同学与我同窗可谓最久，经历了本科四年、研究生三年、博士生五年，共十二年的同窗学习。建国同学在校读书时就透着学究气，认真、严谨、执着，办起事来原则性强，有大局观。另一位是顾大庆。大庆同学是我们班典型的“三好生”，他做事周密细致，自我要求高，每科成绩都很突出，从不偏科，是同学公认的学习榜样。赵辰是我们班的最佳辩手，讨论问题时，他会持续雄辩下去，直到对方受不了他马拉松式的辩论而自动放弃。有时赵辰也会遇到等量级的对手，如饶小军同学，他俩常争得面红耳赤，不分伯仲。在读研时，我与饶小军共同创作过有关建筑理念的创意图，比如《在中西建筑文化之间》，表达了我们的思考与纠结，此画还参加了江苏画展。同班同学的有趣的事实在太多，限于篇幅，这里就不一一赘述了。

再谈点高、低年级同学。高我们一级的张永和、方拥、温益进、王群、范思正、齐婉、陈欣、丁沃沃、汪永平、罗卿平等都是 1977 级的佼佼者。记得张永和多才多艺，会拉小提琴，他读到三年级就出国留学了；温益进用钴蓝的色纸做底色，饰以水粉亮色画表现图，效果很巧也很特别，这对当时有限的表现方式而言算是

创意画《在中西建筑文化之间》

一种突破了。另外我们与1977级同学经常在一起上大课。有一回上中国建筑史，潘谷西老师提问，我们还懵懂不清时，1977级的方拥却已经应答自如了，令我深感高年级同学的功力确实了得。在设计方面，1977级的赵学东在参加某次竞赛时，他的概念设计非常大胆：他把炸药包放在砼块堆中，然后引爆，炸后的状态就是纪念碑的表现形式。由于赵学东经常有这类奇思妙想，他在他们班的绰号叫“赵因斯坦”。

低年级的同学比较突出的有王澍、张雷、陈薇、黄艳、王晓东、钱方、钱强、黄居正、李立等等。王澍在系里特立独行，入校不久就显露出他的才气。他的作品被展示于系里的展廊中，我至今还留有印象，如某小学、某体育馆、某酒店等设计，表现力极强，有个性，有突破。读研时，他就带着几位追随者到中山陵附近租农宅“坐禅”“修炼”。张雷也是才艺出众，某年下大雪，张雷在系前广场上用堆雪人的形式塑造了一尊少女头像，引来众人围观。可惜当时没留下影像记录。陈薇在校时参加了学校组织的考察活动，回校后在校刊发表的文章就初露文学修养与功力，让同学很是羡慕。黄居正是现在《建筑学报》的执行主编，在校时我辅导过他的设计作业，那时并没发现他对理论研究的偏爱。居正毕业后在理论研究上的功力真是让我们刮目相看。现在同济任教的李立读三年级时，我辅导过他的课程设计，后来见面时，他提起此事，才勾起我的记忆。当时我对他的方案给予了积极的肯定与鼓励，他那次的课程设计最终取得了高分的优秀成绩。李立称那是他建立对自己专业自信的开始。我也为之甚感欣慰。

四、难忘片段

同学郊游留影，左起为笔者、徐雷、王建国、顾大庆

在校十二年学习生活，给我留下许多难忘的记忆片段，这里也碎片式地记述，再回溯一番。

1. 挑书度假

我大学入学时，正是改革开放后的秩序初复，师生们都憋着一股劲儿投入到教与学之中，校园里到处都是朗朗读书声。那时，由于教室空间有限，同学们到图书馆与公共教室抢位子成为了一道特殊的风景……

在这种氛围中，我总觉得自己学得慢，学得少，跟不上专业的要求，为加紧求学还做过一些傻笨之事，比如一年级的第一学期放假时，我竟然是挑着两摞书回家的。回家之后，我当然没读成，怎么挑去的又怎么挑了回来。下次放假，我再也不带这么多书了。还有与同学一起参加春游，为学英文，我手中还拿着英汉词典，结果是既没玩好，又没学成，还让同学们笑话一番。

2. 课外生活

读书时的生活条件虽然艰苦，但课外生活仍丰富多彩，比如同学聚餐、春游、秋游、参观画展、看电影、跳交谊舞等等。

我还抽空学雕塑、画漫画。小时候我有捏泥人的经历，学建筑之后又有了再拾“旧爱”的冲动。于是我弄到一些黏土，在宿舍摆弄起来，先塑了一具头像，接着一发不可收拾，又在系里模型室塑了一尊爱因斯坦头像，最后还翻成了石膏，费了我很大的功夫。现在回想起来，那要占据我多少正常学习、做作业的时间啊！但是兴趣上来还真挡不住！后来系里来腾挪办公室，可能嫌这尊石膏像太占空间，就把它当垃圾处理了，仅留下了几张照片。画漫画也是我当时的一大业余爱好，我的许多漫画作品都参加过校办或市办美展，其中有一幅很受同学们欢迎，

1985年2月7日，笔者过生日，同学们在宿舍聚餐，有王建国、汪永平（1977级）、徐雷、周一鸣、陆可人等同学参加

就是《考试前后》。描绘的是考前同学们拼命看书复习，把脑袋整得又红又大，考试中就是大圆脑袋释放的过程，试考完了，脑袋也放空了，又恢复到小瘪之状态。我还有一幅《醒酒》参加了南京《扬子日报》办的漫画大赛。

3. 奇装异服

建筑系的学生在工学院里是比较特殊的。其他院系的同学都很羡慕建筑系同学可以绘画写生，经常游山玩水。除此之外，可能是建筑学专业的学习涉及创意、美学，观念求新，因此建筑系学生的穿戴会更讲究些。有时也会“离经叛道”，穿扮与“蓝蚂蚁”服装格格不入。我们班同学就集体买过一批大花格子衬衫，当时我也大着胆子与邱育章等同学一起穿此衬衫参加大礼堂的活动，引来众人异样的目光。我到现在还能回想起来当时全身不自在的感觉。

我们班还有几位同学约好一起剃秃头，几位光着脑袋的家伙在食堂插队买饭都没有人敢管，那种虚张声势，使我现在都还觉得这几个“秃头帮”既可爱又可笑。

4. 社团活动

学校的业余生活还包括社团活动，我在校时（含本科及研究生）参加过学

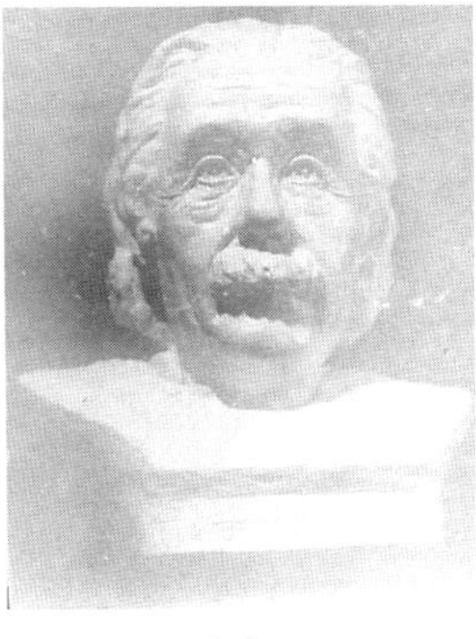

爱因斯坦石膏像

创作中的笔者

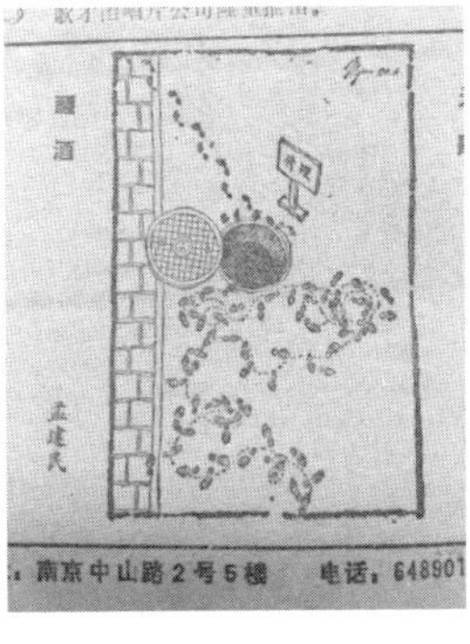

漫画《醒酒》

“中山大学近代历史研究中心（永芳堂）设计竞赛”

校的武术队、体操队、冬泳队，还参加过办学生刊物等社团活动。我小时候就喜欢练翻筋斗，所以大学时参加了体操队，并且练得还不错。某次参加江苏省大学生体操比赛时，我还获得过自由体操第一名，这至今在同学圈里还是我小小自吹的一种资本。参加校冬泳队的人并不多，我们班有两位女同学参加，一位是沈立卓，一位是苏娜。记得那时教练告诉我们入水前的热身准备很重要，先放松活动，之后入水前要洗冷水浴，顺序是先冲手和脚，再冲胳膊和腿，最后冲头与躯干，然后一头猛扎入冰冷刺骨的水中。那时我在学校营养跟不上，缺乏油脂，游了一段时间，全身皮肤皲裂发疼，更严重的是我后来因全身湿气重而产生的各种病症可能都与之有关。看来冬泳不一定适合每一个人。

5. 参加竞赛

《建筑师》杂志社于 1981 年举办了全国首届大学生建筑设计竞赛，题目是《建筑师之家》。当时的《建筑师》主编王伯杨先生来学校与高年级同学见面，答题解惑。有志参加的同学个个摩拳擦掌，希望能在这次竞赛中一展身手。当时正临暑期放假，我回徐州后借用设计院的绘图室做竞赛设计，每天都忙到后半夜，回家时设计院大门已锁，都是翻墙而回。暑期结束返校后，发现同学大都没启动竞赛设计，于是我与陈宁、周一鸣组成小组又做了一套方案。最终这套方案获得该竞赛一等奖第一名。当时，上海《解放日报》报道了这次竞赛的消息，我们才意识到这次竞赛的影响力与重要性。当时还有崔愷、汤桦、王建国、赵辰等，他们也都参加了比赛并获得了好成绩。

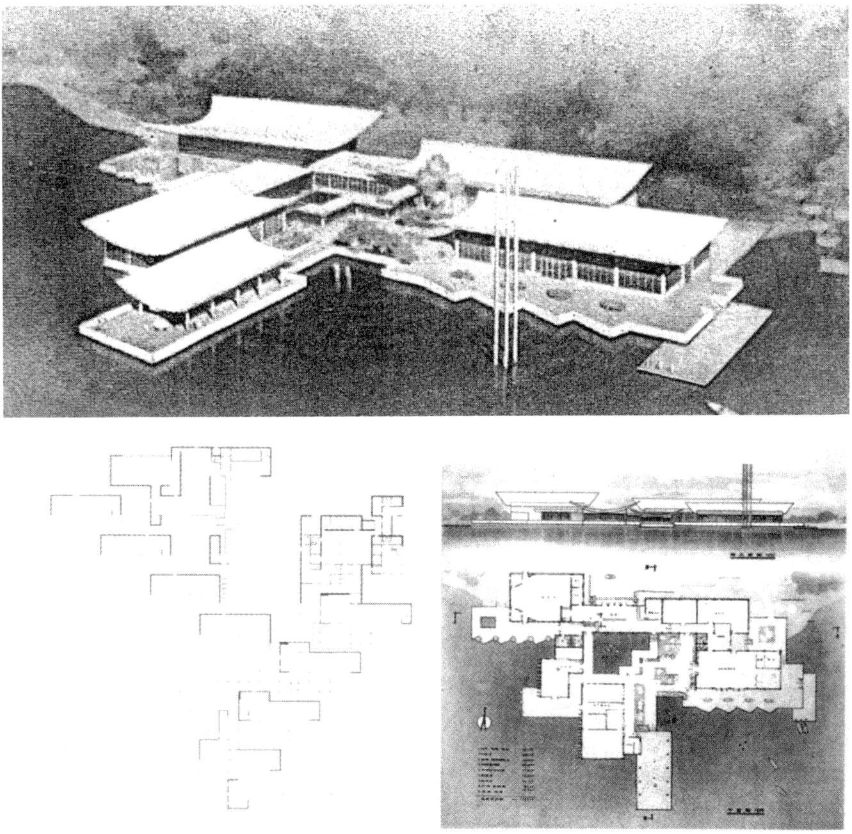

全国首届大学生建筑设计竞赛方案

举办第二届大学生竞赛时，我也参加并获得了佳作奖。后来我又参加了“广州国际贸易中心设计竞赛”“中山大学近代历史研究中心(永芳堂)设计竞赛”“华人宫设计竞赛”等，都获得了不同等级的奖项，这为我走向职业建筑师的道路增强了信心，打下了坚实的实战基础。

6. 随师调研

齐康教授外出参会或调研时，经常带上我们这批研究生，这是对学生最好的培训与教育方式之一，使我们开拓视野，增长见识，与名师大家近距离接触，耳濡目染向大师学习。我随齐教授参加过以费孝通为团长的考察团，对江南小城镇进行了一次为期十天的考察。通过这次考察我们接触了钱伟长、吴良镛、周干峙等先生，经常聆听、观摩他们研讨、下棋与聊天。考察后，费孝通先生还出版了《小城镇，大问题》一书。1985 年，应许家屯先生之邀，我随齐教授赴香港考察，为设计香港新华社深圳办事处大楼（贝岭居）做准备；1984 年我与郑炘随齐教授到大连理工学院参加教学工作，途经天津大学，拜会了徐中先生与彭一刚先生，在大连时和聂兰生教授共同相处了一个多星期；1986 年齐教授还带王建国、郑炘和我到钓鱼台宾馆参国加了宾馆创作研讨会，与北京市建筑设计院的张镈大师、张德培总建筑师、刘力等建筑师共同研讨了两三天。另外，齐教授还带我到过张开济先生家、周干峙先生家做客，张老拿出其子永和在美国学习、生活的照片给我们分享，同时也流露出欣慰和骄傲之情；在周干峙先生家，周先生给我们放了访美的幻灯片，记得播放时有点卡，先生是急性子，用手硬生生地将卡片拽了出来，由于用力过猛，幻灯机拒绝再次工作，我们的到访也就此结束。

齐教授传、帮、带的教学方式，以及以身作则的勤奋示范一直影响着我们这些后辈，使我们受益终生！

孟建民

1958 年生，中国工程院院士，全国工程勘察设计大师，深圳市建筑设计研究总院有限公司董事长。

求学，花絮，“阳光灿烂的日子”

王建国

笔者参加“张锦秋星学术座谈会”（2015年5月8日，西安）

我是在恢复高考后第二届考入南京工学院建筑系的，也就是1978级。我报考建筑学专业的志愿主要是受到一位围棋棋友的影响，记得我拿到高考成绩单时，正好和那位棋友在对弈。因为他哥哥是南工动力系的教师，他又了解我自幼喜好美术并具一定的专业基础，所以建议我报考建筑系，还说南工的杨廷宝先生很有名，建筑专业对美术特长比较看重。于是我的第一志愿就填了南京工学院建筑系。

大学是知识传播和文化传承的殿堂。文艺复兴以来作为完整机构保留至今的超过80%都是大学。上大学一直是芸芸众生梦寐以求的人生经历。因为“文革”中断了中国正常的大学招生，所以，我们班上56位同学中，年龄悬殊最大的达到了13岁，人生经历也有很大差别。就美术基础而言，班上有很多同学在之前都接受过美术熏陶乃至系统训练，如孟建民、顾大庆、饶小军、刘塨、王幼芬、佘佑天等。同时，班上的文艺才俊和体育健将也大有人在，他们常能获得学校文体赛事的荣誉。盛昭俊、陈宁、沈丽卓等则在组织体育比赛和班级文体活动，以及协调同学关系等方面展现出过人的能力和经验。大学本科求学阶段，学习的主要是南工传统的“学院派”教学内容和专业规范，包括设计初步阶段的仿宋字训练、渲染进阶训练、南京长江大桥桥头堡透视黑白渲染等。我的第一个设计是一个小邮局，导师是陈湘老师，他耐心细致的专业指导开启了我学习建筑的大门。其后我们又陆续完成了各种建筑类型的设计课题，完成了功能和唯美结合的建筑设计技能训练和美学修养熏陶。记得那时同学们学习非常用功，“把失去的青春夺回来”是大家的共识。中大院东西两侧教室里每天晚上都能飘逸荡漾着悦耳的音乐，有时是校园民谣，雅尔和喜多郎的电子琴，曼陀瓦尼、莫利亚和拉斯特的轻音乐，有时则是鸿篇巨制的古典大曲。有时夜车开太晚了，大家就得攀爬上锁的宿舍铁门回去睡觉。我也曾因与赵辰合作参加第一届全国大学生建筑设计竞赛赶图，有过一次爬门的记录。那时专业书籍奇缺，除了“文革”前出版的一些教材外，大家只能通过中国台湾盗版翻译的影印本学习世界各国的建筑，通过国内各专业杂志的作品介绍和翻译文章了解国外建筑的发展动向。我系统学习的第一本理论著作是挪威建筑理论家诺伯格－舒尔茨的《西方建筑的意义》。那时的建筑教育非常重视对审美和绘画能力的培养，美术教学是分组开展的，教师包括梁蕴才、徐诚、丁传经等，李剑晨老先生也给我们上过水彩示范课。指导我们美术课的是梁蕴才教授，她早年毕业于辅仁大学，绘画风格细致写实。记得美术老师当年创作写生十分频繁。学校经常在中大院二楼举办展览。除了我们熟悉的美术老师外，崔豫章教授的画风洒脱不羁，金允铨教授水彩写生的淋漓尽致和书法刻印的独特艺术韵味也常使我们叹为观止。

回想起我们 30 多年前的建筑学专业学习，虽然学习硬件条件比较差，但也因办学规模小，我们有能够直接面对前辈大师，受到教诲的机会。我们在校时曾直接或者间接受到过杨廷宝、童寯、李剑晨、齐康、钟训正、刘光华、张致中、许以诚、孙仲阳、王文卿等先生的教诲和指导。杨先生用一句朴实易懂的名言——“处处留心皆学问”给我们上了第一堂建筑课。那时，教师和学生亲密无间。老师们恪尽职守，教书育人极为认真投入，也没有今天各种考核指标的羁绊，使我们获得了一个学习的黄金时代。

其实，我与后来成为我专业主攻的城市设计结缘也是在大学阶段。当时国内的建筑实践和市场还十分有限，课程教学主要是按照功能设置的建筑单体一类的设计，所关联的周边环境有限，也不是评图的重点。随着改革开放的不断深入，国内也逐渐开始组织一些建筑设计竞赛，例如中小型铁路旅客站设计竞赛、中小型影剧院设计竞赛，当时规模较大的是南京雨花台烈士陵园及纪念碑全国建筑设计竞赛。这时，建筑与场地环境的关系变得十分重要。不久，国际性竞赛也开始进入国内，南工建筑系参加了其中的日本东京国际会议中心和香港顶峰俱乐部的国际竞赛，再到后来又参加了国家大剧院的国际竞赛，这些项目都开始涉及真实城市环境因素，从而就有了城市问题和策略考虑。当时我片段观摩了前辈教授的设计工作，说实在的，当时由哈迪德执掌的顶峰俱乐部头奖作品我们真的看不懂。1982 年，我和顾大庆、徐雷成为由刘光华、张致中、钟训正和许以诚教授组成的导师小组共同负责的硕士研究生。1980 年年初，《世界建筑》和《建筑师》杂志邀请吴良镛、汪坦、刘光华、罗小未等教授在北京举行了大型系列学术讲座，刘先生当时做了关于“建筑・环境・人”的学术讲座，认为当代的建筑设计已不再是孤立的设计，必须考虑综合的环境文脉和人活动的社会因素。后来，在导师安排的南京建筑工程学校规划、无锡太湖饭店、金陵饭店商场等设计教学中，我必须要处理好建筑设计与城市环境的密切关系，从而也就理解了初步的城市设计原理，虽然当时国内还不知国际语境中的“城市设计”这个词。

硕士毕业时，我获得了一个免试读齐康先生博士生的机会。到建筑研究所师从齐老师是我后来专攻城市设计的关键起点。我一直认为，相比同代人，齐先生具有更加敏感的城市意识和对科学前沿的高瞻远瞩。早在 1955—1957 年，齐先生就在北京参加由前苏联专家主导的北京总体城市规划编制工作。那时候因为中国城市规划人才比较缺乏，所以前苏联派了一些专家帮中国编制城市规划。听齐先生讲，当时他和后来的两院院士周干峙同在一组，天天骑自行车钻胡同调研，在北京住了不少时间。后来我们做中国国学中心设计，去北京住在东交民巷附近的时候，他还能辨认出当年他跑过的胡同。1982 年，齐老师在南京工学院学报上发表《城市的形态》一文，指出城市形态演变与社会、经济、文化等因素构成的“力”密切相关，建构了一个非常有说服力的形态分析和研究路径，进而在业界产生了广泛影响。在齐先生的引领下，我和孟建民、段进等先后参与了费孝通老先生的苏南小城镇调研、齐老师主持的建设部城镇建筑环境的课题研究，后来我们三位的博士学位论文选题也直接与城镇问题相关。

20 世纪 80 年代到 20 世纪 90 年代，南京工学院建筑研究所取得的建筑设计成就和人才培养成绩十分突出。孟建民、常青、王澍和我都在那一时期在研究所就读。常青当时是郭湖生先生的博士生，王澍则是齐先生的硕士生。研究所那时完成了对杨廷宝先生言论和作品的系统研究，方拥则完成了国内第一位系统研究童寯先生的研究生论文。我觉得研究所有几个重要特点，就是注重专业建设和学科发展，强调设计动手能力，强调通过实战来培养人才。除了项秉仁、仲德崑、郑炘、董黎、杜春兰、孔宇航、魏春雨和张宏等教授外，今天活跃在设计一线的张彤、张鹏举、李立、张应鹏、赵晨、黄印武等知名青年建筑师，以及规划管理才俊刘青昊、张宇星、陈一新等都是研究所培养出来的。另外还有一点就是当时我们无论师生工作都特别忘我，其实，我们那个时候做的研究工作基本没有什么经济报酬，当然今天时代也发生变化了，但我觉得还是很留恋那一段。

我觉得齐老师带给我最大的影响就是学术视野要宽阔，对新事物不持陈见。同时，他坚持理论一定要联系实际。他常说："不下工地的建筑师不是一个好的建筑师，不懂城市的建筑师不是一个完整的建筑师。"我想他也可能是受杨老的影响，这也应该是南工的一个传统吧!

总的来说，老南工建筑的优良教风和学风，众多学术前辈言传身教的学术引领，严谨而追求基本原理的建筑学学习为我们这一代人奠定了坚实的知识结构和扎实的职业技能，而我很幸运能够成为其中的一员。

王建国

1957 年生，中国工程院院士，东南大学教授、博士生导师，全国高等学校建筑学学科专业指导委员会主任。

水木清华建筑缘
——九说清华园

费　麟

似水流年，1953 年我考上了清华大学土木建筑系。在这里，我当了 6 年的学生、11 年的老师。角色变了，学习没变。我从学生转变为老师，教学相长，不断接受再教育。在这里，我有幸受到了学校教育、社会教育。在此，温故知新，我用九个学校的历史片段来讲一些有关人和事的小故事，怀念那段难忘的“建筑缘”。特将这九个片段，趣称“清华九书”。

第一书　红色工程师的摇篮

1953 年夏，毕业于上海市南洋模范中学的我拿到了清华大学土木建筑系的录取通知单。随后妈妈帮我整理了行装，不久我便依依不舍地、第一次离开她，单身远行；第一次坐上 24 小时的京沪慢车；第一次坐摆渡轮过长江；第一次在前门火车站下车后看到前门“箭楼”和缓行的骆驼队。接下来，我搭上清华接待站烧木炭的校车，摇摇晃晃直奔西郊清华园。一进校园我就看到许多迎新标语，其中“清华是红色工程师的摇篮”特别引人注目。当时学校免收学杂费和饭费，报到手续很简单。报到后，学校立即安排好临时住宿地点。土建系的部分新生面临一次绘画考试，以便确定是读建筑系还是土木系。我参加了考试，题目是《祖国的乡村》（铅笔素描画）。中学时代我曾临摹过一些风景素描画，感到还能适应。成绩公布后，我如愿进入了建筑系。1953 级建筑系有三个班，一共 90 多人，我被分配在建九一班。我们男同学住在西大饭厅北面的二层“小飞机”第四宿舍楼，女同学住在北面的四层第十七宿舍楼。我们班有些女同学毕业于北京师大女附中（今北京师范大学附属实验中学），她们提前报到后，负责起迎新工作。在休息日，

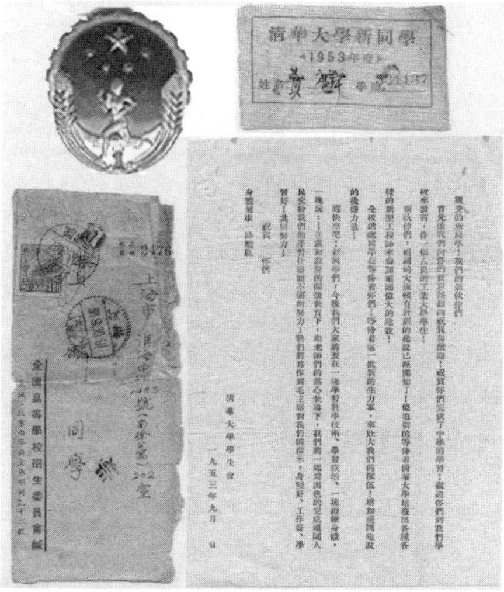

1953 年新生报到证与“劳卫制”奖章

1954 年化装舞会林泰饰普希金，温秀饰果戈理

她们特意准备了北京特产，让我们南方来的同学品尝一下艾窝窝、驴打滚、豌豆黄、山楂糕等京味小吃。我们每天在西大饭厅吃饭，八人一桌，大喇叭放出背景音乐，选自同学们熟悉的前苏联歌曲和中国名歌 200 余首。周末晚上，我们自带凳子到西大饭厅看中外电影。建筑系系会还组织周末舞会，热情的女同学负责教我们男同学跳交谊舞，有时我不小心会踩到女同学的脚，只得红着脸表示抱歉。每天下午 4:00 以后，同学们可以到操场上跑步、打篮球。大家都积极参加“劳卫制”体育锻炼，我也积极参与，争取早日拿到“劳卫制”三级奖章。

1954 年笔者在清华美术教室

第二书　教书育人老梁公

当时的土建系，梁思成和陶葆楷都是系主任。建筑系习惯称老师为先生；同时按中国营造学社惯例，又尊

素描

称梁思成为老梁公，其他如戴公（志昂）、莫公（宗江）、赵公（正之）、小吴公（良镛）、女王公（玮钰）、女张公（守仪）等。我还记得老梁公在建筑系迎新大会上妙趣横生的讲话，他说建筑师应该是一名“斗士”，要不怕困难，立志为建筑事业奋斗终身。这些话语让我领悟到建筑师应该学会做人、做事的基本道理。当时最受欢迎的讲课教师有周卜颐、张守仪、程应铨（规划教研组组长）、华揽洪（北京建筑设计院总建筑师，兼课）先生。他们都有国内外工作经历，并有现代建筑实践经验。二年级时，胡允儆先生讲外国建筑史，提到维特鲁威的《建筑十书》，引起了我的兴趣。课后我到系图书馆请教馆长毕树棠老先生（精通多国语言），他熟练地找到一本油印版《建筑十书》，是陈志华先生的哥哥陈志经翻译的。按规矩，书只准我借出一晚，第二天要还。当晚我就在宿舍里抓紧阅读，第一次明白了对于建筑师的全面要求和建筑的“坚固、适用、愉悦”三原则。初进清华，我就发现蒋南翔校长每次讲话时不用讲稿，没有套话，有新意，学生爱听。他参加过“一二·九运动”，知道大学生的心理。他提倡“有教无类”“因材施教”，鼓励大家以体育前辈马约翰老先生为榜样，“争取至少为祖国健康地工作五十年”。他认为对于不同思想状况的学生应有不同要求，要区分“爱国主义”“社会主义”“共产主义”三个不同的思想境界层次，不能强求一律，鼓励同学德、智、体全面发展。

第三书　“教改”六年制

1952 年全国进行院系调整，大学理工分校，国家号召全面向前苏联学习。1953 年开始，清华建筑系改为六年制：课程多、实习多。除了政治课和俄语课之外，专业课有建筑设计初步、美术、建筑设计原理、建筑构造、建筑物理、画

建九一班北京首都剧场实习小组

法几何、阴影透视、中外建筑史等。专业技术课有高等数学、普通物理、理论力学、材料力学、结构力学、钢筋混凝土、钢结构、木结构以及水暖电设备学、施工、材料等。另外还有参观、测量、水彩、古建测绘以及工人、工长、工段长和设计院等实习。参观实习有两次：二年级参观北京建筑和四年级参观外地建筑。我是南方人，选择了哈尔滨、长春、大连这条北方路线。我们参观了哈尔滨量具刃具厂、651 长春汽车厂等，均属于前苏联 165 项援助项目中的东北项目。我们亲身体验到前苏联建筑师在工业建筑中发挥的重要作用，并看到了前苏联的建筑方针“民族形式、社会主义内容”在中国的实际应用。学校的考试制度、方式很新鲜：每人有一本记分册，六年的各种考试、考查成绩都有记录，考试采取开卷，实行五分制。每个考生进入考试房间后，面对老师和助教，用抓阄的办法，抓选一份考题。考生准备若干分钟后面向考官，随机回答问题。老师根据考生的表现，当场在记分册上记下考试分数。

第四书 批判现代

学校号召要“又红又专”，为祖国建设“向科学进军”。六年制的建筑系学生，要学习更多的政治理论课，除了新民主主义革命史、联共（布）党史、历史唯

笔者在原北京苏联展览馆前留影

写生

物主义、辩证唯物主义、政治经济学之外，还有哲学、美学。我对陈舜瑶副校长主讲的哲学课很感兴趣。在课程中，我知道了在马克思主义唯物论（一元论）之外，还有“我思故我在”“绝对理念”等唯心论以及康德“二律背反”，甚至还有杜威先生的学生胡适的“多研究些问题，少谈些‘主义’”。当时建筑界在向前苏联学习的语境下积极批判现代主义建筑和复古主义思想。一时在建筑界，对于如何贯彻“民族形式、社会主义内容”方针，大家感到左右为难。

第五书　“国庆工程”

“反右”后不久开始“大跃进”。当时同学们仍积极锻炼身体，班上的篮球队坚持活动，要为祖国健康工作五十年。1958 年年初，国家决定要建“国庆工程”，建筑工程部动员全国各大院校积极为此贡献力量。清华建筑系积极响应号召，在梁思成主任的带领下师生全力以赴。我们建九毕业班是龙头，建〇、建一、建二等低班作为龙身、龙尾，各班组成一条龙共同协作，各显身手，怀着满腔热

中国科技馆模型鸟瞰南立面

情投入了工作。我先加入了人民大会堂方案组，配合北京市建筑设计院已定下的平面提供立面方案设计。梁先生经常来设计室看图。记得有一次他在就近的图板桌旁，用绘图铅笔给我们示范。他边画边说，新建筑要“中而西”，譬如建筑檐口下的梁柱处理方式，有中式的“插枋”和西式的“托枋”两种。他还告诉我们中国传统建筑的色彩有讲究，红色用在阳面，绿色用在阴面。

不久学校又调我到以建〇班为主力的中国科技馆设计组参加工作。1958 年冬我以设计代表的身份驻现场，配合施工。我学到了很多课堂上学不到的东西，先后经历了从基础开挖、打钎、打垫层到整个地下室“外防外包”的油毡防水施工全过程。我还看到了采取级配砂石加松香酸钠添加剂的防水混凝土结构施工的全过程。1959 年春，国家为了集中兵力按时完成“国庆工程”，决定将计划内由清华大学负责设计的国家大剧院和中国科技馆两个项目叫停，这时国家大剧院基础土方已大开挖，北京科技馆也已施工到第二层楼板。我们只得做好设计收尾工作，之后便离开工地返校。

建九班篮球队

清华学生到一机部一院实习

第六书 清华成立设计院

“国庆工程”在全国人民的大力支援下，打破常规、边设计边施工，一年建成。梁思成、杨廷宝、张镈、张开济、戴念慈、陈登鳌、严星华等老一辈建筑师全部出动，老、中、青三代结合参加设计，按时完成全部设计工作。从上海等地调来的大批有经验的施工队伍，日夜三班倒，全面完成施工任务。清华土建系领导通过“国庆工程”，受到启发，决定建立清华大学土建综合设计院，实行“教学、科研、生产三结合”，任命汪坦为设计院院长，殷一和为总工程师，并选定一机部第一设计院为合作单位，派出部分教师和同学到设计院实习。同学们在老师的指导下真刀真枪地参加北京第二通用机械厂的水压机车间和煤气站的设计。当时该院副院长曲波（《林海雪原》小说的作者）在第一次见面会上的风趣致辞，给大家留下深刻的印象。

第七书 重温“师说”执教鞭

清华大学教师校徽

我的母亲张玉泉和父亲费康于 1934 年毕业于中央大学建筑系。1955 年母亲响应支援北京建设的号召，从上海华东建筑设计院调到北京一机部第一设计院（简称一院）工作。她是中国建筑学会理事，认识许多建筑界的同行。清华大学建筑系的许多老师都是中大的同学（如戴志昂、吴良镛、汪坦、周卜颐、张守仪、张昌龄等）。当时，母亲在一院任主任工程师，是建筑组的大组长。1959 年春我和房九班（结构）的部分同学一起到一院实习，参加了煤气站的设计工作。实习指导老师是工业建筑教研组的陶德坚先生。1959 年 4 月下旬的某一天，陶德坚先生突然告诉我：“你要挂红牌了！”吓了我一跳，我以为是要挨红牌警告。她笑着说，你将提前毕业，下个月开始留校当助教，要挂老师用的红色校徽了。毫无思想准备的我，感到今后的担子重了，只能用《师说》中的名言，加以自勉：弟子不必不如师，师不必贤于弟子，闻道有先后，术业有专攻。不久，我便回校办手续，拿到了工作证。学校先分配我去建校设计组工作。

第八书 恒温大楼基建忙

建校设计组隶属于清华大学基建处，全面负责校园的规划、建筑设计和基建工作。处长汤纪敏是上海市南洋模范中学 1948 届的校友，也是建筑系高班的留校老师。建校设计组由老师徐伯安、叶茂煦负责。还有建〇毕业班同学在这里

清华 9003 精密仪器恒温大楼立面草图

清华 9003 精密仪器恒温大楼

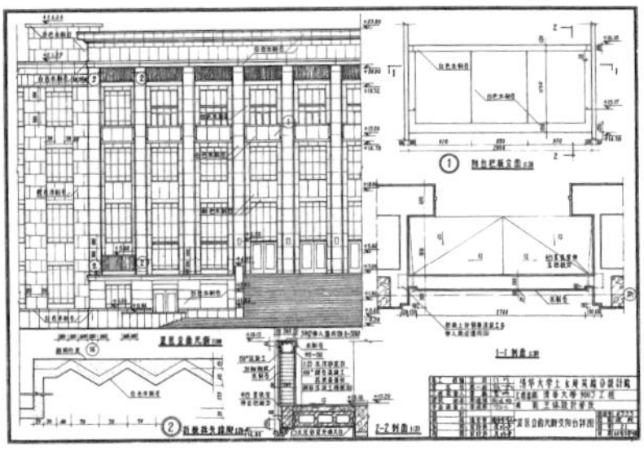

清华 9003 精密仪器恒温大楼三区立面片段详图

真刀真枪进行毕业实习，其中有丁鄂怀、徐棠仙、彭济博等。1954 年他们刚入校，是我们建九班的姐妹班同学，相互都认识。今天我们之间变成了师生关系，真有点不好意思。徐伯安先生曾经辅导过我画建筑设计初步渲染图，到建校设计组后他先分配我做主楼前东西大道的施工图设计，然后又让我参加食堂、学生宿舍、浴室等的施工图审查工作。同时，我还参加了土电厂改造成洋电厂的设计工作，以及校医院的方案设计工作。9 月份，我被调到清华土建综合设计院建筑组工作，准备担任 1959 年学校第三个基建任务——9003 精密仪器恒温大楼的建筑设计工作。这是一幢教学、科研、生产三结合的高精度综合楼，要求恒温 20℃ ±0.1℃、防微震振幅≯ 0.1μ 、洁净等级要求为灰尘颗粒≯ 0.1μ ，同时还要求金工车间机床能够上楼，并设电镀车间。结构抗震设计按 8 度设防。设计院总工殷一和老师直接领导这项学校重点保密任务。学校动员机械、建筑、土木、电机系各有关教研组派出有经验的老师，组成 9003 设计组。机械系负责总工艺，工业教研组李承祚老师担任建筑专业负责人，陶德坚老师负责组建防微震科研小组，而我担任工程主持人，负责建筑设计工作。施工阶段我作为设计代表负责现场服务工作。这项工程终于于 1966 年年初经过安装调试，竣工验收。先后有建〇、建五、建六班部分同学参加。我经历了规划、选址、协助甲方制定任务书、方案、初步设计、施工图和工地配合的全过程，主持和参加了一个工业建筑和民用建筑相结合的学校基本建设设计项目，得到一次真刀真枪的实际锻炼。2007 年，9003 大楼与其他同期建筑作为“清华近现代建筑群”入选《北京市优秀近现代建筑保护名录（第一批）》。

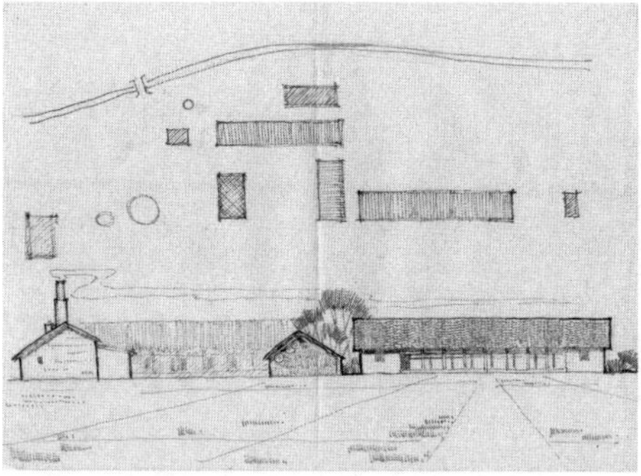

鲤鱼洲住房立面速写

鲤鱼洲土建系结构教研组邹老师一家

第九书 别了清华鲤鱼洲

1969 年 5 月，在江西南昌鄱阳湖边，鲤鱼洲试验农场成立了，先后有五批 2 800 多名教职工来到这里劳动。我也于 6 月底和设计院的部分教职工来到鲤鱼洲接受再教育。我被编在基建小组，先后参加水稻种植、耘田、收割和基建盖房子等劳动，还到鄱阳湖做过捞圆木的壮工活。之后不久，我又被派到木工班，和吴良镛、汪坦在一起干木工活。我当了副组长，协助工人组长组织学习“批判活动”。1970 年年初，我母亲和我爱人的单位（一机部一院）根据有关文件要求，全院职工要战备疏散到二线城市蚌埠。当时正好有一个机会，一院的一位结构工程师要求调到她爱人的工作单位清华大学，希望我和她互相对调单位。根据当时要解决两地分居的国家政策，我申请调到蚌埠“支援二线建设”并和家人团聚也符合政策和情理。清华大学马上批准了我的申请。同年 6 月中旬，我打好行李背包，在几位知心好友送我一程后，终于上车离开了鲤鱼洲，告别了清华。

费麟

1935 年生，中国中元国际工程有限公司资深总建筑师，全国注册建筑师管理委员会专家组副组长。

考进清华

罗健敏

1955 年我考入清华建筑系，在梁思成先生身边学习建筑，这是我今生最大的幸运。关于建筑系六年的专业学习，学友们写了很多。我的切身体会是，我们不但在专业上受到了优秀的教育，而且在德智体美等各方面，我们更经历了全面的培养和熏陶。我愿多在这方面回忆一二，因为清华的教育是全面的。

1952 年升入高中的我已经决定要学建筑，考清华。为此，我给清华大学建筑系学生会写了一封信，希望他们给介绍一位学长辅导一下我高中三年怎样为考入清华做些准备。

系会非常认真，立刻安排了 1953 级的毛德亮学长来指导我。我从城里骑车到清华园，见到了毛学长。此后三年，他从素描到速写，记忆画，想象画……一直辅导我。后来毛学长认为我该练习画石膏像了，竟然从美术教研组把希腊女神半身石膏像借出来，给我搬回家去练素描。清华是多么爱护青少年，那个年代人们相互之间又是多么信任啊！

1955 年，我如愿考入了清华大学建筑系，成了梁思成先生的学生之一。

清华六年决定了我整个人生的道路。到现在，已过去了 60 多年了。

我们最大的遗憾是林徽因先生已在我考入清华那一年的 4 月 1 日去世了。我们崇拜的林先生我是永远见不着了。

设计初步的启蒙，渲染、测绘

专业基础课是从学水墨渲染开始的。不能用现成的墨汁，一定要自己研墨，用进口的绘图纸（那时卖八毛钱一张，好贵啊）。那纸真是非常好用，泛一点微黄，渲染出来的淡色非常漂亮。当时我们是在北院北边的临时工棚里练渲染，1 米多高的大铁炉子让工友烧得极热。我们本来心里就紧张，手也出汗，身上也出汗，汗流了很多，长发的女生则要把头发束好。

教我们渲染的，主要是莫宗江先生，也有其他老师。初步课教给我们的不仅是技法，还训练了我们工作要缜密，一丝不苟，一定要有耐心。一大张水墨渲染画，仅仅天空就要渲染二三十遍才能均匀退晕。如果有哪个地方匆忙、马虎一点，图一挂出来，第一眼看到的就一定是那一块疵点。

我上中学时就听说，中华人民共和国成立之前，哈尔滨工业大学的学生做机械制图训练时，为了让学生手准，绘图精确，有一个作业是在 30 厘米中连画 1 000 条水平线，也就是每 3 毫米画 10 条水平线。我中学时没有合适的工具，一直没成功过。进了建筑系，有了好的丁字尺和鸭嘴笔，我悄悄地练习，总算画成了互不粘连又不空开的 1 000 条平行线。这虽然不是清华当时的作业，可我当成作业来练，收获不小。

与同学郊游

主动生活

大二，系里为我们年级安排了工地劳动实习。我们要在工地做两个月建筑工人，学一个工种的手艺。

我想既然要学，就要拜最优秀的工人为师。这样既学了手艺，又学了做人。

当时建筑业最著名的劳模是张百发、李瑞环，他们是全国劳动模范。张百发是全国人大代表。报纸、电台经常有他们模范事迹的报道。如果能有两个月的时间与他们吃住在一个工地，在一起干活，该有多好啊！

我同几位班干部一商量，大家都同意。于是我到系办公室去提出了我们的希望。系领导很痛快地说："你们的想法很好啊，没问题。你们自己去三建公司联系吧。"

我拿了介绍信到三建公司一谈，人家立刻同意了："清华大学生来给我们建筑工人当学徒，太欢迎了。"于是我们90个人被分到张百发钢筋工青年突击队、李瑞环木工青年突击队、于德水混凝土青年突击队，安排了全部工种，参加工地劳动。

去张百发工地的小队报到的那天，张百发不在工地，他与全国人大代表一起到南方视察去了。几天后，他回来，穿上工作服就与钢筋班里的壮工（力工）一起扛大铁（工地把直径为30毫米以上的钢筋叫大铁，细的才叫钢筋）。他是班里技术最高的技工师傅，却干班里最累的粗活。工地上可没有记者，他不是干给别人看的。工人师傅们告诉我们：他已经三次拒绝涨工资，把名额让给了队里别的师傅。

我们在工地实习是没有工资的。吃饭时师傅们打了好菜往我们碗里倒，我们不吃都不行。他们每月拿的奖金超过基本工资一倍，还是减少了发的，如果按超额量计算，奖金就太多了。

张百发突击队最不可思议的地方是他们到任何工程上，永远能提前超额完成分配给他们的任务，没有一次是仅仅到时完工。于是三建每次下任务就不按全国统一定额，而是一再加码，结果他们还是提前超额完成。计划科的人告诉我们，给他们的计划定额已经高到荒谬了：怎么可以让一个工人一个班干那么多的活儿？结果，张百发突击队还是能高质量地提前超额完成。

我们做了几个月学徒，发现张百发突击队不但是一个苦干的队，更是一个巧干的队。每个新工程一到手，全队先坐在一起熟悉图纸，讨论怎样做才最省工、最安全、最高质。比方说每次大拖板车拉来一车钢筋，他们不会让人随便卸在一块空地上，而是卸在每种规格直接抬起来就可以用的地方。仅仅这些小搬运的节约就省了很多人工。

几个月中，我们与师傅们建立了非常亲密的关系，从他们身上真是学到了太多东西。一起干活，互相开玩笑，非常快乐。同班李瑞樑同学皮肤特别黑，在工地一晒更黑了。师傅拿一截钢筋头贴在他胳臂上，问他："你俩谁黑？"郑学茜很瘦，师傅说："隔着衣服能看见你骨头。"

实习结束后，三建公司组织了考级，同学们都在自己的工种考上了三级工。只有我没考上，因为我是实习队长，要跑每个工地去了解情况，我没有固定工种可考，所以很遗憾只有我不是三级工。好处是我到哪儿跟着哪干活儿，土建活儿我全都粗粗地练到了。

这次实习通过主动争取所得到的收获，不仅是实习本身，更重要的是，我们的希望，一主动争取，就实现了。与张百发、李瑞环等优秀人物一起的两个月，对我们全班 90 个人都是很重要的一件事。它告诉我，对待生活，应当主动进取，不要只等着别人安排、命运安排。主动进取，有时是能改变命运的。

4×400 米接力赛的末一棒

德智体全面发展一向是清华教育的宗旨，因此体育特别受重视。

有一年的全校运动会上，建筑系代表队决定让我来跑 4×400 米接力赛的第四棒，这可真不是个好差事！

中学时我就是校田径队的，在北京中学运动会上还得过奖牌。到了建筑系，我就加入了系代表队，参加短跑、跳远、三级跳远等等。但是代表建筑系跑 4×400 米，这个事我不喜欢。因为建筑系是全校最小的系，人家水利、机械等大系，学生有 3 000 多人，而且 90% 以上是男生；而我们建筑系，才 500 人，女生还占一半，名次很难靠前。再有 4 个 400 米积累下来的差距，将最终由最后一棒体现出来，偏偏，派我跑这最后一棒。所以很明显，建筑系最后的“丢人”情况，就集中在我身上了。

那也不能不跑啊！枪响了，果然不出所料，第一圈下来，我们已经落后了几十米，不过还看得过去。但第二、三棒跑下来，我们就落后太多了。当第三棒把接力棒交给我时，我们已经慢了几乎一圈。

我揪过棒来撒腿就跑，刚跑了头 100 米，人家第一名就已经撞线了，而我还剩 300 米！

我感觉这运动场上，大家都等着最后一队的最后一名赶紧跑完，就宣布成绩，大家就散了。现在要等这个落在最后的家伙一个人跑完他自己的 300 米，多招人烦。我的私心杂念就上来了。

不是为别的，是这整场运动会，表演最不好看镜头的我，恰好是全校师生都认识的一个人——因为我是清华的人民代表。嗐！清华全体学生选出的一名人民代表，现在在场上来表演丢人，而且有长达 300 米的多半圈，可供大家充分欣赏我的惨象，这也太窝囊了！

我当然知道好面子不应该，但是一个人孤零零地跑第末一名的末一棒，心里实在不是滋味。我正在这样窝心时，进入第二个弯道，眼角一扫，“嗯？我后面还有一个人？”这我可得认真看看！一看，真的，我后面还有一个人！

哈，我难以相信。难道还有比建筑系跑得更慢的？这么说，我不是第末呀。

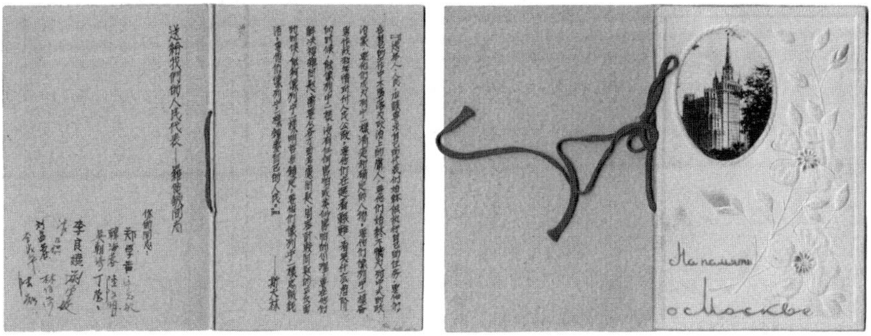

大学时期的珍贵贺卡

我立刻高兴了。只要不是倒数第一就行。名次不佳，咱就跑点漂亮姿势嘛。于是我用中学体育老师教的 400 米最佳姿势，高抬腿、甩大步，尽量跑出模样来。

我朝前一看，又有了新发现：我前面那个选手离我并不太远哪。我离终点不到 200 米了。他在我前面也就 40 米左右。于是我有了新目标：我如果能在剩下的 200 米里追上这 40 米，我们队又能再提前一名！

这么一来，我精神大振。本来那个倒数第一的难熬的最后 200 米，有可能变成一次超越之战！于是我在弯道开始了赶超他的决斗。

全校师生本来正在等待最慢的队熬到终点就结束这个项目，没想到忽然有好戏上演了。跑道外面的各系同学重新振作精神，锣鼓喧天、呼声动地地为我加油了！

前面那兄弟忽然明白，大家是在给后面追他的人加油，他慌了。从这时起我们俩的精神状态发生了大扭转。他越跑越糟，我越跑越好。进入了直线，还有 100 米！他比我前 30 米，我如果能每 10 米追出 3 米，就可以赶上他。10 米追 3 米，好难了。我是累极了，可是一看前面那家伙，好像比我更累。我咬着牙眼睛紧盯住他的后脚跟，我要缩小这个距离！

还剩 80 米，我离他还有 20 多米；还剩 70 米，60 米，离他十五六米；还剩 50 米，40 米，离他 10 几米。观众疯了，大家冲上跑道，喊声震耳。还剩 30 米，我离他还有七八米！ 20 米，差四五米。好！他越来越不行，不断回头。我心想别回头啊哥们儿，一不小心会绊倒的。离终点 10 米！我俩还差一步，然后我咬牙一大步就超过了他，我超了！最后三四米，我在一片呼喊声中领先到达终点。我胜过了两个人，我赢了！

这场赛跑的经历给我的启示太多了。原来你以为的最不济的处境，未必真的那么绝望，当你已经精疲力竭时，你的对手也跟你一样累得快死了。在生死攸关的时候，谁的意志强一点，谁更坚决，更不顾一切地拼，胜利就是谁的。我参加了很多次运动会，从没跑过这么糟的成绩，这是名次最差的一次。但是这却是我印象最深的一次比赛，是我一次最重要的胜利。后来，这种坚持精神帮助我取得了多次重要的胜利。

体育锻炼教给我的，太多了。这就是清华。

武钢实习

六年当中，我们有一系列实习，从最开始的大地测量实习、测绘实习、工地工人实习、工长实习、水彩实习，到后面的设计实习、毕业实习等等。

1959年夏，我们有两个实习相连，是下江南的大实习。我们先到武汉，去建设中的武钢做工长实习。

我们由京汉铁路在汉口下车。下车时，已是深夜，我们要第二天坐武钢的火车到武钢厂工地，所以这个夜里我们得先睡觉，等待天明再走。但是深更半夜到哪里为90多名师生寻找旅馆呢？我们背着行李走出车站，往街上一看，大吃一惊——沿着街道，两侧人行道和车行道边上，露天睡满了人。密密麻麻，一般三五个位置相连，大概是一家人，有竹床、绷子、躺椅、木板，或者只有凉席直接铺在沥青马路上，大家都是呼呼大睡。虽然一下车我们也感到长江三大火炉之一武汉高温的威力，但是满城居民都露天睡在大马路上，是真想不到。不是只有男人或老人睡在街上，包括年轻女子少妇也一律简衣短裤酣睡于路边。而且没有一家搞点什么帐子、隔板一类稍加遮挡。他们把马路当卧室了！

肯定是炎热天气下，巷窄屋低，家里实在无法入眠，人们才不得不睡在街上。

这让我想起梁先生曾发表的“住者有其屋”的演讲，我们建筑师的肩上，责任重啊！

见到这一场面，我们也就想开了。我们班干部与刘兆丰先生一商量，咱们也就睡大马路吧！可是路边已被市民睡满，我们90人穿插人家中间又不方便，也担心安全。于是我们又退回到车站前大广场上，摊开凉席（每人都知道要用到凉席，都带了）在“大火炉”的车站广场上当了第一次马路烙饼。武汉之热，名不虚传。

再谈炎热

到了工地，我们都住在毛竹筒搭起来的工棚里，睡在竹板铺上。热到什么程度呢，说说一白一夜。夜里，起来上厕所，胳膊碰到工棚支柱的毛竹筒上，竟觉得被烫了一下，以为碰到了铁烟囱（这可是棚子里太阳晒不到的地方，而且是在后半夜！）。白天，每个工棚边上都有自来水喷头方便大家冲凉。清早从工棚走到工地要走十多分钟。出发前，如果是穿干衣服，到工地衣服就完全湿透了。后来我改办法了，穿着衣服把全身冲湿，水淋淋地出发，走到工地就已经全干了！这就是武汉。

第一个小挫折：从车站背行李去乘火车时，路上一位姓梁的同学行李太重，休息时放下后背不起来了。我就去帮他，他得到我借力就使劲一抡，行李是背起来了，却把我的眼镜打落在地，双镜片朝下摔了个粉碎。他扬长而去，理都没理。我刚到这个陌生的工地，处处危险，525度的近视，却没了眼镜，瞎了！怎么办？我告诉刘兆丰先生，他说只能让我下个星期天去武昌配眼镜，这一周只能瞎走瞎干了！结果就真发生了危险，差点成了清华大学学生实习中发生事故死了人的唯一案例。

险些丧命

我们这次去武钢的实习不是当工人而是当工长，还有人任实习工区主任。我是在9号平炉的大平台上协助工长指挥浇混凝土。

这个工作要一面盯住长臂起重机吊着的大型混凝土吊斗运行，一面目估他应该开斗卸料的位置，用手势吹哨子指挥其运动，直到哨子与双手同时一挥，哗一下一大斗混凝土浇下来。这个事主要是用眼睛看的。可是我眼镜砸了，我瞎呼呼啊！

那可是不能瞎指挥的啊！所以我全部注意力都在吊斗上。施工操作规程规定，在任何情况下，人不可以处在起重臂和吊件的下面，那是绝对禁止的，我只能边盯着他，边在大平台上后退。我已忘了这个平台虽大（几个篮球场），它也是有限的，而且关键是它的边缘没有护栏！

平台是用20毫米厚的大钢板拼成的，有整钢板，也有气焊切割过的不规格板，所以平台的边缘不在一条线上。

到了发生危险的这一斗，我边指挥，边后退，完全没注意已经退到平台边缘了。而这里钢板正好短一截！

我只觉得脚下一空，向下掉去。当时不知什么力量，本能的两手一撑，撑住了钢板的边缘，撑住了。那时我什么都没想，零点几秒，想什么也来不及的。我爬上来往下一看，下面深约 10 米，底下杂乱堆放着各种废钢材、废混凝土块，张牙舞爪。这下我可害怕了。如果我掉下去，不但一定摔死，而且会摔得七零八落、血肉模糊。

幸亏我一直喜欢体育锻炼，短跑、单双杠、跳箱跳马、击剑拳法……既锻炼了臂力，又训练了快速反应。如果没有那瞬间的一撑，就没有今天这篇短文，一切都没有了。而且，清华将发生第一次教学实习时摔死了学生的恶性事件，对清华的名誉，对带队的老师，全班同学……将是多大的打击！我不敢想象。

这时平台上师傅们都冲了过来（大概我叫过一声？），指着我的腿，说“腿伤了”！我一看，整个左腿外侧从脚踝到腰胯骨处，刮开了巴掌宽二尺多长的一片，鲜血淋漓。这时我才觉得疼。原来，那个平台的钢板这里短了一块，形成个凹角，我就是撑住了正前面和左侧面两块钢板一边，才没失去平衡，如果只有正面撑住，全身会向前悠，肯定还是停不住的。

90° 缺角害的我差点命丧武钢，又救了我免于一死。那些钢板边缘是气焊切割的，边缘是锯齿状的尖刺，我的左腿被削去二尺多长一巴掌宽的一层！

师傅们吓坏了，我是越想越怕，生死一线。医务室大夫也吓得不敢下手，出血面积太大了。他们最担心的是武钢这温度这湿度，全身不停出汗，太易感染。

这条腿绑满纱布，像极了一名伤兵。但老天保佑，后来伤口完全没感染，一点没影响实习。

都是那姓梁的同学砸了我眼镜造成了我视力下降。一周后，我才去武昌取了新眼镜，还花掉了我有限的零花钱。

国家大剧院剧场模型

国家大剧院设计中我被分配在观众厅组参加声学设计。除设计、计算、测量之外，还需要造一个十分之一比例的观众厅模型，形状、长宽高尺寸都要严格按照实际尺寸的十分之一的比例制作，里面还要摆上缩小为十分之一的 3 000 把小椅子。模型建成后我们要在里面摆上仪器、声源和收听点的话筒，进行模拟实测，以便消灭 3 000 座中任何意外的声学盲点或劣点。

这个模型的内空间已经是长宽高都超过三米的房子了，所以要造一个砖砌的单独的真房子。我们班在之前下工地劳动时，90 人已经涵盖了土建工程的所有工种，并且都已经考工合格，可以独立操作了。于是这造房子的任务就交给了我们班，我们组成了大剧院模型组。

模型位置就在清华学堂与同方部之间的空地上。同学们分工合作，进料、进脚手板、杉槁、水泥、砂石砖、白灰，大家干得热火朝天，夜以继日。这个东西虽小（也就是一大间房子），但厅内没有一个面是直线，而且要求尺寸非常准确，曲线要绝对正确，表面也要绝对光洁（每一点小起伏在实测中都将被放大十倍）。我负责组织施工，又当电工。在工地学会的带电接灯的手艺派上了用场（这在施工操作规程中是被明令禁止的，但在工地师傅已经教会了我，可又嘱咐我，除非十分必须千万别做，因为有危险）。我们这个工地日夜加班，确实经常需要带火接灯。我每接通一路新灯光，大家都一阵欢呼。但是我犯过一次错误，冒险从清华学堂地下室的闸箱里在不断电的情况下直接拉出一个独立回路（这样做是绝对不应该的）。我站在凳子上，小心翼翼地直接插入电线，之后一瞬间不知发生了什么，醒过来时凳子倒了，我坐在水泥地上。之前我完全没有触电的感觉，而是直接被打下来。这辈子再没干过这种蠢事，蠢到家了！接好了电，我爬出地下室，没敢告诉任何人。

剧院模型由我们班顺利建成。但国家大剧院项目，因“国庆工程”资金预算问题，还是下马了。

全国民兵代表会议纪念章设计

1960 年，国家决定召开“全国民兵代表会议”，这是全国第一次（后来没有开过第二次）。那时距离抗日战争胜利才 10 多年，当年的民兵抗日战士、英雄都还健在，因此这是一次实战能力强大的民兵大会。

笔者所在设计小组完成的纪念章设计

这次大会要颁发一枚纪念章，是具有奖章意义的纪念章。罗荣桓元帅让罗瑞卿大将抓这件事，任务交给了清华建筑系团委书记罗征启，他把设计工作下达给我来具体完成。这是个巧合：从最高层到最下面，一串四个“罗”。

我发动全班同学都参加方案创作，同时又组织了一个四五个人的设计小组，小组成员都是平时热心军事活动，又喜欢书法、绘画、工艺设计的。组员有于振生、崔东元、钟文墀和我。我们非常重视这个光荣任务，觉得做好了能在历史上留下一笔，很有意义。

过程不细说，大家汇集出的共同概念包括：①底色应是红的；②造型用色应是金的；③虽是纪念章，要有点奖章、勋章的味道，但又不可混同勋章；④要用上五角星，这个符号在全球都代表军人；⑤不可以用国旗、“八一”等重要符号，因为是民兵。

我们几个人吃饭上课都心在纪念章上，出了小草图无数。后来大体形基本确定为：①大外廓是五角星形，但要让光芒线划成一束束放射状，要有点奖章味儿；②要不用国徽却表达“中国”，最好的符号就是天安门，天安门当然要放在徽章中央；③底色红，光芒放射线金，天安门金，整个纪念章只用金、红二色。

但在最关键的怎样形象地表现“民兵”，又民又兵这一问题时，我们遇到了障碍。红缨枪本来很可以，但是它那么细长，在一个徽章中很难成为形象，用很多红缨枪做放射处理，在那么小的章上也看不出是梭标还是红缨枪。大家苦心思索，花了很多时间。

最后，我想到可以用镰刀斧头来组成一支枪，表现是工农的武装，大家立刻赞同。虽然那个镰刀不是中国镰刀，斧头亦非中国斧头，但是连党旗上都使用了“苏式”镰刀斧头，我们用也是可以的吧。

我们仔细推敲光芒的数量，天安门与枪的比例，等等。天安门要在上，步枪在下，表示工农武装保护祖国的意思。梁思成先生和林徽因先生的国徽设计工作是我们最重要的榜样。最后我们绘出一张彩色设计图，交到系里。系报到校，校领导一致同意批准上报，这样层层上报，每一关都获得赞许，最后传达下来，罗荣桓元帅说“非常好”，正式批准。

我们班同学乐坏了，欢欣鼓舞。我们为保卫祖国的民兵建设事业立了一小功。大会是在1960年5月1日举行的。

现在我这里有保存了50多年的纪念章。当时镀的好像不是纯金，有一点生锈了。

主楼报告厅设计

清华主楼中轴线上朝北设计有一个半圆形报告厅，报告厅有500个座位。

主楼设计是以我们上一届1954级的学生为主担任设计的，是教育革命的一部分。学校先分配我设计国家大剧院观众厅，后来又分配我参加主楼设计。这时O字班主力已临近毕业，我也进入了做毕业设计的六年级。

厅堂音响设计虽然在设计大剧院期间研究得很深入，但那时一直是团体作战，而这次却要我一个人独力完成一个立刻就要实际建设的厅堂，压力非常大。这时徐亚英、李晋奎等学长已经毕业留校当助教了，不再是同学，我该叫他们老师了。他们秉承清华教风，对我十分严格。检查我的计算、我采用的系数，一丝不苟，多次批评我进度太慢。我则对于自己还没毕业就要交出正式图纸和计算书，变成主楼唯一的报告大厅而冒汗。

这个报告厅声学处理的难点在于它半圆形的后墙会在最佳座位——前排中心区形成回声聚焦。而聚焦到达时间又超过了50毫秒，这将严重影响声音的清晰度。我的任务是不主要依靠牺牲材料的办法消灭聚焦反射声。对厅堂音质的处理上，在满足声音清晰的同时还尽量保留、利用自然声，而不是大量吸收再做电声处理，这是清华学派的学术主张。同时，1960 年前后我们正困难到吃不饱饭，也不应该大量使用新鲜材料。

经过多方案比较和反复计算，我让反射声的聚焦点形成于听众座席上方高处，因而不影响听讲，计算和模拟图线都支持处理方案。我的毕业设计答辩顺利通过了。主楼半圆报告厅就按这个方案建成了。

报告厅使用 50 多年来，它的实际声学效果在自然声和电声情况下都令演讲者和听众满意，证明了清华声学教研组的教学水平。

在梁先生膝下伏读建筑六年，校恩师恩何以为报？有了这个设计，可以把自己的心血永远留在主楼上，我心里感到十分欣慰。

毕业后我又做了军委大礼堂等多个厅堂的设计，都没有另找声学专业的人而是自己计算，效果都很成功。其中南开大学东方艺术大楼音乐厅被音乐界公认为天津声学效果最好的音乐厅。感谢母校教诲之恩。

罗健敏

1936 年生，北京市建筑设计研究院有限公司教授级高级建筑师。

忆我师二则

玉珮珩

一、《在船上》的召唤——忆汪坦师

汪 坦 先 生（1916—2001）肖像

收到最新一期《万象》杂志，《在船上》家书的作者的名字引起了我的注意，哦，还会有一位值得人们回忆的人也叫汪坦？因为编者和整理家书者均未加只字介绍，况且这个名字是出现在一本非建筑专业的人文杂志上。当翻到次页，见到那张熟悉脸庞的照片时，我才回过神来，那正是我们十分敬重的汪坦先生——我们的老师啊！

20 世纪 50 年代末至 20 世纪 60 年代初，我只是一个普通建筑学专业的大学生，至今欣慰当年有很多机会聆听汪先生的讲课并近距离接受汪先生的辅导。我也很后悔没有抓住机会，珍惜这个学习机会。大学时代对汪先生的印象，已经恍如隔世了，再上推十年的家书，因为隔了一个朝代，愈加觉得遥远了。奇怪的是，这些家书所散发出的早已消失的民国气息，在近年的阅读世界里又被出土或复活了。

《在船上》是汪先生出国后所写的家书集锦。家书，当年未必遥想到日后会被这么多无涉的人窥看，所以文字直率，表露的是斯时斯地的真切心声，不会夸张，无须掩饰。正因为这样，我才觉得这些家书让我进入了学生时代初识汪先生时，不可能深入了解到的、比现实表现出的更丰富的内心世界。

当年，我一个还未入“建筑”（不是 BUILDING）门的学生，怎么就对汪先生感兴趣呢？他讲课和交谈的口若悬河（用一位作家誉另一位作家的说法即

“语言瀑布”）、肢体夸张、南腔北调都使他塑造出一个让人难忘的“讲台形象”。这源于他对教学的热爱，也源于他对学子的热爱。我还注意到了汪先生与众不同的一点，他的话语中几乎没有“政治不正确”，没有背书式的枯燥教条，又不同于“反右”后一些老教授的慎言慎行乃至噤若寒蝉。

《在船上》文本的重现，得以让多少学子崇敬的建筑教育家和学者汪坦先生有了一个较全面并栩栩如生的人格形象留给后人。在 20 世纪 50 年代至 20 世纪 80 年代的社会巨变下，汪先生呈现出自己的不同人生，封封家书同样鲜活地折射出他青年时代的品格，追求向上，充满才华和情致，以及但凡钟情建筑的人都具有的对人类的热爱。

家书中写到他即将拜教美国老师著名建筑师赖特时有这样的话：“WRIGHT 这样有名气的人，知道他的人极少（除了学建筑的人）。”我联想到也许建筑学界外，多数人也不一定知晓汪坦先生的职业成就。这无妨，一个令人钦佩和喜欢的人，无论他是干哪行的，无论知晓的人多少，都不重要。可惜的是历史没有留给汪坦先生太多时间，可以引进域外最新建筑理论时，汪先生已步入老年，还在忙着为人做嫁衣裳。当年他匆匆去国，又匆匆返国，正是为了这个，可一等就是几十年。

1958 年秋季入学时，一年级大部分课程是“基础课”，唯一一门跟专业有点关系的课叫“建筑概论”，由汪先生讲授，汪先生还是系副主任。记得上学时凡是专业启蒙课程或专业课程，学校都安排资深教授讲授，他们的学问因够深入，故能浅出。

1958 年正处于一个特殊的年代。全国发生什么事，学校就有什么。比如“大炼钢铁”“大办民兵师”“教育革命”“兴无灭资”……说句公道话，毕竟清华太大了，每项活动都有一拨人去搞，就显得热火朝天了。其实大部分同学在大部分时间并未全部打破常规，教学秩序也并未被打乱。

汪坦先生就在这样的大背景下开课了。他开宗明义地告诉同学们，学建筑是为了干什么——造房子。我们当时虽已是建筑学子，但并不知道传统的经典建筑学怎么说，但又觉得会这么简单吗？可又不会怀疑，于是相信这是绝对对的。“清华学堂”门厅气势磅礴的大楼梯从上到下垂悬着高班同学写的标语，像巨大楹联，上面书写着诗圣杜甫的名句：安得广厦千……无论是从那时“兴无灭资”的革命风暴的风向，还是从老祖宗具有“人民性”的作品中，我们得到的对建筑理解的回答，这可能是唯一的。至于为谁盖？杜诗人说的“寒士”不就是今天的“劳苦大众”吗？

对于经历过几年旧建筑理论熏陶的高班同学来说，这是一种再教育。而对于一年级新生，如我，一穷二白，如毛泽东主席所说的“一张白纸”以般，当然会全盘接受，以至于铭刻于心至今。

汪先生在讲台上做了什么更深入的阐述，我现在早已忘却。作为一个出自学院式建筑教育又接受过西方现代主义熏陶的来自“旧社会”的教授，他自身不大可能生长出如他宣讲的“概论”。先生的“思想改造”比起年轻教师和高班同学的是不是会有一个更加痛苦的过程呢？我们对此不得而知。

汪先生早年是《观察》杂志的热情读者，《观察》是一本以理性自由主义为立场的杂志，我不能确认汪先生是否是一个民主自由主义者，但可以看出先生的多爱和多才，智慧和热烈。他是一个有社会责任感的学子，认定建筑是“社会工程”，反映的是“真正人民生活”，在家书中就表达出了这样的创作准备（参见家书 1948 年 2 月 9 日信）。

汪先生潜意识里的建筑观的直觉反映又似乎与“造房子”有着某种神和。

先生在一次讲课中推崇干干净净的建筑，还说建筑应当充分发挥力学和材料性能，要重视建筑与环境关系而非烦琐的饰物。他最精典的肢体表达是向前平伸双臂，比划如赖特设计的名作流水别墅，努力悬挑。

还有一个例证能证明先生是反对让建筑承担太多原本承担不起的“功能”的。有一年古巴政府为纪念吉隆滩战役的胜利要修建纪念碑，对外征稿，中国建筑界积极参与，我们学校也不例外。我们那个学期课程设计还插入了一次同题目的“快速设计”，所以同学们也很关注这件事的进展。汪先生进城参加应征方案评选会回来，向全系师生介绍情况，谈及某“大师”领衔设计方案，有所微词。该方案企图用建筑来叙事，借助具象手法表达“众志成城”，用建筑构件的长、宽、高尺寸数字表述一些有纪念意义的数据。

我入学不久，就赶上了系里忙于国庆十周年十大献礼工程——“大跃进”的一个重要组成部分，也是学校教育革命的“战场”。全系动员叫“一条龙”，我们就是跑龙套的，所以也能听到不少传达，再就是能听到汪先生从城里归来的感言，绘声绘色的。

在方案竞争中，国家大剧院似乎是系里下了大功夫的，势在必得，可惜后来项目暂停了。再有就是天安门广场东侧的中国革命·历史博物馆，如果我没记错的话，“第一设计意图”是清华的。方案深化清华也出了不少力。留在如今我记忆中的种种片段，正好又和汪坦先生的故事有关。

此刻我正好翻出了上学时的听课笔记，这真是太宝贵了，写好多事就不用全靠回忆了。

汪先生在课上讲到《环境对建筑物的影响》这个题目时，选择的例子就是中国革命·历史博物馆的外窗问题，即开不开窗的问题。

汪先生说：“建筑设计总不外由内而外和由外而内。哪个为主，要看具体情况。对于这个问题世界上有两个极端——功能主义和唯美主义，它们都只强调一方面。比如展览馆，从内部讲，内部很重要，不希望开窗。而中国革命·历史博物馆的内部则是由外在原因决定的。”“不开窗，不好看”，汪先生强调这六个字。

当年好像还有普通老百姓掺和，反正不喜欢在天安门广场边上出现一个封闭的房子，虽然说不出太多理由。这正合了我们那个年代对艺术作品评判的一个标准，即“喜闻乐见”。再后来又有人总结了一句话，让“二老”满意，其中“一老”就是老百姓。

当年这些大工程的扛鼎的设计人多是旧社会或旧教育制度下的过来人，他们是想把事情做好的，他们把建筑的技术、艺术看得太重，经过了政治教育、思想改造，还是没有懂得什么是政治。建筑中不仅仅有技术、有艺术，还有政治，一个象征国家表达权力的建筑更是这样。汪坦先生的家书，已经表明了他有更大的视野，不是一个书呆子学者。他的灵气和顺应社会潮流的选择，我们从《在船上》也能知其一二吧！

既说至此，我还想说，直到半个多世纪后的今天，博物展览建筑在特定环境下外形虚实的处理上仍然是个问题。比如贝聿铭设计的华盛顿国家美术馆东馆，如果在中国，也居于差不多同样的位置，怕也难以被“二老”接受。我说的主要是虚与实的问题，外形就更甭讲了。北京首都博物馆新馆建在长安街延长线上的重要路口，被做成全玻璃幕墙，我想做成一个死疙瘩绝对通不过有关“专家”的审查，更不用说高层了。不能说当代建筑师聪明了，更会运作了，这只一个顾全和妥协的方案。现今对展品，尤其是珍品的保护和展出时，采光、温湿要求的重要性不必说了，展厅做成人工环境是常用手法，又要考虑有特色的外饰面，无疑会增建筑面积和投资。安定门内新建的大都美术馆由著名建筑师安藤忠雄设计，外立面除了窗子还有花格，算是“中国特色”。中心部分也完全说得过去。这回“二老”是极满意了，不知道建筑师怎样。

下面是回忆与汪先生接触中的二三事。

“三年困难时期”过去，学习气氛渐浓。当时我们班课程设计是一个大型剧院，汪先生辅导课程设计，于是我们有了更多时间直接受教。动手之前，老师们带领我们调研了北京多个大型剧场。最详细了解的是北京人民艺术剧院驻场的首都剧场，一个当时最好的话剧剧场。那天上午我们登上了舞台又走进后台，舞台上还散落着纸钱，前一天晚上演出《茶馆》最后一幕的场景还未拆卸。中午大家“放羊”，去逛了王府井。下午返回时，我看到汪先生正在翻看一本厚厚的洋装书，偷眼望去，是贝多芬传之类的。现回想起来，看那书的尺寸应当属“是些叙述的”（引自家书中的用语，汪先生对某种类型书刊的一种说法）。

那年深秋，几个同学突发奇想，约访汪先生，先生也高兴允诺了。晚饭后校园里很暗，我们准时摸到胜因院。说实在的，这回拜访先生，好像有点沉闷，大家希望听到一些有趣的学校或系里人和事以及最新的国外建筑动态……这些似乎都没有听到，因为过了这么多年，没什么记忆留存就是证明。

要说完全忘了那次拜访，也不可能。有两点我还是有印象，且记住了。一是汪先生客厅中有一个很大的方形茶几，大果盘里散放的红果中点缀了几只黄色的鸭梨，道具很写实，色调很强烈。二是汪先生没让大家脱鞋，我们有人就坐在地毯上。

汪先生说，每个月来了外文期刊，他都要翻一遍。我理解先生是鼓励大家多向外看看，这已属不易了。当时学校条件还真算可以，美国的建筑杂志起码有

《先进建筑》《建筑实录》。可惜我们学的是俄文。

赖特的名气我们也知道一点，这和他是汪先生的老师也有些关系，大家对赖特也挺感兴趣，零零星星地问过先生一些。

您是怎么成为赖特门下的？汪先生说："我给他写了一封阐述我的建筑观的信，他回了信接受了我。"再问为什么。汪先生又说："因为我是中国人。"您是怎样向赖特学习的？汪先生说："我帮他削土豆。"我们还问过先生一共有几位中国学生。汪先生只说，有一位同学回国后去云南教小学去了。先生并没有对这位同窗的选择表示非议，更没微词。

赖特去世于我们求学的时段。国际建筑界、艺术界受到很大震动，我们这里倒没什么反应，先生没和同学提及，我们也没问过。

我们毕业了，离开母校。不久师生各自都处于漫长的"动乱"中。再和先生见面已是"劫后逢生"的 20 世纪 70 年代后期。先生和所见到的其他教师一样怯怯地，我们同在建筑工地接受"再教育"。明显的，汪先生说话不再那么抑扬顿挫了。

再转过十年，国家"重生"，如汪坦先生这样的老学人也再生了。我只听说（后来也见到成果），先生又忙碌起来了——办杂志，编撰国外现代建筑学理论丛书，传授硕士、博士生……

我兼职的北京建筑职业学院曾邀请汪坦先生开讲座，内容依然是建筑概论，给出的题目是《现代建筑的构图》。我坐在教室最后排静听，仿佛又回到了年轻时光。先生仍旧那样南腔北调，手捏一叠卡片，说到兴奋处身体前合后仰，似乎想把声音放得更大，传得更远……

之后，很少有机会再见到汪先生，再后来就是永远见不到了。

再见到，就是"在船上"，听到他远远的召唤。

二、寂寞清华人——记毕树棠先生

我精心地读着谢泳先生惠寄的两本新书《网络时代我们如何读书》和《思想利器——当代中国研究的史料问题》。在这两本书中，作者追古抚今，书中有多篇谈及中华民国知识界故人，还说到我十分敬佩的毕树棠先生。

1958年秋，在学校如火如荼的教育革命浪潮中，我踏入清华二校门。不远处的灰砖建筑“清华学堂”是我们入学时的系馆，系馆一层有一个不算大的系图书馆，在这儿我最早认识了毕树棠老先生，而来去匆匆那么多老师我都还叫不出尊名大姓来。

建筑系在清华大学算是一个年轻的系，1946年才建立，系里的教职工似乎没有再老于毕先生的了，虽然他只是一个普通的图书馆馆员，但年轻老师和1949年前后海归的教授，都尊敬地称呼毕树棠先生为毕老。《网络时代我们如何读书》一书中有一篇提及毕树棠先生的文章说到2014年刚出版的《螺君日记》，编入的正是毕老的早年日记，这太让我惊喜了。

原来这是一本毕老过世三十年后，由当代人编辑出版的集子，书中集辑了毕树棠先生20世纪30年代到20世纪40年代发表过的日记选。看来应是1949年后至今毕老唯一的非翻译类创作出版物了。我迫不及待地去买回来，一本小且精致的书，不仅唤起了我早年对毕老文字风格的记忆，还连带忆起了他老人家的音容相貌。

还未及看毕老日记，反倒是一篇原载1957年5月8日上海《文汇报》的文字，先闯入我的眼帘，题目叫《工字厅——忆旧游之一》。我不敢说这是作者搁笔以来最早一篇作品，更不知是否是作者留给我们的最后一篇文章，比如还有没有工字厅之二、之三。

但我可以猜想的是，那一年，也就是1957年春天，未正式发表的毛泽东在宣传工作会议上的讲话记录稿在知识分子中传诵，让毕老手痒了，或是拗不过老友的稿约，于是有了这篇文。

现在回想当年，毕老为文的一年后，我们入学了，傻傻的我们怎么也不会把这位慈祥的老者和今天才见的文采联系起来。只听说他英文好，没有人说过别的。

“工字厅”是清华上下皆引为豪的坐落在山水之间的一座古典建筑形制的院落，雕梁画栋、朱颜玉栏。入门上方匾额题写“清华园”几个敦厚大字，就告诉你它是清华的象征。一般同学会推想学校的头脑人物在此办公、会议和送客，

工作中的毕树棠先生（1900—1983）

好比长安街的新华门。工字厅内很安静，同学可以自由出入，但极少长时间逗留，除了建筑系写生的学生。不少师生的画作，比真实的还美，但却很少比上毕老文字透出的时空变幻的意境。

今天才读到的这篇清华园忆旧游，和我入学时读到的校刊时文相比，好像不是一个时代的。战天斗地热潮中连那些比毕老年幼的文化人，也少有毕老这样小资情调的写法了。

毕老也不是死脑筋的人，文章历数从梁任公、泰戈尔以降，昔年风华正茂的一干曾在工字厅现身的文人和文坛故事之后，笔锋一转马上到了当下。作者有点俏皮地却一本正经地说自己有点“那个”，似自嘲脱不掉的酸腐气，又像是自谦与新时代接轨的笨拙，接着如是写着：“你还冒充作家，惯会穿凿附会，说什么工字厅的‘工’字和工科大学的‘工’字是一义相通，一脉相传，分不开的；造就出来的人才是工人阶级的工程师……工业化。依我说，你简直是太那个了！”

我见到毕老时，即文章发表之翌年，没有一位前辈或学长说起过这篇文字。我们报考清华，就是奔着这所中国第一的工科大学来的，我们就是未来的工人阶级的工程师。毕老每天面对的是工科图书，进出系馆擦肩而过的是工科生，没有人关注他心中的文科情怀，他只是无人和他对话的老人，他也许孤寂了，格格不入了。

老人真心想跟上形势，但形势发展之快，年轻人都未必跟得上，他老了真不能苛求于他了。工人阶级的工程师是学自前苏联的，相比旧清华这个贵族学校培养象牙塔里的文史科、理工科知识分子已属翻天覆地的革命了。

那时我只是默默注视着老人，并不太了解毕老。原来毕树棠先生和梁思成先生同龄，大专院校院系调正后，是梁先生将毕老从大图书馆请到建筑系图书馆的。

1994 年本人毕业三十年时，《清华校友通讯》曾刊出我回忆大学生活的小文，文中单列一节回忆毕老。我曾这样写毕老和幼稚的我们。

他的这份工作，是能力大的不想干、能力不大干不来的活儿。毕老为什么不再写点什么或翻译点什么，这样不是更有意义也有趣吗？有同学和毕老说到他是作家协会最早的会员时，毕老笑笑：就交会费。社会如此大的变革，老人感到他的所学所想早已不合时宜了，他是有自知之明的，亦如沈从文先生不也在历史博物馆干起了登记展品和讲解的工作吗？

20 世纪 60 年代初“经济困难”时期，学校为减轻学生负担，学时安排较松，而系图书馆又很暖和，同学们多喜欢窝在那里的 U 字形靠背椅子里，浏览和翻阅点什么。只见毕老总是静静地在抄写西文书刊的卡片，或去帮系里老师校阅文稿，还经常起起落落仰身在架上抽插书刊。架子上那些新到或过期的西文建筑杂志，因为我们外语学的是俄文，看也只是看图，幸好建筑杂志大多图文并茂，说不定碰巧还会看图识字。有时我们翻到感兴趣的地方，又想多知道一点，只好麻烦一下他老人家。他对我们这些学生也很有耐心，而且很谦和，说他不懂建筑云云，操着一口浓重的山东口音。反倒让人都不好意思再多一次打扰他。

由于对老人身世的传闻逐渐多起来引起了我关注的兴趣，居然在学校大图书馆的目录厅的卡片柜中找到早年毕老的散文集子的卡片，于是借来了。写这篇文章时，怎么也想不起书名了，还是在《螺君日记》一书中找回来，叫《昼梦集》。《昼梦集》我再也未见到过，但我却忘不了书中有一篇文章记述一次饭局，作者说在席间被王静安先生一句话吸引而停住，为此而少吃了一只海参。先生的幽默跃然纸上。

我上学时还有旧书摊，在一本老杂志上看到过毕树棠先生的外国文讯类补白，如某新人物作品面世获好评、某大文豪作古。不记得是听说还是看的，毕老曾戏称这类文字叫“报丧薄”。

《螺君日记》不也透出作者的清新和趣味吗？黄永玉先生在书中说，书只分有趣和无趣两种。日记似也可以这么说，毕树棠先生的日记就有趣。犀利的眼光、俏皮的行文，亦庄亦谐。

在校时的我，看到毕老只是认真，但也寂寞。

20 世纪 80 年代初，钱谷融主编的《现代作家游记选》中选刊了毕树棠先生的《忆海参崴》，记述作者年仅二十一岁应聘去海参崴西伯利亚铁道监管会中国代表办事处任英文翻译，后办事处改组，其同年就到清华大学图书馆上班。游记尽写这座俄罗斯边域的风情，留下了近百年前的生动画面。我看到这本书时，就想到毕老半个世纪前的作品还没有被人忘记，十分感慨。还回忆起上学时冬日先生所戴的一顶已十分旧的水獭皮帽，对老人的一个记忆变成了今日的暖暖的纪念。

20 世纪 90 年代姜德明先生编《北京乎》（现代作家笔下的北京），收录了 1949 年以前多位作家的篇什，其中也有毕老的《北平话里的比喻》，毕老在文中说："可是北京话，我也不大会说……"真是如此，毕先生一生唯一不变的是一口浓重的胶东口音。居然那么生动地写出一个土生土长的北京人都未必写得出来的北京人的性情和情怀，这些北京土语、歇后语、胡同里流传下来的"嘎渣子"之类的名词……

我忽然忆起我上学时只见老人神态默默，我多希望能窥透他丰富、博爱、多情的内心世界，但没有。不过我相信，毕老那样的情怀一定不会湮灭，只是藏在心底深处了，他的文字告诉了我们是这样的。

今天的社会很难想象一位年仅五十多岁的人被人称作某老，足见毕树棠先生给人的印象了。但这决非假象和做作，是真实的。他年轻时原本是一个无大资历的图书馆小馆员，自强不息，怕也只是一个穷文人。他在报刊上撰写的文讯轶事，缘于他对文学的热爱和不俗的视界。说他真实是指他充分利用了他工作环境的资讯条件，同时他拉家带口孩子多，这些岂不是一个很好的补贴？

离开学校后，我就没有毕老的音信了。清华在"文革"中有过"腥风血雨"的日子，逢校庆时偶有人提起，未知先生是如何度过的。我是很晚才知道毕树棠被批为鲁迅"否定派"，我只是知片言只语，不过拿到如今并非大逆不道。但先生必定背了几十年"包袱"了，我只愿毕老在"文革"未由此而受苦。

玉珮珩
1938 年生，北京市建筑设计研究院有限公司教授级高级建筑师。

回　眸

路　红

1978 年仲夏，当时未满 16 岁的我有幸参加了改革开放后的第二次高考（也是改革开放后的首次全国统一招生考试），迎来了我人生中最重要的转折时刻。通过高考取得较好成绩，我幸运地被天津大学建筑系建筑学专业录取，并由此开始了一生热爱不悔的事业追求。今天，回眸近 40 年前的大学生活：敬爱的老师，亲爱的同学，第八教学楼的灯光，青年湖畔的笑声……心中不能忘怀的珍贵底片在时光的显影液中渐渐凸现出来，美好又温馨。

我的校园

天津大学（其前身为北洋大学）是中国近代第一所大学。当年我报考天津大学时，并不清楚天大的显赫历史，只是因为我的四伯是北洋大学的毕业生，他老人家对天大的感情很深，听说我的高考成绩后，就鼓励我报考天大，我的父母和我反复商量、仔细斟酌，最后选定天津大学为第一志愿。今天想起来，真是感谢我的四伯和父母，替我选了这所让我受益终身的大学。大学四年、研究生三年，天津大学在我的生活和回忆中占据了一个非常重要的位置。

最忆青年湖的小径。大学四年生活，好像多数时光都是围绕青年湖展开。我们的宿舍紧邻青年湖北岸，教室在湖的东南部，体育馆、食堂在湖的东边，图书馆则在青年湖的正南面。每天，我们都要从宿舍沿着湖边向东或向西再向南行走，去学习、吃饭、运动。没有计算四年走了多少圈青年湖，如果按照一天走一圈统计，一年大约得走 300 圈，四年下来就是 1 200 圈！湖边的行走，多数是奔赴食堂和教室，远没有悠然浪漫可言。但有一次的行走却深深印在我的脑海中。

记得 1981 年中国男排在亚洲锦标赛上先输两局再扳回三局夺取冠军的那一刻，整个校园都沸腾了，我们听着收音机里雄壮的国歌声，边使劲地跳跃，边呼喊“中国万岁”！楼下的男生宿舍也是鼎沸了，一会就看到楼下青年湖边人群涌动，火把闪闪，原来很多同学跑到楼下庆祝了，手中的火把竟是拖把和扫帚！记得当时正是冬天，但大家围着青年湖狂走，“中国万岁”“冠军中国”的喊声此起彼伏，大家忘记了寒冷，兴奋得不得了。这一刻我们深深感到祖国命运和个人命运的血肉相连，祖国强大我们才能强大！当时在校园里的那一批学生永远也不会忘记这一刻。也正是这一天，北京的大学生上街庆祝时首次喊出了“振兴中华”的口号！其后“振兴中华”也作为信仰刻进了我们的生命里。今天，隔着 40 年的时光，我心中强烈的愿望竟是“再去青年湖走一圈”！

最忆青年湖的四季。从我们四楼的宿舍可以看到青年湖边春天的垂柳在微风中婆娑，秋夜的月影在湖波里荡漾。夏日好像在湖边呆得少（蚊子太多）。冬天的青年湖我最喜欢，一进 12 月，几场北风刮过，整个湖面被厚实的冰层覆盖，人们在上面行走、滑冰。对于我这个湘妹子来说，第一次战战兢兢地从湖面走过，听着脚下冰面发出吱嘎的声音，又害怕又兴奋！冬天的青年湖成了天然的滑冰场，给师生员工带来了欢乐，使严冬也有了春天的感觉。

最忆校园的建筑群像。40 年前的母校，湖泊众多，虽然受 1976 年唐山地震的影响，校园内临时的抗震棚几乎铺满了整个操场和湖边的空地，但记忆里留下的却仍多数是美景。我们穿梭在校园，看一个个湖泊亮如星辰，映照得周边的建筑多彩多姿。以宏伟瑰丽的第九教学楼为代表的一组建筑群，展现了建筑系创始人徐中先生对中国传统建筑的继承和发展，对建筑形式美的追求，也是我们接受建筑教育的鲜活教材。在第八教学楼的求学生涯，我们的建筑思想被赭石色的琉缸砖、简洁又流畅的屋顶曲线、楼梯栏杆的民族花饰慢慢浸润，形成较成熟的求美求真的建筑设计观念和建筑语言，在其后的设计中流溢出来。八楼前的两株海棠，每到四月就吐露芳华，云蒸霞蔚般的花朵将教学楼渲染得生机勃勃。海棠花盛开的时候，也是我最喜欢去教室的时候。如今，母校专门开设了一年一度的海棠节，今年我又走在海棠花的海洋里，又闻到了 40 年前的花香。青年湖东侧的马鞍形体育馆、游泳池是我们体育活动的场所。得益于中小学时代的

1979 年学校运动会上建筑系参赛队老师和部分队员合影

业余体校锻炼，我入校后就成为校篮球队的队员（但很遗憾由于不会骑自行车，很多比赛没法参加，一年后就结束了校队的训练），在球场上挥汗如雨的训练可真是令人陶醉！

我的老师

我们求学的年代，国家刚刚拨乱反正，一切秩序尚未健全。但我们和早我们半年入学的 1977 级学兄学姐们，及 1979 级学弟学妹们，作为被称为“新三届”的学生，是何等幸运！在最渴求知识的时候，遇到了一批知识丰富、爱护学生、充满激情的好老师。每一位任课教师和辅导员，他们都抱有强烈的责任心且才华横溢。他们精心指导我们的学习，关心我们的生活。使我这个对建筑知之甚少的学生开始了愉快的建筑学旅程。近 40 年的时光流逝，璀璨的群星仍在照亮我们的前行之路，我的心中始终萦绕的是对母校、对老师的感谢和思念。

建筑系当时群星璀璨，汇集了一批名师，辉耀星空：创始人徐中先生，民用设计课程的冯建逵先生、彭一刚先生、聂兰生先生、黄为隽先生、张文忠先生、胡德君先生、屈浩然先生、王淑纯先生、张敕先生、陈瑜先生、高树林先生、王乃香先生、夏兰西先生等，中外建筑史的沈玉麟先生、周祖奭先生、杨道明先生等，建筑初步课程的童鹤龄先生、羌苑先生、慕春暖先生、刘宗文先生等，建筑构造的石承露先生、杨学智先生、王玉生先生、王瑞华先生、冯佑葆先生等，美术课程的王学仲先生、窦今翔先生、徐磊老师等，工业设计课程的何广麟先生、章又新先生、潘家平先生、王福义先生等，建筑物理课程的沈天行先生、王炳坤先生，城市规划课程的肖敦余先生、荆其敏先生、胡德瑞先生、魏悒澧先生等，画法几何课程的许松照先生，设计院的宋秉泽先生、张迺苓先生、邹德侬先生，等等（恕我没有将所有老师的名字写上）。这些如雷贯耳的名字，泰斗级的先生，除徐中先生因身体的原因未直接授课外，其余的老师们都担任过我们的任课教师，有的老师担任好几门课的指导。我比其他同学更幸运的是，其后的研究生阶段又继续受到老师们的教诲。老师们不但在校教育我们，出了校门，一有问题回到母校，老师们仍是不遗余力地帮助我们。

最忆吾师严谨务实的治学风格。天津大学建筑系从 1952 年全国高校院系调整后延绵至今，集各家之长，始终坚持教学与实践结合、建筑美学与技术并重的教学理念，始终坚持“实事求是”的校训，孕育了良好的独具特色的建筑系学风。在这种学风熏陶下，我们能够在毕业后，很快与设计、教学工作相结合，很快独当一面，成为工作中的主力军，由此也形成了天大建筑系的学生供不应求的局面。这个良好的局面可以说是老师们无数次的纠偏带来的。记得二年级的一个幼儿园设计，我想象让孩子们随时能够从二楼滑到一楼，在设计中加了 8 部楼梯、4 部滑梯，很好玩但也很花哨、浪费。指导设计的冯建逵先生亲自给我改图，他耐心给我讲解幼儿园的特色、幼儿的行为轨迹、规范的引用等，又让我去观察幼儿园的实际情况。他毫无知名大教授的架子，画着最简洁的线条，说着最朴实的语言，将学生的设计思想引向正途。在我工作后参加的天津市古文化街、鼓楼重建设计中，我又得到了冯先生多次指导，受益匪浅。尤其在天津市鼓楼重建设计中，正是冯先生的指导，使我跳出了“仿古建筑”的媚俗做法，真正将鼓楼近 600 年的历史进行梳理，对明、清、民国三个历史时期鼓楼的兴建、毁灭进行溯源，从而提出一组较为适宜的鼓楼重建方案（在鼓楼重建过程中，天津大学建筑学院的王其亨教授也在拱门、斗拱的形制和算法上给了我精心的指导）。2000年，鼓楼在原址重建后，成为天津市民评选的新十景。我研究生时期的导师邹德侬先生，对学生非常严格，教学也非常有方法。记得邹老师要求我们同期的六位学兄弟们，每人每月读一本书，在每月一次的学术沙龙上要交流读书心得，邹老师自己每次带头，给我们讲一篇他的读书感受。这种严格的训练方法，使我们养成了读书、思考、交流的习惯。而邹老师也是天津大学的毕业生，这种严谨务实的要求源自天津大学建筑系的代代传承。

最忆吾师爱护学生的博大情怀。我入校时刚刚16岁，远离父母从温暖的南方来到北方，饮食、气候都不适应。上学仅一月，我就想回家了。那时我和好友李茹学姐经常去王淑纯、王玉生老师家，这对教授伉俪对学生非常关心。当时物质很匮乏，但只要我们去，王淑纯老师就要给我们做好吃的，还记得王老师用红绿灯笼辣椒和新鲜的玉米粒炒菜，美其名曰“翡翠金珠”，色彩鲜亮、香味四溢。王玉生老师天性幽默，写得一手好仿宋字，我成了他的习字亲传弟子，这对我的帮助非常大。我爸爸至今保留着我当时用仿宋字写的一封家信，这笔字就是王老师教我的成果。中学时，我数理化成绩很好，但美术基础不好，第一个学期的素描进步缓慢，指导我的老师又以批评为主，自己就萌生了不学建筑、转到工民建（工业与民用建筑的简称）的想法。时任美术教研室主任的是书画大家王学仲先生，他得知这一情况后，立即找到我做思想工作，并给我换了一位更耐心的指导老师，终于唤起了我的学习热情。在期末时，我的素描达到了良好的成绩，在后来的水彩课程中我还拿到了一次优秀！在老师们的关爱下，学习建筑成为快乐的事情，让我在远隔家乡几千里的天大校园稳定下来。

最忆吾师谦虚豁达的大师风范。沈玉麟先生早年留学美国，是我国城市规划和外国建筑史教育的先驱。老先生一辈子从事教学事业，毫无架子。记得我研究生的《中国城市现代住宅史》论文入选香港中文大学的交流论文，需要翻译成英文。为确保翻译质量，我请沈先生帮我最后校审，沈先生不顾年迈，认真校审，不但修改了很多译文，而且耐心地告诉我为什么要如此修改。聂兰生先生学识渊博，接人待物也非常优雅，聂先生是资深的天津市政协常委，她多次就天津建筑遗产保护提出提案，我在住宅研究和天津历史风貌建筑保护事业中，得到

1980 年参加清东陵古建测绘时留影

聂先生很多指点。屈浩然先生、黄为隽先生在青年时代遭受了不公平的待遇，但返回学校后，丝毫不见他们怨天尤人，屈先生热情直爽，黄先生温雅和气，我们见识到了名士风范。

岁月流逝，很多老师离我们远去，但他们的风骨和学识，如春风春雨，润化学生的心灵，他们的精神和天大建筑学院的事业同在！

我的同学

大学四年最鲜活的记忆就是亲爱的、来自五湖四海的同学们！

1978 级建筑学只有一个班、27 人，20 名男生、7 名女生。女生比例在工科学校算高的了。1977、1978 级的大学生可能是中国高等教育史上最丰富多彩、差异性最大的群体了。一是年龄差距大，我们班最大的李伟民老大哥 32 岁，都当爸爸了，而最小的四只小老虎（属虎的）却只有 16 岁。二是入学前经历丰富，同学中有军人、工人、农民、知青、待业青年，也有刚出校门的高中生，最小的赵冰同学据说刚刚初中毕业！三是来自五湖四海，班会上大家一发言，南腔北调可有趣了！

最忆 408 室的欢笑。408 室是女生宿舍，4 个上下铺、一个长条书桌将宿舍装得满满的。7 位同学姐妹般相处，大姐夏青颇有长姐风范，干事又快又好，学习带头，照顾同学、管理班务也带头；二姐李茹温和善良，我俩好多爱好相同，是跟我玩得最好的同学；三姐唐笑居智力超群，学习毫不费力，她是现役军人，穿着军装走在我们的队伍里非常引人注目；老四王小莉很有理智和恒心，作息时间非常有规律，学习非常刻苦；老五张菁活泼可心，她父母是学校的教授，经常从家里带好东西给大家吃；老六王延芳很漂亮也很有毅力，她保持了学校好几年的标枪纪录，还是校体操队队员，但不会游泳；老七就是我了，最调皮也最幸运，六位姐姐对我从学习到生活都很关心。七姐妹个性不同，年龄差距大，也时不时有一些小矛盾，但团结、互相关心一直是408室的主旋律。记得入学的第一个冬季，全校举行冬季长跑比赛，我们七姐妹全体上阵，能跑的就奋力往前冲去争好名次，不能跑的也尽力不掉队，大家齐心协力全部跑到终点，完成了任务，夺得了集体优胜名次和一个排球奖励，可真是开心啊！我们经常一起学习、一起吃饭，当我们拎着叮当作响的饭盒往食堂走去，就有别的班同学说“78建筑学的女生来啦”。这种互相关心延续到毕业后、延续到现在，我们仍然是好朋友。

最忆同学间无私的帮助。我一直认为，在1977、1978级大学生中，年龄偏小的学生是受益最大的群体，因为除了老师之外，不同经历的大龄同学也是我们的老师，而且是更加贴近我们心灵的老师。我就是受益最多群体中的一员。记得第一学期，由于不适应北方的气候，我好几次不去吃早饭，争取多在被窝里赖一会，没想到有一次睡过了头，耽误了一节课，夏青大姐马上骑着自行车到宿舍，将我从被窝里拽出来带到教室。以后每天几位大姐都拽着我去吃饭、上课，

1981年408室七姐妹与学姐的合影

帮助我度过了第一次畏寒期。记得班上的余馨、李伟民、李金铎大哥，曾经语重心长地对我们这帮比他们小十几岁的“小大学生”说到他们艰难的求学之路，在上山下乡的日子里，在铁路上搬道岔的情景，让我们一定要珍惜得之不易的学习机会。他们对知识的虔诚，对学习的认真，对学习机会的珍惜，深深感动了我，也激发了我们对学习的热情。很幸运的是我们还得到了1977级同学的无私帮助。虽然只比我们早半年到校，但1977级建筑学的同学们绝对具有学兄学姐范儿。记得到学校报到第一天，我和王延芳在七里台迎接新生的地方登记完后，就来了两位戴眼镜的男士帮我们提行李，他们一路上向我们介绍学校的情况，打消了我们对新环境的忐忑不安。我们还以为是老师呢，当他们费了老大的劲，帮我们将一堆行李拎到几里外六里台的宿舍时，我们才知道他们是1977级建筑学的刘燕辉和曾大敏学兄。在其后的学习中，我们和1977级建筑学有很多课程都在一起，和学兄姐们结下了深厚的友谊。戴月、运迎霞、王岚、朱雪琴等学姐对我很关心，吕永泉、张玉坤老大哥磨的小钢笔是最受欢迎的绘画工具。我毕业后，多年从事住宅设计和研究，更是得到了刘燕辉学兄的很多帮助。在建筑遗产保护方面，崔愷、杨昌鸣、张玉坤学兄和1979级的陈同滨、张颀等同学也给了我很大的帮助。互相学习、互相支持是天津大学建筑学院的光荣传统。

时光荏苒，40年后回眸大学生活，有一张温暖而明亮的网，过滤掉了所有的灰色和不如意，只留下满目的青翠和灿烂。在这青翠中，我看到了天津大学和建筑学院的薪火传承，我回到我的母校，走进宿舍、教室，拥抱老师和同学；在这灿烂中，我感受到人生与祖国命运共振，我检视自己，鼓励自己：不忘校训，砥砺前行。

路红

1962年生，任职于天津市国土资源和房屋管理局，正高级建筑师。

光明之路

李秉奇

人生是奇妙而有趣的，其中充满了太多不可预知的内容，总在意想不到的时候峰回路转，带给人意想不到的惊喜，尤其是在付出了无数努力之后，命运给予的礼物尤其显得珍贵。

笔者近影

大学，是命运给予我人生中最珍贵的馈赠，让我和生逢“文革”的同龄人一样，摆脱了无望、晦涩的生活，开启了一段全新的人生。所以，当院里的年轻人问我如何看待我的大学生活时，我的回答是：一直处于兴奋的巅峰，四年大学生活没有哪一天是不开心的，永远在积极向上的愉悦与希望中度过。

上大学前我的求学历程可谓一波三折。小学刚毕业就赶上“文革”初期的停课闹革命，好不容易复课，但是学习的内容早就打了折扣。受教于北洋大学的父亲非常痛心，想方设法为我补上他们那一代人扎实的基础知识，这和当时革命风潮中“读书无用”的观点是相悖的。尽管父亲用了各种途径帮我创造学习的条件，让我勉强断续着上完初中、高中的课程，但对我离开学校之后的发展还是显得苍白无力。他无比费心地培养儿子，却很难改变我很长时间没有学上、没有工作可以干的现实，最后只有通过顶替母亲到重庆医学院儿科医院沮丧地从事了两年刷洗药瓶子的工作。

然而，时间却证明父亲是有远见的，他对我的培养是最终将我从堆积如山的玻璃瓶里彻底拔出来的源动力。“文革”结束，恢复高考时，我凭借所学知识参加考试，闯关改变了自己的命运。

父亲擅长物理、化学，毕业于辅仁大学的母亲则强调学习要全面，要求我抓好语文和政治。在双亲的点拨下，我在1978年以出乎自己意料的成绩通过了高考，等到了重庆建筑工程学院（简称重建工，1994年1月更名为重庆建筑大学，现已并入重庆大学）的录取通知书。我至今记得那个日子，当时对自己考试发挥还是不太有信心，还在怏怏地准备复习再度冲刺，谁知哥哥突然推门而入，把通知书在我面前一亮，刹那间的感觉，就如同一道闪电在面前豁然劈开，我顿时觉得整个世界都亮堂了，在极度的兴奋之中，我近乎于飘飘然地把手边上还在复习的书本三两下便收拾好，和哥哥脚跟脚地跑回家。那一天，全家都为了我被录取而沉浸在愉快的气氛中。尽管和父母的期望比较起来，我的大学或许还是有差距，但是，可以上大学便预示着命运至此对经历了不少曲折的我和同时代的人们敞开了幸运之门，一条光明的道路在我们面前铺展开来。

迈进大学校门，除了像饥饿的人扑在面包上“贪婪”地学习新知识外，我的建筑学大学除充满了艺术与技术的交融，还有更多新奇的人和事在等待着刷新我的眼界。

我选择建筑学专业最初的想法十分懵懂，只因为一个物理天才朋友告诉我，他选择了物理学，并固执地认为只有带有“学”字的专业才有学术味道，才是培养科学家的学科。受他启发，我放弃了工业与民用建筑、采暖通风等一类不带“学”的专业，也放弃了曾经希望从医的想法，坚定的选择了建筑学。

大学时代

我虽然当时进学校有点稀里糊涂的，对专业并没有一个非常清醒的认识，更谈不上了解，但是大半个学期之后我就觉得自己走对了路，发现这个专业正是自己兴趣所在。我们在学习中，除了建筑学以外，结构、水、电、暖通等相关专业知识都要有所涉猎。所以，同样是上大学，我们专业学习的内容更多，开了二十几门课，当时很有一种赚到了的感觉。

不过，让我更“赚到”的是见识了一大批优秀的同学，他们此后都成为了业界翘楚。因为进校时间间隔不长，1977、1978 级的同学们都很熟，进校不同专业之间宿舍安排也是来一个安置一个，全属混搭。我刚进校时是和土木工程专业的同学们住在一起，其中有一个语文教师出身的同学，还有一个在农村计工分的数学天才。前者文学知识非常丰富，每晚都要在熄灯后的“卧谈会”上点评古今中外名著，给大家恶补文化课；后者则以惊人的简化过程演示推理论证数学题，而其目的不过是为了像当年计工分一样尽量节省纸张，令人叹为观止。这样奇特的舍友令我大开眼界，半年后调整宿舍离开，实在让我依依不舍。

1977 级的校友中有不少当时就已经算是明星的同学，比如刘家琨、汤桦、华林、戴志中以及徐尚志大师的公子徐行川、尹淮大师的公子尹元良、赵长庚教授的公子赵洪宇等。那时候的家琨长发飘飘，大喇叭裤亦飘飘，才艺过人，没事喜欢写小说，个性不羁，“文学家”型建筑师形象几乎从一开始就是他的个人标签。他当年留了幅“名画”存照，题作《三味同屋》，画的是长发飘飘的他，叼着烟、翻着报纸蹲茅厕，厕味、烟味共报纸油墨味一屋也，个性斐然，冠绝一时。汤桦当时也和家琨在一届，但是他个性比较低调，一开始并不显眼，四年级之后专业积累到一定程度，汤桦作为优秀建筑师的潜质开始展露，对建筑空间的超强把控能力超越了一般同学，所谓厚积薄发在他身上体现得非常充分。

1978 级我们建筑学进校一共 36 人，年龄参差不齐，长者 32 岁，少者不到 16 岁，所以闹出同一个宿舍的同学，父母亲要求年少者称年长者作叔叔这样令人哭笑不得的事情。不过，虽然有年龄差距，并不妨碍大家除了一起学习之外，还共同参加跳舞、打桥牌和各种各样的文艺活动。

我的专长是拉小提琴，大学时代是我的音乐黄金期。我喜欢在宿舍和班级大教室拉琴，当时最喜欢拉的是罗马尼亚电影《奇普里安·波隆贝斯库》里的名曲《叙事曲》，以及《新疆之春》《小夜曲》等中外名曲。在混响效果奇佳的大教室和宿舍走廊里很是吸引了不少听众，还有同学干脆提了录音机来录。重建工的文工团远在“文革”前就可谓名扬全国，文艺活动开展得如火如荼，我的小提琴演奏也有了用武之地，加上学校老师的钢琴伴奏，成为了学校“红五月”

的保留节目。后来参加全市大学生文艺汇演，我担任的还是乐队首席，这成为我一直引以为豪的事情。

或许真的建筑是凝固的音乐，音乐是流动的建筑，大学时期的小提琴演奏带给我此后的建筑生涯影响伴随终身，让我在艺术的滋养中找到灵感的源泉，甚至从中琢磨出一些道理：作为小提琴首席演奏者，在乐队里起到的是协调组织作用，很像建筑设计工作中担当技术性核心的角色；相反，更强调乐感与个人才华的独奏者则像是做方案创作。这种感觉对我影响很大，在真正从业建筑设计之后，我大部分时间都在从事技术性工作，所以一直觉得自己在浩瀚的设计领域中充当的就是个小匠人角色，如同当年的小提琴演奏一样，在小心翼翼的协调与配合中

笔者大学时代与唐璞老师（右）合影

把自己忘我地充分融入宏大的建筑乐章之中。

我们这代人和现在进校“白纸一张”的学生们不同，由于时代的原因，大多数在入学前都已经有了很丰富的社会实践工作经验，结识这些优秀的同窗是我大学时代的一大财富。作为建筑设计专业的班级，文艺演出不算主流，那些层出不穷的绘图高手们更是各领风骚，在水墨、水粉、炭笔、工笔、水彩、速写中各有专长。那些绘画才能不凡的同学我全都一一记得：甘川在水彩画上独树一帜，张文斗则在速写上技高一筹，陈卫东擅长炭笔画，叶四安长于水粉画……在没有电脑代替手指头的时代，手上功夫过硬就让人自带光环，以至于多年之后我对他们的特长都很难忘记。

记得同窗曾旭进校前的工作是在陶器上作画，水墨画很出挑，他当年画了一套世界著名建筑的邮票贴在橱窗展览，极为精美，谁知当夜就被人用裁纸刀一张不剩地切割走了。曾同学精力特别好，毕业做设计，一般人交效果图都只有一张，唯独勤奋、有才如他，竟然一次交出大小 26 张效果图，令人咋舌，令分到同一个小组的同学们深感压力山大。

同学里还有个叫唐璋的，画得一手好工笔，毕业之后设计了一套家具，在东北当时最牛气的家具公司里卖得极好，于是他索性直接进军室内设计，到海南创业，成为全海南第一个开上加长林肯轿车的企业家。后来他进军浦东，从事房地产开发。

大学时代有太多值得回忆的人和事，带领我们走入建筑学殿堂的老师们对我们的谆谆教诲更是难忘。“文革”之后，老先生们仿佛重新焕发了青春，把学生们都当子女一般对待，言传身教，为我们全面扎实地打好基础倾囊以授。他们对待学生非常谦和，完全没有架子，上设计课时还和学生互相发烟，师生之间半是师徒半是朋友，课堂教学一派“有匪君子，如切如磋，如琢如磨”的面貌。

当时的建筑系主任是著名的建筑大师唐璞先生，万钟英先生、许家珍先生教商业建筑，尹培桐先生教外国建筑史，张从正先生教建筑设计初步，余卓群先生教建筑理论，罗培先生教旅馆设计，吴德基先生教电影院设计，邵俊义先生教中国建筑史，刘建荣先生教建筑构造……这个时期的师资力量非常雄厚，先生们的教育观念也很是与众不同，比如万钟英先生就对建筑学专业苗子的培养就眼界、阅历和艺术水准提出要求，认为这是成为优秀建筑师的基础，现在看来这是非常正确的。

大学学习的时间过得很快，不久就要进入毕业设计，在此之前，我们外出参观实习。我在参观实习时被选出来协助老师管理本小组外出实习时的工作，协助老师管理财务，这对我的协调组织能力是个很好的锻炼，让我学到了在实施具体工作前充分考虑好细节，对可能发生的事情有相应的预案和沟通方法。这些体会使我受益匪浅，是我成长求学过程中的一笔财富，也为我后来从事企业管理提供了帮助。

四年的大学，那枚白底红字的校徽，放假时我都不舍得摘下来，它一直伴随着我经历了无数美好的时光，但最终也有摘下来的一天。当我将重庆海关大楼的毕业设计项目精心地绘制成图，顺利提交答辩之后，这项凝聚了我青年时代最青涩、但也最努力的作品与金色的学生年华一道，载入了个人档案。六月一过，我的大学，这一页便轻轻地翻了过去。

一声火车的轰鸣，送我踏上了去往成都的征途，告别了自己的大学时代，告别了重庆，我满载着青春的梦想走向了我建筑师生涯的第一站：中国建筑西南设计研究院。

光明灿烂的人生之路再次在眼前缓缓铺开……

李秉奇

1954 年生，先后供职于中国建筑西南设计研究院、重庆市设计院。退休后，供职于重庆大学建筑设计研究院。

我的“大学之道”

刘　军

1987 年，我以重庆建筑工程学院在天津地区招生中高考成绩最高分数被建筑系风景园林专业录取。重庆建筑工程学院是业内传说的“建筑老八校”之一，院校始建于 1952 年 10 月，初始校名是重庆土木建筑学院，1954 年 4 月更名为重庆建筑工程学院，1994 年 1 月更名为重庆建筑大学，现已并入重庆大学。通常业界人士称“重建工”，当地人昵称“建院”。1991 年，我从重建工大学毕业被分配到天津市建筑设计院工作，又先后于 2003 年与 2008 年两次走进天津大学建筑学院修习工程硕士与工学博士学位，直至 2013 年年底完成博士答辩为止。屈指算来，近 30 年我似乎就没有完全脱离大学校园。如果人生是修道，那么每个带着镣铐起舞的建筑师都可谓对“大道”的一场苦修。如果说我踏入“重建工”那天起意味着“学道”的开始，那么离开“重建工”就是“修道”的开始，从步入我的“大学之道”至今，时光已过去整整 30 年，也可谓“宝剑锋从磨砺出，梅花香自苦寒来”。

1987 年 8 月，我终于收到了重建工的大学录取通知书，兴奋之情溢于言表。从那一刻起，我的心里就开始憧憬想象着遥远的重庆和梦幻般的大学生活。9 月的那天，因为是第一次独自离家远行，父亲陪我从天津站出发到北京西站转乘赴重庆的火车。父亲目送我乘坐的火车启动的那一刻，标志着我将独自面对未知人生的开始，那时我的心陡然而生伤感，泪水早已模糊了父亲渐渐远去的身影。那一天，最令我印象深刻的还有绿皮火车车厢里怎么会挤得下这么多人！座椅下面躺着的，车厢之间蹲着的，过道中间站着的，甚至行李架上“挂”着的，连厕所里都全部塞满了人。火车载着各种口音的大呼小叫，各种气味混杂弥漫的沙丁鱼罐头般的车厢，在襄樊换一次车头后一路向西，翻山越岭穿越隧道，长途

那时候快乐就是这么简单

跋涉终于驶达重庆。拖着沉重的行李，一下火车一股热浪扑面而来，算是重庆对远道而来的我的热烈欢迎，让我感受到“火炉”的名不虚传。对于在平原长大的孩子，我满怀新奇地坐上缆车从菜园坝上到两路口，乘上了学校接新生的大巴车，一路好奇张望车外的巍峨回转，层层叠叠，完全不一样的立体城市，是我以前完全无法用想象来构成的真实呈现，这就是即将成为我人生第一个起点和第二故乡的“山城”重庆。

独自一人，40 个小时的艰辛旅程，踏入重庆的那一刻起，我翻开了人生初始中最重要的阅历篇章，那一年我刚满 18 岁。四年的大学生活，我遇到了很多人，经历了很多事，学到了很多，感悟了很多，令我受益终身。记得军训之时，冒着酷暑高温，顶着蚊虫叮咬，忍着高烧不退踢正步、站军姿，第一次知道痛苦的名字叫“忍耐”；军训临近结束，分列式演练比武中，由于一个同学的失误，一个团队多少人的汗水艰辛付之东流，大家在痛哭中知道失败还有个名字叫“成长”；中秋之夜，上千人围坐草地，仰望圆月流泪，没有欢歌笑语，只闻低声抽泣，第一次知道眼泪的名字叫“想家”；演讲比赛，勇敢上阵唇枪舌剑，克服自卑挑战自我，优胜团队和最佳辩手的称号，让我第一次感受到“自信”的力量。四年大学还有很多难忘的青春回忆——因难忍“火炉”重庆的炎热学生们群起抗争，学校提前放假；创建友好寝室，同学们互助互爱；参加《建卒》杂志编辑，锻炼了独立思考能力；组织学生会活动，培养了组织能力和团队精神；毕业时，我成为建筑系唯一在大学时期入党的学生党员……

四年大学生活，一个“入道”时性格内向、不善言辞、害羞腼腆的青涩少年，通过“学道”培养铸就了品格，成熟升华了思想，激发塑造了真实的自我，这也是大学时代对我人生最重要的意义所在。

我的大学时代正处于 20 世纪八九十年代的过度时期，受经济条件所限，每个大学生的生活好像都很拮据。当时家里每月寄来 50 元钱，是我全部的学习和生活费用。好在巴蜀之地历来物质丰富、物价便宜，重建工的伙食在全国高校中也是出了名的品种丰富、物美价廉。大学期间的后两年，家里寄来的生活费用提高到了每月 100 元，再加上每年获得的奖学金作为额外补充，生活基本还算温饱。但是，建筑系学生的学习费用支出相比其他专业学生也高很多，如各种规格的绘画毛笔、铅笔、鸭嘴笔、彩色水笔和不同用途的硫酸纸、硬板纸、水彩纸，还有各种款式品牌的水彩、水粉颜料以及五花八门的工具书。所以，那时候不可能再买得起什么课外参考资料了，往往一本不知来头的资料书要在同学中争相传阅，也可谓物尽其用。特别是一些介绍国外建筑及交叉衍生学科动态与最新进展的书籍和杂志，显得格外"高端、大气、上档次"，尤为受同学们追捧。就是在这样的条件下，这些资料使我接触到课堂之外更加丰富和多样的建筑理论和历史，建筑评论和教育、建筑技术和材料以及城市更新和遗产保护等更加前沿和广博的知识领域。

友好寝室同登歌乐山

1991 年年初，大学毕业前的最后学期，也是我初次"学道"即将告一段落的关键节点。毕业季，同学们的大学情怀即将落幕，但大家的未来会是怎样的呢？我时常会陷入深深的思考和想象中，同学们相聚时也在不停地热议着——"我们今天是桃李芬芳，明天是社会的栋梁"。一天，偶然有本《建筑学报》流转到我手里。我看到一篇关于天津交易大厦的设计实录，其中提到的交易大厦是"天津市第一座自己设计、自己施工，全部采用国内材料建成的超高层大型公共建筑"，作为天津人我倍感自豪。特别关注到它的设计单位是"天津市建筑设计院"，印象深刻的同时也心向往之。借书还书的有趣故事大都已遗忘，唯有此事至今记忆犹新。幸运的是，大学毕业后我真的被天津市建筑设计院接收录用，工作至今已整整 26 年。

凭借大学"学道"时修炼的全面素质和扎实功底，加上工作后拼搏进取和默默付出，更重要的是十几年的时间，在烟台分院、泉州分院、建院总部遇到

为何表情如此凝重？为赋新词强说愁吧

对我有知遇之恩的领导、老师和兄长们的悉心培养，让我在从事建筑设计之外，在市场经营、生产管理、技术管理、党务工作、行政管理、领导统筹等多方面得到全面锻炼，为我提供了奋斗成长和事业发展的机遇平台。我 26 岁担任泉州分院院长，带领团队在激烈竞争的市场中打拼；29 岁担任设计九所支部书记、副所长、主任建筑师，成为团队管理者和技术带头人。在很多人眼里，此时的我早已是学有所成。但我深知修道之路漫漫，悟道之路迢迢，学道之路无终期，距离自己心目中所追求的理想“大道”尚有很远、很远的距离——“路漫漫其修远兮，吾将上下而求索”。

2003 年 4 月，我走进天津大学，开启更深层次的“学道”之门，并于 2007 年 3 月取得建筑与土木工程硕士学位。2008 年 4 月，我再次走进天津大学，研修城市规划与设计的博士课程。2014 年年初我以博士论文优秀的成绩获得工学博士学位，完成了历经 11 个年头的天津大学“学道之旅”。

2008 年是不平凡的一年，天津城市建设进入了大干快上、突飞猛进的发展时期，就在这一年，我接受组织委派担任天津市建筑设计院（简称天津建院）院长，身上倍增的压力可想而知。那一年，刚满 39 岁的我和天津建院同人共同担负起天津市重大规划编制、重点项目设计、急难险重工程实施、汶川抗震救灾紧急援建、迎奥运环境综合整治提升……我深知，作为国有大院肩负起这样的社会责任和历史使命义不容辞。从那时起，“5+2、白加黑、夜以继日”成为了我们的工作常态。那一段时期，高强度超负荷工作后，我常常拖着疲惫的身躯，回到天津大学校园，汲取“天大建筑”营养，感受浓厚的学术气息，体味严谨思维与自由思想的碰撞。再次的潜心“学道”让我提高的不仅是专业水平，更重要的是得以

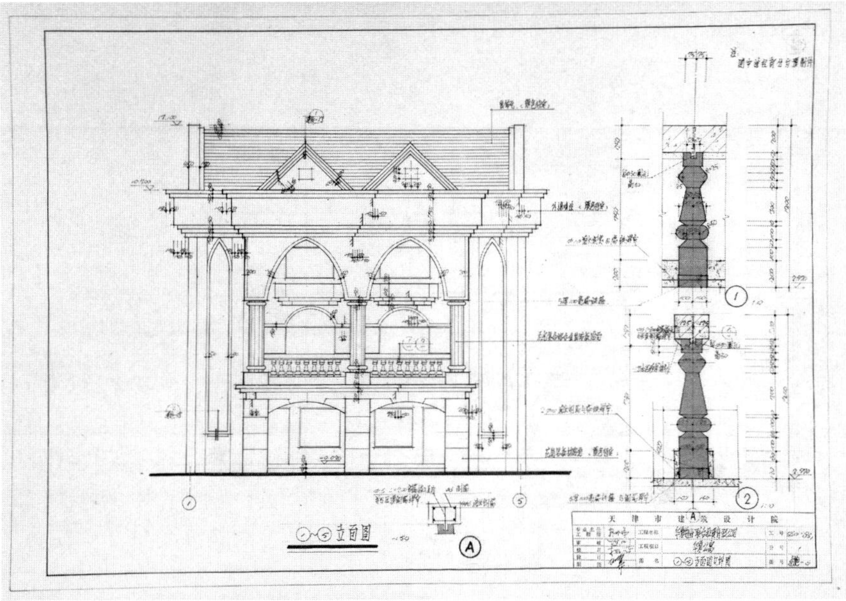

大学毕业不久手绘的施工图 1

了解最前沿的建筑理论和实例以及学界最鲜活的思想火花。我从中得以感悟思考问题和解决问题的新方法，进入了“学有所悟”的新境界。我把在两所独具特色和历史渊源的大学中的“学道”经历，用于“修道”实践中融会贯通加以体味，再将集体智慧和自己“所悟”与天津建院发展脉络水乳交融，为不同地域和经营模式、不同背景和成长经历、不同文化和发展阶段的企业搭建思想平台和合作舞台，逐渐形成天津建院企业“和文化”的发展特征。由此，全院上下协同一心、步调一致，将这种文化融入到团队建设和企业发展中，产生了开拓创新的新成果，取得了令人瞩目的新成就。如今的天津建院，拥有绿色建筑技术品牌、拥有专项拓展技术领域、拥有集成咨询服务能力、拥有 EPC（Engineering Procurement Construction）总承包竞争实力，涌现出一大批业界知名的科技领军人物，塑造了无数不胜枚举令人称道的优秀作品。我们的“大道”正展示着超前思维、宏大视野下的广阔平台，正孕育着系统升级、创新发展中的丰硕成果。

一路前行中，我的大学、我的青年时代已渐渐远去……

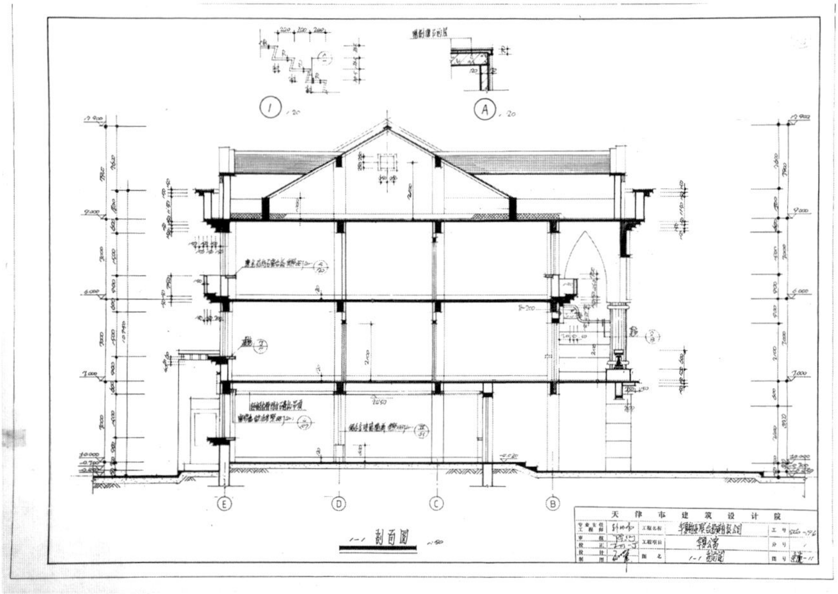

大学毕业不久手绘的施工图 2

回想“学道”与“修道”30 年经历，伴随着我的是一路拼搏、一路进取、一路艰辛、一路收获。如今，我早已由一个人的“学修”之路，升华为与天津建院同人向着“中国梦”的“大道”奋勇前行。在“学道”中持之以恒，在“修道”中不忘初心，方可带领团队无往不胜。我想，这就是我的“大学之道”吧！

刘军

1969 年生，正高级建筑师，曾任天津市建筑设计院院长、总建筑师，现任天津市建筑设计院党委书记。

感恩母校的滋养
——我对母校的难忘回忆

张　宇

2016 年 10 月，我的母校——北京建筑大学（原北京建筑工程学院）迎来八十年校庆。“百余年，教泽绵长桃李芬芳；八十载，弦歌不辍誉满五洲”的校庆口号令我激动不已。2017 年，是我从母校毕业的第三十个年头，又恰逢恢复高考四十周年、全国院系调整六十五周年。时光如白驹过隙，入学考试时要求创作的以《可爱的北京》为题的绘画作品仿佛还在眼前，回望在母校走过的四年大学时光，更像发生在昨天。

母校沿革

母校诞生于十九世纪二十世纪之交，正值中国面临内忧外患，苦苦求索存亡救国之路，整个社会正处于一场中华文明三千年来未有之大变革的躁动、痛苦、鼎新、革故的历史发展大背景之下。清光绪三十二年七月二十一日（1906 年 9 月 9 日），母校前身京师初等工业学堂在北京什锦花园胡同的顺天学政旧署正式诞生了。

大学时代

经查证，京师初等工业学堂是清廷重臣袁世凯、张百熙和顺天府尹陈璧联合奏议，光绪皇帝朱批，由京师督学局（1906 年顺天学政裁撤后成立的京师最高教育领导机构）组织兴办和直辖管理的公立学堂。学堂设在了原来京师教育主管的顺天学政衙署旧址，这在北京历史上可谓独一份。

清光绪三十三年八月初八（1907年9月15

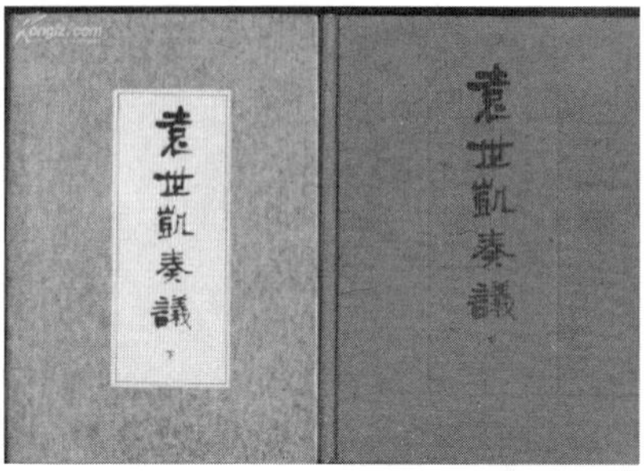

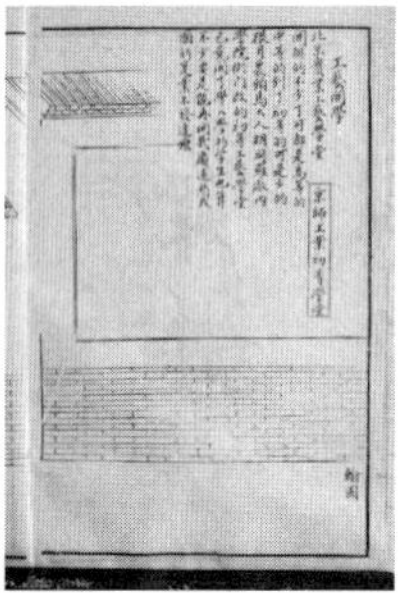

历史悠久的母校

日），京师初等工业学堂开学，英文校名为Capital Primary Industrial School，是日为校庆日。办学程度与中学等，修业年限四年。学校制定了内容完备的《京师初等工业学堂章程》，以学生能掌握工业基本知识，进而通过从事工业谋生为宗旨，办木工科、金工科。首任堂长（第一任校长）为韩勋。

发行于 1907 年的《日新画报》（1 期，现存北京大学图书馆）载文《工艺开学》，描绘了京师初等工业学堂开办时，学生携手进入学校大门，某高官参观的情景。文字为："马大人胡同罗厂内学院衙门改的初等工艺学堂已竟开了学，入学的学生也算不少，要是能再开几处，还愁我国的实业不发达么？"

中华人民共和国成立后，学校历经北京市土木建筑工程学校，北京建筑工程学院等发展时期。1977 年，重新恢复本科教学，重回高等教育高校序列。2013 年，承载着恢宏百年办学史，见证着中国近现代教育的肇始与进步的北京建筑工程学院，因其骄人的成绩和其培养出的代代英才，成功更名为北京建筑大学。

感恩母校

大学时代的作品 1

我认为，一个人的个人成长，无论品行素养，亦或职业发展，与所受教育息息相关。我很感谢在北京建筑大学四年的扎实基础教育。

我们那时候四年的课程跟现在不太一样，当时还是比较注重绘画作为基本功的训练，注重手和脑的培养，大学一年级基本上以素描、水彩、水粉为主，配合平面构成、立体构成、画法几何等基础课；二年级开始有些小型的，像茶室类的小房子设计，都是徒手绘制；到三、四年级开始涉及稍大的设计题目。整个四年的教育跟现代建筑专业教育还是有所区别的，方案全是徒手表现，没有计算机辅助，极其强调基本功的培养，在此基础上完成相关专业技能的教育，慢慢四年下来，大家的徒手功夫都很强。

八十年来，母校培养出来的专业人才，在各个领域为北京市城市建设服务着，不光是建筑学方面，包括城市管理、市政道桥、燃气热力，还有不少校友在城市规划建设相关部门担任重要管理工作，如建委（北京市住房和城乡建设委员会）、规委（北京市规划委员会）、各个区的负责人等。在建筑设计专业人才培养上，如胡越、马岩松、朱培、莫平、王昀等都成为当今中国建筑设计行业的中流砥柱。

印象很深的还有校际间（如同清华大学、天津大学之间）的交流，这些活

大学时代的手绘图

动对学校之间互相的取长补短是很有影响的，更开阔了我们的视野。

那时的信息化水平很低，建筑系有一个小型图书馆，虽有很多建筑专业的图书，但主要开放给教师。我们当时还是希望能开阔视野，多吸收些国外“新鲜”的设计思想和理念的。在得知北海旁有北京图书馆后，我就拿母亲单位的借书证去看书，礼拜六、日都泡在图书馆。老师的言传身教是重要方面，但还有很多知识需要自学领悟，这也或多或少锻炼了我的学习能力。我深

大学时代的作品 2

感掌握知识的广度、深度对于考虑问题是否全面很重要。

这里准备了几幅在校时的绘画作业，但都只是被老师淘汰的作品，“得意之作”都被留在学校了，可能因年代久远，已经难以找到，甚是遗憾。

感念恩师

从入学开始，我先后经历了二十余位老师的言传身教，他们从专业理论到实操技能都给我以终身教诲，这些师长在北京乃至全国建筑教育界都颇具影响力：高履泰先生（《建筑十书》译者）、王其明先生（梁思成先生关门弟子）、周人忠先生（剧场建筑设计专家）、何重义先生（风景园林规划专家）、英若聪先生（英若诚先生弟弟）、王贵祥先生（建筑史学家）、韩金晨先生（声学专家）、铁毅、刘骥林及王宣先生（著名绘画、雕塑艺术家），还有南舜熏、臧尔忠、姜中光、温梓森、樊书培、朱恒谱先生等。

这里要特别说一说业祖润先生。业老师是民居文化、历史街区保护与发展研究领域的专家，曾主持过如“前门历史街区保护研究”等重大课题的攻关研究。在我上大学三年级的时候，业老师从天大调任母校。印象里的业老师为人特别慈祥亲和，不像别的老师那样威严，有距离感。业老师除了在校期间对我的学业关照有加外，毕业后一两年，我又是经她推荐，读了研究生。真的要感谢业老师的适时推荐，因我越发感觉工作的时候读研究生，可能比刚毕业以后读研究生更好，因为能使理论与实践更好地结合。在单位里接触的实践知识跟学校里的理论知识确实不一样，通过研究生的学习，接触到更多的信息，吸取了很多国外的设计方法论及理论，而再加上设计工作中的实践，对我个人能力的再提升起到很大的作用。如果说，难忘母校，现在最让我难以忘怀的还是恩师的指点。

难忘实习

那时我们建筑系就一个班叫建学 83（1983 年入学），班上一共就 25 个人。在大学期间，学习的知识越多，表现的欲望就越强烈，于是特别希望通过实习检验自己的学习成果，展现自己的设计能力与思想。我对有几次实习印象十分深刻。

因为所学专业需要，我们经常背着画夹到处写生，这让其他专业系的同学十分羡慕。水彩实习时，是在承德避暑山庄，我们住在那里，待了两星期，每天作画，感觉特别兴奋。通过写生，我提高了对建筑的直观感受能力，对传统建筑的认识与理解。我从自然风土人情中悟到建筑文化，从地域特色感知自然色彩，从大自然中领悟色彩的光与色的变化与魅力，自身的建筑写生能力有了很大提高。此外测绘实习，是在潭柘寺和戒台寺，现在想来，在古建筑里测绘，感觉自己真有点像前辈梁思成和林徽因那样考察古建筑的意思。那时候没有电子测绘，都要在古建中爬来爬去一点点量、一点点画。测绘实习主要是针对中国传统建筑的构造、材料以及艺术空间手法的处理加强深入了解，以深化上学期间对中国古代建筑史的理论学习，以及加强对传统建筑的热爱。还有参观实习，我们对中国有特色的城市进行了考察：上海、杭州、苏州、无锡、南京。了解到各自城市形态、城市规划、建筑结构在不同区域的宏观规划和其文化中占有的地位及其自身特点、规划方案以及与周边城市环境的关系，这些眼见为实的考察对于从课本中得到的知识内容的理解有极大的帮助。

值得一提的是大学四年级的毕业实习，那是将前三年积累的知识释放的过程。当时分几个组，有做规划的，有做酒店建筑的，有做博览建筑的，有做办公建筑的，我们组的题目是《川东南土家族苗族自治区规划和建筑设计》，现在想来与现在的“城市设计”概念很契合。我们组八个人，各有分工。我负责行政区的总体规划及建筑设计。在这之前，我们做了广泛调研，先后先去了海口、广州、重庆，对建筑跟城市的关系做了深入考察，那时候也没钱坐飞机，都是坐火车、汽车、轮船。我们历时半个多月，辗转到了川东南。我记得很清楚，当时那个地区很贫穷，不发达，但规划办的领导是建筑系毕业的，对我们特别热情，带我们和政府交流，再去各个村进行调研。那时候我们的规划设计，要力求把地域文化体现出来，同时又要满足功能需求。川东南那边的建筑形式基本都是吊脚楼，主要为了防潮、通风，满足原始的生态要求。我们先是进行现场考察，然后构思，形成初步方案并与当地主管部门交流沟通，最后回到北京开始针对性强的毕业设计。毕业设计成绩：优！

大学时设计的粟裕将军纪念亭

上面提到的几个实习，让我们受益匪浅。对构图、色彩、表现的认知都在水彩实习里学到了；古建筑测绘实习让我们对中国传统的建筑文化有了更深刻的理解；参观实习让我们对不同的城市形态有了较深刻的认识，对建筑与城市有了更深入的思考；毕业实习更是一个扎实的实践过程，参观、调研，在设计中体现地域文化与使用需求的结合。

小试牛刀

我人生中的第一个建成的设计作品，就是在母校学习时完成的。

在三年级暑假时，我和另外几个同学特别希望能勤工俭学，恰逢湖南长沙会同县——粟裕将军的老家计划建造粟裕将军纪念亭。得知消息后，我们从北京坐火车到长沙，再从长沙坐火车到会同县。我们先和当地政府部门交流，听取粟裕将军的相关介绍，然后开始做调研与设计。回到北京，我们调整了方案后，又给当地政府将设计方案寄去，纪念亭1986—1987年间就建成了。遗憾的是建成后我并没有去过。前段时间，湖南省设计院的杨瑛大师还给我电话，说正在纪念亭旁做新设计，看到纪念亭感觉和周围环境融合得很好，虽说这是我三十年前的“作品”，但我心中还是美滋滋的！

做这个项目，让我初尝做建筑师的艰辛：那时交通还不发达，我们坐了三天三夜火车，返回时根本买不到坐票，于是买站票，就在座位底下铺张报纸倒头就睡，可那时根本不觉得累，还挺开心，满脑子都是自己的设计方案要落地建成的兴奋感和成就感……

有位大学校长曾在毕业典礼上说“你努力一分，母校便伟大一分”，想到培养我的大学，想到已经走上的建筑师之路，想到师长与同窗四载的情谊，我不会停歇奋斗的脚步，同时也不惧怕困难，因为北京建筑大学——我的母校在我心中从未停止对我的人生滋养。

张宇

1964年生，全国工程勘察设计大师，中国建筑学会建筑师分会副理事长，北京市建筑设计研究院有限公司副董事长。

“大学”让我展开的思绪

庄惟敏

记忆的碎片是需要捡拾的，因为理性的东西，越来越需要“心灵化”的梳理。

前一段时间，我们在帮助清华大学建筑学院的院士整理他们的思想和作品，其中包括李道增院士、关肇邺院士等。事实上我觉得，我们中青年一代的建筑师也非常有必要开始整理自己的经历。整理不是为了自己，整理是为了别人，是为了可以把我们自己做成一面镜子，让别人从中得到些东西。所以今天能够回忆下自己的大学，让我感慨万分。

行进间的努力与机遇

要谈我的大学，其实离不开我在大学前的历程。我在《建筑师的童年》一书中曾经描述过我的父亲、我的家庭。儿时由于家庭环境的熏陶和父亲的职业影响，我从小就对绘画感兴趣。在“文革”时我还不到 10 岁，那时我就开始在家里和哥哥一起画画了。一开始画的是样板戏，什么打虎上山啊，杨子荣啊，都可以照着小儿书去画。后来又画毛主席像，但毛主席可不好画。因为当时就知道，画毛主席是不能画坏的，但是我们又想照着“红宝书”上的小幅画成大张的。于是我们就把原有小幅的画打上方格子，然后一个格子、一个格子地放大来画，每个格子里的东西都是不变的，这样出来的就比较精准了。在没有电脑的时代，这也算是画画的一个基本技法。

我的父母都是知识分子出身，虽然不像现在的家长一样，总说不能让孩子输在起跑线上，但他们也期望让孩子打下一个良好的基础，至少是在儿时有点“学头儿”。我的父亲从同济大学带着一家人来到北京，就职于核工业部第二设计

1980 级毕业合影（1985 年摄）

院（简称核二院），在我们的周围汇集了一批建筑专业人士。其中有一位叫应朝的先生，后来做了核二院的总建筑师，还有一位先生叫周耀良，都是建筑学专业毕业，他们都是父亲的同事。我们都住在一个大院，所以自儿时起我便与他们熟稔。到了初中，母亲就先后去请他们两位，做了我的绘画老师。这两位建筑师，可以说是我的“一字师”。

我至今还能记得，应朝教我的第一幅画，画的是我们核二院的幼儿园。只见他用笔非常灵活，刷刷点点地在纸上着色，上完色后又拿起钢笔随手一勾，一幅生动的建筑画就诞生了。他的画法非常像如今的钢笔淡彩。其实不仅限于绘画，两位老师在艺术、美学等诸多方面都给我带来了影响。与其说是我对于他们的画法感到敬佩，不如说是在我幼小的心灵中对他们这样的人感到钦佩。我也就跟着他们一起开始琢磨绘画，初探艺术，同时关注着他们这样一群人的生活状态。我的父亲学的是结构专业，所以他自小给我的感觉就是严谨而认真，甚至有点刻板，而身边出现的建筑师带给了我全然不同的感觉。母亲常言，应朝叔叔很有才。那种有才不光是说工程设计做得好，画画也画得好，艺术天分也高。他们在我进入大学之前给我以很好的熏陶，这是我上大学前一个非常重要的人生段落。

参加高考对每个中国学生都是重要的段落，对我而言也如是。我是 1980 年参加的高考。虽然与所谓的“老三届”不同，但我们这届其实也属于恢复高考后比较靠前的一届，不但招生较少，而且都不是从学校到学校的概念。另外我们这届的特殊之处在于，我们是北京恢复重点高中的第一届学生。

1983 年大学生建筑设计竞赛优秀奖

在北京香山碧云寺西边的山坡上曾有过几排平房，给我深刻记忆的初中学农的基地就在那里。那时候的学生课上得不多，农活干得可不少，种白薯、耙地、收玉米、挑粪。干完活同学们一起酣睡在大通铺，就有种知青插队的感觉。在我的记忆中，这便是最美好的一段回忆。学农一方面增加了我对于生活的体验，另一方面给我赢得了宝贵的时间。为什么这么说呢？这就要感谢我当时的班主任袁燕生老师了。学农时期的空闲时间是比较无聊的。

1984 年清华建〇二班

1987 年清华建研五班

而袁老师当时就把她的一套“高考自学丛书”借给了我，让我闲暇时候可以学习。每到干完了活，中午大家在炕上休息时，我就在旁边抄例题。晚上睡觉前，我也常常会去演算几道题。三四个月的时间过去，学农结束，我也把这些书基本看完了。一回到学校，我们马上得到了通知，国家要恢复重点高中。正好有了前几个月的铺垫，我才能顺利地考入了北京师范学院附属中学（今首都师范大学附属中学）学习。后来有人开玩笑对我说：“你真狡猾，你一定知道这事。”我说我还真不知道，因为完全没有消息传出来。这也是一种机遇，因为如果大家都知道这事的话，我也未必能借到那套书了。

考进重点高中，状态就完全不同了，天天都在低头学习、做卷子，有些枯燥，又一刻不能停歇。学农时的情景又常常浮上心头，挑粪怎么挑，种菜怎么种，有时还能想起我们的队伍把驴丢了的轶事，特别有意思。年少时不懂得累，这段记忆给我留下的，不仅仅有劳动的收获、学习的心得，更有人生中难以开启的那种最纯真的友谊。

我顺利考上清华以后还有一个有意思的事情，就是大学老师要家访。当你

1999 年国家大剧院设计组在巴黎（左二为笔者）

考上一个大学，进入一个专业，这个专业的老师居然会专门到你家里来查访下。他们想看看你的家庭，看看你，看看是不是已经做好了学习这个专业的准备，等等。当时来访的老师叫周燕珉，是 1978 级的学生，是我们当时的辅导员。但是很不巧，那次我没有在家，是我父母与老师进行了攀谈，父母还把我的画拿出来给他看。这件事给我印象特别深，因为我发觉这就是大学与高中的不同之处。大学老师会非常关注你的人生背景、成长环境、专业思想，这与高中只以成绩高低论输赢的价值观是全然不同的。

富有人格魅力的清华教师

进入大学之后，我最感兴趣的依然是美术。清华出镜率比较高的美术老师有华宜玉老师、刘凤兰老师、王乃壮老师，再资深一点的还有曾善庆老师、杨燕屏老师，不过这两位老师我只见过他们的范画，而我在学校时他们早已调走了。教我美术的是郭德安老师，老先生之前是专研雕塑的，是一个很有性情的人。他

2014 年在香港大学和笔者的博士生——已入职香港大学建筑学院的黄健翔合影

2014 年专业硕士答辩

带着我们从静物素描一直画到色彩，后来再到香山实习，给我留下很深的印象。老先生带我们水彩实习的时候说："画水彩一定要把它的灵魂掌握——就是一个活！没别的。这个水得用得活，技法得用得活，而且还要有深度。你看这雪花，什么概念？撒把盐，啪！这就叫活。"后来老先生退休以后还在家里开班辅导孩子。清华老师教书育人的思想渗透到了骨子里，即便退休以后，他们也仍旧以此为乐。老先生脑子特别清楚，岁数大了之后见到我们，还能说起哪次给我们加过几笔之类的，印象非常深。

在我刚进校的时候，很有幸受教于几位刚从"文革"中"解放"出来的老先生。他们就是周卜颐、陈志华、汪坦等几位老师，当然还有年纪更大一点的汪国瑜老师。这其中，给我印象最深的是给我们带设计课的周卜颐先生。周卜颐老师是我国西方建筑理论的研究先驱之一，他不像其他老师那样，上设计课愿意动笔，帮同学勾草图。周先生不这样。只见周先生往那一坐，把脸一抹，“我给你们讲点历史”，就讲起西方建筑理论了。而且每次讲完之后，他收拾起东西就走，设计的东西根本不针对你说，留给你自己品吧。下次再上课老先生来了，又给我们讲一段。我们说：“周先生，这段好像上次讲过了。”周先生一抹脑袋：“哦好，那咱再讲下一段。”每一次听他的设计课，就像听故事一样。他的讲述总能引人入胜，挥洒自如，说起什么内容都可以旁征博引，将自己的人格魅力展露无遗。他让我觉得清华的老师怎么这么有个性，这么有趣。这完全打破了我从前对于大学教师严谨、刻板，甚至有点迂腐的印象，给了我全新的体验。所以那时候我就隐隐体验到，建筑是一个感性、理性的融合，也逐渐体验到建筑师是怎样的一种状态。

在我大学二年级的时候，关肇邺先生从美国回来开始给我们授课。我第一次听关先生讲课，就被他深深地迷住了。只见他西装笔挺，将一只手插在兜里，站在讲台上侃侃而谈，我心中默念怎么还有这么帅的老师。直到现在我还认为关先生就是我心目中最理想的建筑师的典型代表。和西方的很多建筑师一样，今天我们的一些建筑师也越来越多地从图板后面走到了前面，成为公众人物。他们越来越多地成为一种将科技、人文、艺术和人居融合到整体的代言人，需要营造一个面对公众的形象。所以我觉得建筑师是一个综合素质的体现，在这样的角度下看来，我遇到的这些老师都是具有此类表征性的。关院士就拥有一个非常综合成一个整体的、完整的建筑师形象。

建筑学院里同样令人记忆深刻的老师还有很多，陈志华先生就是其中一位。陈先生是一个知识极其渊博且内心世界非常丰富的人。我们读他文章，比如《北窗杂记》时，都会认为他是一个总是持有比较犀利的批评眼光的学者。但他在上课时，却会用相当平和的语调来表达他的批评观。他会为学生娓娓道来，会用最浅显的描述去加深学生的理解，真的就好像是给你讲故事一样。我们常常说一个人读一本小说或者看一部电影，到了情节感人处会感动流泪。但你能体会一个建筑学者，当他看到自己研究一辈子的建筑的时候，会流泪么？陈先生讲了一辈子

2015 年〇字班校庆（二排右一为笔者）

的外国建筑史。可是当他第一次来到雅典卫城，亲眼看到帕特农神庙的时候，他流泪了。陈先生所表达出的情感就是这样。2016 年我们在清华大学搞过一个活动，当时是将梁思成先生在宾夕法尼亚大学时期的笔记和绘画作品请回了中国，并且开了一个座谈会，特别邀请了陈先生参加。当陈先生回忆起梁先生即便是在抗日战争时期，还是那么投入地去做珍稀古建筑的测绘工作，并且将那些图纸精美地绘制下来时，陈先生几度哽咽。他饱满的情感融入到了血液之中，几经磨难而未曾有丝毫消减。

我印象深刻的还有吴良镛先生，但那一次的接触不是在课堂中。其实像吴先生这样的大教授、大院士，曾经的学部委员，我本应与他距离很远。但就是遇到了一次机会，让我可以跟他近距离地接触。在我 1992 年博士毕业之后，设计院的胡绍学院长就让我留在院里工作。等到了 1996 年，有一次胡院长把我叫到办公室，指派我陪同吴先生去巴塞罗那参加国际建筑师协会会议，并陪同吴先生受颁当年的世界人居奖。吴先生当时的身体虽很硬朗，但就是摔伤了腿，出国时也没好利落，只能一点一点地挪步子，所以院里就派了我陪吴先生一起去。

去了之后我就发现，正常人腿不好，只能少走路。但吴先生不一样，不但到处去看，而且他竟然还要写生。而且他一画起来，几乎就是单腿独立，画起来也没个尽头。我上去劝先生说，您站累了，就画到这里为止吧。吴先生如同没听到一样，依旧画。就这样我陪着吴先生一路参观一路写生，你能感觉到他只要一拿起画笔，就如入无人之境一般，周遭的一切、自身的病痛，都好像在顷刻之间化为虚无了。那种专注的程度，令我神往不已。

建筑学院的教学中，除了专业学习之外，更重要的一种就是言传身教。像吴先生这样的大师，他们对于建筑的理解，对艺术的执着，包括自己的治学态度，还有自我的约束和要求，这些点点滴滴都通过自己的做派和风范传达给了周围的人。我时常想假如我的腿摔了，然后还有机会去参观的话，我也会像吴先生那样克服困难去绘画写生么？我想我会的。因为我的老师们就是这样做的。

经历了这么多之后，清华建筑学院的老师们的形象在我脑子里就愈加丰满起来。他们有个性、有追求，而且他们也敢去说。无论周卜颐先生、汪坦先生、陈志华先生等等，他们在“文革”中多受磨难，依旧不改初心。这种坚持自己学术观点的精神令人敬畏，这种人文关怀的体现令人感动。带着那种发自内心的、最真挚的对于建筑的情感的冲动，不就是老师吗？老师教你的就是这些，比你在课本上学到的东西要深刻得多。

所以我现在作为一个清华老师要教给学生的也是这些。作为一个老师你不

2015 年屈张、张婷答辩

2015 年清华大学建筑系 1980 级本科毕业 30 周年聚会合影留念

需要太约束自己，不必板成一个样子。老师就应该是一个自然的流露，流露出你对建筑的喜爱，流露出你对一种环境、空间包括人的行为的思考和喜好。或者说这是一种情感的流露，老师就应该是这样子。

应该说大学真的挺快的，虽很难忘，却匆匆就过去了。

感受日本建筑界的学风与修养

到了后来我读博士期间，得到一个出国“联合培养”的机会。其实就是博士题目初步确定之后，可以到国外一所学校去收集资料，听一些对方导师的意见。但是理论上讲，导师可以不对你提任何要求，你也可以不做任何事。甚至于有的人出去就是去参观、访学。最初我想，学建筑嘛，理应去美国看看，就试着申请美国。但当时手续复杂，就没能成行。恰逢教育部组织了日语培训，是联合日本文部省派来老师，在大连外国语学院教日语。于是我就一边学日语一边去挑选要申报哪所学校。一开始想联系东京大学，没成功，于是退而求其次选择了千叶大学。就如刚才所说，日本本不是我的第一选择，而千叶大学在当时日本的国立大学中算不上是第一流，所以出国的时候，我也多少有点提不起兴致来。

到了日本的前三个月我基本是懵的，一方面对日本还有点嫌弃，一方面日语也不过关。我在学校的交流经常要用英语，可是到了日本，无论学习还是生活，他们还是希望你能用日语来交流。那时候也没办法，就是看电视节目学日语。有一个前辈告诉我一个电视里的搞笑频道，有点类似语言类节目，说的语言比较通俗。我就拿一个电话本一样的本子做记录，不懂的词就把音记下来，然后再翻字典。就这么一点一点啃，还真有效。

1999 年千叶大学和导师服部岑生合影（前排右一为笔者）

我刚到研究所的时候，我的导师叫服部岑生，是日本专研建筑计画的领军人物。他知道我日文不行，却偏偏让我在课堂上读课文。那可是博士的课程，一屋子都是博士一起，大家都各自说自己的课题，他却让我读假名的课文。我只能老实说我看不懂，如果是汉字的课文，我还能看。服部老师却丝毫不肯放松要求，他说即便我能看懂也不行，他要求我必须能读出来。当时坐在课堂里的那种感觉，真是糟透了。不过我发现，被服部老师硬逼着来了这么几次，我对日文也渐渐有兴趣了，开始主动地去找一些文字来阅读，导师也慢慢开始转变了态度。他开始推荐一些书，也让我去听一些课，而后还专门安排了一个博士生来帮助我。

日本的研究所里等级制度非常森严，我的导师担任最高职务，也就是他们所谓的学科长。其下有大量的副教授、助教、博士生都得拼命工作。大学四年生可以进研究所，但是四年生进来一定是端茶倒水、打扫卫生、买便当、收拾冰箱。博士生往这里一坐，马上一杯茶就得端上来。如果四年生不在，就是研究生给博士生端。研究生不在，就是博士生给导师端。这里面最辛苦的是副教授和助教，他们要想往上升，一定要特别吃苦。有一次我看旁边的助教非常努力，就有心要和他比一次，看谁走得晚。结果到了十一点我就盯不住了，只好先走一步。不过手里的工作没做完，我就想第二天早点去，把工作完成。结果我第二天早上一来，人家又已经坐在那了。后来有人告诉我，人家不是一天如此，而是天天这样。日本学校和研究所里的状态可见一斑。

服部老师是一个非常严厉的人，而且多少还带有点日本人的大男子主义。他说话声音洪亮，从不吝啬去训斥学生。他的这种做派有做教师的威严，但在另一面他也会闪现出东方人的慈爱。这种两面性犹如为人之父的严厉与深沉。那时候我太太前往日本探亲需要办的手续，都需要他来担保。那是需要他提供税单、提供收入证明等等复杂手续的工作。他虽然表面严厉，但私底下都帮你办得很好，一点都不敷衍。

到了一年零三个月学习期满的时候，我还是很留恋日本。现在我也能感受到很多留学生一开始的目的地不是日本，但是无论什么原因后来他们去了日本，他们会喜欢上日本。日本人的社会中有一些值得我们学习的东西，包括他们对于城市与建筑整体的重视等。

服部老师在日本建筑计画层面做得非常有成绩。这对我后来在建筑策划方面的著作和研究，都有很大的帮助。回国之后我又了解到美国在建筑策划方面的建树，尤其德克萨斯大学农工分校有一个 CRS 研究所，是世界最顶级的建筑策划研究所。我已经没有机会再去学习了，最多也只能去访问。所以就派了我的博士生去学习，把他们的思路带回来。这也就圆了我对建筑策划的一个梦。我希望把东方和西方对于建筑策划领域的先进思想统合起来，然后建立属于中国的一套理论和实践机制。

大学应当教给学生什么是建筑的真正涵义

对于初入大学的建筑系学生来说，无论是出于一开始对建筑的喜爱，还是对建筑懵懵懂懂的认识，学生倾向于认为建筑是一种艺术的创作，把建筑看得非常浪漫。通过学习，他们可能慢慢了解到建筑是为人提供的一种功能性的空间，再到后来，又进一步认识到建筑是科学与艺术的结合。我一直执着地认为建筑确实不是一件简单的艺术品，或者说简单的形体创造的作品。它确确实实是一个可以让人们在其中居住、活动，但同时又给人一种精神上愉悦美感的事物。无论现在我们把建筑方针定义为什么，我都更崇尚，或者说我更愿意把建筑看成普利兹克奖牌上所铭刻的“适用、坚固、愉悦”。愉悦这个词和美观不完全一样，是建筑人通过内心世界里对建筑能够给人带来的强大力量的认可。我认为愉悦（Delight）这个词非常恰当，他可以给人带来内心的满足和安宁，还有无以言表的美好的状态。

2015 年院长下午茶

所以我一直坚持，建筑首先应该是一个产品。很多人批评或者指责我，说我把建筑看得太低了。但我想说，首先应该能守住底线——建筑是一个产品、能够用，有这样一种价值的体现。其次建筑才是给人们带来一种精神愉悦的作品，我也一直是在这样一个层面上追求自己的设计。如果建筑是产品，那其中就有很多的理性、分析、逻辑层面的思考。这也是我一直在深究“为什么这样做建筑”的原因。你这样做建筑的理由，这就是建筑策划。问一问这样做建筑的依据，也是驱使着我去研究建筑策划的一个非常基本的出发点。令人愉悦的美感，这个是所有建筑师都认可并努力追求的境界。这也是建筑教育中长期不断地教我们的学生，让我们的年轻建筑师能够理解并为之奋斗一生的事情。这件事很难，即便现在我也常常觉得自己做得很不够。我看过很多的大师，他们的作品令我为之震撼。所以建筑设计一定要在这两个层面上，一个是底线你要守住，一个是要上升到这样的高度。

建筑学的教育不是简单的纸上谈兵，更不是说要做一种乌托邦式的假设。现在人们经常谈诗和远方，而我事实上还比较崇尚相对脚踏实地的东西。我希望在这个层面上，我们的建筑师可以有更多的社会责任感。这种社会责任感在建筑教育中鲜有涉及，却是我们现在急需传达给学生的。所以我在学院的教学中推行开放式建筑教学，推行设计导师制。我们聘请了 15 位设计导师，其中有一线大设计院的建筑师，也有独立建筑师。我们希望他们能够通过言传身教，通过师徒相传的方式将很多东西带给学生。每到评图的时候，学院里完全像过节一样，有些建筑师把自己的职业喜好、职业做派带到课堂中，去感染学生。他们让学生觉得，这样的建筑界成功人士值得他们钦佩，值得他们向往。现在的价值观这么多元，为什么他们能够崇拜一个建筑师，我想就是因为他们能够认同这种个人魅力。有的建筑师在评图那一天，特地布置了桌子，准备了红酒，带来了高脚杯。他们让一切富有仪式感，让学生投入其中，这些都是言传身教的一部分。学生们会在这个过程中受到特有的触动。他们会真的向这些成功的建筑师学习。就如同我向李道增先生、关肇邺先生他们学习一样。作为一个老师，这些建筑师们呈现出来的状态，呈现出来的待人接物，呈现出来的价值观，呈现出来的面对社会、面对人、面对弱势群体的态度，就传授给了学生。只有这样才能不仅仅将设计技法教给学生，同时把建筑师的待人接物、社会责任与人文情怀传授给学生，这一点是非常关键的。

庄惟敏

1962 年生，全国工程勘察设计大师，清华大学建筑学院院长，清华大学建筑设计研究院院长，中国建筑学会副理事长，国际建筑师协会理事和职业实践委员会联席主席，《建筑学报》编委会主任，《住区》杂志社主编。

求学路上

胡　越

笔者近影

在人生的道路上，当顺风顺水的时候，想着去中断它，换一种活法是需要些勇气的。2006年我荣获勘察设计大师称号，同年又来到了清华大学读博士，虽然是带职，但在我的职业经历中也的确是一个不小的变化。我为此下了很长时间的决心，这并不是因为我惧怕学习，而是因为我惧怕上学前那些考试和繁文缛节。

不管怎么说，离开学校已经20年了，虽然一直在第一线，平时还算是一个爱读书的人，但知识结构和储备还是与学校有些差距。我骨子里是想在实践中搞点理论的，虽然现在想起来也不尽然，但不管怎么说那是我当时的想法。从2003年我就已经在实践中开始关注设计方法了，但是作为一名职业建筑师，平时没有精力系统地学习，所以我想也许给自己上个套，让外力推一下就能系统地学些东西。事后证明确实有效果。

在那些考试和繁文缛节中让我最不安的是考英语。不过我属于破格人选，建筑学院也有些朋友。他们安慰我，只要参加考试，就不会有太大问题。离考试还有一段时间，我开始恶补。还好，考生最怕的快题设计我是不用考了。想起数小时趴在图板上做设计，太可怕了，而且这事在我心里留下过阴影。记得那是1996年，第一次参加注册建筑师考试，快题一考就是12个小时，由于担心画不完我竟然没吃没喝。可到张榜的时候我居然没过。我做完了，而且我周围的同事凡是做完的都通过了。更吊诡的是办公室的一个女同事，她当时已经怀孕，怕辛苦，这门考试没参加，居然过了，而且她的考号和我只差最后一个数字，她是“6”，我是“8”！！！

后来我去查卷子，有个内部的朋友劝我，不要查，不会有结果的，这属于重大失误，我只能认命了。12小时的考试只能第二年又考了一遍。还好这次过了，可心里的阴影是留下了。

文化考试后还有面试，面试之前还要体检。2006年正值我42岁，但当时头发已经花白了。那是初春的一个早晨，校医院里人声鼎沸，全都是考研究生前来体检的学生。一个白头发的中年人在年轻人的海洋里显得极不协调。我是个特别爱面子的人，真受不了这种场面。我尽量溜着边，找人少的地方走。但没想到最令人难堪的场面正在等着我。在外科检查室，我和另外两个年轻人在屋子中间站成一排，衣服全被扒光只剩一个小裤头，没有任何屏风之类的遮挡，门口还挤着许多待检的人。这是一间朝南的房间，那天天气特别好，朝南的大窗户都开着，窗外各色人等络绎不绝。我真没想到清华大学这么“不文明”，体检如此不顾及人的隐私，正在我胡思乱想的时候，护士喊了一声，屈体用手够脚。我从小筋就硬，边上的小伙子轻松地用手够地后马上直起了身。我，一个花白头发的“小老头儿”，只穿着一个小裤衩，用力地将双手伸到膝盖。我正要赶快起来，护士过来大声说：“别动，你这是怎么回事？”在场所有人的目光都注视着我……

这应该是到目前为止我遇到的最令人尴尬的场面。我当时真后悔来这儿考什么博士。

这是我求学路上的一个小插曲。之后是怎么学的都没有什么印象了，但这件事至今让我记忆犹新。

生活中会时不时地冒出些小意外，我之前也考虑过回炉重新读书会遇到的各种困难，但体检从来没想到过，这样的体检更没想到过。不过为了求学这点小事算不了什么。可我在想，如果预先有人通知我会有一个这样的场面，我还真未必有勇气去面对。因为上学并不是我当时生活必须面对的问题。去年参加儿子的家长会，老师说小孩学习好的原因有三种：聪明、爱好、面子。老师说前两种占比例很少，主要是第三种，因为面子或者说是荣誉感，学得好的孩子一直在加劲学，以免落后。面子真是个双刃剑，它可以鼓励你超过别人，也可以让你丧失面对困难的勇气。我可能因为一些面子上的小事而放弃大事，谁知道呢，幸好这种事当时没有发生。

胡越

1964 年生，全国工程勘察设计大师，北京市建筑设计研究院有限公司总建筑师。

大学那些事儿

倪　阳

20世纪80年代初期中国还处于一个提倡集体主义的时期，循规蹈矩是那时的主旋律。但与此同时，西方的自由主义开始冲击着校园的生活，象征自由的喇叭裤、卷发、崔健的歌等新潮东西不断敲打着“文革”后校园的一切。这是一个既陈旧又新奇的世界，处处充满新机，似乎预示着什么。我们就是在这样一种冲突中开始了自己的大学生活。

有关学校的学习及生活，总有谈不完的话题，特别是有关在大学里的趣闻趣事。在这里首先登场的是我非常尊敬的老师，其名号在此略去。他是我的启蒙老师也是我认定走建筑设计这条路的引领者。他个头不高还有些胖，满面红光（后来知道是高血压），对教学极其认真负责。记得一年级他带我们班做课程设计。第二天就要交图了，结果一个同学不小心在画好的图纸上滴了一大滴墨水，当时就听见一声大叫，大家都寻声望去，只见该同学面色惨白，目光呆滞。老师当天也正好在场，他急忙走过去并很快找了张纸巾放在墨点处吸墨，但由于墨迹太大太深，大家都认为无可挽回了。这时，老师看着面带哭容的同学说：“不要紧，等下午干透了我来帮你处理！”说得这位同学一口气又回转了过来。下午，全班同学都很早就等在课室，想亲眼见证老师如何创造“奇迹”。老师按时来到课室，带了几片刮胡子刀片（有弹性的那种），他开始从边上入手。可能是边上透墨不深，边上的墨迹很快被他用“削”功清理干净。这时，他有些得意，直起身子向我们传授削图之法：刀要快，手要稳，切要薄，外向内……一旁的我们拼命地点头以示敬仰之心。随后他又弯下腰进入了认真的攻坚之中。可能是中心部分墨迹透得太深了，他皱起了眉头并开始冒汗了；随着削图的深入进行，大家越聚越拢，呼吸声都听得见。突然，他抬起头看着那位同学无奈地说：“我看你还是重画

在清华与中学同学梁进留影

吧！”说得那位同学又差点背过气去！可能是当着大家面把活儿搞砸了，老师的脸更红了，随后步出课室并丢下一句：“你可以迟两天交。”看着他离开的背影，大家都有种说不出的滋味。

现在大家都用计算机制图了，出图只是几秒钟的事。而在我们那个年代，制图和出图是一件事，几乎不允许出错，否则就要重画一遍。所以削图、刮图都是当时学子们必学的技能，那次老师说要示范削图，其实一开始大家都怀着一种坏坏的心态看热闹。毕竟老师总是高高在上，但真看到老师失落的表情时，也就笑不出了。

我们那个时代的大学生因为“文革”，同学年龄相差很大，比如我班班长上学时就已经 28 岁了，还做过工程兵。一次在设计课评图时，他的设计被老师不断批评，最后批评落在他设计的“奇奇怪怪”的窗户上。老师说：“你这种窗洞设计是无法砌筑的！”班长本来就被说得一肚子气，这时小宇宙突然爆发了，他指着老师说：“谁说的砌不出来？！我教你怎么砌！我以前做过工程的！”这时整个课室空气都凝住了，大家都暗暗担心班长，示意他大事化小给老师一个台阶下。谁知班长得理不饶人，非要上去画砌砖大样，一副要把老师往死里怼的架式。这时老师突然发现班长图纸上一个尺寸问题，立刻将话题转到这个错误上，说：“我是说不好建，就算能建，你立面上的窗与平面图尺寸也对不上！”说着就拿着随身的小尺子准备走上去度量。正在这时，一位助教突然来了一句“神助攻”：“不用量，肯定有问题，建筑师的眼睛就是尺度！”搞得老师一个前腿弓停在那里，进也不是退也不是，尴尬不已，估计想死的心都有了。这场风波之后，大家都劝班长给老师道个歉，怕影响毕业，毕竟老师当天心情也不好，但当过兵的班长死活不肯。后来成绩下来，班长的评分还是不错的，看来老师气度很大，并未将这些事儿放在心上。也或许是班长偷偷去认了错呢，呵呵……

大家在学生时代都有些逆反心理，总觉得和别人、特别是和老师斗其乐无穷。想想自己现在也做导师了，是不是也应搞些“坏事儿”让学生们记着我呢。俗话说，坏事传千里嘛……

大学的故事有很多，但记着的总是些闹心的“坏事”，上面讲的是学习上的，下面再讲讲生活中的。我读大学那会儿，学校非常强调以宿舍为单位的小集体，那时宿舍饮水问题一直是个老大难，一般情况是一个宿舍一天派一个人打水，一次打六瓶水。但实际情况是谁都不愿打水……结果到路上截水、到邻室去抢水的事经常发生，但最奇的还是下面这件事。我班上有一位广东同学，他每次将“得来”的水放入一个超大水杯（这也是抢水进化过来的招数）里，然后再将水杯放在一个木制小立柜里锁起来，以备随时饮用。他自认为万无一失，长时间也确实是这样。但这事儿免不了受到某些同学的惦记。有次他回来喝水，发现水杯里的水好像少了一点，但未上心。后来这种情况连续发生。最后发展成一大杯水只剩一点了。他忍无可忍，质问同室的同学是怎么回事？！是谁偷了他的水？但他也纳闷这水怎么就会没了。同学们异口同声地说可能是老鼠喝的，说完大笑。他说不可能！在他再次追问下大家才透露实情：原来在他放水的柜子门上边有一个小洞，一次一位同学实在渴得不行，知道这儿存有水，就试着将吸管弄弯插进去吸水喝，开始只他一个人这样偷喝，后来被其他同学发现了，大家就一起偷水喝……太多人去吸自然会被发现的。这件事让大家笑了很久，笑完后还继续偷，等后来这位同学找人将洞补上才算作罢。

我上大学那会儿，学校还有粮食定量供应。记得是男生每个月给 34 斤粮票，女生给 32 斤粮票，由于是长身体的时期，菜又没有油水，男生往往不够吃，而女生通常都吃不完，特别是爱漂亮的女生粮票剩得更多。开始并没觉得什么，大家都是懵懵懂懂地过日子。后来我们发现，有男朋友的女孩经常买饭或者将粮票取出来接济男生，当着大家面“大撒狗粮”，令人“羡慕嫉妒恨”。在广州，20 世纪 80 年代初已经出现个体户，粮票是可以直接和小贩换鸡蛋、鸡腿的，这些在当时可都是上档次的东西。后来有好事者询问有女朋友的男生，是否长期受女朋友照顾时，他们往往只是嘿嘿一笑，颇让人玩味。在读书时找女朋友本就是稀罕的事了，再加上还能解决口粮问题，就更令人神往了。那时候女生可是稀有动物，我班的男女比例是 7 ∶ 1，僧多粥不是一般地少！大家没办法，只能怀着一颗被“包养”的心将眼睛往低年级班里看。读研时，我终于如愿找到一位漂亮又有很多粮票的女朋友，她也确实吃得不多，如上所述将多余的粮票支持了我。但漂亮女孩吃得不多，用得可不少！有时我还要帮她画图……本来想“被养”的，结果却……这时我才真正明白那些同学“嘿嘿”一笑的深刻内涵了。

与夫人合影

写到这儿我突然想起我还帮过班上其他两位同学画过毕业设计，条件是一晚一个西瓜。其中一个同学到现在还没有兑现！那可是三十年前的一个西瓜啊，想着就令人兴奋！

倪阳

1963 年生，全国工程勘察设计大师，华南理工大学建筑设计研究院副院长、博士生导师。

雾都孤儿
——我的1981

赵元超

今天我整整五十四岁了。翻开三十二年前（1985年）我们全班同学的毕业照，一群青涩的年轻人，恰同学少年，风华正茂，意气风发。就在夏义民老师设计的景观广场前，我们在微弱烛光下，互相写着一些自认为富有哲理的临别赠言。时光真快，怎么活着活着就老了，刚刚粉墨登场就要谢幕，尚来不及思考就要总结。如今，我们也算跨世纪的“老人”，难免思绪万千，这张照片把我的回忆不知不觉地带到那个火热的“八零”年代。

1981年我十八岁，第一次远离西安故土，开始独立生活和求学，因宝成铁路爆发洪水，只能绕道而行，我长途跋涉地独自前行，未曾想没有座位的火车坐了五十小时，两天两夜的孤独旅行我体会到了什么是“苦行僧”，这是否也预示了我的建筑师生涯的长路漫漫，它成了我第一次远行，也是我的一次成人礼。

深夜两点我们终于到了重庆菜园坝车站，在著名火炉的夏夜中耐心地等待着学校接新生的汽车。望着完全陌生的环境和听不太懂的四川方言，黑压压密麻麻的城市，大有黑云压城城欲摧之感，我的内心更加孤独。随着天空渐渐放亮，山城的轮廓慢慢地清晰起来，一幢幢东倒西歪的吊脚楼，构成了一幅鳞次栉比的画卷，不一会袅袅炊烟伴随着呛人的煤烟升腾着，整个城市苏醒了。

我们为了打发时间好奇地坐上重庆特有的缆车在两路口和菜园坝之间穿行。在西安，很少有这样大的高差，那么多梯坎。我们是坐在卡车上，沿着崎岖而泥泞的山路来到学校的。宿舍是刚刚竣工还弥漫着石灰味的仓库，还美名曰“人才的仓库”？！天哪！这就是我未来要生活城市。

在大学里印象最深刻的第一堂课是尹培垌老师讲授的建筑初步，我至今还保留着油印的讲义，他谈古论今、纵横中西，把我一下带进了迷人的建筑王国，

全班合影（照片由徐锋提供）

我第一次听到赖特、包豪斯，第一次看到那么多伟大、华丽和巧夺天工的建筑，也第一次感受到建筑师的伟大，憧憬着自己的未来。随后重建工的学长们汤华、华林等在第一届大学生竞赛中载誉归来，我的老师们邹以仁、唐俊昆所做的香港顶峰方案也在国际上获得认可，还有重建工的学生在日本新建筑频频获奖。在这种氛围中，我感受到我是在一个积极向上、斗志昂扬的学府中学习我所钟爱的建筑。刚来重庆时的晦气也一扫而光，毕竟，大学非大楼也。

重建工一进大门就是一个大下坡，远没有我中学的大门气派和富有书院气息，但当我们每一个同学出校门的时候却是抬头挺胸，一路上坡。在这里我要深深感谢我的母校，怀念我的青春岁月。

建筑学的学生表面看起来像画家一样浪漫，我们常常背起画夹穿梭在大街小巷、江边码头，会看到其他同学羡慕的目光。但基本功的训练同样让我们苦闷和烦恼，钢笔墨线图、水墨渲染图多是在画了数遍之后才能交卷，直到我感觉自己有了绣花的耐心自然就画出来了。这一系列训练使男生具有了女生的细致和耐心，也许并不在意结果，而是过程，它培养了作为建筑师的耐性和韧性，我的韧性也是在这一时期练就的，追求完美的工匠精神也是在此形成的。听说许多院校取消了这些课程，我认为可能是一种错误。

当时，我们的老师比我们现在还要年轻，个个精神焕发，而且认真负责，他们都渴望把过去的时间夺回来。带我们二年级设计课的是邹以仁老师，他主张新生不要看杂志，应先把设计的基本功打好，对待每一个学生的设计作业，每次他都要在我们原先设计的基础上改一遍，手把手教我们设计，尽管我们不理解为什么要这样改，但无数次的体验使我们顿悟。建筑设计如果是艺术的话，艺术的特点就是不能重复，从这一角度来分析通过授课是不可能奏效的，它需要学生慢慢地“悟”，没有反复的过程是不可能完成顿悟的。很可惜，邹老师关于设计的主张在浮躁的社会背景下难以实现，在那个火热时代，特别注意主义和潮流的年代，人人都怕被时代抛弃，在尚没有对空间有概念时，就追求风格和思潮，这不能不说是一种缺憾。当我们以当下的视野回眸历史时，应好好反思一下当时的建筑教育，我们不能把城市建筑的乱象全归于政治的意志和资本的意志，而与建筑师无关。

我在学校最喜欢的课是外建史，主要是尹老师讲得太好，他的绝佳的口才和漂亮的板书都是一流。他谆谆教导我们：建筑史能让我们看清未来的方向，知道哪些是先进的，哪些是落后的。我的价值观和建筑设计的态度就是在那个时期建立的，可惜先生英年早逝，他翻译的《街道的美学》和《存在空间》都已是建筑理论经典。

大学的第三年我们迎来了从加拿大学成归来的李再琛老师，他给我们带乡土课，从国际的视野看待自己的传统文化，特别强调要留住城市记忆和历史的痕迹。我们学校的后花园就是瓷器口，我们写生要去，上摄影课也要去，老外来了更要去。磁器口那种自然生长起来的聚落常常使人流连忘返，老百姓的智慧也让我们叹为观止。它可以说是创作的源泉，让我们重新发现民居的价值。

当时我天真地问过李老师一个问题，若干年后人们是否会怀念“文革”，他当时没有回答。两年后，在我上研一时他因积劳成疾英年早逝。我所敬仰的几位老师都是不幸早逝，我心里总有说不出悲痛。去年生日时我到了汉中的武侯祠，才知一代为人师表的诸葛亮也在不到五十四岁时就离开人世。庆幸我今天已超过五十四，可以无憾了。

20 世纪 80 年代是一个全民普遍贫穷，但精神极其丰富的时代，各种思潮风起云涌，此起彼伏；一切似乎都是新的，都可以探讨，没有标准，没有权威。此时，建筑界才真正地睁眼看世界，老师学生都如饥似渴地吸收国外的先进理论和实践，那时各种讲座特别多，我几乎参加了所有讲座，讲座成为了我的第二课堂。印象深的是布正伟先生的讲座，他手舞足蹈，富有激情的演讲极具感染性和穿透性。他对设计的深刻认识使我们受益匪浅，至今仍深深影响着我的创作。二十年前在丽江召开建筑理论创作座谈会，我们同住一屋，之后他任建筑创作理论学组的主任，我们常常在一起研究工作，也是一种缘分。

重建工的建筑杂志比较齐全，唯有建筑系有学生专门的阅览室，这常常又是我们自豪的一点，在这里我常常无目的地阅读，其实是一种熏陶。当然，最主要的还是看为数不多的中文杂志，当时的《世界建筑》《建筑师》《时代建筑》和《新建筑》都创刊不久，尤其是其中几期《新建筑》在年轻学子间影响很大，这些杂志有点像“五四”时期的《新青年》，点燃青年建筑师的理想。这些杂志我现在还在继续订阅和阅读，算是对青春的回忆。

在《建筑师》上，我读到了最新的理论，也在此见识了我们老一辈建筑师的风采。当我在学习设计我有点茫然时，我就从杂志上通过临摹的方式学习建筑大师的经验，在临摹的过程中体验设计的精髓。

每一个城市都是建筑师的一所大学，重庆独特的风貌、美食、美景、美女给我们这些当时的天之骄子留下了深刻的印象。重建工校园也是在一个山地上，连续不断的上下坡，每天我们都会沿着坡地爬上爬下。路边的岩石上长满巨大的黄角树，我们在俯仰之间，体会着生命和生活的起伏和无常。人生就是不断的起起落落，人生之路更漫长而坎坷，每一段都是起起伏伏，不仅变化无常又世事难料，只有内心保持一种平常的心态才能应对身外的无常。

重庆的黄角树是重庆的又一奇观，它能在岩缝中顽强地生长，而且枝繁叶茂。2015 毕业三十年我回到学校，物是人非，唯有黄角树代表着生命和记忆。我后悔为什么我的写生课没有专门对着一棵树画出我的记忆。

重庆的夜景美丽动人，我在重庆第一年的春节就登了鹅岭公园的两江亭，

接受重庆大学校长周绪红院士颁发的聘书

照了我平生第一次彩色照片，颜色非常光鲜亮丽。但最平常和平凡的还是校园石匠们凿石的叮当声，在重庆的岩石上盖房子很容易，去除浮土，下面就是裸露的岩石，石匠们拿着铁锹和锤子按房子的平面把多余的石头取下，打造成长方体的基石，不几天在不绝于耳的叮当声中房子的基础就造好了。重庆的室外楼梯和堡坎，也几乎是这样建造起来，绝没有大兴土木的场面反而有一种大道至简的自然。可惜再到重庆时已听不到这样声声入耳的叮当声，这些工匠也就此消失了。

重庆的大江大河、高山峻岭、一草一木也在熏陶和教育着我，滚烫而又麻辣的火锅，雄浑的川江号子都是我永远的记忆。有一年我到重庆，清晨在黄角树下独自吃碗小面，不知为什么我泪流满面。我的很多建筑观点也是在大学时形成的，在我的建筑词典中一定要简单和真实，绝不无病呻吟。

我是一个内心孤独的人。那年头有一句时髦的话是标榜自己是农民的儿子，我却是地主的后代，我的父亲是一个勤劳朴实具有多种技能的普通工人，我总忘不了父亲辛劳的背影。我在学校不可能高调，总喜欢在旁边当一个默默的观望者，我的理想就是做一个像父亲那样的手艺人，不问政治、不问是非、不论输赢。

我从小就是心底里干净的小孩，也从小当班干部，到大学我也是班长，一方面我们接受着西方的各种思潮，另一方面我要组织大家反对“精神污染”，我的内心崇尚自由，但又要反对自由，当班长的就要冲在前面，我的心里充满煎熬和矛盾，我觉得既然当一个手艺人，就要远离政治、远离纠纷，像林中的鸟一样自由地飞翔，所以在大学初期我就坚定地辞去了班长的职务，我的人生第一次做了减法。

我的 1981，是我人生激情燃烧的岁月，也赶上了改革开放的初期。我常说我要感谢这个时代。在难忘的“八零年代”，到处都在拨乱反正，一切都要从头再来，我在中学刚刚建立起来的完整的“城墙”在此时渐次倒塌，重新建立新的“城墙”。

我是一个外表平静但内心火热的人，在大学，我记得我们总要找机会游行庆祝，中国足球队战胜科威特我参加了唯一一次学生游行。1986 年中国第一次参加亚运会，当铁定金牌第一时，我们情不自禁，欢呼雷动，把能烧的都烧了，最后我暗示还有床垫（在重庆时为了防潮每一位学生发草垫子），几个年轻的同学想都没想一起点燃了草垫，如同战士在抗战胜利时点燃自己的棉袄，自然那成了当晚学校最耀眼的欢庆火炬。事后我的班主任严肃地找我谈话，责令我必须在全班同学面前做检查，这也是我目前为止唯一的一次检查。

去年回学校我特意到我们当时的教室看看，并与我的师兄师姐在昔日的教学楼前合影留念。

我在大学时就有一个想法，建筑师在五十岁的时候应回学校当老师，把自己对建筑和设计的体验告诉学生，回答建筑是什么。像我在大学中的尹培桐、邹以仁、万重英、徐家珍、邵俊义、梁鼎森、余卓群等老师那样教书育人，做一个石子、一块砖瓦。我知道以我的工作现状是不可能回到课堂的，但我仍在学校兼职和担任建筑学教育评估委员，离学校课堂又近了一点。我经常看到学生的作业，许多比我当时画得好得多，我们也有理由相信一代更比一代强。

行万里路，读万卷书，阅人无数是建筑师的生活体验，其生活经历本身就是建筑师的财富。设计就是设计未来的生活，我们既要睁眼看世界，又要冷眼看世界；既要入世，又要出世；既要追求卓越，又要归于平淡；要保持适度的孤独和独立。早岁哪知世事艰，人生的经验和哲理，本来就无理可说。

与老同学在建工馆教学楼前合影

记得教美术的邓平老师写生时常让我们虚着眼睛看，注意大关系。邵俊义老师一直主张我们用钢笔来记录建筑，这样能锻炼自己的思维，下笔也会肯定。虚实、有无，他们的教诲现在想起还是那么深刻，我经常幻想能重来一次，重拾画板。其实我一直没有离开学校，我的书房就是我灵魂的归宿，我在其中享受着孤独。

赵元超

1963年生，全国工程勘察设计大师，中国建筑西北设计研究院执行总建筑师，中国建筑学会常务理事。

从“建筑红楼”走来

陈　雄

建筑师是一种古老的职业。建筑学在中国作为一门学科，大致开始于 20 世纪 20 年代。作为中国最早的建筑学科之一，勷勤大学建筑系的创办，至今已有逾 80 年的历史。而华南理工大学建筑系的成立，则已过 60 多个春秋。改革开放之初，我有幸入读华南工学院建筑系，成为华南建筑人，从这里走向社会，走进自己的建筑人生。当年的情景依然清晰，当年的校园依然亲切，培我育我，感怀至深！

华南建筑的“新三届”

1976 年，十年“文革”结束。1977 年，国家恢复高考，接着停止“上山下乡”。在一年半的时间里，1977、1978、1979 三届学生陆续入学，统称“新三届”。华南工学院建筑系，是全国著名的建筑“老八校”。“建筑红楼”——中国建筑师的摇篮之一，迎来了“新三届”华南建筑人，开启一个崭新的时代。我是 1979 年进的华南理工，有幸属于这一群体，经历这个时代。

拨乱反正，改革开放，举国上下，风清气明。“科学的春天”来临，陈景润的事迹，鼓舞了千千万万学子。学好数理化，走遍天下都不怕，不少中学同学报读理工科，而兼于文理之间的建筑学专业，并不广为人知。同学们选择建筑专业的背景各不相同，部分同学是出于对艺术的喜爱和对建筑师职业的认知而选择的，更多的同学则是到了学校学习才逐步清晰理解。

当年我是遵从父亲的意见，才选择了华南工学院建筑学专业。父亲 20 世纪 50 年代在香港对“则师楼”（建筑师事务所）留下深刻印象，在国家即将到来

笔者（前左）和同学一起熬夜做设计

的大发展时期，希望从小喜欢画画的我可以做建筑师。进得建筑系的门来，在一众老师的悉心指导下，我才知道建筑设计到底是怎么做的。和不少同学一样，从“数理化”思维向设计思维的转型，过程并不轻松。

时代改变了命运，“新三届”都有一种紧迫感。机会难得，要读书、读好书，希望努力补回失去的时间。在建设大潮来临之际，做好知识储备，报效国家。与学生相对应的是，老师们经历“文革”后，有机会重返教坛，也是格外珍惜，非常认真负责。统一教材陆续推出，老师们结合自编讲义，为我们上好课。教与学的关系非常融洽，奋发向上的局面令人振奋。

历史溯源与办学特色

1932年，留法归来的林克明先生与一众先贤，联合创办了广东建筑学科——广东勷勤大学建筑系，自此一脉相承，先后经历中山大学建筑工程系、华南工学院建筑系、华南理工大学建筑学院等多个发展阶段，是中国历史最悠久的建筑系（学院）之一。

林克明先生在创系之初，就有明确的办学方向，采用的是现代建筑教育。他提出“作为一个新创立的系，我考虑到不能全盘采用法国那套纯建筑的教学方法，必须要结合我国当时的实际情况，不能单考虑纯美术的建筑师，要培养较全面的人才，结构方面也一定要兼学”。当然，林先生也没有完全否定学院派，而是指出要与中国实际相适应，注重实践、注重技术、全面发展。林先生的主张对岭南现代建筑教育的办学方向影响深远。

笔者（左二）和师姐、师兄与林克明先生合影

在华南建筑教育的历史中，留德的夏昌世教授在教学上强调注重实用、功能、简朴，提倡现代风格，在教学和创作上都成果丰硕。留日的陈伯齐教授则强调基础课训练，重视建筑功能与技术，开展亚热带建筑研究。同是留日的龙庆忠教授热爱古建筑，创立了中国建筑防灾学。林克明、夏昌世、陈伯齐、龙庆忠四位先贤，是华南建筑教育体系的奠基人。

华南建筑“新三届”入学，与公用与民用建筑专业和水工结构专业同属建筑工程系。1979 年的课程体系改革，重视建筑学专业的学科特点，以培养建筑学专业人才为目标，是四年制建筑教学计划走向成熟的重要标志。加强了文化艺术综合素养教育，增加美术学时并作为基础课先学；从注重结构设计转向构造设计，增加对建筑材料的认知；增加设计原理课，并且与课程设计相结合。在 1981 年 6 月，建筑学专业脱离建筑工程系，重新独立设系。而总体依然注重实践、注重技术、全面发展，强调“上手快”，着重培养学生的动手能力。

在这里，特别需要说说我们的“建筑红楼”，作为华南工学院建筑学系馆，它在中华人民共和国成立前是中山大学的理学院教学楼，与其附近的一系列教学楼，都是由林克明先生在 1933—1935 年设计，用现代混凝土结构实现仿木结构的造型，中国传统建筑形式是当时的流行风格，既稳重恢弘又简洁大方，比例尺度和细部设计都深蕴功力，堪称经典。

华南工学院 1979 级毕业生在“建筑红楼”前留影（前排左二为笔者）

专业起步与职业训练

建筑的入门，因人而异，或早或迟，过程比其他专业更为复杂。既有技术，也有艺术，既有理性，也有感性，既有逻辑，也有形象，其中老师们投入了多少热情，付出了多少心血。建筑的教育，离不开基本功的训练，离不开老师们的循循善诱。

“建筑红楼”就好像建筑专业学习的殿堂，系统的训练，良好的氛围，为同学们创造了极好的学习环境。素描美术、线条训练、渲染作业、建筑初步、课程设计、快题设计、工程参观、工地实习，还有老师的评图、专业的课程，为我们搭起了建筑师知识和技能的框架，不知不觉之中，引领大家入了门。更为重要的是，培养了大家的兴趣和鉴赏能力。

华南建筑教育，历来深受现代主义建筑思潮的影响，老师们强调形式服从功能，重视平面布局和功能流程，造型风格现代。柯布西耶、密斯、赖特和格罗

笔者（左一）与同学参观民族文化宫

笔者（左二）与同学在长城

比乌斯四位现代建筑先驱的作品和理论，丹下健三、贝聿铭等现代建筑大师的作品，都是我们的学习重点。而中国古代建筑史的学习，也使我们知道中国建筑文化传统源流的博大精深。

从勷勤大学到中山大学，从中山大学到华南理工，历史就这样延续下来，传统就这样积淀下来。林克明、夏昌世、陈伯齐、龙庆忠等前辈，留法、留德、留日，开阔的视野、开放的思维、兼容的体系、严谨的学风、敬业的态度，一代传承一代。前辈的学生、学生的学生、我们的老师，各具风采，各展才华。讲台之上、课余之时，传授知识、多方启发。

我们的校园，环境优越，地形高低起伏，建筑与环境密切结合。既有学校的中轴线，规整的教学楼群，也有自由的建筑群落；矩形的东湖与曲线形的西湖对比鲜明；中国古典式的“建筑红楼”、西洋古典式的法学院楼、岭南现代式的教学楼，多种风格带来多元启迪。尽管建筑是一个古老的行业，但时代不同，需求不同，建筑思潮的影响也不同，建筑当随时代。华南理工的校园规划和建筑特色，对我们学习建筑设计无疑是非常有益的借鉴。

特别难忘的是1982年暑假，全国各地建筑参观与北京实习收获颇丰。同学们分批经杭州、苏州、无锡、上海、青岛、济南，北上北京，一路参观和学习。特别是杭州风景和苏州园林，上海外滩近代建筑，青岛的德国规划与建筑，我们从教科书到实地体验，印象深刻。北京的一个月实习，被安排在北京市建筑设计院，住在牛街的北京工学院。在北京市设计院我们听赵冬日先生讲人民大会堂，听吴观张院长讲高层建筑，听老专家讲节点设计。我们参观北京十大建筑和新建筑，百闻不如一见，建筑师现场讲解，寻师问筑，大大开阔了专业视野。长城、故宫、颐和园、圆明园、天坛、香山，都留下了我们的足迹。

我们求学的年代，信息匮缺。老师们精彩的演讲、图书馆的外文资料、学长们的留系作业、宝贵的参观实习，从中我们感受到创新设计的魅力，鼓舞着我们不断探索，同一个题目，做出不同的设计。

熬夜也是我们建筑专业必修的功课，很多同学从来没有想过、试过读书也要熬通宵。那个时代，晚上陪伴我们的是邓丽君的歌曲，还有强劲的迪斯科音乐。熬夜时吃宵夜（夜宵），我最难忘的是炒河粉和粥的味道，还有用粮票换来的鸡蛋。在大家心里，最重要的还是学习，很多同学过着“宿舍—教室—食堂”三点成一线的生活。我有空会去百步梯跑跑步，也会打篮球、踢足球，锻炼身体。在有规律而全身心投入学习的大学生活中，我学到了很多理论知识和专业技能，为日后工作的发展和创新，打下了坚实的职业基础。

岭南现代建筑的熏陶

华南建筑根植岭南，建筑传统素有设计结合气候、设计结合自然、设计结合庭院的特色。从近代的中山纪念堂、广州市府合署（广州市政府大楼）、原中山大学的一系列建筑，探索中国传统建筑与现代功能结合。而20世纪六七十年代的岭南现代建筑创作实践，更是开全国现代建筑的风气之先。深受现代建筑思潮的影响，强调功能与形式的有机联系，现代风格与岭南地域的结合引领全国。在林克明、夏昌世、莫伯治、佘畯南等几位大师与一众年富力强的华南建筑师的努力下，完成了一批有全国影响的建筑精品。

身处华南，天时地利人和，我们获得了更多的学习观摩机会。林克明先生设计的广州体育馆，平面紧凑，功能复合，流线简洁，自然光线充足。华南理工校园，夏昌世先生设计的一批教学楼，强调现代风格与功能实用，架空拱顶通风隔热和立面窗户遮阳板，适应岭南炎热气候，造型简洁大方，造价节省。佘畯南先生设计的友谊剧院，造价有限，空间安排有序，观演效果很好，观众厅旁边的庭院，引入自然景观，为观众休息提供了很好的环境。莫伯治先生设计的白云宾

笔者（前排左四）与同学们参观白天鹅宾馆

馆，水平线条的带形窗立面，现代建筑的典型风格，尤为精彩的是裙楼门厅与餐厅之间的庭院，有山有水，大树成荫，空间立体，小中见大，别具一格。由莫伯治和佘畯南两位先生领衔设计的白天鹅宾馆，空间沿轴线层层递进，到达四层高的中庭，假山、瀑布、水池、植物构成立体的岭南园林，自然光自顶棚洒下，“故乡水”的点题韵味无穷，融合并提升了当时国际流行的酒店共享中庭设计理论。我们参观过的建筑作品，还有矿泉别墅、广州宾馆、东方宾馆、中国大酒店等等。

岭南前辈建筑师创新开放，兼容并蓄，践行“适用、经济、在可能条件下注意美观”的建筑方针。如佘畯南先生所总结，在有限的经济预算下，“低材中用，中材高用，高材精用”。无论是理论研究，还是工程实践，前辈们都为我们树立了很好的学习榜样。

研究生的进一步学习

在华南理工四年本科以后，我继续在华南理工设计院攻读硕士研究生，又学习了三年。1983 年，我与 1977 级的师姐和 1978 级的师兄，有幸师从林克明先生和郑鹏先生，那一年林老已达 83 岁高龄。林老是中国老一辈著名建筑师，1920 年留学法国学习建筑，1932 年创办勷勤大学建筑系，1933 年开办个人事务所，开始了长达六十多年的教学与设计生涯。郑鹏先生也是林老的学生，长期致力于建筑教学，专注岭南住宅建筑和医疗建筑研究与创作。

还记得招生面试时林老问我的问题：建筑创作如何处理传统与创新的关系？如何将中国优秀的建筑传统和建筑的现代化结合起来？这是中国建筑界长期争论和研究的课题，也是中国建筑师在实践中常常思考的问题，林老对此十分重视。经过林老几年的教导和对他的作品的逐步认识，我深深感到，林老大量的设计实践和理论研究，对这个课题做出了开拓性的独特的贡献。从他的力作广州市府合署（广州市政府大楼）到原中山大学的教学楼，从广东科学馆到羊城宾馆（现东方宾馆旧楼），在他各个时期的代表作品中，林老始终贯穿着将我国建筑传统与建筑的现代功能、结构、技术相结合的设计思想。林老在《对当前国内建筑创作的看法》一文中，指出建筑创作还是要强调符合国情，要考虑环境效益，要有文化内涵，要从实际出发，不要走形式主义的道路。

我们是两位导师的第一批硕士研究生，当时林老担任建筑系教授和华南理工大学设计院院长，他虽然实际工作繁忙，但还亲自编写讲义，在家里用小黑板为我们上课。课程包括建筑设计及理论、城市规划、住宅设计等。林老虽然是一代名师，知识渊博，但十分平易近人，在学术上发扬民主，集思广益。常常采用讨论式教学，鼓励我们发表自己的见解，鼓励独立思考，探索创新。在选择论文研究课题时，两位导师建议我们运用新的相关学科的理论，综合研究解决南方地区的居住区规划和住宅设计问题。当时林老的视力已经不好，还坚持用放大镜审阅我们的论文。从论文提纲到写作过程，不断给予指导。1986 年我们毕业的时候，林老已经 86 岁高龄。

林老的设计一贯以来，注重功能合理和经济适用的原则。两位导师在指导我们做设计时，总是强调要全面考虑社会、经济、技术、自然环境条件。还经常教育我们作为建筑师要有崇高的职业道德和奉献精神。两位导师严谨的治学态度、对建筑创作的执着精神，对我们即将开始的建筑师职业，无疑是极好的指引。

结语——根在华南

建筑师的成长需要更长的时间，各种类型不同，每个项目不同，都得研究、学习与积累。成长过程中也会犯不少的错，即使如名医，也有救不活的病人。建筑师工作的跨度很大，有方案，也有施工图，还得常常跑工地。设计的过程总是问题不断，解决问题总是不断迂回，往往等你熬到极点，思路才豁然开朗。建筑师做方案的时候需要冲刺，就像短跑运动员；做施工图的时候需要积累，又如长跑运动员。然而，从事建筑设计行业的建筑师是幸运的，我们的作品可以长久地存留大地。正因为如此，我们的责任也是异常重大的。

毕业以后，我们赶上了中国建筑的大发展，机遇难得，项目越来越多，规模越来越大，全国各地都有华南建筑人的身影。就在 2010 年的广州亚运会上，几乎所有的体育场馆都是“建筑红楼”校友的原创设计。学以致用，厚积薄发，全凭在母校学到的基本功以及在工作中不断的积累和探索。

当今当代，物质丰富，精神需求更多，建筑师面临的挑战更多，需要的创新思维更多。我们依然自信，因为我们的根在华南理工，根在“建筑红楼”！

陈雄

1962 年生，全国工程勘察设计大师，广东省建筑设计研究院副院长、总建筑师、ADG 建筑创作工作室主任。

我的母校
——天津大学

李兴钢

我的母校天津大学，是激发我对建筑学真正产生兴趣的地方。

上大学以前，我其实并不懂建筑学到底是什么样的专业，以后有什么样的职业发展。有很多人读建筑是因为喜欢绘画或者有这方面的特长，虽然我从小也喜欢写写画画，上初中时，还曾参加少年书法绘画比赛——当时的我对科幻有很大的兴趣，画了一副激光战胜孙悟空金箍棒的科学幻想画，还得了奖并在县里展出——但追根究底，我读建筑的原因并不完全是因为我喜欢绘画，没有那么直接。而对画画，我可能只是有一点兴趣而已，家里面也没有什么条件让我学画画，我更算不上有多好的绘画能力和水平。

上大学前报志愿，我报了两个专业，一个是建筑学，一个是服装设计，原因是我感觉这两个专业都不是枯燥的专业，将来也都不是做那种特别纯粹理性的工作，可能是我喜欢的领域，但其实那时我也不是很了解这两个专业真正的实际内容。

中学时的数学老师，也曾是我的高中班主任，跟我提起过梁思成。另外，高中时我参加唐山市中学生夏令营去山东烟台旅行，认识了一些比我年长的朋友，我当时是高一，他们可能是高二、高三的样子，之后其中有一位唐山一中的朋友上了天津大学，我记得他很优秀，学的是计算机专业。当时，我的高考分数不错，算是县里的状元，考清华应该是没问题的，但估计要报清华最好的专业还是比较有风险，而我想不如有把握地选一个好专业，所以天津大学成为我的首选学校。我当时写信请教我这那位已经入读天津大学的夏令营朋友，哪个专业最好，他回信告诉我，天津大学的精仪和建筑都很好，建筑系还经常组织参加全国大学生设计竞赛，获奖率挺高，而且都是比较高的奖（当时天津大学在大学生设计与

笔者近影肖像

论文竞赛中，屡屡获奖）。朋友还说，天大建筑学的整体教学实力不亚于清华。当时我听了很高兴，既然如此，自己又对建筑有潜在的兴趣，所以天大建筑学就被报成了第一志愿。

1987 年的夏天，我当时已经高中毕业，高考也已经结束，正是上大学前的暑假，忘了是县里哪个部门组织举办的一个地震知识竞赛，学校老师安排我去参加，结果我还获得了第一名，奖品记得是一个那时很新鲜的电子表，我送给了姐姐。竞赛题目里有一项是对自己身边周围所居住房子的抗震认识，我就回家跟父亲一起讨论我们家住的房子。我们家是典型的河北民居，木柱、木檩、木椽组成承重的框架，屋顶是椽子上铺苇席、其上石灰水泥槌实赶光，看上去结实厚重的砖墙其实并不直接承重。记得当时父亲跟我已经分析到了自家房子的这种结构，即“墙倒屋不塌”的道理：因为是柱子支撑着屋顶，若有地震来临，或许砖墙会被晃塌，但房子仍然可以屹立不倒。我当时觉得这样的分析很有乐趣，发现了习以为常的房子里面潜藏着一种代代相传、无师自通的造屋智慧与巧妙安排。

从小我就住在这种房子里面，而且世世代代、左邻右舍都这样盖房子，延袭着千百年流传下来的工法。小孩时代我曾多次看过人家盖房子的过程，那时只觉得好玩：先做地基，我们那叫“打夯”——一群大人呼唱着好听的号子，一下一下抬起木架捆绑着的圆柱形石头，沿着挖好的条形地坑，重重地砸下，有节奏、有顺序地把土夯实，再起柱、架檩、搭椽、砌墙，然后铺上屋顶，还记得最后很多人在屋顶上用木槌或石块一点点拍实水泥表面（其实就是“压实赶光”以利密实防水），因为是最后一道工序，房子即将大功告成，大家都很快乐的情形。这些都是我有关建筑的儿时记忆。

童年时对建筑还有一个很强烈的记忆，就是唐山大地震。1976 年 7 月 28 日凌晨，地震发生的那一瞬间，我母亲抱起还在睡梦中的我，冲出屋外，匆急中绊到了门槛，她抱着我失去平衡，摔了一个大跟头，却并没把儿子脱手，而我还在母亲怀中沉睡未醒。那年我七岁，并不知道发生了什么事情，地震是什么。我的印象是，大震震完后间歇的余震发生时，自己无论如何都站不稳，好像大地要被掀翻起来的可怕感觉。由于半夜天凉，又下起小雨，稍微稳定下来后，我父亲想要回屋子给大家拿衣服，我姐姐和我抱着他，不让他回去，怕地震要是突然再来，房子会塌了。这一切的场景，让我印象深刻，一种莫名的恐惧感油然而生，忽然间觉得原来觉得坚固无比的房子可能是一个很危险与脆弱的物体。这是我当时的直觉反应，也算是学建筑之前对建筑的一个认识。

1987 年 9 月，我离开家乡乐亭，进入天津大学建筑系学习。经由老师的授课、教导与指引，加上自己的阅读、设计与操作，并不时与师长、同学间的讨论与交流，让我逐渐了解与体会到建筑的学问和乐趣。从不了解一个学科到非常热爱它，喜怒哀乐都会跟它有关系——真正地从骨子里对它产生兴趣，愿意为它投入时间精力甚至几乎所有的热情。这一点非常重要，可以说奠定了我以后工作和生活的道路，这是一个关键的起点。

按我的理解，我所经历的天津大学建筑系的教学，是一种“师傅带徒弟”的传统。比如一个设计作业的教学过程，是通过若干回合学生画草图和老师改草图的方式而实现的。每一个回合都是老师先当场一一点评、讲解甚至讨论学生设计中的问题，然后再把学生草图带回去，根据每个学生的思路一张张改好（当然这种情况下老师带的学生数量是有限的，我们当时是一个老师带十个学生，而且对老师自身的教学能力、责任心和设计水平要求也很高），等到下次上课时，把学生原来的草图和老师精心改好的草图发还给学生，学生会非常直观地看到和体会老师改的内容与自己原来设计之间的不同与差异，在这种对比的体会之下，会产生一种“落差式带动”的学习和能力的提升。学生要做的每一步都有老师的身体力行和亲自示范，就像是手把手的方式在一代代传递下来某种价值判断、能力和传统，我觉得这是一种学建筑的好方法。建筑师的匠作属性决定了“师傅带徒弟”的建筑学教育模式有不可替代的作用。找到好的师傅很重要，还要能突破师傅的局限，找到自己的天地。天大的这种教学传统很有特色，学生看老师怎么做，把所有事情从头到尾地展示出来，其实是一种很具有系统性的教育方法。

在天大上学的时候我认识了很多有意思的人，既有老师也有同学，实际上自己的成长和跟这些人的交流以及他们对我的影响是分不开的。比如黄为隽先生，他指导我做了平生第一个建筑设计，可称得上是我的建筑启蒙者，他有多年出色的职业建筑师背景，能把关键之处讲得清清楚楚，又画得一手漂亮的铅笔草图，还擅长对学生循循善诱，随着学生的兴趣点来指导。跟着黄先生开始学建筑是一种享受，更是幸运。

当时的周恺、赵晓东等年轻老师和老先生们一起带我们设计课，他们都是出色的天大毕业生，活力热情，视野开阔，愿意跟我们交流，自己又一手好活儿（比如参加国际竞赛获奖等），很是受我们这些小屁孩的欢迎甚至崇拜，也特别激发起我们对建筑的兴趣和向往。

邹德侬先生带过我大三体育馆的设计作业，记得当时我做了一个网架结构，邹先生亲自带我去请教天大设计院的结构总工程师凌总。可以想象这个事情放在当下还是否会发生——指导老师为一个本科生的作业（而不是实际的工程）去请教设计院的总工，我现在想起来都很感动。邹先生是设计院出身，后来当建筑系老师，并研究中国现代建筑史。我的理解，由于邹先生的建筑师背景，所以在对现代建筑史的研究方面有他独到的观察与解析角度，对于所发生的建筑事件也有他个人的判断和评价，实际上，他所做的研究为中国现当代建筑史研究起到了奠基的作用。通过他带我请教结构专家的经历，一方面能感受到邹先生对学生尝试设计新思路的鼓励，另一方面也让我理解到建筑师在做设计时，一定要有结构的概念。临毕业之际，邹先生在我的毕业纪念册亲笔留下一句话：“盖起一大批好房子来”，让我很感动也很向往。

聂兰生先生也是我的恩师，虽然她并没有直接带过我课程作业，但实际上是另外方式的教导。大三暑假时有一个学生设计竞赛，聂先生给我很多指点，我的一些想法和做法得到了她的肯定，竞赛也获得了好成绩。其实学生的成长就跟儿童一样，需要不断的鼓励，特别是来自老师的，不断通过作业、竞赛等得到肯定，很有助于形成更大的成长进步的目标。聂先生是一位对学生慈爱又严格的先生，我后来就业、读研乃至工作生活各方面都愿意跟老人家交流，她给了我很多关键的教导和指引。她做人做事很有大家风范，是我心中永远的楷模。聂先生指导我的大学生建筑设计竞赛作品后来获得了一等奖，我还荣幸地因此成为中国建筑学会学生会员。竞赛题目是一个大学的艺术馆，我当时下了很多功夫，记得在设计上参考了解构主义建筑师的设计，自己做了一些转化，图画得不错，各种角度和方式的轴测图，某种不安、混乱与穿插的设计手法和表现。我玩得挺高兴。对处于学习阶段的人来说，玩也是一种体验，一种祛魅的过程，玩过才懂得什么更值得喜欢和投入。

彭一刚先生那时也已经基本不带本科生（记得他只带过我们年级一次一周的园林设计），他后来成为我的博士研究生导师，言传身教，也有很多难忘的教诲。我觉得彭先生在几个身份上都达到了令人尊敬的高度：一是教师的身份，他自己在学术上、做人上都绝对是堪当师表的；二是建筑师的身份，彭先生的作品大家都耳熟能详，不多但都很是精到，倾注他很多的心血，包括现在相对不大被提起的天大黾园——王学仲艺术研究所这样的小作品；三是学者的身份，建筑历史方面比如他很早就对园林、聚落领域有自己独到的研究和著作，理论方面他也一直都很重视对当代西方建筑思潮的研究，我写作博士论文时仔细阅读过他的博士生曾坚老师出版的博士论文，我认为对十多年后西方建筑思潮愈发多元和复杂化的今天仍然有很重要的启发，能够看得出曾老师研究成果背后彭先生的良苦用心，这也会反映到彭先生的实践方面，他的作品总是会有跟时代相关的新思考；四是院士的身份，他对城市建设、建筑实践和教育等领域的一些现象总是从他的高度和角度知无不言、直陈己见，绝不人云亦云、一团和气，比如关于众所瞩目的一些重要公共建筑创作的方向和评价，比如关于博士培养甚至论文写作的问题，等等。

我是 1987 年进入天津大学建筑系就读的，其实也就是国内恢复建筑学教育的十年之后。那时国内主要高校的建筑学教育，基本上还都是通过梁思成、杨廷宝、徐中等老一代留美建筑前辈沿袭法国古典学院派的教学方法，低年级各种经典绘图训练加上一些新的构成设计课，二年级以后的建筑设计课则是由简入繁的若干建筑类型的设计训练，多年不变。并未明确形成或出现系统性的诸如以“包豪斯”为代表的现代主义教育体系与方法。应该说，由于历史性的原因，现代主义建筑及教育在中国被基本错失了。这一错失所引出的后果，无论正面抑或负面，都还有待于长期的观察与总结。

但现代主义之外，在我大学学习建筑学的 20 世纪 80 年代后期，世界建筑领域又先后存在和“流行”着晚期现代主义、后现代主义、新理性主义、解构主义等思潮和建筑实践，我感觉当时整个建筑领域都处于某种相对混乱的状态，国内则更甚，其实是一种错失正常经历而无所适从的状态，这种状态也会反映及传达到大学。我的个人观察是，在 20 世纪 70 年代末与 20 世纪 80 年代，中国建筑师的建筑设计体现出一种难得的朴素、理性与清新感，而高校的建筑学教育也是如此，所接收到的知识与资讯也更单纯一些。但是，到了 20 世纪 80 年代末与 20 世纪 90 年代，一些曾在西方流行的建筑思潮导入中国，反而使得当时的中国建筑界开始有了凌乱和浮躁的感觉，在设计方面，几乎都过分地追求“风格化”，而这样的现象，也算是建筑师思想的某种迷茫，都在试图寻找恰当的建筑语言与操作。

记得还有一些系里老师自己或者邀请外面老师的学术讲座。印象比较深的一次是彭一刚、聂兰生两位先生主持的建筑设计及理论研究室主办的研究讲座，关于解构主义建筑的，由邹德侬先生和周恺老师主讲。当然作为学生也会从书籍、杂志当中获得关于这些建筑现象和思潮的资讯。另外，这方面受年轻老师的影响相对要多一些，比如周恺老师等，他们对这些当时新的建筑现象和思潮有思考、有研究甚至有实践，并且愿意与比他们更年轻的学生交流，而我们便从这些交流之中有所认知和收获。记得周恺老师的硕士毕业论文课题是有关彭一刚先生、聂兰生先生领导的乡土聚落方面的研究与实践，其实是有一点乡土或地域主义的设计倾向，我们也从旁或深或浅地对这一方面有所认识和受到影响。

总体来讲，大学时期我对于所有这些思潮与体系的了解还都是比较片段化的，甚至包括现代主义建筑本身，都称不上很系统的、全面的了解和理解。

1991 年 7 月，我从天津大学毕业，经由聂兰生和彭一刚先生推荐，被分配进入当时的建设部建筑设计院工作，真正开始了作为建筑师的职业历程。之前大学三年级的暑期我曾在此实习，认识并在后来对我的成长有重大影响的崔愷大师兄手下工作了一段时间，其间有很多难忘的经历和感悟。有人曾问我：为什么没有选择出国留学？说实话当时我完全没有想过要出国，就是一心想工作，做设计、盖房子，这对当时的我来说，似乎跟是否出国没有任何关系与影响。每个人的选择是不同的，这也某种程度上决定了未来每个人的发展道路和方向。

李兴钢

1969 年生，全国工程勘察设计大师，中国建筑设计院有限公司总建筑师。

清华六年，大学一生

郑学茜

1955 年，我在上海市上海中学高三毕业班，7 月 12 日，距离高考只有三天，教导主任复查我们毕业生高考报名情况发现我什么大学也没报。他很奇怪，把我找去，问我：“你为什么不想考大学？”

我说：“我怎么会不想考大学？！我才想呐！是医生说我有肺结核，不许我报名。”教导主任决定带我去医院再复查一下。这次复查决定了我这一生的命运。

我 1936 年在上海出生，1937 年日本侵略我国进攻上海，我们七个孩子由妈妈领着乘船，溯水而上，逃难到了重庆。重庆的住房又被日寇炸了，搬家再搬家，颠沛流离。我患了重病几乎被扔了，总算大难不死活到抗战胜利。回到上海后，初三我又患上结核、胸膜炎，赶上抗美援朝美国封锁中国，不能进口链霉素，我几乎不治。又算死里逃生读完了高三，医院却又不让我考大学！

我渴望大学更甚于别的同学。因为我妈妈不识字、小脚。爸爸却是国民党的教育部高官，我们去四川避难时，他在甘肃省做教育厅长，抗战期间抓甘肃省教育成绩巨大，两次获得了蒋公亲自颁给的勋章，后来做了国民政府教育部副部长。1949 年时他带着新娶的年轻女大学生去了台湾，把妈妈一个人扔下带我们七个孩子。虽然我们最后都上了大学，妈妈却经常为养育我们发愁，悄悄地哭。

这一切告诉我，长大了一定要做一个能自立的女人；日寇、美帝的罪恶又告诉我，国如不强，百姓只能受苦遭难，我要做一个能对国家的富强做出贡献的人。国仇家恨都教我必须自强！所以我必须上大学！

教导主任楼博生老师带我去复查，又恰恰遇到初中时为我治过病的那位胸科权威，这两位都是我的大恩人。他重新拍片后，非常肯定地说：“你肺病好了，可以考大学。”这时，离高考只剩三天了！而由于学期初已经没有考大学的希望，我这高三下学期根本就没做复习！

没有复习，三天后拿起笔我就去考了。结果我考上了第一志愿：清华大学建筑系。

清华大学第一堂课：是体育

国家一直提倡对学生的教育要“德智体全面发展”。但是没想到，进清华的第一堂课，竟是体育课！

那堂课是全体新生去大礼堂坐在观众席上上的。台上讲课的是著名的老体育家马约翰先生。早就听说这位老体育家和常人不同。马先生一上台全场掌声雷动。他的体育课真是别开生面，用现在的话说就是声情并茂。老先生身穿白衬衣、黑马甲，白灯笼裤子半长，小腿套着一双到膝盖的白袜子。秃头顶在舞台灯光下红光闪闪。这个形象真是令人过目难忘。

先生给我们讲健康的重要性，讲为了健康必须坚持锻炼。用他的广东口音的普通话反复强调：“锻炼！健康！”

他在台上连蹦带跳，用动作诠释他讲的各种运动，好像舞台那么大都不够他折腾的。满台子蹦，这老头儿可把我们逗坏了。其实那时马先生也才50左右吧，因为秃顶才被叫作老头儿。

他让我们做到锻炼出大肺活量，胸腔饱满，拍上去要“bong bong”！不可以扁扁的，拍上去“biabia”！后来男生们在几年中总是不停地重复马先生广东腔的这几句话：“锻炼！健康！ bong bong！ biabia！”

最有趣的是他要我们洗冷水淋浴。每次锻炼后洗澡不可以超过五分钟，先要用极短时间搓一下肥皂，用温水冲净，接着开冷水冲，搓得皮肤发红后冲热水，随后立即改用冰冷的凉水来激，之后再开热水冲热，再改凉水刺激，这样反复三次，总共不许超过五分钟，立刻擦干离开。

马先生说你们经常这样洗澡就可以永远不会感冒！大家说：照马老说的这么做，头一次洗就得感冒了！“bong bong”！哈！

整个大礼堂被马先生整得嘻嘻哈哈，气氛异常活跃。

这就是崇尚健康、提倡锻炼、全面发展的清华的第一堂课。这一课是要告诉我们：毕业后去工作岗位肯定会十分艰苦。清华的六年要先练到一副好身材，去准备为建设中国献身。

而实际上，没等毕业，我们在各项实习中，在北京各工地，在武汉钢铁厂，在徐水乡下，在十三陵水库……我们已经参加了工业、农业、建筑业的各种劳动，体力劳动已经是家常便饭了。当时要求年轻的大学生们都要做一个“又红又专的红色劳动者”。

……

梁先生，汪先生——我们的老师

梁先生很瘦，永远拄着一只手杖，因为他的腰骨是折了的，靠一个钢丝背心箍住。他每走一步，上半身都像断了的竹竿一样摇晃一下。

梁先生讲课非常风趣，讲学术问题听起来像在讲故事。他从小受到他父亲梁启超先生的良好教育，拥有深厚的国学基础，之后又在美国学到西方的文化，确实是学贯中西。

先生的英语，和中文一样高水平。有一次系里请了一位埃及教授来讲座，后半场时梁先生亲自给翻译。梁先生口译速度之快，到了追着演讲者的程度。埃及教授一段话刚落音，梁先生已经把一整段完整的、修辞讲究的中文讲出来了。先生的译文漂亮到一字不改印出来就是一篇好文章。以至于会场上同学不由得发出“呵——”的惊叹声。到了同学提问环节，同学的问话还没有讲完，梁先生就已经用英语发问了，因为先生已经吃透了同学要问的核心内容是什么。大家觉得听梁先生的学术会简直是享受。

这辈子开的会、听的讲座多了，有这样水平的，我仅见到梁先生一人。

传说中的梁先生的小猪：这只闻名中国建筑界的小陶猪，我至今一次也没见过。梁先生的家，那座简朴的二层小楼，我去过不止一次。不巧的是，先生都没向我提起那只小猪。我估计先生讲得多了，除非谈话所及，也不会回回都让小

梁思成先生与建一班同学（前排右二为笔者）

猪出场的吧。

如果我见过，我现在肯定能凭记忆把它画出来。据说那个陶艺造型浑圆、简单，笔墨不多却把一只小猪的神态表现得非常到家。而且这只小猪的美，丰富而含蓄。读懂这只猪，要懂中国画，品出留白之妙，才能体会那个陶器的奥妙。

我们在建筑系时，吴良镛先生是副系主任，后来汪坦先生也是副系主任。汪先生已经开始秃顶，身材微胖，有江浙口音，是世界大师弗兰克·劳埃德·赖特的入门弟子。

汪先生讲在赖特门下刚入学的经历，给我留下了难忘的印象。先生入到赖特的事务所后，赖特大师领汪先生（那时是汪学生）到他们的建筑材料仓库和加工车间，指给他看电锯、电刨、车床、木料、钢材、铝型材、玻璃等，对他说："你可以随便使用这里的一切工具，一切材料，任何数量，随便用，为自己造一间房子，你自己就在这里学习生活。"这是第一课。汪先生就按中国人的节俭习惯，捡一些木料零头等，尽量巧妙地连接组合，等造得差不多了，请赖特大师来看。没想到赖特拿起一把斧头噼里啪啦把"房子"砸得七零八落，之后重新又领他到材料库，说："这些铝型材料又坚固、又轻、又好加工，你用不多几根铝管就可以支起一个房架子，之后大块板材一拧，屋子就成了。为什么要这么费劲？现在已经是工业社会，你要学会尽量使用可以使用到的好东西，做出好建筑，这才是建筑师。”

于是汪先生一改方针，不再小手小脚，而是大刀阔斧，用最好的铝材、玻璃造了一个很神气的小屋。这次赖特大师很满意。这个故事我一直记在心里，从中得到的启发可不是一点点。清华建筑教育的优越之处就在于，我们面前讲台上站着的是一整代世界名师。

美术、艺术、建筑

刚入建筑系，就听到高班学长和老师们对我们说：我们梁思成先生，不但是伟大的建筑理论家、中国木构建筑体系走向世界的奠基人，而且手上的绘画功夫也是超群的。梁先生能把一座复杂的古建筑用五到十分钟就画成一幅精彩的速写。吴良镛先生也有高超的速写技巧。

我也希望自己以后能掌握这样的艺术表达力。而我们建筑系就拥有一大批高水平的美术教师。画家吴冠中先生就曾在清华任教。直接担任我们美术课老师的曾善庆、傅尚媛、华宜玉、王乃壮、程国英、郭德庵等老师都是非常优秀的画家。

美术课是气氛最活跃的课程，我们从最简单的石膏立方体开始学素描，然后逐步增加复杂程度：圆柱体、圆锥体、球体、静物、组合，直到画石膏头像、半身像——普鲁特，尖鼻子尖下巴的伏尔泰，还有大卫头像，等等。

一开始画石膏方块，班里就出了一个笑话：同班的张天元同学，为了把石膏体的体积感画足，就直接用最软的 6B 铅笔把暗面画得死黑死黑。曾善庆先生的辅导习惯是对每个同学的画都先肯定优点，然后才指出要改进的地方。所以看每位同学的画都会先说：“嗯，不错……”这次看了张同学画的漆黑漆黑的白石膏，曾先生也温和地说：“嗯，不错。很结实哈！”曾先生每次点评，同学们都围过来。这次也都围在曾先生和张天元的画的周围。就听先生接着说：“不过……要是旁边再搁一个煤球，你怎么画呢？”全室哄堂大笑。张天元一面咧嘴大笑，一面搓他那跟煤球差不多的黑手。这个循循诱导的例子太精彩了。多年后大家返

大学时代写生

校我们还会跟张天元开玩笑：“旁边再搁个煤球你怎么画？”

三四年级有了水彩课，更让我们入迷。水彩室外写生老师就把同学撒到清华园里，让大家自己选景自己画。这个场面曾经在外系引起评论。人家发现，那些电机、机械、无线电等系的同学苦苦计算的时候，我们这些建筑生三三两两，夹个画夹，拎个水瓶子（玻璃罐头瓶栓个绳），边走边东张西望（选景），说说笑笑，有时还哼着小曲。他们说你们这也算上课？我们被讥为没有科学和不务正业。

然而学会对美的欣赏和表达，是建筑师非常重要的基本功。正是美术课对我们的训练让我们的眼界大开，我们认识了世界大师：列宾、苏里柯夫、列维坦、西什金等俄国画家，也见识了达芬奇、伦布朗、鲁本斯、梵高、莫奈、毕加索等西方艺术家，还会鉴赏我们中国古代近代的名家。我们懂得了在生活中、在世界上去发现美、欣赏美，直到创造美。

大学时代

这门艺术修养对我们日后一生的建筑创作至关重要。多年后，我旅居法国，在与法国和西方建筑家、画家的接触中，他们发现中国建筑师对西方艺术、西方艺术家，居然如此熟悉，都非常惊讶。他们曾以为我们中国人很闭塞，见了我们才知道，原来中国建筑师的艺术修养那么高，而且手绘的表现能力还都在他们西方建筑师之上。

这都是清华建筑系的艺术教育给予的。

20 世纪 50 年代的清华是非常开放的。学校为我们提供了充足的艺术活动条件。大礼堂经常开音乐会，当时最著名的指挥家李德伦曾一面指挥演奏交响乐，一面停下来面对学生观众讲解，包括听音乐会的规则，像“乐章当中不要鼓掌”“演出后要热烈鼓掌”“遇大师出演应起立鼓掌致敬”等规矩，都是我那时学到的。

每周三、周六在北大饭厅有两场交谊舞会，而且是清华军乐队做现场伴奏，不是放录音。能在乐队直接伴奏下跳舞，那个感觉与现在放录音是完全不一样的。

我喜欢跳舞，只要周三、周六晚上没有会，我一定都去跳。我最喜欢跳的是探戈和飞旋的华尔兹。

艺术教育使我们清华建筑生后来去到哪里都是一些懂得美、懂得艺术、懂得生活、带来欢乐的人。

拼了命的“劳卫制”800 米

当时学校实行“劳卫制”。全名是“劳动与保卫祖国体育标准”，是直接从前苏联学来的一种普及体育活动的方法。要通过“劳卫制”，就要达到几类项目的起码标准，包括速度、力量、耐力等多个方面。速度可以选百米跑（女生要达到 15 秒），或者选跳绳，10 秒跳 30 个以上。

那时每个班能不能全员通过“劳卫制”，是关系到班级荣誉的大事，所以没有一个人愿意拖全班的后腿。今天怎样评价这种体育制度另说，在当时，的确起到了推广全员体育运动的作用。我从小身体不好，逃难到四川差点病死，初中得肺结核、胸膜炎，胸膜粘连，半个肺不张。一般女生肺活量都在 2500 毫升以上，我只有半个肺，肺活量只有 600 多毫升，所以长跑是我最难的项目。速度、灵敏、体力都通过了以后，我才来测耐力。女生要求是跑完 800 米。对我来说，这太难了。但为了班级，怎么也得跑下来。

大家都知道我身体不好，都替我捏着一把汗。其实班里的女生，不是担心我跑不下来，而是担心万一累过了头，我倒在操场上，会出大事。

跑的那天，全班人都到了大操场。怎么难也得跑哇，我开始跑了。不到 100 米我已经呼吸很困难了。我不是肌肉问题，而是半个肺，600 毫升的氧不够。我咬着牙跑完了第一圈 400 米。

我看着那个跑道，还要再跑一圈！真太长了，比万里长城都长啊！同班女生有在前面举红旗引跑的，有在边上鼓劲儿的。我要死要活地又跑了大半圈，到了最后一条直道，还有 100 米了。100 米的终点好远啊，我腿抬不起来，气上不来，眼睛看那遥远的终点甚至都模糊了。在前面领跑的，好像是大慈（王念慈）举着红旗，左右各好几个人，陪我边跑边喊加油。连外班同学都看出来：这个小女生真是精疲力竭了。于是也跟着一起加油，红旗一大片，锣鼓喧天，不知多少人为我加油。我觉得喉咙里干得都有点血腥味儿，心想老肺病的病灶可别破了，破了就吐血了。我不知道每一步迈得多么小，距离只是一点点在缩小。左右两边的女同学离我越来越近，她们生怕我抬不起脚栽倒，但是没有一个人敢碰我。因为按照规则，只要有人触到我，就算是别人帮我跑，那么前面的 700 多米就白跑了。也不可以走到终点，必须是用跑的。

我甚至觉得，剩下的距离越少，我这条命剩下的气儿也越少，能活到终点，我就捡一条命了。不死就得跑啊，我一步步、一步步："为了劳动、为了保卫祖国……为了我们班，不能放弃！"我真不知道是怎么到的，我跑到了！

女同学们一把将我抱住，我眼前一片黑，金星火星乱飞，耳朵就听见一句话"通过了，通过了！"老天，我竟然一次跑了 800 米。我这辈子再没跑过第二次。

体育运动给人的，不仅仅是肌肉骨骼，更重要的是人的意志。以我的体能、肺活量，我本来是跑不了 800 米的，让我坚持下来的，绝对是意志。

这次 800 米跑，我一辈子都记得，忘不了，没跑过第二次。

十三陵水库

对 20 世纪 50 年代的清华人来说，没有人忘记得了十三陵水库。

十三陵水库，是"大跃进"中完全由全市人义务劳动修起来的一座水库。大坝是用土石堆成的，叫土坝。清华大学水利系设计了这座水库，全校有 8 000 多人次（每人一周）直接参加了肩挑砂石修大坝的劳动。

全校同学和老师们身强力壮能被挑选上的，都十分高兴，感到非常光荣；而身体不够强的，去不了水库，心里太挫折了。

现在的人们，尤其年轻人吧，不知能不能理解：那个年代的人，是把吃得到苦当成一种幸福的。同样一群人里，要是自己没能成为其中最苦的那一拨，几乎都有一种负罪感。

我的身体，是班里最差的了。去挑土，是肯定轮不上我的。但是我实在不

笔者与同学们

能容忍自己置身于这个水库建设的火热现场之外，绝对不行。

那年代我们年轻人的榜样是前苏联的保尔·柯察金。保尔带着战争伤残的身体，到波耶尔卡去修铁路，严寒天气，皮靴却露了脚，他吃不饱，睡在车站冰冷的水泥地上，最后因为伤寒发烧人事不省才被抬走，在火车上已经被列车人员当成死人，要求必须抬下车，说死人不能跟活人乘一趟车。是护送他的战友掏出了手枪，说“谁敢碰这个人我就立刻毙了他”，他才能被护送到医院。他最终大难不死，才有了《钢铁是怎样炼成的》这部名作。

正是有这种不要命的吃苦精神，他成为了我们那一代人的榜样。

为了能去水库工地，我绞尽脑汁。最后想出来，我不光是宣委，还是清华校刊《新清华》的记者。我可以要求到水库去搞采访，搞宣传哪。

于是我到建筑系党总支，找到党总支书记刘小石和团总支书记罗征启，提出来我一定要参加宣传队，到十三陵参加一期劳动的宣传工作。

我去提出申请时的那种坚决态度，大概已经到了很可笑的地步，大概小石同志觉得，如果不批准，我会跟他拼了命。所以小石和罗征启都笑起来，让步说道：“行，行，行，让你去，行了吧？”

啊！乐得我跳起来。如果真让我置身事外，我真能出问题。

于是 1958 年妇女节一过，我便跟着建筑系的小队，每人背着很重的行李出发了。因为我们要睡在帐篷里，冰土地上。所以我们背上了全部被褥，好沉啊！队伍走到二校门，清华军乐队在路边奏乐壮行。他们吹奏的是《斯拉夫女人的告别》。这正是电影《保尔·柯察金》中送战士们出征所奏的曲子。这个进行曲特别悲壮，使得我们的出发，有了战士上前线似的那种悲壮的气氛。能走在这个队伍里，而不是站在路边送行，我心里热血沸腾。

参加劳动的人日夜三班，人停工不停。每班干 8 小时歇 16 小时。我们的任务是把火车汽车运来的砂石从大坝底的卸料场装进柳条筐，用扁担挑上坝顶。

我们建筑系被排在夜班，当我们顶着寒风第一次走向夜晚的工地时，那个激动人心的景象太震撼了，真是一辈子如在眼前。整个工地在夜空里灯火通明，我希望能找到照片，语言是形容不出来的。仰头朝天上看，满天星斗，才知道现在是夜里。平着看出去，完全如同白昼。还有无数 25 瓦的高音喇叭，不停地播放着“大跃进”的音乐和各个劳动队的感人事迹。我发现，在这个没有炮火的战场上，还真是需要一支激情澎湃的宣传队，把这几万人的战斗场面，充分地记录下来，尽量及时地传播到整个工地，鼓舞大家更英勇地战斗。我们还要及时把稿子传回北京，给《新清华》编辑部。我没法统计大坝是 10 万人还是 20 万人，也许更多。呼声、吼声、歌声、号子声、机器声，这是我从未见过的惊心动魄的劳动场面。这座大坝好长，夜幕下灯光伸向远方，看不到尽头。几万人从坝底沿着一条条跳板，挑着砂石爬到坝顶。我们这一期来到时，大坝已经相当高，每一步都是爬坡。挑着砂石是不能在碎砂石上走的，只能走跳板，而且是上坡。每位劳动者扁担上用绳子吊住两个柳条篮子，里面即使装最少最少的砂石，也是 80 多斤。80 斤就是前后每筐才装两三锹砂石，那已经很难看，很难为情了，那也有 80 斤！什么概念呢？满满一挑水才 60 斤。

对我们这些从来没挑过担子的大学生的肩膀，那扁担就像刀子割进肉里一样疼。每个同学都告诉我，第一趟把扁担压在肩上的感觉，他们都觉得“这活儿，是真干不了啦”，可是每一个人又都咬着牙挑起了第二担、第三担……而且没人好意思只挑筐子底儿那么一点石头。所以实际每个人每趟都挑了 100 斤以上。而且是在 20 多厘米宽的晃晃悠悠的跳板上，走上坡，一步一拼上到坝顶。我看了他们的肩膀，全是红肿流血的。

所以我这个不挑担子的宣传员，把心里的一切感动落在笔上，迅速把每一件动人事迹最快地送到广播站，让声音传遍工地。

为了多挑砂石，有些来自农村的同学，每趟都挑两个“馒头”筐（砂石堆高过筐沿），“窝头”筐（砂石满到再也多不了，堆起如窝头状）。窝头的一担超过 500 斤了。我多次看到被压断了的扁担。后来有人一次挑四筐，用两条扁担并起来挑！为了北京的第一座水库，大家真把命豁上了。

3 月 18 日我们换班，大家要全部返回清华，换一拨上去。我们背着几十斤的行李，步行几十里走向昌平火车站回清华园。大家的心情很复杂，既庆幸这么可怕的劳动终于熬下来了，又恋恋不舍。这个锤炼人的战场，我们要离开你了，他日水库建成，碧波荡漾时，我们再会！那天天降鹅毛大雪，回望工地，我想起了岑参的诗句：山回路转不见君，雪上空留马行处。

我们从五道口火车站走进二校门，路过校内小河沟时，却看到另一幅景象，太惊心了：我们班没能去十三陵挑石头的女同学，不甘心在清华园里吃不上苦，她们竟然连着几天跳进冰冷的小河沟里挖河泥，做肥料（当时清华周边仍都是农田，倒也需要肥料）！

1958 年的冬天是很冷的，冰雪仍然遍地。在一片雪白的大地上，小河沟边，一群污黑的人儿，在河边堆泥！她们一个个全在河里，脸上也是黑泥，只有牙是白的。我们一看见，心疼死了。那些女同学站在没腰的淤泥水里。那个河沟从大清朝起几百年就没人动过，淤泥里不知滋生有多少细菌，又混入了化工五厂有毒的工业污水（从北大北墙外流入清华），对人的健康太不利了。她们怎么可以这么糟蹋自己！

但是，那个年代的青年，如果别人在吃苦而自己处在安逸之中，自己不但脸上觉得可耻，在心里都不能原谅自己。这就是那代人心里的真实精神，可不是现在挂满街的大标语。

我们立刻把行李扔在雪地上，不由分说地把她们都从河里拉出来，她们浑身颤抖，牙齿咯咯地打架，脸色发青，嘴唇发紫。我们逼着她们赶快到大体育馆去洗热水澡。许多从水库回来的同学都哭了：“早知道你们这么折磨自己，真不如去十三陵抬沙子！”

后来，她们几乎都落下了妇女病。又冷又脏的冰水，伤害了她们。

洁白的雪地上那一群人儿的景象，至今在我眼前。

后人们没有权力责备我们愚蠢，那是一个时代啊！

在整个十三陵劳动期间，我没挑过一担土。虽然不挑担子，但一直在砂石坡跑上跑下我已经觉得很累了。十三陵这个大熔炉给我的经历，让我终生受用。男生们告诉我，他们挑着空篮子从坝上往下走的时候，每次都在想“这是最后一趟，肩膀太疼，再也不能压了”。但是每次眼看着一锹一锹的砂石填进筐里后，又咬牙挑了起来，又咬牙冲上坝顶。这样的折磨每天要持续八小时。这种苦痛磨练的，首先不是筋骨皮肉，最重要的是意志、毅力，是心灵。

我不能挑土，只能与宣传队员们一起抬着热水，端着搪瓷缸子，站在他们回程下坡的跳板边，递给他们几口热水，他们上坡时是不能停下来喝水的，那担子只要一停下来就再也担不起来了，他们全凭着意志，努一口气，咬着牙冲上坝顶。他们这些体验给我的是感动，也是在教育、激励我这个没劳动的劳动者。

十三陵的寒风和烈火、汗水和血痕、雄壮的歌声和嘶哑的号子，让我的心变得更坚硬、刚强。

感谢十三陵！

扎扎实实，丰富多彩——清华建筑的育人之路

我们的老师既有扎实深厚的国学功底，又有从西方学习、从前苏联留学的经历，正是大家常说的“学贯中西”，让我们在向前苏联学习一边倒的那个年代，也仍然有学到西方建筑思想、建筑成就的机会。这样的眼界使我们的整个建筑人生受益。

我们从刚刚开始学做建筑便知道，同一个建筑项目，可以有许多的甚至是无数的解决办法，而且甚至连基本理念都可以完全不是一个方针，而不是像数学题只有一个答案。

我们从一开始也就知道，建筑是全人类几千年积累下来的的一份遗产，我们必须在前人的肩膀上往上走，必须多学多看，必须借鉴，但是又不可抄袭。不

借鉴是愚蠢的，抄袭是没出息的。

我们从一开始还知道，建筑不是绘画。画家可以随便怎么画，别人爱看不看；而建筑师要花社会的财富、用国家的土地、大自然的资源、城市的空间，为社会完成一项用途，不可以把自己的所谓“风格”“爱好”……摆在社会利益之上，不可以把自己要成为“大师”放在国家人民利益之上。

我们边学建筑史，边学习从设计小房子、小卖部、小书店等入手，训练我们处理建筑与使用功能的关系，建筑与周围环境的关系，建筑专业与结构、电气、水暖通风的关系。建筑逐渐复杂，我们的处理能力一步步提升。同时，同学中已经逐渐出现了不同的设计风格。

这些训练进行到 1958 年，出现了“大跃进”，学习发生了大变化。教育上也强调理论联系实际，学设计要“真刀真枪”参加实际工程。我们就在老师指导和高班同学带领下，投入了真实工程的设计。国家大剧院、中国革命·历史博物馆、解放军剧院、清华大学主楼、中国科技馆等，都成了我们学习设计的客体，真刀真枪搞设计了。

我被分配到国家大剧院建筑立面组，同组的还有刘益蓉等同班，带领我们的是建九（1953 级）的林维南、张家璋等学长。

参与设计国家大剧院

如今建成的水煮蛋国家大剧院对民众是个刚刚知晓的建筑，对清华建筑人来说，那是 40 年前我们已经设计过一回的老建筑。

1959 年是中华人民共和国成立十周年，国家决定建十个大型公共建筑来记录中国这十年建设的成就，其中，首先是人民大会堂，人民大会堂南边就是国家大剧院（当时的广场规划）。

国家和北京市政府将国家大剧院的设计任务交给了清华。建筑系组织了一个完整的设计班子，以李道曾先生（现已是院士）为总负责，以 1953 级（建九）为主力，1955 级（建一）为助手，开展了设计工作。

我们从收集资料、现有剧场调研、国外剧场调研、国外资料汇编等入手，与国家顶级艺术院团（歌剧、舞剧、话剧、京剧、交响乐团等）座谈，听取意见……研究、分析、组织、设计剧院的功能，最后到进行方案创作。这时，在建筑系开展了建系以来规模最大的、以后也再未出现过的一次群众创作方案大竞赛。

当时不分老师同学，不分年级高低，个人或小组，同年级或跨年级、跨班组，全部不限，发动大家敞开思想、破除框框、大胆创新。全系总动员搞创作，进行方案竞赛。方案可以是整座剧院完整的大方案，也可以只设计一个局部，观众厅或剧院立面等。其中特别是剧院立面，最关系到建筑风格。那时，清华建筑系已经把中国建筑分成了四个等级：头等是中而新，二等是西而新，三等是中而古，末等是西而古。西而古的建筑就是在重复欧洲古典建筑，既无中国民族特色，又无技术与艺术的创新，是最无价值的设计。所以，竞赛中几乎没有人设计成巴黎大剧院、莫斯科大剧院那样的风格。但是，既有民族特色又是新科技新艺术的中而新的，到底该是一个什么样的建筑，大家都拿不出来。高班也有少数胆大的同学，做了完全现代主义的方案。他们知道这是肯定不会胜出的。但是学了多年的西方现代，看了多少西方现代大师，现在有真题目，既给时间又不怕受批评，为什么就不试一把，过过瘾？

其间，在建筑系馆（清华学堂）和同方部举行过多次方案展览、介绍、讨论、辩论会，场面热闹极了。大家挤着看一个个各有高招的方案，议论纷纷，方案人可以在自己的图前做介绍、讲解和答疑，然后大家再全部集中起来进行讨论。

记得观众厅与建筑外立面是辩论得最凶的。会场气氛热烈空前，一会儿争着发言谁也听不清谁，一会儿某个观点引起哄堂大笑，这一切，既是我们的课程也是我们的实践。

我在剧院立面组，我们做了数不清的立面方案。最终被中央拍板通过的是有琉璃檐口和列柱门廊的方案。

观众厅平面最后确定的是马蹄形平面，既可以有较好的视角，最后排视距也最短。剧院共三层楼，总座位 3 000 个。

为了大剧院能在我们手里建成，我们清华建筑师生熬过了数不清的日日夜夜。最后我们完成了大剧院的全部施工详图。施工全图，细到什么程度呐？连后台侧壁上爬上天桥的 U 形铁爬梯的大样都出全了，这种铁爬梯真是最最不重要的细节，但也已经完成了。更不用说舞台、车台、转台、假台口、大幕、葡萄架、吊杆、面光、耳光……一切细部，都已完成。这时，我们接到通知：剧院不建了！我们很失望，艺术界更失望。

大剧院下马最重要的原因是国家财力有限，人民大会堂是必须保证 1959 年国庆前建成的，而中国科技馆（已建到二层）、解放军剧院都不建了。国家大剧院是十大工程中技术最复杂的，以当时的经济、技术条件，国家有困难，不要匆匆忙忙上马，不要成为烂尾工程，也是不得已的选择，是对的。

我们当然失望，好失望，但是无条件服从了。

没想到的是，这一放，就放了 40 年。我们从大学生变成了老建筑师。更没想到的是，40 年后的设计竞赛，中国建筑师的方案得票最多，却未被采用。

我们 1958 年的国家大剧院图纸不知系里还有保存吗？

实习

清华建筑的实习包括大量科目：大地测量实习、古建测绘实习（颐和园），生产实习（包括工地劳动实习（做建筑工人）、工长实习、工地主任实习、工区主任实习），毕业设计实习，等等。

这些实习都是时间很长的，如工人实习要在建筑公司的工地连续劳动两个月，结束前，工地还要考工，同学们都达到了三级工的标准。

这些实习的目的，是让我们以自己的实践来认识建筑。住过楼房并不等于会设计楼房；会设计不等于知道怎么建起来。这些实践对我们太重要了，所以毕业后到了设计院，到了工地，我们一点都不感到陌生。

1959 年 6 月和 7 月，我们在长江三大火炉之一的武汉钢厂做工区主任实习结束后，全体同学乘船顺长江而下，到南京、苏州、上海去参观。这是一次认识实习。

在江上重走这段水路，我百感交集。1937 年我曾随妈妈乘船逆水而上，在炮火中由上海逃到重庆避难。那一趟除了手上留下一大块烫伤伤疤，我并不记得别的。战胜日寇的第二年，1946 年我 10 岁，又顺着长江回到上海，那趟旅行我已经有了印象。又过 13 年，我是清华建筑生，重走这条水路，江上码头，货船繁忙，风景不断变化，我看到了国家已在向繁荣富强迈进，外国侵略者休想再欺负我们。

武汉长江大桥之后，南京也修了长江大桥。我们在南京参观了中山陵、鸡鸣寺、无梁殿……老师给我们介绍了这些建筑的精妙之处。在南京那条两侧种满百年梧桐的大道上，绿荫如盖，我们一群无忧无虑的年轻学生在马路正中间畅行，说说笑笑。那时路上根本没有什么汽车。

在苏州，我们由老师带领去领略江南园林的高明手法。我们参观了拙政园、留园、网师园、狮子林、怡园、沧浪亭、濠濮间等苏州园林中最著名的几座。给我们讲解的竟然是我们系副主任汪坦先生的哥哥。汪老先生对苏州园林真是钻研得精深透彻，把江南园林的历史、特征、意境的追求、造园的手法、实体与空间的关系、主从关系、建筑与水体与树木与山石、自景与借景等等，一一介绍，如数家珍。我们的收获太大了，如果不是这样在讲解指引下游园恐怕用再多的时间也难悟到造园的巧妙在哪里。

经过了这番学习，再让我设计公园花园庭院，我也绝不会再平铺直叙搞那种傻乎乎的园子了。

从苏州去我的出生地上海，我读中学的老地方。上海仍是那么繁华。20 多年前日寇入侵的战争痕迹一点都没有了。

我回到中学母校。这是我父亲创办的学校，日寇侵略期间变成了日本的兵营，抗战胜利后又恢复回来。校长的住房 1# 宿舍现在看来是那么小小的一座红砖瓦房，在重庆北碚按照这个样子建的那座房子又被日寇炸坏。我这前 20 年的生活可真是颠沛流离，今日回家，恍若隔世。

在上海我们主要参观大型的公共建筑，办公楼（上海人叫写字间）、商场、南京路第一百货商店、锦江饭店、虹桥宾馆等。这些洋建筑又拓宽了我们的眼界。不过看惯清华园的朴素清雅、清华人学与教的孜孜不倦，我对这十里洋场并不喜欢。我觉得南京路、淮海路上那种熙熙攘攘和那些烟熏色旧的洋楼总是让我闻到一种殖民地的味道，虽然，我是上海生人。1990 年我去纽约，同样不喜欢那座城市。

这一年夏季的实习在上海结束，全班在上海解散（我们班有一半人家在上海）。开学前大家各自返校就行，回校的车票系里给报销。

离开上海，我与同班罗健敏一起乘海轮去了大连旅顺。大连处处可见日本式的城市气息。旅顺是我国最大的军港，港湾里停泊着数不清的军舰，大小都有。旅顺是到那时为止我见到的最清洁的城市。街道绿地房前房后全都一尘不染，太干净了。居民稀少，军人较多。给我印象最深的，是当地市民的警惕性。我们两个青年学生虽然在街上随便走走，既不拍照片也没有东窥西探，不过一般走走而已，但所有的当地居民都一眼认出我们不是当地人，所以眼光里有一种警惕感。我们说，虽然自己被盯得有点不自在，但是如有特务来到，他们恐怕是如芒在背，待不下去吧，挺好。

在日俄战的山岗上有座以炮弹为母题的纪念碑。我想起电影里当日军向据守当地的俄军一次次冲锋都被俄军的水压机枪割稻草似地扫射在那开阔地上，日军的副指挥官向乃木报告："冲锋中已经死了 8 000 多士兵，还冲吗？"乃木面无表情地说："如果怜惜士兵的生命，我就不是乃木大将了！"这个冷血杀手让士兵继续冲，直到俄国机枪手都打含糊了："这些日本兵是人吗？"最终死伤无数的日本居然打败了优势俄军。从此旅顺成了日本人的殖民地。往日怎堪回首？

从大连我们又去了哈尔滨。那是一座具有俄罗斯风格的美丽城市，松花江、太阳岛、中央大街，都具有浓浓的俄罗斯风情。松花江水十分浪漫，江沿的公园与江北的绿荫，太阳岛江心的沙滩，一切都充溢着一种欧式的休闲。俄式建筑都手法纯熟，显然是受过良好建筑教育的俄国建筑师的设计，我们看了那些柱式、拱券、穹顶、门窗，都叫得出名称。

这一个暑假的江南江北旅大哈尔滨之旅真是一次丰富难忘的建筑认识之行。这些丰富美好的印象一直留在我的脑海，成为我后来从事建筑设计的宝贵资源。

郑学茜
1936 年生，北京市建筑设计研究院有限公司高级建筑师。

精神养分与生活态度

徐千里

对于大多数人而言，与其一生工作和生活的经历相比，在学校包括在大学里求学的岁月并不会太长，但这个阶段的经历往往会对其日后工作、生活的态度和思想观念产生非凡的影响。

如果算上博士后的工作、学习经历，我曾经历过三个不同的大学。20 世纪 80 年代初，我从重庆育才中学毕业考入中国人民解放军后勤工程学院（简称后勤工程学院），同时入学入伍，专业是营房建筑学。这所建立于 20 世纪 60 年代初的军事工程院校曾为军队培养了大批营房工程设计和管理的专业人才。其组建之初配备的师资阵容可谓豪华，许多教员来自清华大学、北京大学、复旦大学、上海交通大学、北京师范大学、中国人民解放军军事工程学院，以及同济大学、南京工业大学等名校。我的建筑设计课老师鲁坤元和刘启宝教授毕业于天大，王义民教授毕业于同济，洪祖祥教授来自南工，而讲授结构课程的雷国樑教授来自清华……虽然学的是建筑，但毕竟是军校，整个四年都穿着军装，除了和地方院

笔者就读于后勤工程学院时留影于北京

笔者就读于后勤工程学院时留影于大连

笔者就读于后勤工程学院时留影于重庆

校同类专业所学的相同课程外，还有许多军事训练科目，以及早晨出操、夜间站岗、整理内务等。这些训练虽难免单调枯燥，但也磨练了我们的意志，对于以后工作、生活的习惯和作风多少具有潜移默化的影响，以至于我离开军队多年以后，在与他人的交往中，仍经常被别人一眼识出是“当过兵的”。当然，军校的生活毕竟封闭而刻板，与其他院校的交流也很少，这多少限制了我们的眼界。在我留校后在这个学校的建筑系任教，以及以后担任系主任时，情况有了很多改变，我们的教师和学员与地方同类院校的交流越来越多，许多教师到地方院校或者出国攻读学位。我也正是在这个时候走进了东南大学建筑系。

20 世纪 80 年代后期到 20 世纪 90 年代中期，有近七年时间，我有幸作为硕士和博士研究生在东南大学建筑系潘谷西先生的指导下研习建筑理论和建筑历史。而今，虽然我离开母校已经多年，工作的岗位和性质也经历了不少变化，但回想当年这一段求学的经历，总是感慨万分。它对我的影响至深至远。很长一个时期，东大建筑系一直是我心中最重要的精神家园。

在中国建筑界，人们谈及东大建筑学院（原建筑系），就一定会将其与中国的现代建筑教育相关联，反之亦然。今年正好是东大建筑系九十华诞。九十年对于一个学科甚至一个学院的成长来说，不算太短也不算太长，但是东大建筑学院的九十年不仅奠定了中国现代建筑教育的基础，更培养了几代建筑学人，而且每一代中都有着各个时期最有分量的领军人物。可以说，中国建筑界许多知名的学者、大家都与东大建筑系有着这样或那样的渊源，因此有关东大建筑教育的史料及思想的研究是十分丰富的。实际上我的关于杨廷宝、刘敦桢、童寯等老一辈大家、学者的印象都是来自这些史料和记述的文字。我以为，在这些记述中不唯有晚辈、学生对于前辈、先生们的敬重和崇拜，更代表和体现着一种价值取向，而正是这种取向奠定和造就了一代代东大建筑人特有的精神气质和深厚的思想传统。

凡是到过东南大学的人，都会对这座美丽优雅的校园留下深刻难忘的记忆。她的确称得上一座高颜值的学堂。仿佛是为了映衬东大深邃优秀的学术传统，她才如此端庄、典雅。作为中国最早建立的高等学府之一，东大素有“学府圣地”之美誉。自 1902 年建校以来，从三江师范学堂、两江优级师范学堂、南京高等师范学校，到国立东南大学、第四中山大学、江苏大学，再到国立中央大学，成为民国时期最重要的高等学府。在当时其规模之宏大、学科之齐全、教授阵容之强大，均居全国各大学之首。据史料记载，在民国 30 年（1941 年）和 32 年（1943 年）教育部两次遴选出的声誉卓著、具有特殊贡献的 45 位“部聘教授”中，中央大学就入选了 12 席，占到超过总数的四分之一。1948 年，在普林斯顿大学发布的世界大学排名中，中央大学已超越日本东京帝国大学（现东京大学），居亚洲第一。那时候的中大，真可谓群星闪耀，即使放眼当今国内顶尖高等学府，也难有出其右者：中国文学系有黄侃、王伯沆、胡小石、吴梅、陈中凡、徐志摩；西洋文学系则有吴宓、梅光迪；艺术系有徐悲鸿、陈之佛、张大千；教育心理学有陈鹤琴；哲学系有汤用彤、宗白华；建筑系有刘敦桢、杨廷宝、童寯；土木工程有茅以升；经济系有马寅初；生物系有童第周；数学系有熊庆来；物理系有吴健雄；地学系有竺可桢，等等。梁启超、杜威、罗素、泰戈尔等都曾到校发表演讲……可以想见，具有如此历史背景的学校会有怎样的眼界、气度和思想积淀。

记得当年我刚刚走进东大，就被校园里优雅的建筑和道路旁浓密的梧桐树深深地吸引，后来得知四牌楼校区的很多建筑，如图书馆、五四楼、动力楼、沙塘园的宿舍和食堂等等，都是杨廷宝先生亲自设计或改造的。在校学习的几年中，

1990 年东南大学硕士答辩留影

1990 年东南大学留影

1990 年东南大学硕士答辩

最为熟悉的当然是每天出入的建筑系中大院。这座建成于 1929 年的建筑，其西洋古典风格的形式、空间、比例和尺度，以及入口的爱奥尼克柱式和山花，庄重而高雅。1952 年院系调整成立南京工学院后，这里做过学院办公楼。1957 年又扩建了两翼，因学校历史上曾为中央大学，后更名为中大院。该建筑同与之风格一致的西侧的孟芳图书馆、西北侧中轴线上的大礼堂相呼应，形成一个严整的西洋古典风格建筑群。随着在东大学习的逐步深入，比校园建筑和环境更加吸引我的自然是其学术氛围和思想环境。那些年，几乎随时都能看见系里的老师和同学三三两两站在中大院入口前的草坪或台阶上，轻松自由地交流。这个场景因其太过平常，当时并未令我多加留意，而离开学校多年后，却越来越觉得那是一种非常温暖和值得留恋的景象，也许是因为后来在大学里已经越来越难得见到这样的师生间轻松随意又深度交流的场景，但那又似乎是大学里特别需要和应有的一种交流和交往方式。不知道中大院前如今是否仍然保留着这个“传统”？

去年秋天，当年念研究生的同学们相约回校聚会，有人发现，母校的校园近三十年来只有些许细微的变化，即使有个别建筑或设施的增减，也都是十分节制并显然经过了仔细的规划和推敲的。这种情况在我国当今的大学里并不多见。

我们回到当年居住的沙塘园，杨廷宝先生设计的宿舍楼和食堂依然那样熟悉亲切。记得当年有老师专门提到宿舍楼的曲尺形走道，自然将长长的内廊切分成若干相对独立的单元，减少了相互干扰；卫生间里的水磨石盥洗槽，看上去极其普通，但细心的人很容易发现，其尺度推敲得极为细致精准，每一个细节都考虑到人的使用方便，绝没有我们在其他类似场合经常遇到的种种尴尬。据说当年杨老经常随身带着一把卷尺，走到哪里都会不时拿出来量量，虽尊为大师却极其关注生活的细节，这种严谨的学风深深影响着许多代东大建筑学人。

记得多年前读过的周国平先生的一篇文章，谈到当今的医学教育，批评其因过分强调和倚重现代科技手段进行诊疗，而忽视甚至忘却了医学的人文内涵，抛弃了医学传统中十分重要的医生对患者的体恤和他们之间心灵的沟通，使病人仅仅成为各种现代医疗仪器的检测或操作对象。这样的医学教育终将背离医学的本质。由此令人想到我们今天建筑教育中不同程度地存在着的类似现象和问题。但回想当年东大建筑教育的许多往事，无不令人感受到其鲜明的人文价值取向，这或许才是最值得我们珍视的。二十多年前我在这里选题和完成的博士学位论文《创造与评价的人文尺度——中国当代建筑文化分析与批判》，显然受到了东大学术传统和思想观念的影响。论文在建工出版社出版后，得到学界不少前辈和同行的关注与鼓励，近二十年后一些朋友——包括一些未曾谋面的朋友——依然记得当年的这篇论文，这的确出乎我的意料，也更令我对母校、对恩师潘谷西先生以及东大建筑系众多师友当年的教诲和指导心生感激。当年在学校里为一个理论问题而引发的热辩，为某个学术难点请教先生们所得到的那些解答，以及在导师的言传身教下为人、为学的点点滴滴，至今还深深地影响着我的工作作风和生活态度。

1996 年在东南大学完成博士论文答辩后，作为论文评阅人的罗小未先生热情地推荐我来到同济大学郑时龄教授门下从事博士后研究。此后在同济的两年多时间，对于我来说与在东大的求学经历一样，也是十分难忘的。因为已经有了在几所不同的学校工作或求学的经历，我自然而然地便会关注它们各自的风格和特点。当年同济给我最深刻印象的，是她的开放和包容、务实与创新。我以为，这在很大程度上缘于其最初组建的背景和方式。因此这个特点似乎是与生俱来的，

1992 年留影于皖南

而在以后的发展中，更得以不断强化，逐步成为了同济人的一种传统，或者说是一种自觉的追求。同另外几个与之齐名的建筑院系如东南、清华的建筑学院相比，成立于 1952 年的同济建筑系（今建筑城规学院）的历史并不算悠久，但是很快便形成了自身的特色，并逐步形成了独树一帜的"同济风格"，这与其办学的历史、师资来源和组成、学术思想和学术方针，以及其所处的环境是有着密切关系的。在 20 世纪 50 年代初组成同济建筑系的几所学校，本身大多具有各自鲜明的学术特长，因此同济从一开始就并未背上某种单一传统的包袱，而是显示出学术思想的多元化，形成了各学术思想并存与竞争的特色。在中华人民共和国成立后的三十年中我国建筑界对外交流极少的封闭状态下，同济建筑系依然保持了与外界的相对沟通。"文革"中有人曾批判同济建筑系"洋、怪、飞"，而以今天的眼光和语言来看待和描述，那实际上是一种开放、创新、与时俱进的积极向上的作风和心态。作为这段历史见证者的董鉴泓教授在分析、评价这种特色和传统时指出："同济建筑系的一些主要的教授，在资历、学术水平及影响、国内外的声望等方面均不相上下，不像国内其他几个建筑系，由一量位权威性教授形成金字塔式的人才结构，而是形成群峰耸立的局面。这就使后来的同济建筑系形成了百家争鸣、流派纷呈、学术气氛活跃的局面。主要的教授或几个主要的组成学校的学术思想基本包括了古典学院派及现代建筑学派，即当代两大建筑学派并存。表现在对建筑的理解、设计思想、教育思想等方面，均有各自久已形成的传统并各具特色……在国内建筑界形成学院派成为主流的情况下，在同济建筑系仍有一支现代建筑学派的力量存在并发展着，这也为改革开放后建筑界的学术繁荣和多元化学术思想的发展起了一些作用。”

这样一种学术的特色和传统，也必然会反映到她的建筑创作思想和风格上，并且后者往往表现得更为综合和直观。因此，比之学术的特色和传统，人们往往谈论更多的还是同济人建筑创作的思想和风格。记得十几年前我和时任《时代建筑》主编的支文军教授曾在《建筑学报》上发表过一篇文章，试图以在同济大学校园内建造的由同济人自己设计的几幢不同时期、不同类型、不同标准的建筑，来为这种思想和风格做一诠释。文章原本较为详细地谈到了前述背景，但发表时可能由于篇幅的缘故而被删去了。后来清华大学的曾昭奋先生读了此文后，曾给我们写过一封信。他在信中说，看过我们的文章后，又重读了罗小未先生的大作《上海建筑风格与上海文化》，从而对同济风格有了更真切的体会和认识。他特别提到学校的南北教学楼和教工俱乐部这两组建筑在创作过程中所经历的周折和磨难，以及同济人对待、处理这些问题的思想和态度。他写道：“一个是‘现代主义’的‘精心之作’，建成后横遭外人批判；一个是‘复古和浪费’的大屋顶，由自家人‘上书’而后主动取消。我想，无论是遭到批判的教工俱乐部的设计者，还是那些竟敢上书言事的书生们，他们当时还都是年轻人。前者要承受多大的压力，后者要拿出多大的勇气！我想，同济大学以外的人，尤其是现在的许多年轻人，对此是很难体会和理解的吧。同一校园，两桩往事，让人们从一个侧面依稀看到半个世纪来中国建筑创作中的风风雨雨……正是这种逝去的历史，可以让读者更好地理解你们在文章中所正确概括了的同济风格——开放性、包容性、多元性、创造性和平民意识（或曰民主性）。”很显然，令曾昭奋先生特别感兴趣的，不仅是几个优秀的建筑作品，更是导致这些作品成功的真正原因，或者说，是隐藏在“同济风格”背后的潜在的逻辑。

今天，同行们在谈论同济的建筑教育、学术和创作时，都会有一个大致相近的看法和印象：它们较少受某种单一的思想或传统的束缚，对新事物有着特别的敏感和宽容，因而表现出鲜明的时代性和现代感；其独特的文化、历史和地理条件，造就了一种海纳百川的开放性和包容性，以及兼收并蓄、博采众长的多元性；对现代社会和生活的独到理解与把握，使之凸显出一种在我们这个具有千年

1996 留影于外滩

封建文化传统的国度里尚普遍缺乏的实事求是、顺应潮流、面向生活的民主性和一种锐意改革、勇于探索的创造性。

与此同时，同济人也绝非不注重传统，相反，正因为他们对传统文化有着自己独特的见解和理性的思考，他们的创造才表现出特别的深度，才充满了勃勃的生机。从 20 世纪 50 年代同济大学的文远楼、教工俱乐部、武汉儿童医院，到 20 世纪 80 年代的何陋轩，乃至近几十年中创作的许多佳作，都是既深得现代主义建筑精神、营养之灌注，同时又闪烁着中国传统文化的智慧之光。正因为如此，这不仅形成了同济建筑勇于突破传统建筑观念和模式、注重功能与空间、具有强烈时代感等特点，而且在更加整体的意义上体现了建筑教育、学术、创作上一种健康向上的价值取向和思想逻辑，而这正是最值得我们今天深入思考和积极汲取的东西。

感恩培育我成长的母校，她们给予我的精神养分将伴我一生，并影响我工作、生活的方方面面、点点滴滴。

徐千里

1963 年生，中国建筑学会常务理事，中国勘察建筑协会理事，重庆市土木学会副理事长，重庆市城市规划协会副理事长，重庆市城市规划学会常务理事，重庆市设计院院长。

一直在母校并列而行

陈　薇

笔者近景肖像

并列而行，是我在南京工学院学习的一种重要获得，也是我于东南大学从教后的一种工作状态。

并列而行，是我1979年秋走进南京工学院便开始的建筑学双重教育。除了在校园教室、中大院工作室、素描画室、图书馆和资料室学习各门知识、技能、素养、思想和文化外，值得一提的是课堂外的教学，包括一年级的传达室测绘；二年级的苏州、上海之古典和现代建筑认识实习、水彩画实习；三年级的工程技术工地实习、古建筑和园林测绘；四年级毕业设计的地方建筑考察等。除此之外，做住宅设计，会参观当时住区开发较早的常州红梅和清凉新村，还会参观建筑系老师有情调的家庭，通常一拨一拨学生进去，将老师家的地板变成泥土地；做工业设计，会参观南京的梅山钢铁厂；做公共建筑设计，会参观五台山体育馆……真实的建筑、环境、场所、功能、结构、生活、艺术，使得设计教学鲜活而充盈，再回到工作室做设计，师生极易沟通，思维特别流畅。因此不记得老师给我的方案曾有太多的否定。

并列而行，是我较早在读万卷书和行万里路中明了自己的挚爱和兴趣的缘由。苏州古典园林实习回来的写作、扬州园林测绘归来的绘图，聚焦回味，萌生热爱，在中国建筑史专业历史上不招收女研究生的传闻下，我还是毅然选择而投身，并继续这种冬烘学究、夏炎旅者的学人生活。在研究生学习阶段，收获最大的是两方面：读原典、搜集一手资料；直面真实建筑、绘图古典的营造。

并列而行，是我工作至今的常态。前十五年，一边大量教学，一边配合导师并独自开展科研，收集资料、现场调研、穿行于古代和现代建筑，撰写讲稿和论文，科研成果也用于教学，并进行工程实践；后十五年，一边广泛实践，一边开展科学研究，下工地做工程，深入现场做项目，也将自己的获得和体会传授给学生。

并列而行，是我获得师生情谊和智慧的源泉，是一种人格的影响和自身的塑造过程。在课堂和书面教学中，我记得周忆云老师给我们改图，长达四个多小时，最后在我的台面昏厥——给我的震惊和感动；记得潘谷西先生用红笔在读书报告上眉批："孤例不足证"——给我的治学警醒和鞭策。在野外实习和测绘教学中，我记得在栖霞山水彩写生，烈日当空，蚊虫叮咬，眼前白晃晃地毫无色感，我索性扔掉毛笔，崔豫章老师捡起笔、洗掉泥土，悠悠地说"你不画我来画"——给我的温馨和鼓励；记得郑光复、庄金元和杜顺宝老师，奔走于扬州、苏州、杭州、嘉兴，为园林测绘改图画树——给我茅塞顿开和锦上添花的美妙感受。

并列而行，是我一直在做的角色转换。生活与工作、学生和老师。些许辛苦，诸多快乐，我却一直在践行和坚持。

并列而行，是一加一大于二的GESTALT，是整体大于局部之和的一种跨越、转切、互动和生长，是我对南京工学院特色的由衷体会和分享，也是对东南大学建筑学传统承继的一份推崇、企盼和自信。

陈薇

1961年生，东南大学建筑学院教授，博士生导师，建筑历史与理论及遗产保护学科带头人，建筑历史与理论研究所所长。

我在大学的人和事

孙兆杰

1979 年 9 月 9 日，我进入合肥工业大学建筑学专业学习。后来得知，当年这是除老八校之外第九个开设建筑学专业的学校。填报志愿时，我对建筑学专业并不了解。只是看到招生条件中要求具备绘画功底，恰巧我喜欢绘画。当时对建筑学的理解很简单，认为建筑学就是研究建筑的，而这正是我喜欢的。中学同学也纷纷议论，认为我是去学盖房子了。

一、老师印象

记忆最深、对我的建筑设计生涯产生重大影响的老师有下面几位。

姜传宗、邵木兰夫妇。姜老师是我们的系主任。中华人民共和国成立初期，夫妻俩从天津大学毕业后，到合肥工业大学任教。我刚入学时的设计初步课就由两位先生负责，从仿宋字、线条到渲染，他们手把手地教导我们。姜老师的渲染图功夫很是了得，直到现在我仍保留着当年的手绘渲染图功底，并且仍坚持以渲染手法为主，可见两位先生对我的影响之深。前些时间和厦门大学建筑学院院长王绍森（同校师弟）聚会时提起，当年他在学校上课时，姜老师指着收录在《1987 全国建筑画选》中的我的作品说，这个孙兆杰就是咱们学校的学生。1994 年到厦门出差，得知先生夫妇已到华侨大学任教，我便专程到泉州家里探望。先生家里的电视是从合肥带来的，和厦门这个开放的城市极不相称。先生认为，拿了国家的工资就要教好学，他生活一直很简朴，从来不拿额外的钱，后来先生因患血液病离世，按当时的医疗制度输血费用不能报销，好多同学得知后主动凑钱给先生治病。

黄永厚老师。美术课老师的第一次亮相很“惊艳”。第一节课，先生就提着一个与他身材极不相称的超大双卡录音机走上讲台（那个年代这种录音机很少见），上课的内容居然是听交响乐！记得老先生讲，学建筑要好好学画，但建筑画不是画！开始工作后，我才逐步体会到建筑画真的不是画，而是画之外所蕴含的建筑技术、建筑材料、空间、光、色彩……先生传授的理念及技艺为我以后的建筑绘画奠定了基础。

汪正章老师。严谨、一丝不苟是先生留给我的最深印象。追根究底，我所崇尚的精益求精的设计方式方法离不开先生的言传身教。前几年去合肥看望先生时，短短两个小时内，我们谈论最多的是教学和设计论文。与往常一样，先生仍旧很少笑。

林言官老师。林老师歌唱得好，据说在同济大学求学时，与朱逢博同班还一起合唱过。在林老师的课上可以唱歌，我因为喜欢唱歌，所以很喜欢林老师的课。

唐璜老师。唐老师教的是足球、排球和武术，这些都是我的强项。大学时期，我当过的唯一的“官”就是文娱和体育委员。

张易生老师。张老师的水彩画是我一直敬仰和追求的目标。记得刚入学去上力学实验课，下课回来的路上小雨霏霏，校园的林荫道边一位老先生撑着雨伞在画画，后来知道这就是我们的张老师。虽然张老师没给我授过课，但他的水彩画一直影响着我。

二、同学情谊

胡勇是我在大学四年交往最多的同学，也是大学毕业后与我联系最多的同学。在学校，我们俩共同的爱好是上设计课和美术课，其他的课都是考试时临时抱佛脚。老胡艺术天分极高，情商也极高。由于家庭经济条件好，生活习惯相近，课余我们呆在一起的时间较多，当然最重要的还是比较能谈得来。我们共同设计的服装一度成了我们的班服，甚至还受到其他班同学的欢迎。我的一幅水彩画由老胡加了一个配景——木轮车，参加画展获了奖。他和邓勤是我们班恋爱成功结

在合肥包河公园，左起为胡勇、冯卫、笔者

为夫妻的唯一一对。邓勤也非常优秀，她的各门功课成绩在我们班都名列前茅。

凌世德、王庆丰和我三个人常在一起玩。凌世德是一个中规中矩的好学生，也是我们班留校的三个人之一，他专业课的位子在我左边。凌世德、王庆丰的个子都比我高，走在马路上我让他们俩走两边我走中间，这样看起来就差不多高了。后来每次聚会，老凌总提起这事（我们班男同学都互称“老”字，比如老凌、老王，而我是“老兆”，所以好多人都以为我姓“赵”）。有一次老凌家发大水要回去看看，我和王庆丰去送他，车站前有个卖鸡蛋灌饼的，我们吃了好几个，以后再也没吃到过那么好吃的鸡蛋灌饼。前几年去厦门出差，看望时任厦门大学建筑学院院长的凌世德，我们聊了好多大学时的趣事。在学校时，我们常指着一个外系的女生调侃老凌“这个合适做你媳妇”。毕业时，他们双双留校，而且竟然真的走到了一起。

罗林，我们班的老大哥，1977 年考入我校水利系，1979 年转入我们班。对建筑设计有极大的爱好，画画水平一流，上学时就可以画插图挣钱。有一次，他让我给他做模特，拿到稿费还请我看了一次话剧。他家是合肥的，回家返校时常带腊肉回来，腊肉味道不错。他脾气很好，刚转到我们班时与大家不太熟识，

在学校，左起为笔者、张铭、凌世德

专业课坐在我后边，我用毛笔画渲染图时不小心将水甩到了他脸上，他也不生气。印象中他不喜欢上建筑物理课。

孙居业，老班长，入学那年已经 23 岁，当过教师，一口山东龙口话。在那个大部分同学都没长胡子的年代，他抽烟、刮胡子、爱整洁，很有老大哥的样子。

苏继会，1964 年出生，我们班年龄最小的一个。他床边挂着世界地图，业余时间喜欢研究拿破仑、希特勒进攻前苏联的路线，没去读军事院校，真是埋没了人才。

丁建，现任中元国际董事长兼总经理、中国建筑学会副理事长，是目前我们班最大的官了。在学校时，不善言辞，也没担任过什么领导职务，印象中似乎组长也没当过，毕业后官是越当越大。

张铭，美国建筑师学院院士，曾任全美国前十大建筑设计公司 MG2 总裁，是美国 MZA 建筑师事务所的创始人兼董事长。他应该是目前我们班作品最多的同学。大学时期就参与社会投标，曾在张易生老师带领下，参加全国范围的招标

在北京，左起为王庆丰、邓勤、金鑫、笔者

在南京，左起为何晓峰、冯卫、笔者

并中标太原希望大厦项目。1985 年我做太原机械学院综合楼项目时，还专门去看过他的设计成品，现在好像拆掉了。

冯卫，班团支部书记。家庭条件好，喜欢摄影。我们班能够留下的校园美好记忆都与他有关。我们晚上经常到教室，挂上所谓的窗帘（其实就是床单）一起洗照片。我们俩是有条件一起吃西餐的。

金鑫，很有才气。现在成了房地产商，应该是我们班最有钱的人了。

徐敏，大姐。据说下过乡，有些男子气概。毕业后，越来越有女人味了。

韩结华，现任湖州市设计院董事长。由于电影《暴风骤雨》里有个韩老六，所以“老六”的雅号被叫响了。

杜宪松，毕业后回老家芜湖设计院工作，字是写得越来越漂亮了，诗词也更加上层次了。

三、学校回忆

1979 年，我们学校新生 900 多人，全校学生总数 5 000 人左右。开学典礼在大运动场举行，参加典礼的除了校领导还有华裔美国人赵鉴芳教授。赵教授牵着美国白人夫人的手走向主席台时，大家感觉很稀奇，因为那个年代社会上没有在公开场合手牵手的。赵教授为我们学校捐建了一栋计算机楼和一批计算机及辅助设备，并成立了计算机系。大家都很羡慕在空调环境下上课的计算机系同学。

我们系当时叫建筑工程系，设置建筑学和工民建两个专业。建筑学专业设立于 1958 年，我们入校时还能看到康生给我们学校题写的校徽，到我们毕业时领到的校徽已经是邓小平同志题写的了。

教学楼是前苏联人设计的，全部安装有暖气管道，但冬天没有供暖。空心楼板上下穿过暖气管道的缝隙很大，楼层间不隔音。晚自习时，我们专业课可以放音乐、唱歌。楼下上外语专业课的同学受到声音干扰，纷纷敲暖气管抗议。我们班一个女生被敲烦了，就将画渲染图时洗毛笔的水顺着暖气管缝隙倒了下去。

刚入校时，学校邀请语言大师侯宝林先生做讲座。在那个电视还没有普及的年代，能与名演员面对面还是很兴奋的。

校园的东南侧有个湖叫“斛兵塘”，据说是曹操计量兵将人数的地方。夏天，好多同学到湖里游泳。出于安全考虑，学校就发声明警告学生说，湖水里有大肠杆菌，但下湖游泳事件仍屡禁不止。有一次老王游泳，恰好大姐在湖边，在激将之下也跳下湖里。后来，湖边开放了游泳池，就没人再到湖里游泳了。

学校的一食堂、二食堂不错。一食堂有个舞台，承办节目汇演。学校在节假日会组织学生文艺团体演出，有时也请一些外边的文艺团体来演出。二食堂经常举行交谊舞会。我是这些活动的积极参与者。

图书馆是我那时最常去的地方，但看书时间很少，主要是用硫酸纸和拷贝纸临摹杂志上的建筑画或者把书上的新建筑画成钢笔画。这些练习画我一直保留着。

露天电影院是不能不说的。约上几个同学带上扑克，提前去占位置、打双升。很多老电影和刚解禁的外国电影我都是在那个时候看的。下雨天打着雨伞看电影的场景历历在目，如今这样的场景是难以再见到了。

1981年的冬季越野长跑，我们班的张岳参加了，我负责骑自行车跟着服务，但他没拿到好名次。一个叫刘艳梅的女同学快跑到终点时猝死了，由于学校救护不及时，再加上当时中国科技大学的方励之教授对办学颇有微词，并在学生中造成了一定的影响，学生对食堂也不满，最终导致了学生罢课。中国科技大学的学生过来声援。安徽大学学生因得知学校将尽快改善伙食和生活条件，就没参与，他们最终得到了实惠。我们学校每个班都做了花圈参加游行，主要诉求就是改善学生生活条件。

四、学习记忆

我最喜欢的课程是设计初步、画画、画法几何与阴影透视。第一节设计初步课先是一个小测试：画石膏球。那年高考由于没加试画画，一些没有画画基础的同学只能画一个圆圈应付了事。然后是仿宋字练习，再是徒手线条练习。我的字一直不规矩，仿宋字写得也不太好。对于徒手线条，我倒是得心应手，到现在我还是画字比写字要好一些。水墨渲染是我很喜欢的课程，仅仅用墨和水就可以在纸上画出各种各样的图案，是一个神奇的创作过程。这些严格的训练为我在以后工作中从事建筑渲染图创作打下了坚实的基础。直到现在，我的ipadpro手绘还留有深深的渲染痕迹。1987年，华宜玉老先生在河北举办建筑画培训班，我给老先生当助理，做了个玻璃渲染。华先生说：从外在看你是个粗心人，画作表现却凸显出细腻的个性。合肥的冬天很冷，也很潮湿，每渲染一遍都要等好久才干。好在我们专业教室的顶楼有一个很大的屋顶平台，大家都把图板搬到室外平台上晒干再拿回教室接着画。后来一个同学从家里带来电吹风，加快了渲染进度。

在苏州，左起为胡勇、笔者

再后来开始临摹效果图，第一幅临摹作品是姜传宗老师的赖特别墅水彩渲染图。就是从这张水彩渲染图开始，我深深喜欢上了建筑效果图，并创作了大量的水彩建筑渲染图。

美术课画静物水彩时，我用渲染手法把布的质感表现得很好，受到孙居业先生的赞赏。但黄永厚老师却说："衬布画得好，静物主体呢？"有一次室外写生，因为画的是冬天的树，我把树枝、树干的阴暗明亮和远近关系处理得较好，得到了黄老师的赞许。当年韩美林先生和黄永厚老师曾在合肥办画展，我切身感受到了他们独特的画风。那时韩美林老师在我们学校旁边的安徽省艺术学校当老师。范增先生曾到学校看望黄永厚老师，我亦有幸见到了当时已负盛名的范先生。

记得在巢湖写生时，我们住在湖边的小旅馆，为了节省资金两个人睡一个床。夜深人静时，听着窗外湖水潺潺流动声和微风轻拂树叶的声音，那种感觉一直深深地留在记忆中。我想抽时间再去体会当时的感觉，却一直未能实现。那个小旅馆不在了，人的心境也不同了。晨起，望向窗外，映入眼帘的是初升的太阳、逆光下的帆船和在岸边写生的风华正茂的同学……遗憾的是，当时的那些画作一张也找不到了。

1981 年 6 月，苏州的天气还不是太热。我们到当地一个电力技术学校进行古建筑和美术实习，在苏州住了近二十天。那学校的食堂不错。我们的足迹遍及拙政园、狮子林、留园……几乎所有的园林，对拙政园进行古建筑分组测绘，到盘门、寒山寺等地写生……这应该是收获最大、也是最开心的一次实习了。

我对画法几何及阴影透视有着超常的喜欢，形体的每一个面、每一个凹凸都令我着迷，阴影和体量的关系总是那么诱人，这给我后来的手绘建筑渲染图以极大的支撑。我对每一次画法几何及阴影透视课和作业都充满热情，甚至可以为之做到废寝忘食。那时制作效果图都是要求透视，对透视和阴影的关系处理要求很高。后来看了贝聿铭先生用阴影做的透视效果，我对建筑与阴影的关系有了更加深刻的理解。

后来开始上设计课，第一课是水榭。我在汪正章老师指导的那个组，画效果图时我的配景画不好，汪老师给我画了树。后来到上海参加建筑实习课，也是不苟言笑的汪老师带我们去的。那时候两个老师带我们一个组，每次课每个同学都可以改一遍图，是典型的“师傅带徒弟”模式。现在一些大学的建筑学专业，一个老师带十几个学生，一次课连图都改不了一遍。这种教学方法的实际效果不知如何，但我想一定不会太好。林言官老师比较爱和我们谈天，还一起唱歌。前几年见面的时候，他还忆起我在大学穿了一双尖头的皮鞋，引领了当时的校园时尚潮流。

工业设计课要交图的头天晚上，老凌和老王叫我一起去看一部电影，电影名字想不起来了，看完后我们直接去教室画透视图。因为水彩干得慢，就用了水粉。到第二天早上完工，这是我第一次在这么短的时间内画完一张效果图。记得刚上班时工资只有 54 元钱。那时还没有电脑，渲染图都要手绘，而一般画得好的人较少。我通常一夜能画一张效果图，一张图能卖 1 500 元。我想这和我那个工业设计的作业有关。

建筑构造课是邓炎老师几门课中我最喜欢的一门。画墙身大样、屋面构造、门窗构造、楼梯构造等都是我的长项。工作后我画的第一张施工图是华东工程学院（今南京理工大学）的图书馆中厅楼梯大样和室外楼梯大样，获得老工程师们的一致好评。前年我去南京还专门看了这个楼梯，至今保存完好。现在我在国家一级注册建筑师考试出题专家组中参加构造与材料课的出题，不能说与之没有一点联系。

去北京实习，是在一个刚过完寒假的初春。凛冽的寒风夹杂着沙尘扑面而来，马路边覆盖着一层细细的黄沙，干燥的空气令人喉咙干痒，这是我对北京的第一印象。慢慢走近北京，被其美食所俘获。涮羊肉的味道给人印象不错，因为在那时的合肥是吃不到涮羊肉的，果脯、大虾酥、烤鸭等都令人垂涎三尺。但让我格外惊喜的是见到了诸多建筑界大咖，张镈老先生主讲人民大会堂的设计，林乐义老先生主讲民族文化宫的设计，时任北京市设计院院长的吴观章老师也为我们授课。张镈老先生的烟瘾给我留下极深的印象。对十大建筑、故宫、长城、十三陵等的实地考察，我印象最深的则是贝聿铭先生的香山饭店。其对设计细部、施工工艺极其考究，对建筑、景观、室内、家具等进行了一体化设计，对我产生了巨大的影响。工作后，我完成了很多大学校园设计和产业园设计，都是按照规划、建筑、景观一体化创作的思路推进的。

在规划课上，我们分组做安徽省体育中心设计。我和凌世德、张铭一个组，中心模型的制作很有趣味。设计前，我们去南京五台山体育场考察，住在体育场边上的一座独栋别墅里，据说是李宗仁的别墅。那里也有江苏省体操队的餐厅，我们有幸免费享受了体操队员的待遇。那时运动员的伙食标准还是蛮高的。

后来开展的旅馆设计和商场设计实践都在工作中派上了用场。

五、生活印记

学校大门口的小吃很有特色，糯米油条包饭油茶是一对老夫妇经营的。据说这对夫妇是剧团的演员，退休后开始做特色小吃，生意特别火。当时在合肥工业大学读书的很多学生都记得这个小吃，前些年回学校时听说早就没了。兹糕、萝卜丝饼也很美味。晚上的馄饨和清汤面不能不提，关键是汤里一定要放一勺大油，否则是没有味道的。学校食堂也在不断改革，晚饭时也推车出来卖油饼、豆浆、韭菜盒子、包子。大四那年，因做毕业设计，唱歌、跳舞、打球等活动减少了，加上伙食丰盛了，我的体重迅速从 117 斤飙升到 125 斤。

还记得入校后第一个元旦，十多个同学凑钱去长江路上的酒店里豪吃海喝，一开始只要了两瓶酒，不够又要了一瓶。服务员大妈劝说，学生别喝那么多了。结果老王真的喝醉了，一出包房就狂吐。大妈在旁边唠叨，小孩子不听话，不让喝偏要喝，这回知道难受了吧。回想起来那时大家的酒量真不行，换到现在估计再加三瓶也没问题。

与冯卫几个人去吃西餐，老冯抽烟我也跟着学，可到现在也没学会，看来是与香烟无缘。

学校后来增加了三食堂，管理得不错。大排、清氽肉丸、红烧鱼、香肠、肉炒藕片等很受欢迎。在合肥粗粮是大米，面是细粮，所以面少。蒸包子是大家爱吃的，由于蒸得少，好多人买不到。这时我们就争着去帮厨，好把包子都卖给自己班里的同学。

毕业前夕，大家在教室包饺子聚餐，气氛很是热闹。但毕竟四年的大学生活行将结束，朝夕相处的同学即将分离，热闹中难免带着深深的即将离别的酸楚。

孙兆杰
1962 年生，中国兵器工业集团北方工程设计研究院有限公司总经理、首席总建筑师。

让我在时间的记忆中穿梭

刘恩芳

学习建筑学，要从两所大学说起，一所是将我引领进建筑设计领域的天津大学，还有一所是让我工作数年后又有机会聚集能量再学习的同济大学。说来也巧，这两所著名大学的字母缩写是一样的，都是 TJ，这里是否有一定的渊源和情缘？如果有，那也一定是与围绕着建筑的这些事和人有关系。

我的大学生涯从本科求学的天津大学说起。那是 1982 年，这一年是 1977 年恢复高考后的第六届，我们这一届几乎都是应届生，虽然不像第一、二届那么艰难，但依然还是经历了过五关斩六将的高考，带有强烈的时代烙印。大学在我们的脑海中就像一片圣地，我们带着梦想和憧憬，多少有那么些乌托邦，多少有那么些懵懂率真，多少有那么些浪漫，多少有那么些敬畏。就这样，我们开始了那不同以往的、离家的、独立的求学生活。

记忆中，依稀可见九楼、八楼、十二楼以及阶梯教室内外的日日夜夜；记得敬业、严谨、多才多艺的老师们；记得才华横溢、喜欢指导我们的学兄和学姐们；还有座位总是那么紧张的图书馆；游泳池内外的闹猛和恶作剧；网球场和溜冰场上的青春岁月；青年湖、敬业湖畔的宁静与安逸；水上公园的嬉戏与欢乐；苍岩山的水彩实习；清西陵的古建测绘；游遍中国沿海改革开放前沿城市的毕业实习，以及我们这一帮时不时要添一些小乱、让学校多少有些头痛的热血文青们。大学求学生活造就了我们，朴风雅韵，历久弥新，都浸在血液中。

记得治学严谨、严格敬业、多才多艺的老师们。天大建筑学专业是我们业内所称的最悠久最优秀的四所大学之一，也是通常所称的建筑学老八校之一，一直秉承了学校实事求是的校训，以教学严谨、教学成果卓越而闻名。刚进校的那年我经常会被 1977 级学长们的设计创作功力所激励，包括设计竞赛获奖作品、

学校生活——同室同学

学校生活

留校的作业样本。老师们的治学严谨不仅表现在建筑学理论的教育，也包括建筑师执业所需要的表现力和表达方法的基本功训练，从一根线的粗细、轻重、起始、结束的关联，到一个空间的比例、尺度、内涵、意义的学问，虽然那时理解得没有现在这么深刻，却也在老师们的不断解惑中开启了设计之门，萌生出创意的嫩芽，不断成熟，茁壮成长。彭一刚、荊其敏、张敕、张文忠、黄为隽、魏挹澧、屈浩然、王乃香、沈玉麟、胡德君、周祖奭、胡德瑞、章又新、杨昌鸣、李德生、方咸孚、肖敦余、陈瑜，高树林、许松照、刘燕辉、张玉坤、运迎霞、王蔚等设计理论和设计课老师，王学仲、徐磊、刘小一等美术老师，还有后来的聂兰生老师，都给了我们许多的指导，从理论的教授到设计的指导，中西方建筑史的讲解，建筑构成的方法辨析，外国建筑师的实践案例分析，等等。当工作几年后我们有机会到国外参观游学，在曾经只有在图书馆书刊上才能看到的大师之建筑中游历时，大学时曾经的书海解读又不自觉地、一次次地、一幕幕在脑海中呈现，有点像现在的虚拟仿真在实际的应用。

这是一个集体的记忆，一代人的代表，一种精神的不断传承，敬业、专业、授业，没有自我。

我们这一届是幸运的，我们遇见了最优秀的老师，遇见了最优秀的学长，同时学校也给我们提供了最大的可能，在那个物质条件相对贫瘠的年代，尽可能地给我们搭建了一个个更为广阔的平台，让我们视野拓展、生活丰富。不仅有严格的理论、设计课，还有校外的实习课和丰富多彩的选修课，如文学、二外、体育课等等。

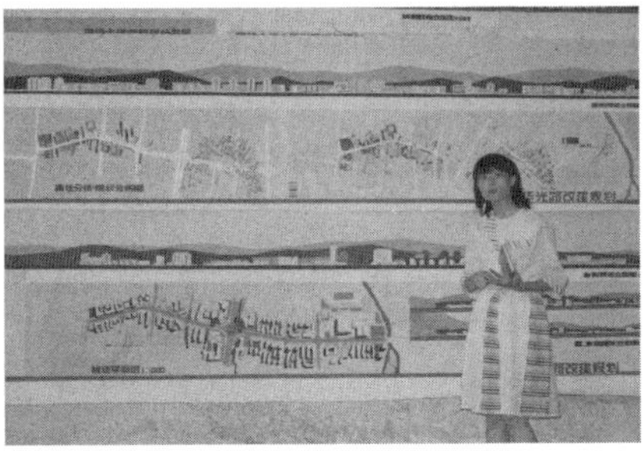

毕业答辩

记得第二外语我选的是日语，外教的日籍女老师叫石东直子，我和董静茹、王志伟、邢华等几位同学选修了这门课。石东直子老师文静博学，教学认真，方法得当，效果很好。她不同以往英语的教学方式方法，让我们对于一门外语的口语交流的重要性有了新的认识，虽然短短数月，却让我们日语的口语交流突飞猛进。大学二外日文的学习经历也让我在十几年后，有机会在日本游学的一个月中，可以用最简单的，但却是最纯正的日语和大家交流。那是一次由安藤忠雄事务所资助，大阪国际交流财团组织的来自亚洲不同国家的青年文化交流活动，这次活动也让来自不同国家的青年建筑师结下了深厚的友谊。

记得大学丰富多彩的体育活动，除了那些必修的体育课、有体育天赋同学参加的各类球队外，还有多样的选修体育课。记得我和同室的安子同学一同选了

与日籍日语老师合影

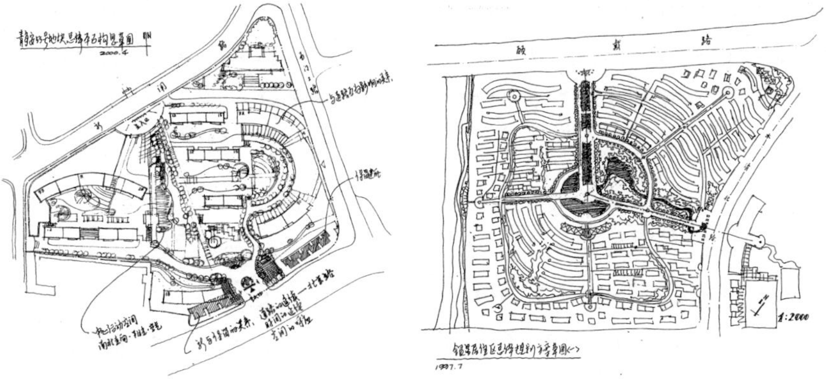

笔者的设计作业

体育自选课的网球课，为了课后接着打球，各自花了4元钱买了一支木质网球拍。还记得那年冬天，我还花了十几元钱买了一双滑冰鞋，都是因为喜欢爱好，不惜花掉节省下来的零花钱——几乎是近一个月的生活费。这些活动不仅让我们增强了体质，还让我们学会了选择。

记得苍岩山的水彩实习。

苍岩山位于河北省石家庄市西南50千米的井陉县，群峰巍峨、怪石嶙峋、深涧幽谷，景观丰富多彩，自然也成为老师让我们亲近自然、彩绘世界最好的地方。走进当时的苍岩山，挺拔、幽静、原始，记得那是我第一次那么深入地亲近大自然，吃住行都在山里，白天取景画画，晚上聆听自然的馈赠。第一次看到城市里从来没有看到过的那么多、那么亮的满天繁星；第一次在只有星星、没有灯光的宁静的夜晚，在溪水旁洗漱，看着天上的世界；在巍峨群山的环抱下，第一次感觉到人在大自然面前的渺小，感叹受到当时交通条件下能走出大山的内心期许和极大的勇气。

这次大二的水彩写生实习不仅提高了我们的学业水平，还丰富了我们的人生阅历。

记得清西陵的古建筑测绘实习。

清西陵位于河北省保定市易县的永宁山下，是清代自雍正起四位皇帝的陵寝之地，建筑形式体现着封建的礼制。我们被分成几个组，白天背着测绘仪器到陵地测绘，女生被分在条件相对好一点的学校驻扎，有的男生组就睡在现场的偏殿里，听说晚上就睡在地上，只铺上一层草和席子，虽然是夏天，七八月份的北方的深夜还是凉意十足，生活自然艰苦。那时的清西陵，不像清东陵已经对外开放，我们到达测绘点时，只有几个守陵的工作人员（老乡）。我们的那一组离驻地比较远，测的是泰东陵的方城明楼，每天都要走很远的路，有时运气好的话，可以搭一程老乡的车，马车搭过、拖拉机搭过、卡车也搭过，看着测绘后我们绘制的图纸，虽然艰苦倒也乐在其中。

这次大三的实习不仅让我们对古建筑的营造法式、做法、细部等都有了进一步了解，同时还磨练了我们的心智，锻炼了我们的毅力。

记得游遍中国沿海改革开放前沿城市的毕业实习。

毕业设计我们这一组做的设计是福建省邵武的一条街道的规划设计和建筑设计项目。陈瑜老师带领我们，从天津乘火车一路南下，在福建考察了项目基地，进行了现场设计，也在福州、漳州、泉州、厦门等地进行了古建筑及福建建筑文化的调研，同时还到广东——当时中国改革开放的最前沿阵地去学习先进的设计理念和建造经验，参观了广州的白天鹅及白云宾馆，到深圳世贸工地参观还未完工的建筑，到蛇口、珠海，后又取道上海等地回津。陈老师是一个要求非常严格的老师，一路上在火车上，或在汽车上，构思、画草图、讨论、分工……

这是一次非常难得的经历，收获颇丰，无论是项目的需求、文化的梳理，

笔者的设计实习作品

毕业实习 1

毕业实习 2

还是方案的实施、实现构思的方法途径，都有了较为系统的设计思考，为我们后来参加工作开始建筑师执业，打下了非常坚实的基础。

我求学的第二所大学是同济大学——我研究生阶段的大学，这也是我本科毕业六年后，因为家庭原因调到上海工作十年后的选择。这段可贵的经历，也是与围绕着建筑的人和事密不可分的。

同济大学建筑学专业同样是业内所称的最悠久最优秀的四所大学的一员，也是通常所称的建筑学老八校的一员。同济城规学院一直以开放包容、文化多元、国际化程度高著称，今年适逢同济大学建校 110 周年暨城规学院建院 65 周年，据全球大学排名资料，同济大学已列全球建筑学院排名前 20 强，这也是一代代同济建筑学人追求卓越、不断进取、兼容并蓄、勇于创新的成果。

2002 年 9 月我考入同济大学建筑与城市规划学院建筑设计及其理论专业，师从卢济威教授，主攻城市设计，六年后博士研究生毕业，并获得了博士学位。

2000 年之初，正值国家加强对高校严格规范管理的阶段，取消了原有的设计研究机构推荐保研的方式，所有入学都需要经过严格的全国统一考试，除专业课，还要有马列主义思想课、外语课等基础课的全国统考，毕业之时也是经过包括双盲审的多轮审查过程，要求极高。是卢先生的不断鼓励和鞭策，让我能战胜惰性，如愿进入又一所著名学府，继续求学深造。

师从卢先生学习，起源于当时我们团队设计的静安区的一个项目，卢先生是政府的专家顾问，在设计过程中多次参与我们设计的这个老城改造项目的评审，多次指导我们的设计。20 世纪 90 年代，那是一个大拆大建的快速发展阶段，

毕业实习 3

毕业实习 4

经济不断提速，使得一些有价值的区域在推土机式的城市发展中逐渐消失殆尽。我们设计团队特别想从那个年代的枷锁中挣脱出来，探求发展与保护的有机持续关系，从城市文化的传承、城市肌理的延续、保证原住民回搬的经济承受力和发展商经济承受力等方面探讨位于中心城区的住区建设，可以说在当时的条件下困难重重。

是卢先生在学术上的造诣和创新的实践能力方面给了我们诸多的指导，同时在卢先生指导下的设计成果也为政府相关管理部门很多规范的突破提供了技术依据，为相关规范的修编奠定了基础，更是为项目的顺利推进创造了条件，为上海城市文脉的延续、城市活力的激发、中心城区的更新进行了积极的探讨。时至今日，这个设计了近20年的住区，还保持着十足的社区活力，体现出了持续的发展力，这些要素对于今天新一轮的城市更新依然具有积极可持续发展的社会意义。

在同济求学过程中，我一直被卢先生所代表的同济一代学者所追求的精神所激励，师从卢先生多年的学习，一直有一种伟大的力量引领我不断前行，那就是先生在学术上严谨治学的态度、包容开放的思维、创新实践的能力以及对学术不断钻研和对实践应用的极大热情。论文的写作成文过程，自始至终得到了卢先生的悉心指导，从论文的选题、论点的明晰、框架的梳理，逐字逐句都倾注了卢先生的无数心血。先生在学术上敏锐的洞察力和开阔的思路，以及设计上的创新能力，拓展了我对城市设计领域关于文化维度的思路，开启了我对于建筑学更广泛和深刻的学术思考和行动，令我受益终生。

岁月悠远，追溯以往，幸运于在我生命的不同阶段遇到这两所著名的大学，遇到了最优秀的老师和同学，遇到了最丰富多彩的时代。时值2017年恢复高考的40周年之际，回顾我的大学不同阶段的学习和生活经历，用回溯细微之笔记录下岁月痕迹。感谢金磊主编约稿，让我在时间的记忆中穿梭和徜徉，在曾经逝去的空间中丈量和穿越。

刘恩芳

1964年生，华东建筑集团上海建筑设计研究院有限公司董事长、总建筑师，中国勘察设计行业协会建筑设计分会副会长。

做有情怀的学子

洪再生

1984 年，我考入天津大学建筑系；1989 年，我完成了城市规划与设计专业硕士学位的学习；1990 年 1 月，我以访问学者的身份进入日本神户大学深造；1996 年，我获得日本神户大学工学博士学位，回到了祖国。无论在天津大学，还是神户大学，于我而言，除了专业知识的摄取外，更多的是一种人文情怀的熏陶，无论在为人处世的历练，亦或职业生涯的发展等方面都留下了无法磨灭的印迹。而在完成学业后，我又在天津大学建筑设计规划研究总院任负责人，令我的人生一直与“大学”紧密联系在一起。在这篇关于“大学”的文章中，我想谈谈在求学及执业过程中，与“大学”难忘的人生经历与感悟。

“天大”的写作之路

刚入天津大学时，最让我惊喜的是建筑系居然开设大学语文课。现在想来，也许正因为大学的语文课程给我们打下了很好的基础，使得我们在全国首届建筑系大学生论文竞赛中成绩突出。我印象中几次大学生设计作品竞赛，天津大学的成绩都是最好的。此后，又举办了论文竞赛，很多人没想到，天大建筑系的成绩也是最好的。我们那批同学大概有十几篇论文入选《建筑师》那一期杂志。当时，我写了一篇比较感性的文章，原题为《折中万岁》，因为那期评审委员是彭一刚院士，他看过后感觉还不错，其实当时我一共投了两篇文章，但因为用笔名，就都入选了，后来一查真实作者是同一个人，只能选一篇，于是把文章名字改为《论折中》发表了。另外一篇文章在后来青年规划师论文竞赛时，我给寄了过去，谈了“行列式，何以青春常在”，理性思考城市建筑过程中住宅设计的问题：

大家一边批判行列式，行列式却在不断出现，就像我们一边批判城市千城一面，一边在做着千城一面的城市。1983 年，我只是大学三年级的学生，但常能接触我们学院的一些老师，像胡德瑞老师等，他们辅导着我们论文写作，包括后来读研究生时师从导师沈玉麟先生，沈先生是天大的城市规划专业创始人，在做学问上他是非常严谨的老师，但另一方面，他们并不限制你的研究思维，相反鼓励发散思维、创新理念。印象深刻的还包括 1992 年中国科协主办的“全国首届青年学者学术年会”，我提交了《城市更新的第三种选择》学术论文，该论文在《人民日报》海外版上发表。

现在的大学生选专业，自己都没法参与，都是家长在寄托着自己的想法，我们那时候选专业完全靠自己独断，当时我选择到天大建筑学院，就是因为看了整个招生目录，在天大的介绍中提到城市规划专业是为城市培养高级的管理人才，突然就心动了一下，然后就报了，来了以后这个专业没有开，结果我们读的建筑学专业，41 个人的班，是最大的。虽然在本科阶段没能就读城市规划专业，但学习城市规划的理想已在心中生根，因此在攻读硕士研究生阶段，我毅然选择了城市规划与设计专业。

恩师“退官”演讲的启示

日本是很讲究“仪式感”的民族。在日语中，“退官”是教授退休的意思，在日本的大学中，每位老师退官前，都要有一次郑重的“最终讲义”，与教师、学生分享自己的教学成果与经验。

1995 年 1 月 17 的清晨，阪神大地震爆发，而同年 4 月恰逢我的博士生导师岛田胜次先生退官。地震刚结束三个月，学校也在忙碌于震后恢复的工作，准备工作十分仓促，于是岛田先生的退官仪式便在阶梯教室里简单举行了。10月份，震后影响已归于平静，岛田先生决定重新举办最终讲义活动。活动当天，在全国各地闻讯赶来的他的学生面前，岛田先生做了很精彩的最终讲义。其中一段关于城市规划的表述，即便现在看来都极具前瞻性和参考价值。

岛田先生是神户市和神户周边几乎所有城市的规划委员会主任，在城市规划

笔者（右一）与留日博导岛田胜次教授（居中）

方面有很深的造诣。他说，这次地震给我们的城市造成了巨大的破坏，作为城市规划师，我们有着不可推卸的责任。在地震之前的工作中，我们都是在用鸟瞰的角度观察城市、规划城市，这样的思考方式给城市带来很多问题。现在需要反思，应该用“蝶瞰”和“虫瞰”的角度观察城市、规划城市。蝴蝶围绕着花丛飞舞，它们不仅在观察花的情况，同时也在感知花丛周边的环境。同样，规划师在做城市规划时，不应只孤立地观察城市，而要将城市融入到周边环境中去思考。这样做出的规划设计才能够保证民众的安全，才能保证城市的美丽。

有件事我现在想起仍心有震撼。在最终讲义活动中，岛田先生向我介绍了当时神户市的副市长小山先生。小山先生是主管地震复兴规划事宜的，那天我们做了简短交流。大概隔了一周，惊闻小山市长自杀了，据说原因是他觉得灾后重建的压力太大，看着自己管辖的城市在地震中满目疮痍，是自己的工作没有做好，内心愧疚，无法面对百姓。

可贵的学者“职业精神”

职业作为社会关系的一个重要方面，对社会成员的精神生活和精神传统产生着重大影响。日本大学学者的职业精神有很多东西值得我们学习。在岛田先生退官后，另外一位导师安田丑作成为我的博士导师。我印象最深的是安田先生和学生预约见面时间，不是粗略到几点，而是精确到几点几分，并且往往是几天前就开始预约，同时说好谈话时间，每次大概十多分钟，谈话内容非常高效，十分严谨。安田先生现在是日本建筑审查委员会主任，业界地位很高。他用十年时间写了一篇博士论文，其中有许多他直接做的规划案例，限于日本土地为私有，案例规模都比较小，但他研究出的观点十分鲜明：政府一定要通过“诱导”的策略带动民众参与城市更新。这一点对于我们现在的工作来讲都是极具指导意义的。在我现在的工作中，在面对地方政府规划部门的负责人时，我时常主张要把诱导的策略、支援的策略放到城市更新里边去，让公众一起参与更新，避免政府唱独角戏。政府做的很多工作，怎么去实现习总书记说的让人民群众有更多的幸福获得感，要让老百姓发自内心地响应政府的号召，而不是政府一味出台政策，民众被动接受，这样只会事倍功半。如果充分了解民众真正的愿望，根据这个制定诱导策略、支援策略，我们城市更新会做得比现在更好。

不曾想到的是，在日本七年的留学生涯种下了“办刊”的情结。留学期间我曾担任神户地区中国留学生会主席，当时，在日本关东和关西地区的建筑专业、城市规划专业的中国留学生决定办一本杂志，重点介绍中国建筑师、规划师的研究成果和实践案例。我们负责的那一期主题是我确定的“中国的山水城市”，当时多亏鲍世行老师等的大力支持，帮忙提供了很多图文资料。金磊主编也为我们提供了很有分量的文章。关注山水城市，关注一个城市或者建筑的人文情怀，正好跟我当时在日本做的研究工作有很大的关联性。尽管留学生在国外办刊物要自己拉赞助、搞印刷，自己排版、自己翻译，但是我们做得还是挺好的，很有成就感。现在想来，我回到国内注重媒体传播，创办《城市空间设计》学术刊物和在日本参与办刊应有很大关系。

笔者初到日本参观大阪花博会

笔者与夫人袁逸倩在神户大学（留学第一年）

笔者（中）出席中国首届青年学者学术会议时与科协主席朱光亚（右一）亲切交谈

大学积淀下的感悟

十年前，在我担任天大设计总院院长职务后，参加了一次建筑学院校友的返校聚会活动，清华毕业的张文忠老先生拉着我的手说“建筑设计院的院长，如果有城市规划的教育背景，对工作的开展是大有裨益的”。张先生担任过天大设计院的总建，他的观点我十分认同：因为有城市规划的情结在里面，我们更多地会基于城市、基于人去考虑建筑的设计。

最近，我们把院里这十多年做的优秀项目提炼为设计“心·印象语言建筑”。我们设计的建筑本身不在于外形像什么、想刻意表达什么，更多的是让使用的人和看到的人、接触的人都会在内心深处得到某一种共鸣或者触动内心之中柔软的某一点。希望我们设计的建筑和规划的城市最终能够实现习总书记提出的“看得见山、望得见水、记得住乡愁”。乡愁的内涵是很难表达的，很柔软的东西，所以，在“心·印象语言”的设计逻辑下，我们需要努力做出好作品，以激起大家的心灵共鸣并在内心留下印象。而不是让领导看着多炫，让一般人看着多酷。我想这样理念的提出，跟我们在大学所受的教育有很大关系，天大的教育精神是实事求是，天大很多学子对建筑的要求其实还是非常朴素的：首先从功能出发然后再上升到情感。这也是天大的大学生活给我们积淀的感悟。

2005 年，我们提出天大设计总院的三步走方针是：第一要走出大学，第二要服务于社会，第三要与国家发展战略同步。在经营天大总院时我们的定位不光是在专业上要有自己的影响力，每年年终大会上还会专门有一板块：总结天大设计总院的“社会责任与行业担当”。我们之所以这么做，是认为作为“中国第一所大学总院设计机构”的天大设计总院是有历史使命的。作为大学设计机构，一要注重科研创新，即我们所称的“科研强院”，二要注重文化责任，不是“唯市场论”，一定要让我们的设计人员感觉到创作有价值，生活有尊严，所以，我们又叫“文化大院”。当然，我们还有一个更高的目标——打造世界一流高水平

笔者（右二）出席中国首届青年学者学术会议与时任国家科委副主任朱丽兰同志（居中）留影（1992年）

设计机构。

回望我的大学生涯，1980年进入天大，到1996年留日归来，在不同的大学度过人生十六年的青春岁月。幸运的是，我现在仍在母校工作，依然怀揣着初入大学时的设计梦想，精心塑造着“心·印象语言建筑”，并且笃信：一个有情怀的设计师，他的作品能够触动人心柔软的一面，让人们感觉到优秀的建筑设计、城市规划作品真的能够在人内心深处留下印照。

洪再生

1962年生，天津大学建筑设计规划研究总院院长，博士生导师，《城市空间设计》主编，协助主编《建筑评论》系列丛书。

邂逅重庆

徐 锋

一、缘

1. 重庆之缘

父亲与我的求学路，有无尽的相似，都是在年少时往返于重庆与昆明之间。当年，我的父亲 19 岁的时候独自一人历经 5 天的绿皮火车、长途汽车、步行等交通从重庆来到昆明，在云南大学医学院（现昆明医科大学）开始了他的求学之路，而且据父亲说一来昆明就 10 年未回过重庆。而在 27 年之后的 1981 年，17 岁的我离开昆明，第一次踏上了之前从未去过的父亲的故乡，重庆——我的老家的求学之路。

在我心目中，重庆既陌生又熟悉，在脑海里一直有两方面的印象非常深刻。一是那些年，伯父、姑姑等亲戚时常会来到昆明出差，他们和父亲有着同样亲切的四川口音，而且他们总会带着香肠、腌熏肉、肥皂等那些好吃、好用的生活必

重庆建筑工程学院大门

大学一年级第一次外出考察

峨眉山实习

大学二年级笔者所在班级的设计课堂

需品来，这些好吃的东西对于那个年代还在时兴肉票的我们来说，完全是打牙祭的美事，对我一直就留下了重庆的生活比昆明要富足的印象；另外一个源于《一双绣花鞋》的手抄“恐怖”小说，也在我的脑海里留下了“神秘重庆”的印象，这是一部谍战题材小说，小说后来还被改编成了电影，反映出重庆浓郁的神秘气质。

2. 建筑学之缘

去到重庆读书，其实也是一个偶然……

小时候，我就很喜欢画画。那个年代的知识青年需要“上山下乡”，父母也希望我能够有一技之长，毕业以后也许可以借此逃脱“命运的安排”。所以，在我读初中的时候，他们专门请了医院一同事的正准备 1977 级报考美院的女儿来辅导我画画。

大学填报志愿之前，我从未想过会学习建筑学。最开始的大学志愿是哈军工（中国人民解放军军事工程学院的简称）或者北京航空学院之类的院校。因为在那个年代，到处都在宣传科学的春天就要来了，给人灌输的理念就是要努力学习，然后做一名科学家。结果往往是不尽人意的，在高考之后，科学家梦想离我远去，而我又不想随着父亲、母亲的脚步去学医。而就在报考志愿的前几天，我跟随高中班主任认识了他中学的一位老同学，他在昆明的一家设计院工作，是一位来自重建工毕业的建筑师，偶然的机会去到这位建筑师的家中做客，从此，改变了我梦想的轨迹。记得那天在这位建筑师长辈的书房里，我看到了很多建筑

大学二年级峨眉山古建筑测绘实习

设计类的书籍和各种国外建筑的彩色照片资料，一下子打开了我的眼界。不由地心里想：这不就是我喜欢感兴趣的专业吗！不仅是工科专业，还和画画紧密结合，这就是我想要学习的专业了，甚至是未来从事的职业了。回家第一件事就跟父母商量我要学建筑学，填报志愿的时候，查到在我从未去过的“老家”的这所大学就叫重庆建筑工程学院，我的高考分数达到要求，所以第一志愿我就改报了重建工的建筑学专业，之后我就被顺利录取了。

3. 师兄弟之缘

随着高铁时代的到来，如今昆明到贵阳乘坐高铁只要 2 小时，未来贵阳到重庆的通车高铁也只是需要 2 小时左右。而在我 17 岁那年，真真切切地就如大家说的“家乡宝”，从没有离开过云南。

1981 年，我踏上了自己的求学之路，乘坐火车从昆明出发去重庆。乘坐火车从昆明到重庆是没有直达列车的，需要两个夜晚的乘坐时间。第一天下午从昆明出发到贵阳需要乘车 13 个小时，然后要在贵阳换乘，等待一白天的时间，第二天晚上从贵阳到重庆，第三天早上才能到达重庆。现如今看来，两个晚上一个白天的路途依旧很是遥远，不过在路上，却相识很多沿途读重建工的小伙伴，特别是建筑系的小伙伴，当然还有高年级的学长，比如贵州省院的总建筑师董总等等，每次贵阳转车的那一整个白天我经常到火车站附近的董明师兄家“混日子”。

二、集体生活

小时候，我家住在昆明医学院的大学校园里面，生活轨迹始终都是学校到学校，不曾有过什么变化。中学时候几次集中学工、学农，其他同学都是打了背包离开家，到工厂、农场住宿，而我都被老师安排留在学校的食堂帮厨。就这样，上大学成了我人生第一次参加的集体生活。1981 年我第一次独自离开父母，打了背包，提了母亲曾经读大学时使用的皮箱，踏上了求学路。也是第一次，由于与他们的分别我留下了眼泪，第二次的分别之泪是在我大学毕业工作的第二年父亲的葬礼上。

经过一路奔波终于到了重庆，一下火车一股热浪迎面而来，我的大伯母远远地就站在出站口等候，她带我坐上新奇的缆车从菜园坝上到两路口，然后乘公车把我送到位于沙坪坝的重庆建筑工程学院。一路上看到的重庆市容，远远脱离了我的想象，天空、建筑、冒着热气的道路等满是一片灰色，与昆明的七彩对比起来，宛如进入了“黑白火焰山世界”。

入学时由于历史原因 1977 级、1978 级都没有毕业，我们 1981 级入学之后没有宿舍，全体 1981 级学生被安排在重建工新建仓库中住宿，一个班一间库房。巧合之下，我们建筑学 1981 级二班包括我、元超、唐建、张楠、彭高峰等在内有 7 个人被幸运地安排在了学生 4 宿舍 402，左邻右舍都是建 1977 级的学长。

大学二年级回家

与大学同学外出采风合影

大学三年级工业建筑设计参观实习

一进宿舍，看到床上只是铺了一床茅草垫，再铺一床草凉席，热水壶是竹编外壳，桌子和床都是没有刷过油漆的本色木头家具，我一下愣住了，这完全脱离了我对重庆大学生活的美好想象，心里从先前的好奇，开始一点点地染上了失落，原来比昆明发达的重庆，却给予我了另一种类似 19 世纪“灰色的生活场景”。

我和班长“老赵”（现中建西北院总建筑师赵元超大师）上下铺，被分配住在宿舍靠窗的床位。第一天完全没有任何经验，半夜时突然一阵草灰就落在脸上被吓醒，原来是老赵同学翻身，草垫就开始落得我一鼻子的草灰，为此我还有点小脾气，第二天赶紧买了蚊帐挂上防落草，也从此注定了我和老赵的深厚情谊。我的第一次集体生活虽然充满了新奇，却也伴随着第一次独立生活带来的失落感。好在，我们班同学入学年龄差距很大，从 1957 年出生的到 1965 年出生的都有，而我是 1964 年出生的，在年纪大的大哥哥的表率与关心下，同学之间相互帮助、关心、谦让，相处都很融洽，第一次的集体生活还是充满了温馨的记忆。

我们的宿舍很老旧，墙上有很多霉点，在第一学期结束的时候，我们宿舍集体扫除，大家就用建筑设计初步课学来的渲染图裱纸技法将买来的草图纸裱在墙上，平整、无缝，顿时觉得宿舍焕然一新，大家开心得不行。其实，第一次的集体生活对我一生的影响很深远，在如何与人相处，人与人之间的信任，以及团队之间的密切协作等方面，至今都影响着我。

三、偏科与跨界

在我们那个年代，流传着一种口号“学好数理化，走遍天下都不怕”，所以，在中学时期，数理化的成绩深深地影响着一个人的全部，甚至是数理化的成绩好，那就代表所有成绩都好。进入大学之后，似乎发生了很大变化，学的东西就不一样了。1977 级的学长，时常串门儿来关心我们这些学弟，那时，学长们就说：学建筑学生就不要再去重视数理化了，把设计搞好、画画搞好就可以了，要向文艺靠拢，要向社会学方向靠拢！

其实，一进大学很多同学都有一种“小鸟放飞”的心态，首先遇到的新奇课程就是美术素描，然后才是设计初步课程、画法几何等。

插曲 1：高数

全部同学对美术课、建筑初步、画法几何等专业课程都十分重视，反而对数学、力学这类课程不太认真。当年，我高考最好的成绩就是数学，加之学长们的经验之谈，自然对建筑学专业的数学课不太重视，课堂上经常开小差，忙活别的功课，致使第一学期就出现了“滑铁卢”，高等数学课要补考！那时电话通讯

大学四年级云南设计实习

大学四年级同学们在昆明滇池

不发达，老师写了一封信给家长，告知我的高等数学需要开学两周后补考。在整个假期里，我的心里都十分难过，要知道数学曾经是我高中时期最优秀的一门课。开学之后两周，在补考的考场上，我遇到了好多我们班同学，甚至一个考场几乎都是我们班的同学，经过这么多年之后，当年一同补考的同学们，如今大多成为了优秀建筑师。

插曲 2：阅读

刚进入大学的同学们，对知识如饥似渴，就像海绵一样，突然发现曾经学习的知识太不足了。当时，班上几位年纪大的同学推荐过好多书给大家，比如《萨特的心里学》《第二次浪潮》《梵高传》等，以及对未来科学憧憬方面、心理学方面的书籍，看上去似乎读了很多与学业无关的书籍，走偏了学科，事实上汲取了很多知识。由于当时教科书很浅，资料书籍很少，加之大家对知识如饥似渴的向往，想尽办法去买书、借书来阅读，恰恰这些书在日后的职业经历中有起到了很多作用。

弹吉他，画画，读心理学、社会学、未来学方面的书这些看起来十分惬意，

毕业答辩

1985 年毕业答辩

毕业照

与紧张学习走偏，事实上又与未来学习之路密不可分的活动，占据了建筑学专业学生的大学一年级的很多时间。在 1977 级的学长毕业的时候，我们才大一过了一半儿的时光，在学长们摆的地摊儿买书，买那些曾经学长们建议读的书，买图书馆没借到的书，买书店也没能买到的书。

插曲 3：画画

建筑系学习画画都要有素描和色彩两个阶段。其实，我那会儿的素描成绩

毕业 30 年后，笔者的老师们

30 年后（二排左一为笔者）

毕业 30 年合影

只是一般般，后来到了色彩课学习似乎是一下子顿悟了，成绩非常好。也可能是生活在昆明的原因，在我的画上经常会出现丰富的色彩，教授水彩课的王继伦、邓平老师对我的画也是赞赏有加。

作业留校应该是对建筑系学生一种特别的肯定吧。每次水彩课发回作业的时候，大家心里都是盼望可以发张高级水彩纸白纸回来，被留校的作业才可以得此殊荣。以至于，最近很多人都在整理自己曾经的画，我就在想：为什么我就没有保存当年的作业呢？估计水彩作业大部分都留校了。

偏科和跨界，事实上是学习内容和模式上的变革，也是建筑学这个专业对我本人学习经历的一次冲击。让我也认识到了，既然选择了建筑这个专业，学习的知识面必须要打开，不能落入常规教育的模式。建筑学本身就是凝聚了人类社会中很多层面的体现，抛开物质层面，还包含技术层面、美学层面、精神层面等等。如果当年没有选择建筑学专业，也许有很多书至今我都没有机会读。

四、图书馆和资料室

建筑系学生似乎从入学就一直与其他专业的同学有所不同，比较有一种莫名的“优越感”。比如，学校发放图板，其他系的同学仅可以领取一块 A1 图板，而建筑学的学生是可以在学校领到三块图板，A0、A1、A3，大图板用来画图，小图板用来画画；我们有固定的专业课教室，而其他专业同学却要游走在各个教学楼之间。看起来固定教室的教学似乎有些封闭，但是学习建筑学却需要开阔的视野，阅读成为拓展视野的主要方式，所以，图书馆对于我个人来说印象深刻。

图书馆似乎已经超越了查阅资料的范畴，还包含了人与人之间的交往，是重建工学生们晚饭后都喜欢去的地方，图书馆的阅览室更是需要抢占座位。另一方面，简直就是学校内的一个社交场所，来这里的学生们，有认真学习的、有男女同学相互“打望”的……其实，要感谢当年的建筑系李再琛主任在阅览室开辟出了建筑系的小天地——建筑系资料室，要凭建筑系学生证才可以进入，这里存放了很多新锐的国外建筑期刊读物。当时没有照相机，几乎每个班上同学每次都是带着一卷描图纸，遇到喜欢的建筑资料就开始描、画，既了解到了新锐的建筑资讯，又练习了钢笔画。

五、选修课是大学时期的小确幸

小确幸 1：设计选修课

大三上学期的时候，我修了电影院设计课，被分入吴德基教授的小组。毕业设计的时候，我又被分入吴教授的小组进行影剧院设计。换句话说，大学四年中，我有近一年半的时间是在吴教授的严格要求下进行观演建筑课题设计，还有幸随设计小组坐江轮沿长江漂流到杭州大剧院、上海大光明剧院等一批当时名气较大的影剧院进行了收资考察，然后进行影剧院（厅堂）的学习和研究。现在想来，要是当年继续深造的话，很可能我会选择继续影剧院的研究。遗憾的是我工作三十年的建筑实践中，却没有影剧院方面的项目实践，还好有一系列的体育馆设计实践，比如五华区青少年体育活动中心体育馆游泳馆、玉溪地区体育馆、云南思茅地区体育馆等等，却也得益于当年的影剧院（厅堂）设计的学习和研究。

小确幸 2：摄影选修课

大三开始的时候，建筑系主任由李再琛教授担任，他本人刚归国不久，曾经在加拿大艾里克森事务所工作过，带来了很多国外的教学经验以及教学模式的变化。那时候，新增了三门选修课，分别是地下建筑、乡土建筑、摄影课。

当年，选择摄影选修课的同学，可以从学校领用到一台海鸥单反相机，由于设备资源有限，所以，并不是所有同学都可以如愿选修摄影课的。参加摄影选修课的同学，在领用到照相机之后就可以在校园、去到瓷器口等等好多地方自行拍摄，关键是还可以用建筑系的暗房自己进行照片冲洗。那会儿，我们几个同学时常主动帮助老师打扫卫生，其实就为了搞好关系，延长使用系里暗室的时间，或者课余时间使用暗室。而我们经常晚饭后，利用业余时间在暗室冲洗考察照片。在我中学的时候，我在家里就改造过一个小暗房，到了大学时期自己冲洗照片更是得心应手，还可以指导和帮助其他同学。如今回忆起来，当年的摄影选修课对我的职业发展有很深影响，甚至说我的摄影爱好也不乏得益于摄影选修课。

小确幸 3：乡土建筑

乡土建筑这门课的学习，对我毕业后一直在云南的建筑实践有着很关键的影响。当年，李再琛教授就要求我们去瓷器口调研，无论是在那里画水彩画，还是研究建筑街道“灰”空间，最终结合乡土建筑主题完成作业。

云南省是西南地区民族众多的省份，有着多样的民族文化和地域特性。这门课的系统学习，直接影响到我工作后在很多不同地区的建筑实践的工作方式和思考方法。

毕业 30 年 1981 级 · 师生聚（四排右二为笔者）

小确幸 4：毕业设计

大四上学期，周以仁教授带我们酒店建筑的设计课，那会儿还教授了我们一个设计的“必杀计”，那就是色纸上的建筑表现图。周教授当时拿出汤桦学长的留校作业给大家做范例，那图上的细节简直是细腻如牛奶。在有颜色的卡纸上，进行建筑表现图，仅仅使用白色和黑色水粉，受光面用白色水粉表达，还可以根据调水的分量不同来表达不同的亮度，黑色水粉表达阴影。这个大招确实上手比较快，以至于我毕业到设计院之后，时常用这个大招辅助建筑师前辈完成设计效果图，还屡试不爽。当时流传着一种说法，老八校的建筑学系都有自成一派的“大招”，比如天大擅长小钢笔画，重建工是水粉画见长……

2015 年，我们大学毕业三十周年，全班同学又回到重建工相聚，我再次见到了曾经教导我们的老师们：吴德基老师还是那么神采奕奕，声音洪亮；周以仁老师，曾经魁梧的身材由于与糖尿病的斗争如今已经变得瘦小，但眼神依旧刚毅有神，我们还聊到了当年那招“必杀计”……岁月的长河中，磨去了我们的青春，却不能磨灭我们的大学青春记忆！

徐锋

1964 年生，云南省设计院集团总建筑师，住房和城乡建设部建筑设计标准化技术委员会委员，《云南建筑》杂志社主编。

大学让我的青春永在

刘晓钟

金磊主编说要出一本《建筑师的大学》，邀请诸多建筑师畅忆当年的大学岁月。忆往昔，见人见事，思路相当好。特别是许多老一辈建筑师的岁月历程应成为建筑乐章中的印记留下。但拿起笔后，还真不知从何开头，写些什么，仿佛又回到了 20 世纪 80 年代，一幕幕清晰可见，似乎年龄与现在的九零后相当，但差距是三十多年，变了，不一样了，虽进步了，但那是历史；虽不会再现了，但应留下岁月的记忆和痕迹。这才是历史……我的大学第一次。

新年晚会（1980 年 12 月底——大学的第一次新年晚会）

这是我们从中学时代进入大学后第一次组织和参与的新年晚会。由于学校宿舍的问题，我们建筑专业是 10 月份开学的，因此第一次晚会大家才刚刚熟悉不久，但要在晚会上体现建筑专业的特点和才华。在没有放开心扉和建筑学人的气质的时候，班级组织了建筑学 1980 级新年联欢晚会。我理解这个联欢会是相识、认知、展示才华和期望的一个晚会，有绘画比赛、写作、音乐表演……大家尽可能地展现自己的才华和能力，一切都很自然。虽然彼此还没那么熟悉，但这可能就是一个大家庭建立的开始。同学们的年龄跨度从十六岁到二十多岁，虽然年纪相差很多，而且来自天南海北，但关系很融洽，讲着

笔者大学第一年班主任黄佳老师来京合影，也是笔者与老师最后一面

建筑 1980 级在京同学 1985 年相聚十渡

各自的方言，穿着当时的迪卡服，青“色”朴素，甚至有些“土气”。由于东北冷，棉大衣、棉裤都在其中，这就是 20 世纪 80 年代大学生的衣着。看看我们班当年入学校的第一张集体照，就能看出当时的着装和我们建筑师的“形象”。

设计课（第一年的设计课）

场址：建筑 1980 级教室。现哈尔滨工业大学建筑学院教学楼一层东南角。

人物：建筑 1980 级同学 36 人 +1（1 为在我班选课的代培生）+ 老师（李婉珍、郑欣、刘德朋）+ 师哥、师姐。

场景：建筑初步课——水墨柱式渲染、画板 + 装裱好的纸、笔、颜料。

灯光：有限的几排日光灯管，较昏暗（本人中学期间视力没问题，在此教室上课一年多，视力变化较大，最后带上了眼镜）。

音乐：SONY 砖头录音机一台，是匡秦同学的个人物件。

曲目：当时流行的“靡靡之音”——邓丽君歌曲：《美酒 + 咖啡》《小城故事》……

回望，当时邓丽君歌曲属于“靡靡之音”，不允许在校内播放，但确实好听，有一种从样板戏中解脱出来的舒展、自然的感觉，这也许就是当年的校园歌曲吧！当然这只是在建筑学设计课中学生自己放的，其他专业没有。建筑学专业先锋一点，开放些。因此，大家从班级门口经过时，都要抬头看看里面的场景和人，听听传出的美丽的歌声。我们班许多同学，在今天就应该是我们现在讲的“靓仔、美女”！讲到此，你就知道人物中我们班上课为什么有师哥、师姐了，应该是师哥多、师姐少。三十多年过去了，今天回首，有现实和往昔，有幸福，有记忆，有浪漫，有曾经。许多故事，随着时间和岁月流逝，会一点点变成回忆。说了半天，课堂的内容没讲，没描述，但课程和设计在音乐的伴随中，在每个同学、师哥、师姐的憧憬中完成了。3 分也好，5 分也罢，都成为建筑师的记忆和过往，这种记忆在我们每个人的心中是抹不掉的。

夜幕：都说建筑师是夜猫子，的确不假。白天忙了一天，干了许多自己认为应该干的事。到了晚上，设计还没完成，天黑了，心静了，创作开始了，教室里总有一帮人在挑灯夜战，仿佛不到夜里一两点钟今天就白过了。熬过了前半夜，后半夜要回宿舍了。按照校规，教学楼和宿舍楼晚上十点钟要清场和锁门的，大家只好跳窗户。教学楼是俄式老建筑，有地下室，首层地面距室外还有点高度。男生跳还好些，女生就不容易了。男同学在下面接着，外面黑乎乎的，真有跳窗户崴脚的。这才只是过了第一道关。回宿舍已经关门，如果是下半夜，基本上是不敢敲门的，门卫要告诉系里的，只有再跳窗户进来。刚开始首层洗漱间的窗户没有栏杆还可以，过了一段时间学校加强管理，首层都加了铁栏杆，进不去了。我班男生宿舍在四楼，沿室外梯爬四层侧面进入宿舍，然后回房间。如果有女生，那也只能爬了，不然是回不去的，只是让男生不要开灯，当时没有点胆量还真不敢爬。这是一种经历，一种自我感觉和尝试，也是职业生涯中不可缺少的一部分。

第一次沈阳故宫的测绘实习

1982 年暑期，中国建筑史课完成，全班去沈阳故宫测绘，这是全班同学集体外出实习，每人要自带行李。我们坐火车从哈尔滨到沈阳，住在故宫内，宿舍是故宫管理部门为我们腾出的两大间房子，男女生各一间，既是宿舍又是教室，

1982 年在沈阳千山实习（左起为付国良、梦犁歌、笔者、刘卉、唐朔英）

1981 年夏，摄于哈尔滨太阳岛

晚间睡觉是大通铺。当时故宫夜巡虽有设备，但夜里狗仍是放开的，因此夜里出来上卫生间要注意，与现在比起来，生活上是相当的艰苦，但同学们没有觉得。同学们都很兴奋，白天上下跳来跳去，爬上爬下，当时的手段真有限，完全是靠尺子自测。大家先画出草图、平立剖面图，然后就现场测，很多地方没有架子，只有大家想办法。我们组是三个人，我、唐朔英、刘常青，任务是一个配殿的测绘，带队老师是侯幼彬、曹讯两位先生。测完一部分数据大家就回宿舍大铺前画图，小板凳一坐，床前靠着图板。先是铅笔起稿，然后鸭嘴笔描，中间侯幼彬老师要给我们看图，看比例、做法、画法和表达，许多构造做法，书上看了，与实际还是有很大区别的，并且现场很直观，体系一看就明白了。

记得是一个周六，我们组的图纸完成了大部分，下午侯老师要给我们看图……在这之前，我们几个同学计划好了要去趟千山的，但不敢与老师请假，想周六晚上走，周日回（周日放假，当时没有周六休息）。侯老师中午吃饭时约好下午的，但怕耽误时间，我、付国良、梦犁歌、刘卉、唐朔英一商量还是先走吧，不然老师不让去不好办。先斩后奏，五个人悄悄地就去了火车站，买票去鞍山，然后乘汽车到千山。其实这一路就没有想回去怎么跟老师交代，后果如何，只想玩了……

到千山已经晚了，大家自己带的吃的，计划晚上露营。然后就向山上爬，想第二天早上看日出，爬到半山腰的时候，说小唐、刘卉俩女生和我们露营山里，有些过意不去，就找了一家店。如果都住，钱不够，俩女生住，又怕出问题，想想还是一块儿露营吧。大家一起找了一个相对安全一点的地方，铺了件雨衣在地上，大家就睡了。刚躺下的时候，山的那边也有几处和我们相同情况的人在露宿，我们讲着、聊着、憧憬着……夜幕下，山林中，不知不觉中就天亮了，赶紧往山上爬，看千山的日出。这是我们来的目的，也是我们的希望和体验，一切美好的愿景在那一刻得到满足……

傍晚我们赶上了回沈阳的火车，几个人身上加起来就剩几毛钱了。就这么一路回到了沈阳。高兴了、快乐了，但不知回来等待我们的是什么。

回到故宫，还没站稳，白建新同学就讲，坏了，你们不请假就去千山，侯老师已报给学校系里了，要处分的，赶快去找侯老师吧！记得当时都没顾上去洗脸，直接去了侯老师宿舍。侯老师在宿舍焦急地等待，我们见到老师赶紧承认错误，没请假就走了，约了看图也没看。我们几个低着头，不知说什么好。侯老师

黄佳老师与在京同学相聚，前排左起为郝佳莉、于健生、笔者、黄佳老师、回敬明，后排左起为王永臣、鲁力佳

建筑 1980 级宿舍 432 室七名兄弟绘画写生于省博，前排左起位尹维民、廉赢、单冰茸、李大为，后排左起为笔者、于健生、白建新

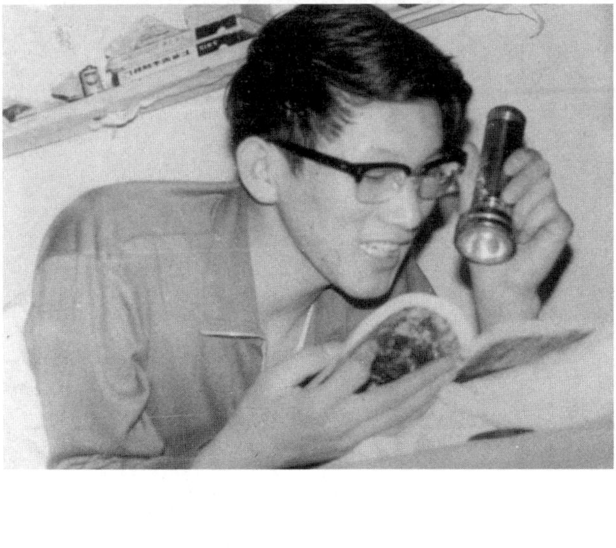

晚上熄灯后看书

建筑 1980 级宿舍 432 室“八兄弟”摄于学院门前

很平静地说了我们，其中一句话很感动我：“安全回来就好。”其实还真不是请不请假的问题，侯老师是怕出事故，不好向系里和家长交待。其实听说要处分，每个人都还很怕的，但看侯老师的态度，大家又都感到安慰，知道错了，也得到了温暖。后来想想此事，还真感谢侯老师处理问题的方法和对同学们的爱护和真诚。如果处理不好可能还真会对我们影响很大。侯老师真是为人师表，课讲得认真，学识渊博，爱护同学，今天想来一生感激。这其实是一种大爱，是一种德与育、德与仁和师与德的完美。我也在带研究生，希望能够修炼自己，向老先生学习，育人以德、育人以知。

建筑 1980 级大一全班第一张合影

绘画写生（大一时）

1981 年学院摄影，新同学摄于太阳岛（后排右二为笔者）

第一次全面竞赛

1983 年大四的上半年，设计课是工业设计，孙翠雲、张姗姗老师为指导老师。刚刚开始几周，系里老师确定参加当时全国体育馆设计竞赛，要选几名学生参加，有 1979 级的和我们 1980 级的。当时参赛的有我，老师说体育馆的竞赛算作工业设计课的学分。我们单独参加竞赛，这也使我有幸在梅纪魁、刘志和老师的指导下做方案。竞赛是个人做，不统一讲授，但老师单独指导，

1984 年与父亲摄于复兴门桥上

1984 年与父亲摄于设计院门前

建筑 1980 级 1984 年毕业照（五排右四为笔者）

这个过程使我受益非浅。自己查资料、研究内容、确定题目、提出问题，老师帮助确定大方向和建议，这个过程既需独立思考又有在老师指导下的推敲思变。我们先自己对题目进行判断和设计，再找老师指导提升，思路在转换、提升、改变，我们也近距离地了解了两位先生的思想过程和处理问题的方法。加上二老的平易近人，真心诚意的待人作风，是我这次竞赛中的最大收获。当然结果也很理想，此次竞赛无一等奖，我获得了佳作奖（奖金五十元，相当于当时两个月的生活费），这对我和学校、老师都是一种荣誉。

四年的大学生涯转眼即逝，但对我们工作的一生确是专业的基础，社会生活的开始，青春的绽放，建筑师职业的开端。感谢真诚、认真的老师，感谢母校，感谢共同生活和学习的建筑 1980 级全体同学。

——青春永在！

刘晓钟
1962 年生，北京市建筑设计研究院有限公司总建筑师。

一杯咖啡

刘 谞

20 年前来过的威尼斯圣马可广场今天看起来像是永远凝固在那里的一座活着的雕塑城市，变化的只是每年每天都在变换着的人穿着各异的装束、操着不同的语言或方言从世界各地蜂拥般地到来。几十年前在我心里的惦记或者说是愿望——“到了圣马可广场一定是要喝杯咖啡的”——这是 1980 年在我大学二三年级的时候，瘦瘦的身材，亮亮黑黑的眼睛，永远都是翘起来刘海又跌落下垂的发式的外建史张似赞老师说的，我只是记了 37 年。

意式浓缩咖啡少而浓烈，似乎很不搭从地中海吹来夹杂着尼罗河与爱琴海温暖气息的风，苦涩变成了难忘再后便是永远甘醇的记忆。

四年大学大致是这么几个阶段。首先，惊恐成为大学生，高中即将毕业、原先早就说好的去农村或者享受铁路子弟顶替制度并做好了心理与生理准备的我，恰逢 1977 级的哥哥高分第一志愿考上了沈阳药学院，老妈说，看你的了！母亲每天给书包里塞个鸡蛋作为课间餐的动力，竟然敦促我成为了 1978 级。其

刘家斌

大学时代

实习作业模型

次，自豪：初步设计的茶轩还有几个被老师用红笔在右下角写上了“畄”（留）的作业，挂到教室那个走廊上，每天路过都会目不转睛地有意待会儿。规划了黄帝陵的张缙学老师一次在评图时说：这张徒手草图就连线条都有空间感。这句话鼓舞、温暖我到了今天。如今徒手画设计不多了，空间感还真的日渐远去，很是怀念我亲爱的师长！第三阶段主要是与算计有关，有点头疼，不时有敷衍了事当作任务完成，说不上喜爱。尤其是大批前苏联遗留下来的以及高考前那些年代的烙印，与眼下的社会状况大相径庭。还有那个英语，不知是我真有语言天赋还是老师网开一面，中学时我学的俄语，到了大学从头开始学“ABC”，竟然能通过英语的考试，神奇的天方夜谭。最后阶段就是还不知道这“建筑学”自己学到了什么，毕业去哪里，干什么？同学们似乎都已经胸有成竹，踌躇满志地写下离别祝词。而我常常坐在教学主楼背后的草坪上呆呆木木、静静悄悄地依然觉得还应该学到、得到些什么——入校与毕业几乎没有区别，包括时光的变迁。

不久前和湘潭大学行将毕业的学生们座谈时谈到：入校和毕业就像我们要出门的时候，不要光坐在房间里想今天是带遮阳帽、遮阳伞出门，还是带着雨伞出门，今天是穿的厚一点还是穿薄一点，结果，想了半天都没出门。其实，外面

手绘

下雨了又能怎样？有准备，我有雨伞可以打；没有准备，我躲一躲雨，等一等再出门；再不济，小雨我就冒着雨走一会儿，如果遇到事情比较着急，哪怕我在雨中跑着走，把浑身都淋湿，淋成落汤鸡，我也能到达目的地。不管怎么样，你行动了，你经历了，无论你是淋了雨还是等了一会儿，还是等不下雨走过去，你都经历了。其实1982年我毕业答辩的导师张宗尧老师对我也说过相似的话——我也是这么做的。学校一百年来更换过多次名字，可我还是习惯或者是顽固地拍着胸脯地说：西冶1978级建筑学——真想再让老师改改图、表扬一下，尽管这把年纪了。

环视与20年前几乎一样的圣马可广场，呆着不动也是一种永恒吗？文艺复兴后的城市开始宏大起来，在我的记忆中似乎她没有童年也没有晚年更不曾历经沧桑，就在那里存在着也保持着最为诱惑的姿态，不知疲倦地停留在那里、注视着眼前，这种永恒的不变让人倍感岁月依旧青春。是世界前行落下了单行的威尼斯，还是原本发展的目标是为了另一个威尼斯的诞生？抑或地球本来就是圆的，周而复始的本初就没有目标，只是一个活着的过程而又像是个任务，可标准却早已确立。水城的人都到陆地上去了，只剩下老人和孩子在迎接着充满活力、乐此

同学合影（左三为笔者）

不疲的四方游客。六百年的不变算不算永恒？今天的建筑还在刮着来自欧洲大陆的香水甚至北非尼罗河的梭鱼腥味？还是把《从包豪斯到新建筑》翻译传播到中国的张老师说得好：来了，就要喝一杯咖啡。只是当代与曾经并继续积累着曾经的混合，那可能会是一杯拉花带泡的卡布奇诺。

中国快速生长的城市难以成为当代的威尼斯，每个人、每个集团都努力去寻找属于自己心中的“罗马”，这个是说说、做做就可以得到的吗？这确实是个有趣的问题。强调速度与变化并不怕失败，敢于把目标定在月球和火星上的年月，然后择与不择手段都用，不断失败并作为一种进步与学习，一切皆有可能。实在是难以分辨建筑学成就了建筑师还是建筑师还原了建筑学。大学更像是一个智慧与实践的炼炉，点燃与激发着每个具有独立意志和抱负的莘莘学子，一茬接着另一茬的收获，没有结束也没有开始，一直延续到今天，大学那四年是再教育的终极大考，后来无数个考试与备考组成了生活的全部，这还只是刚刚的开始……也许从那个时候开始就注定了果实的累累。“我们必须流下热汗，才能重新拥有父亲留下的遗产”，可是为什么要“遗产”而不是后来日子的积累创造呢？创新与传统总是一个不衰的话题，其实两者本来就是一回事。托尔斯泰曾经说过：全世界的人都想改变别人，就是没有想改变自己。罗丹也说过类似的话：有人问

毕业合影（三排右四为笔者）

我为什么能把一块石头雕刻得栩栩如生，我告诉他们，其实美早就在生命里了，我只是把多余的部分敲掉了。大学的时光多是在教导该如何去伪存真，忘了是谁说的这段话却记了好多年，久而久之融到血液里，不存在的存在，一种虚脱的状况来自于灵魂里爆发出奇想的土壤。我的大学校园里有许多宁静、质朴：本来空白的东西行政楼东边的园子那儿幽幽生长的藤物，二号楼与学生会楼中间的空地晒满了被阳光普照的被子，踏着梧桐叶的影子去上课、听着喳喳鸟儿的欢唱来朗朗读书，那丁香花儿似乎四季都在怒放，蝉鸣中边打盹边勤奋学习这功夫了得。空闲时翻过墙去便有烤的外脆内嫩陕西肉夹馍，吃罢左手边就是绿紫色相间的木偶剧场，剧散的时候人们哼着现在已经很少听到的秦腔“周仁回府”，抬头是漫天的星星，想到明天的考试不禁一怔。西安很中原，纯拙的东西太多，有的甚至显得粗野，但总好过流油、光滑。手法与技巧比较讲究情调，很浪漫，应会欣赏但不喜欢，更不会模仿再造。其实一切物体的质感都是光的质感，一切都在那里，给空间一个空间，只是一个尊重，林宣老师是不是这样说的，感受到的就是这些。我很想这么去做，喜欢尺度大的，去了新疆，就好了。

1978级建筑学的集体精神气质是独立思考、反思精神、批判意识。没有标准答案、固定教材、应试考试。因为没有什么可以读的书，所以逮到什么书就读什么书，因而博览群书成了建筑学的基础教育自学成果。因为上学前那个时代的烙印，具有浓烈的伤痕和反思动力。一个被否定和另一个时代开始重生的开启。孤独，表面和里子都是极端的水瓶，随和与决绝交织着，对自己以及他人的看法取决于神经搭配的位置和时机，不停地去阅读别人，却不会被人所阅读。纯粹的经验和阅读一样不可替代思考，学校让我明白建筑应该搭上信仰列车。

毕业35年了，越是岁月积聚得多了越感到时间充裕、自在，有时还会享受空白的日子。这不，坐在恨不得飞在怀里不肯走的鸽子群里，穿梭不息花花绿绿的人儿、渔人码头边上的画廊、远处驶来挂着形形色色彩旗的巨轮，听着黑管夹杂着小号的交响曲……又想起了大学的日子，老师和同学，什么时候能再一起聚齐呢？最好是汇在新疆的南山东庄，喝咖啡，喝茶也行，自在些的当然是我的白酒。

刘谞

1958年生，新疆城乡规划设计研究院有限公司董事长，新疆玉点建筑设计有限公司总经理、总建筑师。

我的绘画从大学开始

金卫钧

日前金主编向我约稿《建筑师的大学》，我将之命名为《我的绘画从大学开始》。文章标题虽简单却内涵丰富，建筑师即“我的”二字使我与母校之间积淀的情感联系一下变得清晰可见，而“大学”二字将我又拉回到 36 年前大学一年级的仿宋字练习、墨线练习、水墨渲染……

1981 年我参加高考，建筑系负责招生的老师给蓟县一中的校长打电话，询问几名报考建筑系同学的美术功底。校长说这几名学生都不会美术，倒是有个学生（指我）的父亲画儿画得不错，他本人的字也不错。就是这么一句话，成全了我考入天大建筑系的梦想，而其他同学全去土木系和水利系了。

天津大学，一座生机勃勃却又深沉厚重的学校，实事求是的校风与建筑系扎实精确的治学，将许许多多像我一样怀有建筑梦想的年轻人吸引至此。总的来说“我的”大学生活虽没有惊人之举，也无令人艳羡之业绩，但每一天还是丰富多彩的。设计周的繁忙、青年湖夏日的游泳、冬日的滑冰、学四食堂的舞会、课后网球场上的飞奔，陪伴着我四年本科与两年半研究生的时光，留下了太多美好的记忆。今年适逢天津大学建筑教育 80 周年华诞之际，我将那段时光中的吉光片羽记录下来，以表达对母校及建筑学院的感激之情。

恩师的谆谆教诲

一提到大学生活，要说记忆最深刻的首先还是那些教过我的老师们。极其幸运的是，我们遇到了非常好的一批老师。在建筑教学方面他们各有擅长：童鹤龄老师的水彩渲染、彭一刚老师的清新钢笔淡彩、胡德君老师拙朴的草图、黄为隽老师飘逸洒脱的铅笔草图、肖敦余老师刚劲率直的炭笔草图、魏挹澧老师的概括油画棒表现、陈瑜老师的水粉表现、荆其敏老师的马克笔透视图、章又新老师的点彩方法的水彩、王学仲老师独树一帜的书法等。

我的研究生导师是当时的系主任胡德君老师，他严谨的治学态度以及对我的指导和关怀更是使我终身受益。

天大老师的基本功普遍非常扎实，天大的学生敦笃务实、脚踏实地的风格是与老师和学校的教学模式分不开的。正如周恺同学所概括：天大似乎在帮你变成一个比较职业化、有专业素养的建筑师，这有点像人们平时总说的“科班出身”。老师们渊博的学识和认真务实的态度，使我终生受益。光阴似箭，日月如梭，如今自己也到了当年老师的年龄，抚今追昔，对老师们的尊敬和感谢与日俱增。

手绘基本功的培养

上大学之前我没学过美术，入学后进行了一次美术摸底，我发现周围的很多同学美术功底都非常棒，相比较而言我的作品就只能以“惨不忍睹”来形容了。周围同学的作品令我吃惊：赵晓东、周恺、朱剑飞、张杰、刘恒谦、余茂林、肖宇澄、荆子洋等同学画得太好了。这给我很大的压力，也成为我奋起直追的动力。从这以后，一直到我们第一堂美术课开讲，有一个月的时间，在天津大学建筑系8楼的楼道内、教室里，经常会出现一个执着的身影，那就是我。或是认真学习高年级同学的美术作业，认真领会其中的要领，或是认真临摹，寻找自己对画画的灵感。经过刻苦的努力和不间断的练习，从摸底考试的惨不忍睹，到第一张美术作业的4分成绩，一个月的努力没有白费。美术水平零起点的我直接跳过3分，这对我来说是莫大的鼓励。对于笃定将建筑设计作为毕生追求的我而言，不幸的是我大学前没有美术功底，而万幸的是我有一定的天赋，一定的美感基础，再加上自己的刻苦努力，同时很幸运和同年级美术水平最高的赵晓东分到一个宿舍，他给了我很多的鼓励与指导。到大学二年级美术课结束的时候，我的美术成绩进入了年级前六名。这段刻苦的绘画锻炼经历为我打下了扎实的艺术功底，在日后的工作中，我充分发挥这一特长，并在全国的多个建筑绘画比赛中数次获奖。

在天大，左起为笔者、黄为隽、赵晓东、李定

1983 年天大校园速写

直至两年前我又重新捡拾起水彩画，伴随着多年的积淀画技突飞猛进，追本溯源还是得益于在天大一、二年级的美术课学习。

虽然钢笔画是天大的传统，但我并不拘泥一种表现。在建筑表现形式上，我基于传统表达做了多种尝试，包括铅笔、钢笔、炭笔、水彩、水粉等。一次表现图想用水彩表现，但感觉效果较为凌乱，后来我用炭笔把整体关系梳理了一下，效果出乎意料的好，创造出了炭笔对比强烈、层次丰富的淡彩表现形式。水粉表现我也非常喜欢的，毕业后在海南工作的八年期间我做了无数方案，也画了无数表现图，这都归功于天大的手绘基本功的培养。后来虽因电脑表现图的出现，手绘表现图越来越少，但绘画这个爱好却一直陪伴着我。

齐白石美术馆初步设计

在我大学四年级时，举行的全国范围内的齐白石美术馆大学生竞赛中，我的同学赵晓东的方案中标并作为实施方案。赵晓东是我们班的班长，也是年级学习带头人，本科期间就能中标方案并付诸实施这在当时是一件很了不起的事情。该项目的初步设计也作为赵晓东、我及李定的毕业设计，指导老师是黄为隽老师。黄老师在设计院工作过，对施工图非常有经验，从建筑方案到初步设计给予我们非常耐心细致的指导。印象深刻的是黄老师用铅笔在标识墙设计图纸上画的齐白石神形兼备，手头功夫令人肃然起敬。因该项目我也有机会和彭一刚、黄为隽老师一起赴湘潭实地考察，和甲方交流后又一起去深圳考察，一路通过和两位老师交流我们学到了很多。

与苍岩山的缘份

天大建筑系暑期古建测绘实习和水彩实习是最受学生欢迎的课程。1981 级古建测绘去的是河北易县清西陵，崔恺老师带我们组。测绘完后水彩实习去的是河北著名风景区井陉苍岩山。同学们老师们大多数住在山下招待所，因床位问题我和张杰、肖宇澄住在山上，依仗身体好每天上山下山多次，乐此不彼。集中的水彩练习加上章又新、段有瑞老师的精心示范及耐心指导，使我们水彩水平迅速提高。上研究生以后，有缘在胡德君老师的指导下做苍岩山风景区的规划设计及度假酒店设计，并以此为基础撰写了研究生论文。为了更好地做好规划及古建资料整理工作，导师安排我将依山而建的福庆寺整体测绘下来，因有清西陵测绘经验，我发挥小钢笔和点圆规的作用，一个人用了一个半月的时间将整个福庆寺测绘完成，这些工作量是古建测绘时近一个班的工作量，胡德君老师也非常惊讶并“狠狠”地表扬了我的工作。在日后的工作中我也设计了很多度假酒店，也许和这一段苍岩山上的经历有一定的因果关系。

1987 年绘制苍岩山素描

搜尽奇峰打草稿，名山大川做调研

1986 年，因我的研究生论文是苍岩山风景

研究生时照片

室内手绘表现，1992 年绘制

区规划及度假酒店设计，有机会对国内风景区进行调研。我花了一个半月时间瞻仰了许多名山大川：华山、峨眉山、长江、九江、九华山、武夷山等，走访了很多当年的优秀设计：武夷山庄，黄山云谷山庄等。这次调研非常快乐，既访名山大川，又调研资料，收获很大。一路上发生的故事仍令我记忆犹新。

到黄山时候，所带费用弹尽粮绝，我情急之下闯到黄山脚下的黄山管理局规划设计室找到一位年轻的设计师，说我是天大研究生，费用花尽可否借 50 元，他只看了看我的学生证，就给了我 50 元，当然回学校后我便马上寄钱回去，此事足见当时淳朴的世风。后来我查了一下记录，当年帮助我的应是现在黄山管理局的马建平副局长。到达南京后又没钱了，计划找同学借，但周五傍晚到南京市建筑设计院找同学时，同学已下班回家，只能等到周一了。最后我用五斤全国粮票换得 1 元，买了一个大饼支撑了两天，到周一才找到同学借了 50 元，狠狠吃了一顿。当然同学的钱也是要还的。

登上武夷山大王峰顶的时候，我换镜头时不小心将换下的镜头滚落山下，因树林太深太密没有找到。当时研究生可以借相机，我借的是理光 5 及两个镜头，因担心需要赔偿（当时对学生来讲这也是力所不能及的），我回校后马上拿上写好的检讨书找到导师并诚恳地承认了错误，因态度好丢镜头事件平安度过。

一个半月的调研共花费 400 元（带 300 元，借 100 元），包括酒店费用、火车票、船票、饭费、门票费，足见当时的钱还是很“值钱”的。当然酒店只住招待所，火车只能乘硬座，买不到座位就买站票。

纽伦堡的阳光，1996 年绘制

喷笔透视，1996 年绘制

收获爱情

大学时光，风华正茂，当时不禁时时畅想，除了知识的学习，这段时光还可以为人生留下些什么呢？争论、打球、卧谈、郊游。男生女生的情愫，暗暗用力的较劲，人生学业的畅想，毕业前程的担忧，这些大学生生活的日常贯穿着每一个人的大学生活，而我不但收获了知识与爱好，更十分幸运地收获了我的终身伴侣。我读研一时大学开始流行跳交谊舞，每周末食堂都举办舞会，这成了我们这些单身汉们邂逅爱情的地方。就是在学四食堂我遇到了翩翩起舞的她，当时她在读大三，是计算机系文艺部部长。她的能歌善舞、多才多艺、性格开朗深深地打动了我，从主动约她跳舞伸出的那双手，一直到如今相知相爱相互依靠紧紧相握的那双手，我们走过了 28 个春夏秋冬，还培养了一位品学兼优琴棋书画样样精通的女儿。她沿袭了我的建筑血脉，现在美国莱斯大学学建筑。莱斯大学是全球唯一建筑系读六

布拉格街景，1996 年绘制

巴黎住宅透视图，1998 年绘制

年的大学，与天大扎实务实的治学态度相辅相成。女儿从小深受父母天大精神的熏陶，在莱斯大学的培养下即将成为一名优秀的建筑师。我幸福的家庭也是我事业成功的基石。

1988 年我研究生毕业，离开了学习生活六年半的北洋园，带着建筑系给我的相对扎实的基本功及手绘功底，怀揣着建筑师梦想进入北京市建筑设计研究院工作，到今天一晃已近三十年了。在此期间我独立主持了多项重要工程，也获得了许多奖项与荣誉。参天之树，必有其根，环山之水，必有其源。如果说我在建筑设计方面取得了一点成绩，也是与天津大学建筑系的严谨治学、精心培养分不开的。

金卫钧

1964 年生，北京市建筑设计研究院有限公司副总建筑师、第一建筑设计院院长。

归来仍是纯真少年

罗 隽

大学是一个纯真年代。

“六一”儿童节那天，朋友圈里看见一张图片：一个小孩在金色的逆光中潇洒欢快地迎面跑来，左边写了一句话：“愿你走遍万千世界，归来仍是纯真少年。”我霎时就被感动了，眼眶也泛起了潮润。

如今，我每年都会旅行，为的是行走万千世界。现在回想起大学那个年代，似乎已经过了多年，恍惚一切都变了……

今日中国，有多少人归来还是纯真少年？

1987 年夏参访贝聿铭的香山饭店

启蒙、行走与我的文学时代

人的启蒙是一个命数。我的启蒙是在荒诞不经的动荡年月于不知不觉的青春少年懵懂中完成的。多年后我远涉重洋、负笈英伦留学，在到达曼城的第一个星期，去了位于 Oxford 大街与 Whitworth 街交叉十字路口拐角的 Corner House，看刚上演的张艺谋电影《活着》，我才深切感受到这一点。

Corner House 在 20 世纪 90 年代初据说是曼城的前卫艺术画廊，经常举办一些当代艺术画展、讲座和类似活动。当影片在座无虚席黑黝黝的电影厅放映到镇压镇上地主“反革命”的狂热喧嚣声中，葛优扮演的福贵惊慌地逃离现场，在“砰”的一声清脆枪声中吓得溺尿的颤抖背影时，我下意识地想起了善良忠厚、在“文革”中战战兢兢小心谨慎靠教书生活的父亲。我突然意识到，这个“逃离”的年代，终于结束了！

少年的使命是行走和离开。

少年时代的我就强烈意识到要离开故乡，这得益于我的文学时代。尽管那是贫瘠的年月，我却有机会冒着刺激的喜悦，涉猎阅读了大量在当时被列为“禁书”和“毒草”的各国文学名著。在那个年代，文学是我经历审美经历世事的主要媒介。这是我的人生福气。文学培养了我的艺术和审美，培养了我的人文情结：那就是对善与恶的辨别力，对虚荣和做作的鄙视，对生活的乐观信仰、洞察力、激情和梦想。到高中时代结束进入大学之前，我几乎看遍了所有当时已出版的中外名著，甚至像《苦菜花》《林海雪原》，还有“文革”中出现的一些小说如《艳阳天》《金光大道》等等，我基本都“通吃”了。唯有一本美国作家霍桑的《红字》，是进入大学后在图书馆找到的。

我考入大学，离开故乡和父母，开始了我的人生行走旅程。我的求学经历了本科、硕士和博士 3 个阶段，共 10 年。攻读博士的 3 年经历我已在《留英轶事》（该文发表在 2016 年生活·读书·新知三联书店出版的《建筑师的自白》一书中）一文里提及，此处不再赘述。其实，我的求学至今一直在延续。“三十功名尘与土，八千里路云和月”。对自然和文明的热爱让我保持着探索和旅行的激情，我行走了众多的城市和地区，最远处极达南极边缘。我依然行走，依然如故……我常常也感到有些诧异：为什么这些年的行走很少受到世俗的干扰，原来那些干扰早就在少年时代的文学行走中就被剔除、被隔绝了。

良师、美食与特色之城

良师如友。人生最幸运的事之一就是遇到好师长。这种幸运似乎一直伴随着我。我曾经提到过在 ARUP 和 FOSTER 工作的数年间，几位堪为自己职业榜样的领导和同事。大学不仅开启了我专业的启蒙，也让我遇到了数位终身难忘亦

笔者的水彩画：《印象水乡》

师亦友的师长。尽管岁月经纶，时光流逝，我未有经常去看访他们，但对这些恩师的感恩情怀却永远深藏心底。

初入大学，我的文学时代便结束了，但人文情结延续着，审美继续着，阅读继续着。意识到自己智力一般，我把精力主要集中在了美术、建筑设计和理论、建筑史、城市规划理论和设计等几门主要课程上。对绘画浓郁的兴趣让我倾心，暑假回家每天耐着酷热光着膀子临摹杨廷宝、童寯的《水彩画集》。两位美术老师王士杰、华纫秋是著名的水彩画家。王老师教学严谨，善讲技法。华老师名声赫赫，有大师风范。他对我的指点让我理解了绘画应该追求的最高审美境界，理解了艺术的真谛。特别是，他将现代水彩画特点与中国传统国画技法和意境追求相结合，达到了独特的水彩画艺术境界。这对我的启示是巨大的：我明白了艺术与文化背景的血缘关联，也从此坚定了将中国传统建筑精神与现代建筑相结合作为自己一直探索和实践的目标。虽然健康欠佳，但他对生活的热爱一直感染着我，而且他喜欢烹饪，是一位美食家。随他出差和写生的快活之事是去品尝各地的家常美食。20 世纪 90 年代初，他成了我的系主任，我经常去他家蹭吃蹭喝，正是在他家我学会了用普通的大头鱼烹制一道鲜美的滑鱼汤。

大二时，新分配来一位刚从湖南师范学院美术系毕业的美术老师黄建军。他是 1978 级的，风流倜傥，前额头发自然卷起，待我如兄弟。随他一起去外地写生，他还开小灶耐心指导我的水彩画技法。1985 年初春，我们同住在学校的教师单身宿舍准备研究生考试，他从长沙老家带来一些熏制腊肉等年货。我第一次尝到湘味熏制腊肉炖的莲藕汤，就是他在宿舍用小电炉和小砂钵煨炖数小时后起锅的，那味道是如此鲜美令人至今难忘。同年夏天，我们如愿考取了研究生。他去了湖北美术学院，我考入重庆建筑工程学院建筑系。

那个年代的老师都很儒雅，风度翩翩。

对图书馆的钟情使我继续着人文阅读，在多门枯燥无味的专业课学习中，我第一个发现了《建筑师》杂志，从此了解熟知了中国老一辈众多知名建筑师，他们的经历、品德和学识都成了我追寻的榜样。

建筑史的学习将我带入了历史和社会学领域。中国建筑史是两个班的大课，黄树业老师的讲授很有诗意、很吸引人：在讲述宋代建筑或园林意境时，随时兴起就吟出辛弃疾《青玉案·元夕》“蓦然回首，那人却在，灯火阑珊处”等词句；或在讲到重檐深宫庭院曲幽时，又冒出一句南唐后主李煜《破阵子·四十年来家国》的“最是仓皇辞庙日，教坊犹奏别离歌，垂泪对宫娥”。我很诧异那个年代竟有如此诗情雅性之人，难怪他的浪漫故事也为一些八卦女生津津乐道。我后来对古典诗词的兴趣和青睐与这种课堂上的吟唱熏陶似乎也有些关系。

学识广博儒雅的金笠铭老师和豪爽正直单纯的李玉堂老师教授设计课。两位老师对我的建筑学指点，使我毅然将专业重心从城市规划转移到了建筑学。我对李老师夫人以嫂子相称，也经常去他们家蹭吃蹭喝。毕业设计，我选择了 300 床的综合医院设计。而这个设计作业，是我第一次探索将中国南方的建筑语言和空间模式运用到现代建筑的表达之中。

山城重庆是一个具有文人特质的地方，“雾都”是对这个中国西南中心城市特质的一个阐释脚本。我对这个城市的印象和向往亦是源于许多综合性的文学描绘。20 世纪 80 年代中期的重庆还是符合我脑海中的城市印象的：嘉陵江边的吊脚楼，沿山势蜿蜒而上的石板梯道街，雾色朦胧中高低错落的城市轮廓……

笔者的水彩画：《春江烟雨》

不幸的是，20 世纪初，当我作为项目经理带领英国团队参与重庆机场 T2 航站楼扩建项目，下榻到市中心解放碑时，我看到这些特色正在被抹去和消失，往昔那个文化而又充盈浪漫气息的“雾都”已不复存在。

少年时随下放乡间的父母从一处乡间辗转到另一处乡间，记忆中中国南方城镇山清水秀的自然生态，郊外阡阡田埂织成网状水田镜月映天。这形成了我对中国城镇的田园印象。多年后我去到英国，并自然地将英伦自然优美的城镇田园风光与我记忆的故乡对比观照。未曾想，近 20 年的“房地产城镇化”运动已将中国的特色城镇毁损殆尽，并将无数城镇变成了“千篇一律”的“克隆城”。如今，意识到文化价值才是城镇核心价值的中央政府又开始大力提倡搞“特色小镇”建设，真是民族之幸。但愿此举不被房地产商利用搞成变相的“房地产城镇化”运动。

中华文化的传承复兴，在现代这个借宏大发展进程背景大搞房地产利益开发的时代，是否是一场希望渺茫的竞争？

开放的激情年代

20 世纪 80 年代中后期，是中国改革开放的黄金年代。“文化大革命”的

笔者的水彩画：《日暮时光》

思想禁锢被抛弃，几代人积累的精英在理想的憧憬中勤耕苦读，我的人文阅读也在继续……

当时正值我的研究生学习阶段，一批研究和介绍西方哲学、历史学和社会学思潮的书籍相继出版。青年学子如我的眼界和思想在学术面前被深深吸引了。我的时间大量花在对这些书籍的阅读和思索中。从小我的文学阅读经历就告诉我“触类旁通”的道理：只有一个人的哲学知识达到一定程度，他的思想才会达到深度，才能在社会学和艺术领域取得成绩。

哲学和艺术是通向上帝最近的路。

那些丛书有金观涛主编的“走向未来丛书”，李泽厚主编的“美学译文丛书”，袁澍涓和沈恒炎主编的“面向世界丛书”，还有“二十世纪西方哲学译丛”“西方学术译丛”“当代学术思潮译丛”等等。其中“走向未来丛书”中有一本《定量社会学》使我对社会科学的研究方法论产生了兴趣。数年后去到英国留学时，便结合博士课题潜心攻读该类书籍，直到醇熟地掌握了社会科学的研究方法论。

其时，我的研究生论文选题已确定为建筑创作中“传统与现代的结合层次论”。对这个问题的理论研究兴趣可追溯自大学本科的毕业设计。传统与现代如

1988 年夏，笔者设计的第一栋建筑——北京市粮食局长岛疗养所即将完工

何结合是我国建筑界自 20 世纪 50 年代起就一直在争论和探讨的问题，并在“文革”时期与政治路线挂了钩。

记得我研究生入学“建筑历史与理论”一门的考试成绩得了高分。考题中最后有一道重点题大意是“请谈谈你对香山饭店创作的看法”。我结合当时中国建筑界对香山饭店创作争论的背景，从传统与现代的继承、创新角度，分析阐述和肯定了贝聿铭先生在香山饭店设计中对中国传统建筑精神的演绎和创新。我一直认为这是一个优秀作品。

“面向世界丛书”中有一本《意义的探究——当代西方释义学》我读得十分认真，其对人文和艺术传统理解和解释的方法论，启发和引导了我对传统内涵和层次的思索、理解和研究。从那时起，在城市规划和建筑创作中，如何体现现代精神又融合中国传统文化就成为我一直探索的主题。这些探索也伴随在我各个时期的重要设计活动中。比如，研究生设计课程的第一个题目，是我的恩师余卓群老师指导的“美术馆设计”，场地由设计者自由选择。我毫不犹豫将场地选在了江南水乡。设计末了，我用一幅淡雅的水彩渲染将粉墙黛瓦、嫩绿清新，具江南建筑风韵，又简洁明快的一座现代“水乡美术馆”描绘于纸上。这第一个设计得了“优”，还被发表在当年建筑系学生刊物《建卒》第3期。

值得一提的是，研二时我和师兄赵元超参加了一次重要的、有上十家设计院参加的国内设计竞赛“重庆南坪商业中心”。我们俩带领几位大三学弟战胜了所有团队，包括由我系几位名师领导的两个团队，赢得了竞赛第一名，这轰动了全系。我们的方案结合地势，以重庆传统的梯道街为整个商业中心的构成骨架，并以梯道街为原型发展了一个多层、多级的步行街系统，将商业活动与现代城市生活融为一体，力图创造一种具有山城独特品质的商业、文化娱乐空间场所。梯道街是山城独特的城市结构空间，亦是典型的市民生活空间形态。我们的设计理念得到了评委们的认可。

做得比老师更好，应该是一个优秀学生心中暗暗努力的目标。

如今，建筑设计正蜕变成一种廉价的生产活动。大量新生代建筑师在伪先锋的面具下毫无创意地展开俗媚的抄袭和模仿，这些“八零”“九零”后的建筑学院毕业生已经在大学普遍劣质师资的调教下，丧失了“立面设计”的能力。其实质是缺乏文化自信和建筑设计技能低下，给中国千篇一律的城市面貌添了砖加了瓦！

行万里路

完整的人生经历是读万卷书、行万里路。奥地利诗人H·V·霍夫曼斯塔尔（Hugo Von Hofmansthal，1874—1929）曾说过：“通往你自己最短的路是周游世界。”读书从少年时代就开始了，大学则启航了这两个纬度的同期旅行。

大二下学期的美术实习我去到了在许多小说中读到的、在梦中描画了无数遍的青山绿水粉墙黛瓦小桥流水烟雨蒙蒙的江南名镇无锡和常熟。太湖的烟波浩渺、梅园的千娇百媚、常熟沙家浜小城秀美的田园春色，都在我心底植入了浓厚的江南情结。

大三的专业实习我到了北京，我感受到了巍巍蓝天苍穹之下神圣、威严壮丽的故宫紫禁城、天坛和长城的形式、色彩、尺度和场所氛围，也暗暗钦佩十大

文艺时代

建筑的经典和杰出。

大四的城市规划毕业实习我去了福州和迤逦秀美异国风情的厦门鼓浪屿。建筑设计毕业实习去了虎门销烟的传奇城市广州，老商业街的骑楼空间使我确信这是最人性化和有效的城市街道空间。我还去参观了刚建成的莫伯治、佘畯南大师设计的白天鹅宾馆。2010 年被评定为广东省文物的这座建筑确实是一个杰作：它的形式是一个现代建筑，室内风格则完全是中国化的。我对中庭以“壁山瀑布”为主景创造的具有岭南文化与历史气息的空间氛围印象十分深刻。出了宾馆，沿沙面江边的高架桥缓步走了约几百米的距离，我蓦然回首，透过阴色细雨中嫩绿稀疏的枝叶，看见高耸的白天鹅宾馆就像一位身披白纱的少女婷婷伫立，美丽虚幻至极。我瞬间就被打动了！我从来没有见过如此纯洁美丽的实物。从此，我认定白色是最高雅、最纯净、最能与天地相融的颜色。我的建筑也大部分都用白色。

这是青年时代的经历。

对大自然的和人类文明遗迹的热爱吸引我不停地旅行。在工作之余，我去过了很多城市、国家和地区，参访了很多世界文化遗产。行走的独特之处在于见识体验到很多书本描述不到的真实性、气氛和场所感，这对一个规划师建筑师无疑是十分重要不可替代的。对城镇的体悟和考察帮助我们思索、对比和感悟。比如，去了世界文化遗产、现代主义城市规划的代表作巴西利亚，你就体悟到那些对现代主义非人性尺度的指责都是胡说八道。这座城市超大尺度导致的城市生活缺失不是现代主义之过，而完全是规划师建筑师在绘图板上对尺度真实性的想象和把握的失误；去了世界文化遗产、现代城市规划的典范法国勒·阿弗尔城（Le Havre），你就体悟到模数体系和混凝土材料的运用如何统筹新城规划和建筑设计，创造了整体和谐的城市街景和空间。

在写作这篇小文的最近一个夜晚，我偶尔听到一首 80 后钢琴家弹奏的钢琴曲《人生的旅途》。曲子旋律柔美动人又伤感，恰如走在人生旅途的吟唱。静夜里，

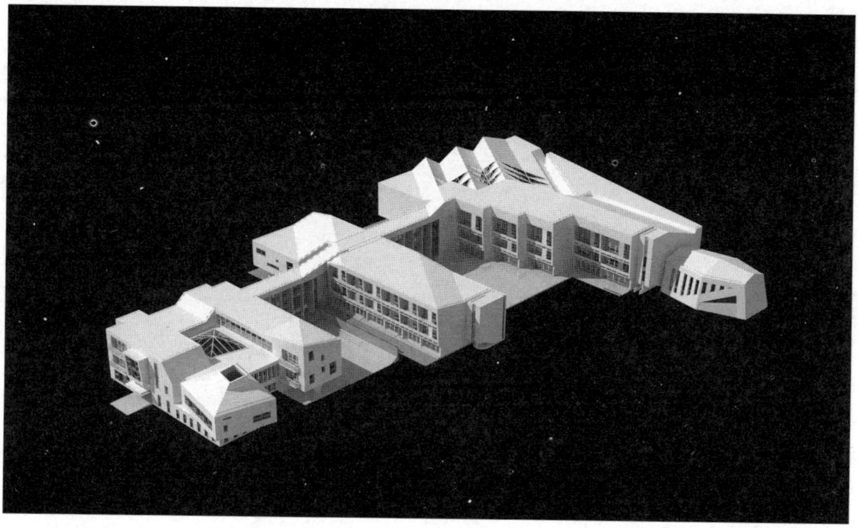

2016 年笔者设计的葫芦岛龙岗区中心幼儿园正在施工

我听到了行走的节奏：它轻快而坚定，舒缓而从容，伤感但向着远方和梦想！

好的写作，应该在有些不能说的事情中结束，留人回味。就像钱钟书写《围城》，在不可言喻的钟声中就戛然结束了……大学时代还有些事情也是美好的，它留在记忆中只应该让自己回味。我也就此结束这篇小文，作为自己青春记忆的见证。

罗隽

1963 年生，国家千人计划专家，英国皇家特许资深建造师，前福斯特及合伙人有限公司董事和北京代表处首席代表，中国建筑技术集团总建筑师。

书与路

张　杰

1981年夏末秋初，我接到了天津大学建筑系的录取通知书，全家人都高兴极了。临近开学报到的日子，妈妈坐在狭长的院子的南墙荫凉里，帮我缝补那件我高中最爱穿的灰蓝色的海军上衣，让我带上。记得当时天是那么的透亮。

我的大学生活是从改说普通话开始的。报到的那天，我跟同乡坐夜车一早到了天津东站，一出站便遇到了几个建筑系的新生，与他们的交流便是我别扭的普通话学习历程的开始。正像后来学习英语口语一样，必须敢说。大家来自天南地北，没人知道济南普通话啥腔调。在大家的宽容下，我从早到晚说起了普通话。环境是语言学习最好的老师，很快我在天津话、天津普通话的氛围中练就了自己独特的普通话。以至于今天，一些具有方言识别天分的人遇到我，还会问："您是天津人吧？"我总开心地说："似（是）。"

建筑系学生的功课不轻松，不但要上一大堆工科课程，如高等数学、建筑

笔者不同时期肖像

物理、力学、结构力学、材料力学、水暖电、画法几何、建筑构造等等，还要花大量时间去画图、做设计。尽管那些与工程相关的课程对后来的工作很重要，但给建筑系的学生印象最深的恐怕还是在专业教室（现在称之为工坊或 studio）的经历。建筑设计是个不太容易入门的学问，东西繁杂多变。我在专业课上花了大量的时间，常常一个设计要画一大堆草图，磨很长时间。后来我逐渐体会到“磨”让我学到了很多东西。从学习的角度说，“磨”就是一个不断否定的过程。对自己的方案不满意，就去翻书看杂志，跟同学、老师讨论，找感觉、拓思路。反复的磨，无形中增加了尝试的次数，积累了更多的东西，敏锐了我对建筑空间与实体的感觉。所幸磨图自身并不枯燥，因为专业教室里总有同学放些流行或古典音乐。一段时间内一盒录音带会被大家来回放，那些曲调就跟磨图的时光缠腻在了一起，成了大学最难忘的的记忆。

自由的氛围使大学成为一个窗口，向学生展示着真诚的人性与执着。很多教设计、美术的老师在学生面前都很随意、率真。大学二年级，段老师教我们水彩。段老师中等个头，体形敦实，浓密的大背头，面色黝黑，一对浓眉下是黑粗边的眼镜，鼻子下留着参差不齐、浓黑的短胡子。他平日里不修边幅，陌生人很难看出他是个美术老师。他的水彩画与传统的建筑水彩画不同。他用水粉颜料画，着色很薄，色彩丰富细腻，光感和空气感都很强。他的范画让我的对色彩欣赏和绘画审美有了别具一格的体验。

我们班的水彩课实习是在河北的苍岩山。当时两个班的同学分别住在山上、山下。段老师和我们一些男生住在山上桥楼殿西的几个房子里。房子面北，半空凿壁而建，门前的路很窄，下面是百米多的河谷，站在门下就可以看到对面小山上的村子，多数同学住在那里。我们没住几天，晚间在寂静的山谷间便听到有女人的歌声。后来得知，唱歌的是一位近六十岁的老太太。段老师跟她聊过天，她说自己小时候得了一场大病，险些丧命，是父母到桥楼殿庙里烧香求佛祖保佑，她才躲过一劫。病愈后为了还愿，她便搬到山上，看庙侍佛，一直未曾嫁人。几十年了，她独自一人生活在山上，有时晚间唱唱歌。当时我没能体会那歌声是悠扬还是哀怨，只觉着很特别。

一天夜里突然暴雨如注，窗外山风怒吼、电闪雷鸣，狰狞的山影一闪一闪的。

虽是几个小伙子住在一起，但这阵势还是令我们脊背发凉。第二天早上，我们下山到河边洗漱，碰到段老师，说起前晚的大雨。段老师说，下雨时他穿着雨衣，打着手电筒跑到了桥楼殿后面山上的亭子中，独自一人去欣赏夜雨与山景了。“真美啊！”他眯缝着眼看着天，很认真地对我们说。我们不禁瞠目，觉着段老师疯狂。其实，当时建筑系里“疯狂”的老师不止段老师一位。记着二年级在河北易县的清西陵古建测绘时，王其亨老师经常穿着拖鞋不要命地爬到大殿光滑的琉璃屋顶上去考察。

大四第二学期毕业设计开始了，我跟荆紫洋有幸参加了当时全国人大常委会办公楼的工程设计。这个项目的选址就是今天国家大剧院所在的地方。1984年全国举行设计竞赛，征集相关方案，系主任胡德君老师与美术教研室主任章又新老师合作夺得第一名，上面决定由北京市建筑设计院与天津大学建筑系合作开展工程设计。当时的工作地点安排在了北京西皇城根大街的人大常委会招待所。春季一开学，我跟紫洋便随二位老师来到了北京。这是我第一次见到重大工程设计会战的场面。当时北京设计院各专业上百号人挤在一个大礼堂里办公，设计院的领导几乎每天都在。我们被分在建筑组，我的任务是设计顶层西侧一个休息室外边的露台的园林。听北京院的人讲，当时竞赛评选时，章又新老师画的表现图很精彩，打动了所有的人。在后来的方案调整中，为了向有关领导汇报方案，章老师还画了几版方案的表现图，真是让我大开眼界。那时的方案基本 20 世纪 50 年代办公楼设计的思路，受人民大会堂和中国革命·历史博物馆的影响非常明显。在没有计算机做表现图的年代，章老师的建筑水粉画在全国首屈一指。当时为了搞好设计，我曾爬到人民大会堂屋顶去看檐口上黄琉璃贴面的尺寸与纹样。大概在当年的三月初，我还参加了二位老师向北京设计院元老之一的张镈老总的汇报。张总对方案提了很多尖锐的问题，比如为了追求古典的形式造成的空间浪费等等。

这是一个典型的“三边”工程。在设计的同时，拆迁出的基地已经开始挖槽。出于好奇，我特意去工地看过两次。本来这个项目要在 1986 年时竣工，但后来听说两会期间有代表反映工程投资太大，国家财政难以承受。大概出于这种考虑工程暂停了，说是等建国 50 周年时、国家更富裕了再建。于是那个已挖好的巨大的基础方坑一直被搁置到20世纪90年代末国家大剧院工程开工前，其间曾做过临时停车场。

我在北京毕业实习时正好赶上召开全国文艺方面的工作会议，很多与会代表就住在人大常委会招待所。我在饭厅见到了很多慕名已久的演员，如上海译制片厂的李梓、毕克，以及《小兵张嘎》中的胖翻译官等。20世纪80年代是译制片走红的时代，很多配音演员也因用声音对角色的出色演绎而家喻户晓。一天晚上我跟荆紫洋鼓起勇气敲开了毕克老师房间的门。毕克老师个子很高，声音极富磁性。毕老师的和蔼丝毫没有减少我们的紧张，我们颤颤兢兢地找了些话题跟他胡乱扯了一通。毕克老师说他本来是演话剧的，后来阴差阳错地做了配音工作。后来我到英国读书，跟英、美同学谈起在中国看到的英语电影，说中国把配音做得很好。没想到他们却对此感到非常幽默，笑着说："It will be very interesting to hear Hamlet speaking in Chinese。"我恍然大悟，立刻想到那些翻译成英文的唐诗、宋词。李白如果用英文的十四行诗赞颂杨贵妃的美会是啥效果？人类文明的精华到底能否跨越文化的鸿沟而被广泛传播、理解？

建筑文化是建筑系的学生躲不过的话题，中国、外国建筑史都是必修课程。当时全国大学生设计竞赛有些获奖作品就是以民居为切入点的，如上海的里弄、陕西的窑洞、重庆的山地建筑等。从书里和图上看到古建、民居虽说也觉着蛮好奇，但终究隔一层。我老家在济南，当时在商埠区有很多老房子，古城更是"家家泉水，户户垂杨"。不过大三之前我对这些不太感兴趣，即使在天津看到租界的洋房，好像也没有太在意，因为在观念上"现代主义"才是正理，教育使然。大概是二年级的秋季学期，班里组织活动到北京参观，我第一次来到天安门广场和故宫，那气魄实在令人震撼。这是建筑和城市空间第一次对我产生心理冲击。那时很少人会关注四合院，我们也没有去胡同看。

二年级夏天我们在清西陵古建测绘实习，在那整整呆了一个月。我被老师分配负责测绘整个陵区大门前的五开间、十一楼的大石牌坊。还有其他两位同学和我在一起，他们测绘神道上别的建筑。我们每天要从昌陵东侧的临时宿舍——神厨走近半小时到大红门东侧荒芜杂乱的更衣殿内工作，而且中午还要赶回来吃饭。我们仨在殿里找了些旧砖石块垒在一起放图板，人坐在琉璃兽吻部件上画图。

后来我才知道，我测绘的石牌坊是最复杂的，细碎的部件多、图案纹样烦琐。在更衣殿中除了赶不尽的蚊蝇，整日几乎见不到其他人，我们只能自寻开心。记得神厨墙上歪七扭八地写有“风声雨声读书声声声入耳，国事家事天下事事事关心”的对联，不知是哪位的神作。我们仨对此不知调侃了多少回。在这脏兮兮的更衣殿中，风雨声是常有的，再就是没完没了的知了叫声。当时对我们仨来说，天下最大的事莫过于早点儿收工，赶回临时食堂抢先吃上午饭和晚饭。做饭的大师傅是从附近的村里找来的老乡，据说第一个师傅暗地克扣我们的“军粮”，老师发现后把他辞了，又换了一位。

当时伙食很差，早上每人一个鸡蛋，三餐几乎都没肉，炒菜连油放的都很少。由于营养不良，一位男生曾经三天没有大便，急得老师团团转，最后不知从哪弄了个偏方，给这个同学喝了碗汤药。还真灵，结果这位同学肚子一直拉了半个月，回到学校才好。当时王其亨老师经常用他那浓重的四川话，痴迷地对我们说：“你们看，蓝天、白云、黄琉璃，色彩绚丽得很！”在肚子常叽叽的情境下，我们显然没能很好地去体会身在其中的古建的精彩与深奥。不过西陵的测绘经历为我日后理解中国古代建筑奠定了不可或缺的基础，甚至一些感受渗入到了我的骨子里。

三年级时买到吴冠中的一本速写画册，其中有一些是描绘江南水乡的。我临了好几幅，由此也对江南心向往之。毕业设计快结束时，我有机会沿京沪线去了江南，对那里的民居印象极深。这次“游学”是跟荆紫洋一起去的。我们买了从天津到杭州的硬座通票，第一站先到了南京。紫洋的姥姥家在南京，紫洋说我们到他姥姥家去住。下车时已是傍晚，我们七拐八拐找到了老人住的地方。可能紫洋很长时间没有回老家了，姥姥见到我们格外高兴。姥姥好像自己住一个小院，房子是木结构的，面积不大，但并不太挤。第二天早上，老人家给我们特意准备一盘咸水鸭，好吃极了。后来我因工程项目原因常去南京，有机会总要吃点儿咸水鸭，只是再找不回当时的感觉。早饭出门后才发现老人住的是一个老街区，没走多远便看到一条很窄的巷子，两侧的粉墙斑驳不堪，刚好远处走来一位倒马桶的老太太。我跟紫洋都是第一次见到这种生活场景，紫洋用他家传的海鸥相机拍了两张。那张照片至今还保留在我大学的相册中。很快我发现离老人家不远的地方已拆出一块空地，或许姥姥的老房子也将很快消失。随后我们又去了苏州、无锡、上海和杭州。虽然一路上很多看的、吃的都给我们留下了很深的印象，但南京窄巷老人提马桶的景象成了这次旅行的终极记忆。后来我才注意到，马桶代表的落后与老街区的保留一直是社会关注的矛盾的焦点，也成为我参与的城市保护工作必须面临的现实问题。

提到大学生活，不得不说吃与穿。当时家里每月给我 30 块钱生活费，5 个月共 150 元，怕我坐火车被人偷了，便在每学期开学后不久把钱寄给我。每次我都是去七里台的邮局把钱取出，留出第一个月 30 块钱的生活费，到隔壁的储蓄所把其余的钱存上。然后赶紧去食堂换 24 块钱的饭票，留 6 块钱零花。当时食堂的菜花样不多，最便宜的 5 分钱一份，贵的 2~3 毛钱，小炒要 4~5 毛钱一份。主食一般是米饭、馒头。要是去晚了，米饭常常就卖光了，只剩下南方人难以下咽的馒头。当时天大校园里还有很多湖，每年秋天学校都会组织不少人到湖中捕鱼，届时一连好几天整个校园的空气里都弥漫着胖头鱼的腥味。接下来的两个星期，食堂里每天都有炸鱼、红烧鱼等卖。开始大家还觉着挺好吃，借机改善一下伙食，可几天后便会反胃，感觉脑袋变大、身上要长出鳞片了。现在我对胖头鱼还存有偏见。对我这个北方人来说，至今都忘不了学校里秋天湖上捕鱼、食堂到处卖鱼的景象。

每月 6 块钱的零花钱只能偶尔买本书，杂志都舍不得买。三年级时，恰好赶上学校的前身北洋大学 90 年校庆（1895—1984 年）。为了办好校庆，学校在敬业湖东侧修了大型的喷泉广场，还要给全校学生置办西服校服，这可成了件大事。改革开放不久，中央为了体现改革的新形象，绝大多数领导脱下了象征保守、僵化的中山装，换上新潮的西服或夹克衫。同学们对西装校服异常期待。我已经记不得每人交了多少钱，大概不超过 50 元。校服终于发下来了，是藏蓝色的，很薄的化纤面料。宿舍一下热闹起来，高的矮的、胖的瘦的，全换上了校服。由于没有统一发衬衣、领带、鞋帽，一时间各种搭配应有尽有。讲究的穿上了白衬衣、皮鞋。讲究不了或不懂如何捯饬的，依旧用跨栏背心、球鞋配西服。其实今天的混搭不是什么新鲜事。绝大数人不知道如何打领带，很多人系了死扣，把自己勒了起来，憋得脸红脖子粗，喊着让人来救。穿好新校服后，大家倾巢出动来到喷泉广场，那个场面不亚于泼水节。不过校庆就一天，很快校服带来的新奇与高雅就被原本杂乱的日常穿着淹没了。

1985年夏天我们就要毕业了，班里搞了个纪念册，要我想几句写在扉页上。如何纪念这四年的时光、寄语同窗呢？我写下了下面的四句话：媚以春华，清以夏荫，惠以秋实，静以冬雪。至今仍觉着这是对大学不错的一个总结。

张杰

1963年生，清华大学建筑学院遗产中心副主任、博士生导师，清控人居遗产研究院院长，中国古迹与遗址理事会常委理事。

学做“匠人”建筑师

王时伟

我在故宫博物院工作 40 年，一直从事文物建筑的研究保护工作。对中国古建筑的认知是从书本的学习到工作岗位学习测量、制图开始一步一个脚印，从对一座单体建筑的测绘、记录，到对建筑的保护修复、设计，经锲而不舍的努力。之所以能成为这一领域专家，与学习分不开，我经历的是一个不由自主、顺其自然的过程。

日本京都清水寺

日本京都大学交流

一、“认知”

到故宫博物院工作前十年，结合实际边学习边工作。“文化大革命”后，文物工作开始恢复。故宫这座 72 万平方米的古建筑群急须修缮、保护，我在老同志的指导下进行学习勘查、测量，做古建筑的修缮设计工作，绘制古建筑图纸。我先后参与东南角楼、西南角楼、寿皇门等勘查设计工作，完成皇极殿一区的建筑制档工作等。通过这些工作，我大体掌握了清代官式建筑的基本特征，培养了对中国古建艺术的兴趣。从书本读到的故宫建筑到工作实践中亲手去触摸每一根梁柱、砖瓦、彩绘，把它们转化为图纸，指导修缮保护工作，通过这些实际工作，自己体会到一些满足感，锻炼了自己的研究设计能力，这些工作为我的专业奠定了扎实的基础。

1982 年国家文物局与清华大学建筑系合作开办古建专业班，通过考试我参加了古建班的学习。这个班可谓古建“黄埔”一期，师资可谓古建界精英汇集：清华梁思成先生的弟子徐伯安、郭黛姮、楼庆西，梁先生同辈吴良镛、陈志华、汪坦等一批，古建界罗哲文、祁英涛、杜仙洲、杨烈一批。我们系统学习了古建筑史、外国建筑史、古建测绘、古代文献查阅、古建筑鉴定等一系列专业课和《宋营造法式》《清工部工程做法》，在学习实践中我们沿着当年梁思成先生考察古建筑的线路，实地考察和调研各时代的建筑遗存，完成一个由认知带感知的过程。清华古建班的学习为自己日后研究保护建筑文化遗产打下了坚实的专业基础。这个班的学生目前都活跃在建筑遗产保护的第一线，承担着各大文保单位的领导职位，是中国古建研究保护第三代的佼佼者。

1986 年我被借调到国家文物局文物处工作两年，有机会接触到全国文物建筑保护、研究、管理工作，机会十分难得。我在故宫的工作主要是调研清代官式的文物建筑，中国几千年的文明，各朝各代留下了丰富的建筑遗存，在文博界老先生罗哲文、杨烈的指导下，我去调研全国古建筑的保护状况，去新疆、青海、山西、辽宁等地勘查、测绘古建筑。如：辽代奉国寺、新疆石窟寺、青海瞿坛寺。这些调研、勘察极大开阔了自己的专业视野，丰富了专业知识。我现在依然清晰记得随罗哲文、杨烈两位先生调研长城嘉峪关——河西走廊的情景。嘉峪关长城保护研讨会—弘液—武城一行走。罗哲文一路走，一路呼吁长城的保护，留下许多诗句、墨宝。“奉国寺”是辽代遗留的重要代表建筑。我有幸参加了这一保护工程的前期勘查设计工作，通过这些实际工作的锻炼，丰富了自己专业知识，对辽代建筑法式的认知得到了提升。

二、“践行”

学术界一直评议，古建保护领域有专家但缺少学者，就是指古建保护修复的工程技术人员对建筑的文化形态研究一直不够深入。因为其从事的工程项目绝大部分是科学或传统技艺问题，人们埋头于具体工程任务中，重技轻文化的不协调现象普遍存在，这在出版的古建修缮报告中表现得非常明显。例如：故宫钦安殿是全国现存的唯一盝顶式佛堂，其梁架结构是明代的遗存，其形制富于变化实属罕见，为什么特殊，没有研究结论，这就与文化研究有关。这涉及明代时期佛教流传，不是凭传统技术能解决的课题。

美国休斯顿国际博协年会讲演

科学技术是第一生产力，可是它不会自动变成第一生产力，必须通过文化门类的参与才能突破技术自身的局限，真正发挥古建在物质文明、精神文明中的作用，求得协调发展。过去和现在都有一些专家学者贬低我们古建保护修复工程技术人员是“泥瓦匠”而不是“工程师”，是“匠人”不是“工程师”，有技术而无思想，其中一个最重要的原因就是我们的建筑文化研究水平不高，如果我们能做到深厚的文化内蕴和技术功力结合，突破文化素养的问题和急功近利的束缚，这一看法无疑会得到改变。

1. 我主持的故宫倦勤斋及乾隆花园保护项目（中美合作）

这个项目可谓是建筑文化、皇家文化、宗教文化、传统技术、工程技术、现代科技结合研究维护中外合作重大项目，已获阶段性重大成果，按计划有序继续推进。在这个项目过程中自己经受了来自各个专业知识的挑战，通过有机整合，可以说树立了文化遗产研究保护项目的标杆。

宁寿宫花园，又称乾隆花园，建于 1771 年至 1776 年间，是中国帝王朝代幸存下来的具有独特建筑和历史风格的综合体。花园占地面积 0.59 公顷，是宁寿宫区的一部分——是为乾隆皇帝（1736—1796）退位修建的紫禁城中的小紫禁城。它是中国在位时间最长、最能文善武的皇帝私人创造的产物，是唯一一个专门为皇帝退位后私人使用的私家帝王花园。这一特点反映在四进院落中的建筑和花园设计里，反映在广泛和不同寻常、与场景和睦共处的假山园林里，更反映在豪华奢侈的清代室内装潢里。中国学者认为它代表了中国历史上最先进和成熟

韩国东亚学术年会讲演

的室内装饰时期。

但是，它已被遗忘忽略了一个多世纪，很多著名的内部装饰已经受到年久失修的威胁。200 多年前的辉煌掩藏在尘封里，留在记录中。各类材料的老化使得原本优雅的室内外空间和环境面目全非。如何保护宁寿宫花园，并且有限度地向公众开放，是故宫保护事业中的一个重要课题。

2001 年 8 月美国世界建筑文物保护基金会（WMF）与故宫博物院合作，开始了共同保护宁寿宫花园中的建筑——倦勤斋的项目。经过一年多细致的调查和研究，我写出了调研报告、施工方案和项目预算文本，分别经过双方领导的审查和认可。2003 年 3 月 20 日，双方正式签署协议，保护工程进入实施阶段。历经 5 年多，2008 年 11 月 10 日，倦勤斋遵循既定的修复方案圆满竣工。共同的工作加深了双方的了解，双方一拍即合，在保护倦勤斋的基础上，扩大合作规模，推进到保护整座宁寿宫花园。2003 年由故宫与清华大学合作共同制定了《宁寿宫花园文物保护规划》，2006 年 3 月双方签订“保护修复紫禁城乾隆花园的协议”，并得到中国国家文物局的批准——“文物保函［2006］75 号”。

故宫古建筑的保护，长期以大木结构、瓦顶保护、油饰彩画等粗放型的外观方面为重点，室内装饰与装修较少顾及。为此我院曾拟定计划，但终因技术与资金所限，未能付诸实施。中美合作保护宁寿宫花园项目前期调研、勘查工作已启动，修复方案已制定完成，其方案遵循“保护为主、抢救第一”的方针。在倦勤斋项目取得经验的基础上，保护抢救宁寿宫花园建筑的室内装修装饰，并对这组建筑园林进行保养性维护，同时在项目过程中进行科技保护的研究工作。

倦勤斋保护工程是故宫博物院成立以来首次大规模对室内装饰装修进行的保护工程。清代乾隆年间的室内装饰装修在技术工艺与材料方面具有空前绝后的复杂性，使得这一项目具有开创意义和挑战性，也因此受到海内外社会各界的广泛关注。可以说，这一项目的圆满完成为今后故宫的内装修保护进行了有益的探索和宝贵的尝试，积累了理论与实践方面的宝贵经验。为此，在竣工典礼的当天还举行了关于倦勤斋保护的专题研讨会。与会的中外专家学者就有关修复保护的各个方面进行了广泛而深入的研讨，对倦勤斋修复保护的成功经验进行了全面总结。如今这次专题研讨会论文汇集成册出版《倦勤斋研究与保护》，将倦勤斋保护理论与实践两方面的经验在今后的故宫室内装饰装修修复保护过程中推而广之，使得倦勤斋保护项目的成功在故宫保护与维修历史上具有里程碑的意义。

在总结倦勤斋保护项目经验的基础上，乾隆花园保护项目办公室以符望阁为先导，摸索和开创了对故宫内檐装修、装饰进行调研记录的方法。全面保护内檐装修是一个新课题，如何调研并准确记录它们也是前人没有做，而保护前必须完成的任务。符望阁前期调研报告为每一种类型的内檐装修设计图例，规范残损等级，评述了各类工艺特征，对各类装饰材料进行了分析检测，对环境进行了检测评估，特别是初步建立了内檐装修信息采集、存档和管理数据平台，各专业的调研、评估，为实施保护打下了坚实基础。

按照中美双方协议，2009 年宁寿宫花园保护项目正式启动，根据计划安排，由北向南推进。首先进行第四院落包括符望阁、玉粹轩、竹香馆的保护修复。与此同时，乾隆花园保护项目提议由故宫与美国世界建筑文物保护基金会合作建立的“家具与内檐装修保护培训中心（CRAFT）（简称‘培训中心’）”于 2010 年 12 月 27 日正式成立，旨在培养新一代文物保护工作者，使他们既懂得传统工艺，又掌握现代文保科技知识，未来致力于乾隆花园保护项目。故宫与WMF合作十年来，双方携手从倦勤斋保护项目开始，一步一个脚印地进入了乾隆花园保护项目，开展面向故宫、面向文物保护专业技术领域的人才培养和对科学流程的探索。这是故宫参与国际合作、迎接挑战、走向世界的里程碑。

随着当今世界各地文物保护事业的交流发展，随着科学技术的突飞猛进，强化保护理念，建立方法标准，把传统技术与文物保护理念很好地结合起来，是我们文物保护工作努力的方向，我们做了有益的尝试。目前，三个建筑保护实施工作已进入完成阶段。

故宫作为世界文化遗产，乾隆花园合作保护项目无疑担负着传播中华传统文化，向公众推介中国传统文化中最精粹的艺术与思想的重要使命。乾隆花园首次完整展示在公众事业之中，是于2010年9月在美国举办的《乾隆花园古典家具与内檐装修设计》展，展览十分成功，影响很大。2012年6月，故宫博物院又与香港艺术馆合作，增加文物，推出《颐养谢尘喧：乾隆皇帝的秘密花园》展，侧重乾隆花园之思想蕴含的探究与宣示，再次引起轰动。

刘延东、单院长视察乾隆花园项目

主持新加坡凤山寺保护项目获联合国教科文东亚卓越奖

2014年，故宫博物院与首都博物馆合作举办的《长宜茀禄：乾隆花园的秘密》展，从一个全新的角度来介绍乾隆花园，通过展示乾隆花园的独特设计，反映传统皇家园林的特色及文化内涵，进而探讨乾隆皇帝对归隐、长寿、天下太平、长宜茀禄的追求，揭示一代明君的内心世界，向公众推介中国传统文化中最精粹的艺术思想，在京城各界引起热烈反响。传媒界拍摄《乾隆秘密花园》《抢救倦勤斋》在国内外媒介及中央纪录频道播放，社会反响非常好。这座曾经幽深、封闭的皇家园林揭开其神秘的面纱，因此引发了社会的关注、专家的研究和公众的好奇，随着有限制向公众开放，乾隆花园不再是皇帝的特权享受，将成为普通观众了解传统文化和艺术思想的最佳之地。

2．新加坡凤山寺修缮项目

经过调研我们首先确定了凤山寺古庙的修缮工作方案，之后我组织设计人员赴凤山寺做现场勘查、测绘工作，在此基础上完成了方案及施工图设计。在修复方案制定过程中，我们与南安会馆方面围绕修复理念展开讨论，主要议题是这次修缮是按“文物”修复，还是按“寺庙”修复，经过反复讨论南安会馆同意我们按“文物”修复的理念，也同意使用我们推荐的工匠来修复。经过三年努力，一座恢复历史原状貌的凤山寺展现在世人面前。2010年该项目获联合国教科文化遗产卓越奖。颁奖词如下。

凤山寺始建于晚清时期，是南安邑人及新加坡现存的地标性文化遗产，对新加坡凤山寺的卓越的保护使这座闽南寺庙重现其原始的风貌。凤山寺保护项目对历史进行了全面的调研，在保护中做出正确的决策并且选择适合的材料及技术，是文化遗产保护的模范。项目中严谨的保护方式使其整体保留了建筑的原始构架及结构，其后期补配的构件也具有可容性及可逆性，通过一系列的筹款及公共性教育活动，该项目展现了私营机构承担文化遗产保护的创新型模范，凤山寺保护原则及方式对新加新地区的文化遗产保护的改变及进步产生了深远的影响。

西藏白居寺

3. 建福宫花园复建方案设计（主持）

1998 年，香港文物保护基金会计划捐赠 400 万美元，资助重建建福宫花园，并以此作为其对祖国内地文物保护实施的第一个项目。

在经过一年多的接触论证后，1999 年年初，国务院正式批准立项，重建工作进入实质阶段。

现存基址。从现场勘查资料得知，虽遭受火焚，又时隔 70 多年，但建福宫现存基址的建筑台基构造仍保存完整；柱网分布清楚，室内外地面、甬路用砖及石材、规格、材质反映清楚，对于复建工作，这点尤为重要，就等于地基底座都还完好。

有现成的参照物。据史料记载，乾隆花园后半部建筑是仿造建福宫花园而建的，勘查人员据此进行考证，对建福宫花园遗址的建筑与乾隆花园后半部分的建筑对应部分，进行实际测绘，一一对应的结果是，去除装修、材料的小部分不一致外，其法式、规制、尺寸基本一致。

文献史料、图片。古建恢复修缮的重要依据就是当年的文字、图片资料，建福宫花园不仅有很多文字资料可查，还有很多图片为我们提供直观的参照。比如有瑞典人赛伦 1922 年时拍摄的建福宫花园中的照片，还有清人丁观鹏所画的

《太簇始和图》。这些都真实地再现了昔日建福宫花园的风貌。

另一方面，承担重建工作的故宫古建筑工程队拥有传统的工艺技术，这都是一代代宫廷匠人传下的“绝活儿”，过去怎么做，现在还怎么做，保证原汁原味。而且在用料上，也尽量与过去保持一致。像石材，紫禁城向来讲究用房山开采的；砖，过去用的都是苏州进贡的；木材，明代多用楠木，至清代大多改为松木，从东北运来，这些都可依旧样解决。

我们现在对建筑遗产的研究大多还沉浸在技巧工程之中，还在建工“匠气”圈子巨大的惯性中滑动。这些年自己承担的建筑遗产保护项目，将建筑历史视野投向了人文之上，追寻千年可圈可点的精华，通过人文的视角透视古代建筑遗迹。用人文精神追溯已逝去的建筑蓝本，要成为一名合格的文化遗产的守护者，自己应不断学习、思考、进步。

王时伟

1956年生，故宫博物院古建部总工程师，研究馆员，中国文物保护技术协会副理事长、秘书长、国家文物局专家组成员。

片段回忆

——关于竞赛和邹老师

董　明

1979年，16岁的我考上重庆建筑工程学院（今重庆大学）建筑系，开始了四年的建筑学学习。由于与我一样年纪甚至更小的学生还有不少，其中年纪最小的只有14岁，学院竟还颇有情怀地组织我们去重庆动物园游玩。在重建工学习的时光是短暂的，期间留下了许多美好回忆，在此仅以我和邹以仁老师的情谊以及参加大学生建筑设计竞赛的片段来表达怀念之情。

印象中，邹以仁老师总是不修边幅，落腮胡子，且吸烟很凶，经常烟不离口。记得有一次去邹老师家里请教一二，家里配有二号图板，边上有一个水果玻璃罐头瓶当烟灰缸，赫然入眼，灰不拉几的烟屁股随形堆聚着。

邹老师当时是我们的助教，40岁左右，据与同龄的老师闲聊时得知，邹老师有个外号叫“邹琵琶”。读书时就是学生文工团主要成员，不知弹《十面埋伏》时是何等的英武豪迈，但他也有很细腻和专注的一面。当时他教渲染科立斯柱头时，看学生不得要领，便亲自示范，先将笔在清水里润一下，水碟里抹几次，但由于笔的质量的原因，笔尖还是开叉很多，于是在水墨退晕时，他竟将笔头放进嘴里，嘬几下，精心的修边，随后再将口中的墨汁吐出来。

1981年由《建筑师》杂志举办的全国大学生设计竞赛命题为“建筑师之家”，作为恢复高考之后的前几届建筑学子，当时的参赛作品也代表了那个时代的专业追求。我们的方案由邹以仁老师和贾耀才老师指导，我和同班同学林茂合作完成。方案中，通过穿越在洞窟中的升降电梯实现垂直方向的功能组织，同时引入诸多自然元素，使得人的体验不局限于丰富的建筑空间，更在穿越忽明忽暗洞穴空间的同时也能感受到开阔的沙滩和潺潺的流水。大多数获奖方案皆在高差不大的地形上展开，我们的方案在难度很大的山地上完成了精彩的立体式空间组织和形式

笔者和林茂的建筑师之家获奖作品

体现，并有机地结合了地形与自然生态景观，因此荣获了三等奖。当时邹以仁老师对方案表达给出了特别的建议，于是以黑色加粗线条描边、具有版画风格的表现为我们的方案增色了不少。

为了做好这次竞赛，开始方案设计前，邹以仁老师建议我和林茂以重庆的山地吊脚楼为蓝本，并表现出山城地域特点。为此我们沿着嘉陵江从土湾一直走到牛角沱，考察当时的沿江吊脚楼，看见那些民居总是拥有绝佳的风景，相当于现在的江景房，我们便要忍不住夸奖几句，话音未落，原住民立马抛出一句："安逸，你来住住试一哈。"明显表示对生活居住质量的不满。我们也经常到磁器口去写生，知道了入画的断垣残壁，终究阻挡不了人们对美好生活的向往。

1983 年笔者和林茂的合影

为了解和增加文化底蕴，我和林茂还利用假期到大足石刻去写生，将大足的摩崖造像的意向，用于《建筑师之家》的攀山路径拾级而上的体验中。在大足写生时，我们被一群村姑大妈围观，她们上来大赞："画得太好了！"不经意间问了一句："你们是美院的吧？"我们边画边答："重建工的。""画得稀撇！"（画得糟糕）一阵哄堂大笑作鸟兽散也。我和林茂目瞪口呆，刚刚还夸奖得好好的，啷个又变成稀撇。原来她们只识得四川有个美院，又从哪里冒出个重建工，还画画……现在想起来真好笑，宝宝心里委屈，心里苦：建筑学是理科中的文科，怪我咯！哈哈哈哈哈……

想当年，首届大学生竞赛主要是1977级和1978级参加，我们1979级当时参加的很少。当时我们在读大三，凭着初生牛犊不怕虎的冲劲，信心满满地投入到竞赛中，画图主要是利用晚上的时间，一直干到第二天上课。老师点名后，就悄悄溜到后排，铺开席子就呼呼大睡。非常感谢当时老师和同学们的理解，让我们过了一段黑白颠倒的日子。

记得当年在同济大学评奖，我高中的一位同学就读同济大学建筑系，他得知我获奖后，还专门写了一封信到重建工表示祝贺，不像现在微信等即时就能知道结果。获奖之事，一直激励着我今后的工作永葆一颗激情和热爱之心。

1983年毕业后，我被分配到贵州工学院土木系。有一次出差到重庆，去拜访邹老师，老师很开心，师母也念叨着："董明来了真好！"坐定后才知道，邹老师接了个活儿，是一个地州市的招待所，施工图催得紧，正愁没人画图。我在邹老师家里住了好像两到三天，哪儿也没去，师母好菜招待着，画完才走人。

我只记得将阳台设计成双曲面的，这在当时比较新颖，但大样图没少画。光是画室内水磨石装饰地面，就有错行对缝、嵌铜条等各种细节，累得我够呛。我左手拿圆规尖的一端，定进圆心，入木三分，中间固定一根线；线的另一端套上针管笔，屏住呼吸，一圈圈画同心圆……呵呵，如今电脑时期，难以想象手工时代的匠人精神。当时虽然效率很低，但对刚毕业的血气方刚的少年，磨磨性情还是很好的。关键，我还跟邹老师学习了大样构造做法等实战经验，使我在以后的工程应用上受益匪浅。

时光如梭，今年大学毕业已34载，写该文之前还给邹以仁老师通了个电话，老师很开心，并得知他已戒烟好多年，很佩服他。祝邹老师身体健康，愿师生的情谊永续！

董明

1963年生，贵州省土木建筑工程学会建筑师分会会长，贵州省建筑设计院有限责任公司总建筑师。

海棠花开

郭卫兵

尽管我们经历了许多过往，以为自己已经心如止水、安在当下，却往往因为一场雨、一个笑容、一次花开，那些深藏心中的往事突然在这一刻跃然眼前，才发现我们依然在那里，岁月似乎从未挪动过执着的脚步。尤其那段青涩美好的大学时光，在随后的三十年里，我总能一次次捕获这试图逃亡的记忆。不禁感慨，春去秋来，海棠依旧。

四月，是充满思念、生机盎然的时节，著名建筑师、诗人林徽因曾写下诗作《你是人间的四月天》，诗中写到："我说你是人间的四月天，笑响点亮了四面风，轻灵在春的光焰中交舞着变……你是一树一树的花开，是燕在梁间呢喃，你是爱，是暖，是希望，你是人间的四月天。"四月的天津大学迎来了海棠季，"花开北洋，情怀家国"的年度主题让这座古老的高等学府充满了强烈的人文气息。这一树树的海棠或吐蕊盛放，或蓓蕾摇坠，绽放在我曾走过的路旁，倒映在波光粼粼的湖水中，阳光下斑驳的树影使一幢幢沧桑而隽永的建筑多了一份明亮。置身其中，我仿佛穿越了时光隧道，在曾经来去匆匆、无暇顾及的地方唤醒了缱绻着的故事，迷眩着往日的一幕一幕：我回到了夏季的那个雨夜，教室的灯光一样通明，崔健的歌声仍然回荡，宿舍楼前的单杠上依然有你矫健的身影，教学楼前布告栏里张贴着校园活动的消息……

见字如面

1985年夏季，我到天津大学报到，一出天津站，就看到高中校友前来接我和同行的另一位同学。上中学时跟高年级同学没什么来往，只是有些印象，在没有约定的情况下他们主动来接站，我内心十分感动。在他们的引导下，我很顺利地找到自己的宿舍，学长又交代了一番，并主动帮我询问了我们班级的邮政信箱——天津大学512信箱。此后四年里“512信箱、305宿舍、310宿舍”这些平淡无奇的数字，仿佛成了我的人生密码，关联着一串串美好的青春故事。

早些到校的同学已经从学校唯一的商店买来了印有天津大学字样的信纸、信封，晚上同学们安顿下来后开始坐在床上写信。有同学从我试探的目光中明白了什么意思，主动递给我几张信纸、信封。于是，在天津大学的第一个夜晚，同学们由于生疏而无太多语言交流，都不约而同地给家人、老师、同学写信。此刻依然能回忆起八个人同时写字时发出的沙沙声。

那时，信件是唯一有效的与家人、朋友联系的方式，虽然十分不便，但也因这距离、时间的因素有了更多的期盼和真情。起初那些天，是收发信件最多的日子，信箱设在食堂旁边一栋学生宿舍的门厅里，每个班会有一个同学掌握着信箱的钥匙，趁每天中午去食堂买饭或下课的时间帮大家取回信件。所以，有时中

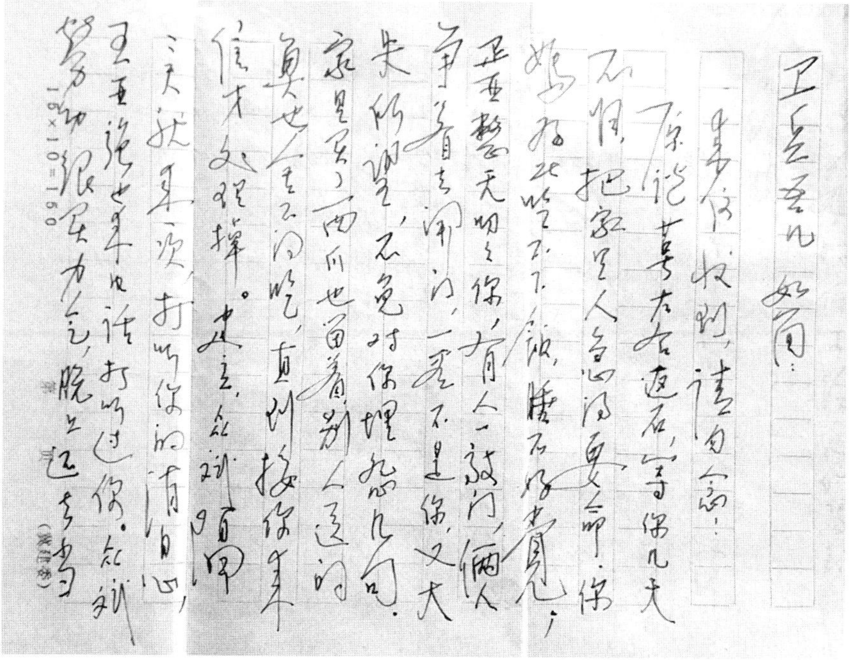

父亲的信

岁月留痕

大学时光

午下课回到宿舍会发现躺在床上的信件，欣喜地打开阅读，常常错过去食堂买饭的时间，有时会边吃饭边留意那个取信的同学是否回来，期待楼道里传来那一声“某某，你的信”。

收到父亲的来信是最开心的事情。父亲做过编辑，写信、收信是那个年代编辑的重要工作，因此，父亲练就一手好字。也许是做编辑养成的习惯，他总是用方格稿纸竖向书写。信的内容更是夹叙夹议，轻松自然得如行云流水一般。父亲的信通常很厚，一般会长达四五页稿纸，用的大号信封很是显眼，一眼就能从取信的同学手中认出来。大学期间父亲写给我的几十封信我都完整地保留着，现在看来，这是父亲写给我青春时光的一篇篇人生讲义。

回想起来，在我参加工作前二十多年里，由于父亲在外地工作，真正跟父亲在一起的时光可以用天数来计算。尽管从小父亲对我十分疼爱，但彼此思想交流的机会少之又少，所以，我考上大学后，书信成了他老人家对我生活启蒙的重要手段。刚入校正赶上天津大学九十周年校庆，我向父亲汇报了丰富多彩的校园生活，父亲在回信中也回忆了他的大学时光，鼓励我适当参加一些社团活动开开眼界，也嘱咐我同学中人才很多，做事态度要积极但勿冒傻气。父亲在信中从不说教，但总不失时机地用一两句话在为人处世方面给予点拨。可能是我在信中写到让家人代我向朋友问好，父亲就嘱咐我给曾经帮助过我的朋友、小学和中学老师专门写信，并用大大的字写下“切记”。父亲不仅待人和善，对党和国家也十分忠诚，在信中偶尔会对我进行政治思想方面的教导，刚上大学时，受“自由化”思潮的影响，有的城市大学生上街游行时有发生，父亲就嘱咐我千万不要参与此类事件，针对国家有困难、工作有缺点应充分理解，采取正确态度对待，建议我平时注意理想信念学习和提高政治修养，等等，其家国情怀跃然纸上。父亲大学专业是土木工程，对建筑学十分向往，如今我考上了理想的大学，理想的专业，他在信中流露出十分的满足感。他在信中曾流露，从北京调到石家庄工作多少有点不甘心，而如今觉得这一切都值得了。父亲一颗负重的心终于释然，对未来充满了美好的希望，书信中展现了他十分丰富的内心世界和才华，谈艺术、谈生活，每一封信都如春风化雨浸润着我的心田。

清明时节，窗外下着小雨，或许是与父亲有约，我取出一封封已经泛黄的父亲来信，鼓起勇气小心翼翼地去触碰心底这片最柔弱的地方，含着泪聆听父亲三十年前的心声，仿佛看到父亲在灯下铺陈好稿纸，深情地写下：“卫兵吾儿，见字如面。”

亦师亦母

中国有句古话：“一日为师，终身为父”，这不仅是教育学生对老师要尊敬，更是对为师者付出的赞美。在美好的大学生活中，老师不仅授业解惑，也让我们这些刚刚离开家的孩子感到亲人般的温暖。

王乃香老师是带我设计最多的老师，她女儿跟我们在同一年级就读，因此，首先从年龄的角度，她看待我们就像看待自己的孩子一样。她和善的面容、慈祥的声音，常常带给我们家庭般的温暖。王老师有个很令人感动的本领，刚带我们几次设计课，竟能叫出全班人的名字，因此一下子拉近了师生之间的距离。同学们都喜欢跟王老师交流，而王老师说话时也总喜欢称呼我们的名字，此时，学生们的心里总会涌动着一股暖流，感受到王老师身上母性的光辉。

王老师带我们设计课有自己的特点，她要求我们在上课时把各自的设计草图平摊在桌上，然后带领我们组逐个观摩，其他设计组的同学也会参加进来。王老师总是先表扬大家，然后指出设计中的不足，再坐下来一对一改图。这个看似简单的过程，极大地激发了同学们的热情，收到很好的教学效果。有两件事情让我印象深刻，一件是王老师带我做的第一个小设计——公交车站设计。当时已临近交图，在裱好的图纸上用钢笔淡彩来表现，我基本的工作已做完，却迟迟不敢在立面图上画配景树，王老师走过来对我笑笑说她找张文忠先生帮我画棵配景树。于是她把带另一个组的张先生请过来，很多同学也来围观。张先生先看了看图面，思考了一下，用水彩画了两棵金灿灿的树。王老师从构图的角度讲张先生为什么这样画，最后还笑着问我“你满意了吧”。另一件事是王老师带我们组去彭一刚先生家里拜访，这事儿让其他设计组羡慕不已。来到彭先生家，看到彭先生正在画建筑画，于是他边画边给大家讲解。尽管大家在大学一年级时就临摹彭先生的画作，但如此近距离地接受教诲让大家激动不已。我们看到彭先生的书柜上放着他用废铁皮做的建筑机械模型，大家十分惊叹，让我们领悟到建筑师应有的匠人精神。王老师安排的这次活动给我们带来了深远的影响。

我们读书时，教师力量十分雄厚，老先生们亲身上阵启蒙，中年老师则对前辈表现出极大的尊敬。我现在理解了王老师是从多个角度来教书育人，不仅让我们学到知识，体会到敬畏，更以其平易近人的品格，让我们感受到爱的力量。

朋友再见

大学期间，我担任我们班的文艺委员，每年元旦都会组织一场联欢会，很是热闹。每次活动前，我都会去各个宿舍动员大家出节目。起初大家不太踊跃，但成功地举办了一次后大家都来了兴趣，原本不太活跃的同学也会根据自己的特点表演节目，除了几个文艺骨干弹吉他、演小品、跳霹雳舞等之外，有的用自己的方言表演相声，更有人专门为晚会去学习一段舞蹈。由于我的努力组织和大家的积极参与，我们班的文艺晚会是年级各班中举办地最好的，这也是我大学期间引以为豪的事情。

1989 年元旦，举办了大学生活的最后一次联欢，由于大家临近毕业，离别的气息渐渐开始弥漫，同学们更加珍惜在一起的时光，以更大的热情参与到这次

朋友再见

活动中。有的同学用水粉画了招贴画，有的同学编写串场词，主动承担起一些组织任务。除了一般形式的歌舞之外，我们还推出了不少有创意的节目，印象深刻的有吉他弹唱配锅碗瓢盆爵士鼓、哑剧小品《李二旦进城理发》、专门创作的回忆班级生活的诗歌、几个女生排练的话剧《雷雨》片段等。这次联欢会我们还邀请了几位老师来参加，他们十分开心，大约晚上十点多的时候，几位老师才跟大家告别回家。同学们在楼道内欢送，大家情绪十分兴奋，我轻声唱了一句南斯拉夫电影《桥》中的插曲，一下子汇集成了三十多人的大合唱——“啊朋友，再见，啊朋友，再见……”——歌声久久地在楼道里回荡。

返回教室，气氛一下子变得低沉，同学们更清晰地意识到分别时刻即将来临，有的同学流下惜别的眼泪，拥抱着相互告慰。大家围坐在一起谈心，直到夜深了，同学们才依依不舍地离开教室。不知道什么时候外面下起了雪，美丽的校园一片银装，我们沉默地走在敬业桥上，安静地能听到走在雪地上脚步的声响，不知谁拨弄了一下琴弦，那一声“叮咚”让夜更深、情更浓。

海棠花用来隐喻游子思乡和离愁别绪，也代表着温和、美丽、快乐。我的大学时光正应了这花语，绽放成了这一树树无香的海棠。

郭卫兵

1967 年生，河北省土木建筑学会建筑师分会理事长，河北建筑设计研究院有限公司副院长、总建筑师。

感悟建筑画的力量

傅绍辉

笔者近影

从 1977 年恢复高考算起，我刚好是“文革”后的第十届大学生。从 1986 年入学到 1993 年硕士研究生毕业，在大学度过了 7 年的时间。

上大学

我的建筑学教育，要从上大学为什么学建筑学说起。考大学之前，对于学什么专业，我其实并没有什么想法。我自幼喜欢画画，上小学的时候曾经在天津的少年宫学习素描，但是只画了一个多学期，唐山大地震就中断了这一切。之后我来到了父母所在的呼和浩特生活，呼市的条件在那时比天津要差很多，因此除了自己随意地画以外，一直没有再去系统地学过绘画。上初一的时候，我遇到一位美术老师，他发现了我的绘画天赋，希望我能学绘画，将来去考美术学院。为此，老师特地写了封信，让我带给我的父亲，大意是说希望家里能支持我学习美术。当时是 20 世纪 80 年代初，那时正好是“学好数理化走遍天下什么都不怕”的时候，加之“文革”刚结束不久，对于学习美术这样一个和意识形态联系有可能较多的专业，父亲对此还是有些顾虑。后来老师又专门到家里见我的父亲，再次提及此事，父亲同意让我先和老师学习基本功。这样我又画了一年的石膏像。

1981 年我的父母带着全家从呼市调回天津，我考插班生进入了天津新华中学。新华中学是天津市最好的 5 所中学之一，学校的学习氛围很浓。在这样浓郁的学习环境中，努力学习成为了第一位的事情，而绘画就成为了我的业余爱好。在那时，我经常自己画出各种汽车和舰船的展开图，然后做成立体的模型。后来喜欢看《动物世界》，发展到做出立体的动物，做出动物园。

高考之前，究竟学什么专业，一度让我困惑。因为喜欢汽车，所以想报考清华大学的汽车工程；因为喜欢舰船，想报考上海交通大学的船舶工程；也因为喜欢动物，想去考北京大学的生物系。后来还是父亲帮我分析说，不论是汽车、轮船还是动物，并不是首先喜欢它们，而是喜欢画它们，实际上是喜欢绘画，汽车、舰船、动物只是绘画的对象。就这样，最后选择了建筑学，一个对绘画有要求的理工学科。

在大学

我所在的天津大学建筑系，是全国最好的建筑院系之一。刚进大学的时候，学校的老先生们，像彭一刚先生、聂兰生先生、胡德君先生、黄为隽先生、沈天行先生、何广麟先生、许松照先生、章又新先生等，都在一线教课，现在看来，可谓是超级豪华阵容。而且，在之前举办的几届全国大学生设计竞赛中，天津大学都取得了骄人的战绩，获奖者中不乏当今建筑界的重量级大腕儿，如崔愷、王兴田、孟令强、周恺、张杰等。所以同学们都非常自豪能在这样的环境氛围中学习。

大学四年中我最喜欢的课是设计课。那时上设计课，老师是要亲自给学生改图的。如果哪一组运气好，碰上同学们特别喜欢的老师带课，老师的身边总是围满了学生，不仅仅有自己这一组的，还会有其他组的同学凑过来。如果谁的设计作业在评图后被“留”，那可是莫大的荣誉。

学习建筑学，常听人们说到“开窍”。确实，建筑学不同于其他的理工学科，学习过程带有“悟”的成分。但能否开了窍，不仅要靠自己“悟”出来，有时老师的一两句话，或者一两笔草图，就能帮助学生“悟”到其中的道道。

在二年级的下学期，我们的课程作业是设计南开大学的东方文化艺术中心，这是一个真题作业。我当时的指导老师就是周恺老师，而周老师就是帮我“悟”出来的那位关键老师。在那次设计中，周老师一直在强调空间的层次，特别说到在设计一个大厅的时候，不要简单地设计一个空泛的大厅，大厅要有层次、有变化，要让在其中的人能够感受空间，体会到空间的趣味。这对于当时的我是很难理解与做到的。恰巧那年的《世界建筑》登载了一座黑川纪章的作品——名古屋市立现代美术馆。《建筑学报》刊载了周恺老师的设计作品——南开大学新图书馆。结合这两座建筑，周恺老师帮我们分析其中的空间特征。隐约中，我好像明白了些东西，有些感觉。于是我干脆把黑川作品的空间“抄”在作业中，去尝试着把这种感觉表达出来。

在作业的过程中，周老师希望我们画一些展示空间关系的图，所以我当时费了不少力气画了一个剖轴侧图。 这次作业可以说是使我“开窍”的作业，当然也因为周恺老师带课，我还收藏了周老师给我改的草图。

天津大学建筑系非常重视学生基本功的训练，很多名师都亲临一线教学，而且经常教低年级的课。我的导师彭一刚先生就亲自带一年级的建筑初步课。当时我刚刚读研究生，正好赶上教学实践的课程，就是由我们在读的研究生跟随导师参加到本科生的教学中来，所以我也就跟随着先生教一年级的同学建筑初步课程中一个非常重要的环节——水彩古亭渲染。彭先生的钢笔画和水彩渲染那可是功夫了得，《建筑绘画及表现图》是新入建筑学学生的必备书籍。当时彭先生为了让我们能够胜任工作，在我们参加教学实践之前专门安排时间手把手教强化

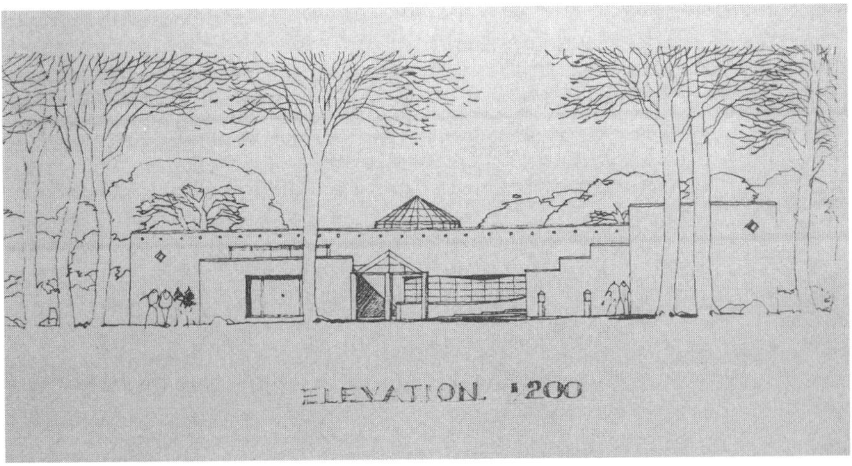

周恺老师的草图

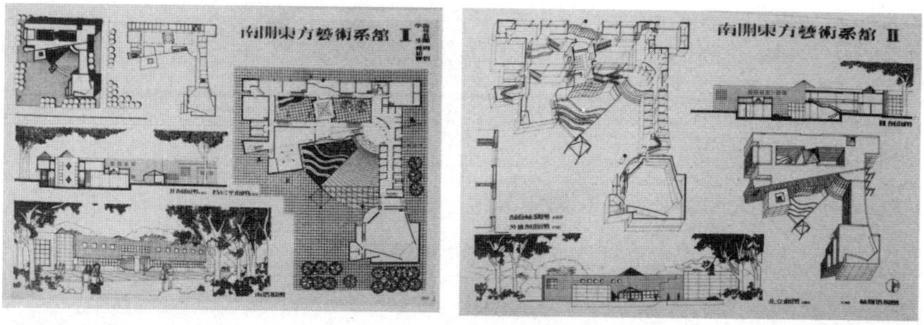

周恺老师指导的作业

我们的水彩渲染技巧。与本科时候的练习不同，本科的时候很多东西还不理解，而这次后补的、几乎是一对一的辅导训练对于我来说太珍贵了。可惜当时的范图找不到了。后来有一次参加全国手绘建筑画大赛，我就是以这种传统的水彩渲染参赛并获奖。

读研究生的时候，彭一刚先生、聂兰生先生、邹德侬先生和王其亨先生组建了建筑历史与理论研究室，几位先生的弟子们都在研究室里学习，而且哪位先生出差或者一时忙不过来，其他的老师会主动帮忙带学生。我读研究生做第一个课程设计的时候，彭先生刚好出差繁忙，就是聂先生带我做设计。所以虽然

彭一刚先生的草图

2007 年参加手绘建筑画大赛的获奖作品（水彩渲染图，笔者绘）

我是彭先生的研究生，但是却同时得到了两位老先生的亲自指点，真的是非常幸运。当时聂先生接到了浙江省院的邀请，协助浙江省院参加一个设计竞赛——杭州西湖饭店。因为要提交两个方案，聂先生就带着我和另一名研究生做设计。可能是因为我们不是聂先生自己的研究生，聂先生对我们反而特别认真和关照，在投标的一个月里几乎天天来研究室指导我们的设计。在方案基本成形，准备画效果图的时候，我的方案中高出屋面的电梯机房的造型处理得依然不太好，但是又找不出什么解决办法，当时我想实在不行就将就一下算了。但是没有想到，第二天到研究室的时候，聂先生给我带来了一整张草图，上面画满了各式出屋面

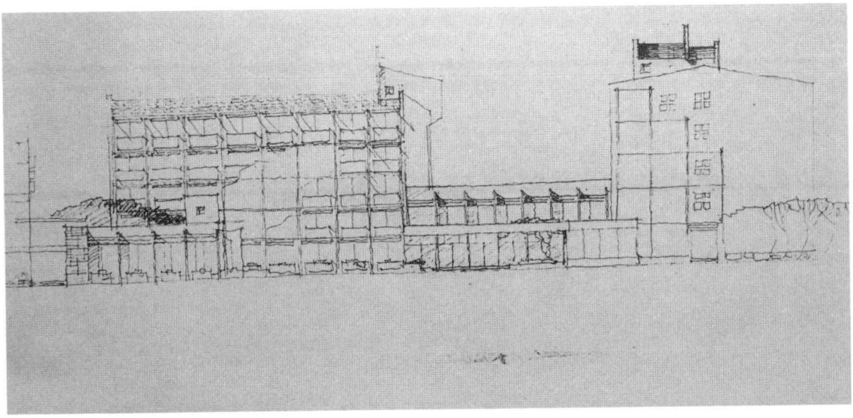

聂兰生先生的草图

聂兰生先生指导的设计——杭州西湖饭店（水粉画，笔者绘）

聂兰生先生指导的设计——杭州西湖饭店（模型）

机房的造型。说实在的，当时对先生的钦佩，真的是无法描述。

我觉得在求学这件事上我特别幸运，不论在哪个时候，都遇到了遇到了非常好的老师。在毕业的时候，彭先生曾经问过我是否愿意继续读博士，而后留在学校任教。但是当时我觉得在学校已经有7年的时间了，想换换环境。1992年的经济大发展也给建筑师提供了极大的舞台，所以也就没能继续在学校读下去，转到了职业建筑师的道路上。在二十余年的职业生涯中，母校和老师留给我的财富让我一直受用，直至今天。

傅绍辉
1968年生，中国航空规划设计发展有限公司首席专家、总建筑师、研究员。

大学，我的建筑之源

范　欣

2017 年，距离我初识建筑学恰好三十载。

岁月，在笔端静静地倒流，漫过悠悠三十年的建筑人生，仿佛又重返大学的时光。我，依然还是那个青春飞扬的追梦少年。

特别感谢《中国建筑文化遗产》《建筑评论》编辑部，成就了我这段奇妙的旅程！

源

说起我与建筑学的相遇，几乎是一时的兴致所致。

1987 年 7 月，高中毕业填报大学志愿时，父亲的一位同事无意间说起："建筑学专业特别自由，整天背着画夹走走转转。"喜爱绘画的我听了雀跃不已："我要学这个自由开心的专业！"

那时的我，还是个满脑袋天马行空的小女生，对建筑学知之甚少，并未在意那一年天津大学建筑系在新疆仅有一个招生名额，更不了解天大建筑系在国内外有多么知名。就这样，我误打误撞地闯入了建筑之门。

大学四年，我，一个懵懂的寻梦少年，浸润滋养于这所百年学府深厚的沃土里，在先生们的言传身教下解惑、得道，建筑梦想在心中日渐开启、生根、绽放，从倾心建筑学，终至长达三十载的挚爱。

现在回想，庆幸当年的无畏少年，能成为中国最悠久历史的天津大学的学子是多么幸运和自豪啊！

1987 年 9 月初入学校

1988 年于天津水上乐园

大学毕业照

五湖四海的相逢

刚到学校时，同学们对来自遥远西域的我很好奇："你是不是骑马上学？"我恶作剧地答："今天骑马，明天不想骑就换骆驼。"其实，新疆作为世界上唯一的四大文明交汇之地，除了广袤的蓝天牧场、无垠的沙漠戈壁，还拥有着开放多元的文化，当时的首府乌鲁木齐已是个很现代化的城市。"你是维吾尔族吧？嗯……看长相，像！"实际上我虽出生在新疆，却是纯正的湖南血统！同学们通过我看到了神秘新疆的一角，而与同学们的相识，也让我更多地了解了新疆以外的地方。

1987 级建筑系的一百位同学，说着五湖四海的乡音，天南海北，性格迥异。走进建筑系时，个个意气风发。如今，他们中的很多人已在建筑领域取得了非凡的成就。

是建筑学让我们有缘相逢，在最纯真的年纪，我们一起青春盛开，融进了彼此的生命中。

青年湖

古朴的三十一斋坐落在六里台青年湖畔，从我们 408 寝室的窗口望出去，可一览宽阔的湖面。记得初到宿舍的那个雨天，因为近视，我指着窗外的湖面："好

1989 年大学时期的业余生活

大的操场啊！”以至后来的四年里，一直被宿舍的姐妹们笑谈。

那时的青年湖岸线自由优美，绿荫掩映的小径偎着湖岸徐徐蜿蜒。春季桃花烂漫，轻风吹过，落英脉脉；夏日，骄阳钻过枝叶的缝隙在小径上跳跃、斑驳；秋高气爽时，一抬头就看见金色树叶间剪出的蓝天；冬天，湖面结成厚厚的冰层，人们三三两两的在冰面上滑冰嬉戏。待天气回暖时，湖鸥们便成群相约在这里安家。最享受蒙蒙细雨时，沐浴着泥土的清芬，沿着湖畔独自神游；也常会在净澈的雪夜，静静聆听雪花一片一片地飘落。

我们置身于这如诗的画境中，学习、生活，畅想着未来。青春的诗句闪耀在阳光下、跃动在波光里，年轻的理想舒展开天空的蔚蓝。

岁月如歌，多少梦里千回的辗转流连。我的青春，我的青年湖！

建筑系馆

初次步入天大东校门时，我不禁被眼前古朴的清水砖墙建筑群深深吸引，校园里处处渗透出深厚的历史积淀和人文气息。雄浑舒阔的主教学楼矗立于北洋广场北侧，蕴聚着求真求实、敢为天下先的北洋精神。

自北洋广场西望，穿过求是亭和敬业湖，由彭一刚院士亲自设计的建筑系馆就坐落于天津大学校园的东西中轴线西端，典雅厚重，含蓄悠远。

1989 年，我们从第十九教学楼搬进了新落成的建筑系馆。在这里，先生们亲身垂范、循循善诱，教导我们要坚持“扎实、求实、朴实”的严谨治学作风，鼓励我们要有敢于尝试、勇于创新的精神。

春去秋来，无数个日夜，诺大的设计绘图教室里，我们一百位同学如饥似渴地沉浸在精深莫测的建筑世界中，青春涌动，思想无界。

1989 年蓬莱古建测会实习和同学们在一起（左一为笔者）

建筑系馆主入口左侧的墙面上有这样一段文字："三十辐为一毂，当其无，有车之用。埏埴以为器，当其无，有器之用。凿户牖以为室，当其无，有室之用。故有之以为利，无之以为用。"有无之间，言简意深。

三十年来，这段语录启示着我不断思索建筑之于普通人、城市乃至地域的本质意义，从追求建筑"显"的表象，到探寻"隐"的境界，并将这一建筑观念和创作态度深植于自己的建筑作品中。

建筑，不是建筑师的个人丰碑。与空间割裂的建筑躯壳是毫无生命力的，空间，才是建筑的灵魂所在。好的建筑空间应该能够包容真实的生活，给普通人温暖和庇护，使他们获得内心的愉悦、平静与安宁。

有眼不识泰山

一天下午，系里通知我们，晚上彭一刚先生将亲临授课。同学们都异常兴奋，终于有机会见到这位敬仰已久的建筑界泰斗了！

夜幕降临，教室中间静静地架着幻灯机，谁也没有留意幻灯机旁那位皮肤

1991 年毕业前夕和同学们在一起（前排中为笔者）

略显黝黑的中年人。上课时间到了，同学们焦急地小声议论：彭先生怎么还没来？这时，中年人不慌不忙地打开幻灯机，原来他就是大名鼎鼎的彭一刚先生！平和朴素得就像普通的邻家长者。

彭先生授课，语不惊世，绝无浮华虚套。他用平实的语言深刻剖析了中国古典园林的精髓——先抑后扬，引导与暗示、渗透与层次、藏与露、虚与实、庭院理水……句句真知，字字如金。

静物水彩写生

从彭先生身上，特别能感受到天大建筑系所秉承的严谨治学、扎实、求实、朴实、推陈出新的优良学风。

彭先生的经典之作《建筑空间组合论》和《中国古典园林分析》是我学习建筑学的开蒙宝典，其中的空间理论和观念至今仍启迪着我的建筑创作实践。新疆维吾尔传统民居聚落中街巷的交织转折、空间开合、节奏和意趣、秩序和变化等，都与彭先生这两部论著中的重要理论有着异曲同工之妙。

时隔近三十年，我依然清晰地记得那晚彭先生给我们讲授的非同寻常的一课。

偶像

“结构方案与选型设计”，说实话，算是一门枯燥的课程。可是，若由偶像来讲授，那就完全不同！

身材魁梧，银发胜雪的宋秉泽先生已年近八旬。讲台上的宋先生，经纶满腹，风度翩然。在先生的娓娓讲述中，晦涩难懂的结构理论竟变得那么清澈和意趣盎然。宋先生给我们讲桥梁、讲大跨度建筑，阐述结构的生命力和意义。宋先生强调，建筑，应该充分展现结构之美。在他的讲述中，结构被赋予丰富的表情，成为了艺术！

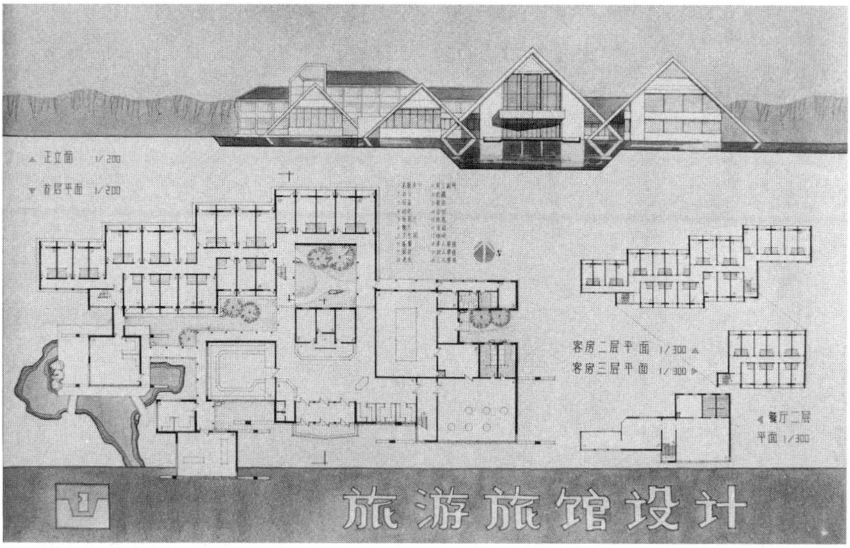

建筑设计作业 1

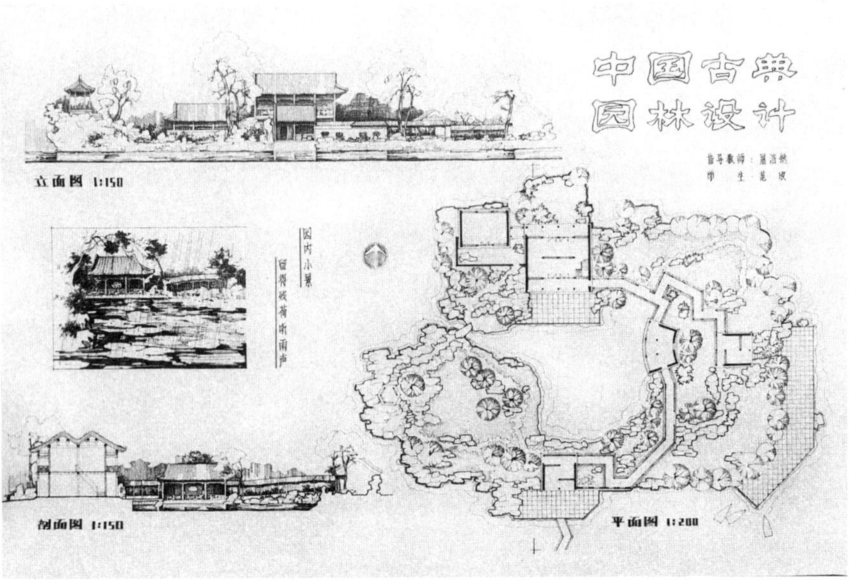

建筑设计作业 2

同学们喜欢听宋先生的课，最初，是因为他儒雅的气质和个人魅力，时间久了，被老先生智慧生动的语言、渊博的知识和独到的见解深深吸引和折服。

至今，我仍珍藏着宋先生亲著的油印讲义，它对我日后确立自己的建筑审美价值取向产生了非常重要的影响。每当我思索建筑的本原和结构的意义时，总会回想起当年宋先生透彻灵魂的教诲。

与大师面对面

荆其敏先生清瘦精干，戴着黑框眼镜，目光炯炯，是典型的建筑大师形象。荆先生除了授课、著书，也有很多建筑实践作品。

二年级的住宅设计，有幸由荆先生带我们这一组。荆先生并未急于让我们立即进入方案构思，而是引导启发我们先凭记忆绘出自家户型的平面，熟悉住宅空间格局的尺度关系，以切身的真实感受去体会住宅的生活空间。正如荆先生在其著作《情感建筑》中所述：“人们在使用城市与建筑空间的同时，还进行着不自觉的情感交流，从而获得喜怒哀乐等不同的感受……从人对空间的真实感受出发进行的设计实践，才是真正的‘以人为本’的设计思想。”

与大师面对面的短暂经历，激发了我对人性的理解和关切。

三十年的建筑创作实践，我在每一个建筑作品中努力尝试着感知体验生活的真实，与使用者对话心灵，探索因地制宜地为使用者创造宜居宜业的空间，赋予建筑以生命的表情和温情的物质表象，从而唤起使用者的精神响应。

神来之笔

天津大学有两位享誉国内建筑界的建筑画大家。一位是彭一刚先生，一位是黄为隽先生。

我们新生入学的第一个作业，是磨小钢笔。那种带吸管的钢笔，是绘制钢笔画的重要工具，笔尖要磨成各种粗细不同的规格。彭一刚先生的小钢笔画，是天大建筑系的镇系之宝。

彭先生的钢笔画出神入化，画面构图稳健、层次丰富、细腻精美。黑白色调呈现出难得的透明感，极具个性风格。微抖的彭氏线条，似春蚕吐丝，每根线都透出生命力和气质。用细密的排线，自然巧妙地表现出明暗、退晕、过渡、对比。彭先生还独创了普蓝墨水渲染的表现方法，作品呈现出清新的人文气息。

黄为隽先生幽默风趣，性格率真。他的铅笔画，灵动自然、呼之欲出，构图形态、线条力道和浓淡分寸都控制得极佳，落笔处，情到，神至。

记得一次有幸观摩黄先生亲自示范，画到一半，他漫不经心地说：“铅笔粗了，磨一下。”落笔间，一棵树生动地跃然纸上。那支有如神助的画笔，令在场的同学膜拜不已。

建筑师全部的思想和创意的表达都离不开手中画笔的表现力。

天津大学建筑系非常注重对学生设计基本功的培养，从素描、速写到水彩水粉写生，从仿宋字、方案铅笔草图到铅笔画、钢笔画、钢笔淡彩、水彩渲染，从古建测绘到工程测量以及对尺寸精准的目测能力，我们都接受了严格的技能训练。

熬夜神功

常有人问我："究竟有什么保持身材的诀窍？"我答："加班熬夜不吃饭。"虽是玩笑，却是建筑设计日常的真实。

建筑系学生的大部分时间都在图板上、草图纸上度过。建筑设计，绝对是对精神和体力的双重考验。关于这一点，在每次完成设计课作业时我都深有体会。

方案的过程，像是经历一场灵魂的战役。时间和用功并不一定能得到创作灵感，有时是漫长的苦思冥想，有时可能是几秒钟的灵光乍现。我常常因担心突然降临的灵感会稍纵即逝，而不吃不睡，也往往只有在寂静无声的深夜，才能心灵空明，思如泉涌。这种既煎熬又兴奋的奇特感受，没有经历过的人很难理解。

方案后期绘制表现图时，裱纸、构图、起稿、定色调、调色……单是天空退晕，就需要静待每遍渲染干透后重复几十遍才能达到预期的效果。

每到交图前，绘图教室里就热闹非常。同学们边画图，边伴着音乐纵情高歌，煮饺子、煮汤圆，苦并快乐着。绘图教室的灯光常常通亮至天明，长此以往，我练就了一身熬夜神功。

此时我深刻地认识到，业精于勤，行成于思，想象中的"逍遥游"专业根本就不可能存在。

自行车

在学校，每一辆自行车，都记录着一段青春的故事。

由于校园大，上课、去图书馆，从六里台到七里台，自行车有着无可比拟的优势。

那时的天津，自行车是重要的交通工具。在天津的自行车洪流中，我练就了足不点地即停静立的高超本领。

四年间，自行车带着我领略天津独特的历史文化、淳朴的民风，遍访大街小巷，饱览万国建筑博览会。马场道、小白楼、滨江道、劝业场、食品街、古文化街、音乐厅、海河……太多抹不去的记忆。

梦牵天山

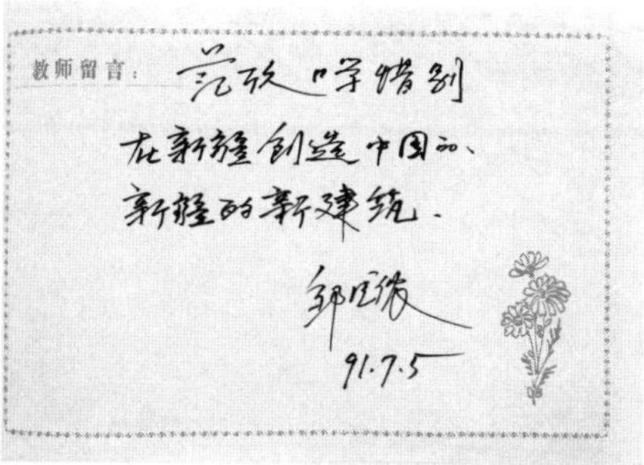

时任建筑系副主任的邹德依先生毕业留言

1991 年 7 月，依依惜别了各位恩师和朝夕相处的同学们。

新疆的广袤大地，召唤着我，我又回到了美丽的天山脚下。神奇壮阔的自然，瑰丽的历史文化，生命的鲜活力量，焕发出我全部的热爱，赋予我无尽的创作源泉。

天津大学，是我的建筑之梦开启的地方。青年湖水碧波依旧，那段难以忘怀的校园经历，似一股清流，沁润我的灵魂深处，涓涓成溪，汇聚成河，牵引着我，奔流向前。

二十六年间，心系着母校，感念师恩。我时时谨记“实事求是”的校训，先生的谆谆教诲常在耳畔。心中的建筑理想，日渐丰茂，一天天成为现实。

如果，人生重新来过，我依然，会选择做一个幸福的苦行僧，在建筑的长路上求索远行。

范欣

1970 年生，中国建筑学会建筑师分会理事，新疆建筑设计研究院副总建筑师、绿色建筑与建筑节能环境研究中心总工程师。

大学无界　达人达己

李　纯

笔者的大学时代

收到《中国建筑文化遗产》《建筑评论》编辑部的约稿函有些日子了，迟迟未能下笔。凝神这份特别的邀约，心里颇有感慨。一个轻松回顾当年的话题，却引出些许并不轻松的思绪。大学，这真的是一个充满青春眷念而又思源启蒙的地方，的确可以道出太多“难忘的校园故事和建筑专业受教育的经历”。只是面对建筑师的社会属性及建筑文化的历史价值这样一些“出位之思”时，大学这个概念竟一下跨越了原定范畴，并由此生出一丝莫名的忐忑。好在邀约函中这段摘录：“风雨如晦，无碍大匠营国，何妨闻鸣起舞；鸡鸣不已，以励济民兴业，以待复旦清原”给了我落笔的启迪，既然此举是为“大匠营国，复旦清源”，那我也有了由大学说而开去的依据和勇气。

学业与业学

泰戈尔说过，天空没留下翅膀的痕迹，但我已飞过。回想自己三十年从学业到专业、从专业到职业、从职业到事业的建筑师生涯，一直在进行着跨界的学习尝试和企业系统优化的思考，因为建筑设计其本身在发展进步中，早已跨界和渗透到了更加人文性和更多社会性的综合文化范畴。

笔者与老师、
同学合影

对于我来说，建筑设计行业近三十年实践，无论是做专业设计，还是企业管理，所有的出发与历练都是为了不断地追求完美，使自己参与的项目止于至善。在不断寻求人生目标的同时，我也寻觅并修订着企业发展的方向。因为只有这样，才能在人生的道路上走得扎实，走得坦荡。带着美好的心愿出发，循着积极的路径前行，社会与人生都是一种学习和体验。知识的大学是基础知识的储备，社会的大学是经验与教训的积累，人文的大学是智慧和悟性的提升，而人生的大学则是情怀和品格的塑造。

我一直认为：通才是适应当今时代多元发展和技术进步所必须的技能优势。而所谓的通才，不仅是知识和技能的通达，更是人文与智慧的通晓。智慧是“道”，技能是“术”。有道无术，道尚可道；有术无道，道止于术。“术”能够成就的多是匠人，而有“道”方能超越局限，困境破局。

1975 年，当十几岁的我有幸在舞台上用小提琴演奏稍显稚嫩的莫扎特《小夜曲》时，是带着求真的童心去诠释和传达少年的初晨之美，至善、至真的旋律让我体会到无形的古典音乐中蕴含的形式美。这样的经历，让我在后来的建筑学习和实践中，自然而深刻地领会到建筑为何是凝固的音乐。一种建筑语言，表达一种生活方式，也是一种文化态度。在每一张图纸上勾画出的重要元素，是生命的张力和内心对世界的解读。从机械地临摹到自我的创意，从为技巧而技巧到技巧与境界浑然天成，终被超越。盖起一座建筑，需要过程，构建心灵的高度，

笔者与同学合影

需要时间。大道至简，人生的很多道理，都是朴素的。从“花未全开月未圆”到“绚烂之极归于平淡”的深刻，有很多东西终究会被穿越，所有的青涩、鲁莽，也许都是在储备种种精神的财富，不用操之过急，不用妄想超越年龄，不妨静静地接受一切，等待该过去的过去，该到来的到来。

1999 年，我到德国深造和学习，初出国门接受发达国家的优质教育，见识、感受、专业颇有获益毋须列举。但我也看到，他山之石并非都能攻玉，关键要看他山是什么样之石？是否能琢己之璞玉。有这样一句话：经济决定今天，政治决定明天，教育决定未来。人生问题和教育问题是相通的，留学意味着从零开始认识另一个国家、另一种文化，要学着尊重和理解这个国家的生活习惯，要努力用一门也许还不太熟练的语言与人交流。当东西方文化在一个人的知识体系中碰撞和交融，这是价值观、人生观和世界观重塑的过程。在这样的过程中，不仅要激情洋溢，也要理性甄别。如果说留学是为了接受到良好的教育，那么，我认为最好的教育更依赖于自我学习的悟性和坚持。学历和课堂的知识都是暂时的，能够自我教育的能力才是一笔终身的财富。留学打开了通往未知世界的一扇门，看到不同的世界，不同的生活，带来的是另一种社会文明与自己的相遇。留过学的人会更懂得多元文化融入认知的意义，也更懂得文化理念差异和精神价值的取舍。

很多事情，从远距离看和走进去看，是不一样的感受。我一直认为留学的真正意义，不仅仅是拿到一个异国的文凭，更重要的是在自身的认知体系里融入一种多元文化的基因，当东西方不同的文明深深嵌入自己的知识体系，你就多了一种鉴赏世界的眼力。在不同的文化和自然中行走，会感受到陌生文化形态带来的冲击和震撼。一个国家之所以吸引人，一定有比山水风光更深刻的理由。当我漫步在德国的大街上，我忽然发现，原来人还可以这样有品质地活着，刻板而精致的工作目的就是为了生活得更精致。保持着生活本真优雅，而不是成为生活的附庸。所有的出发点都是为了活出真实的人性，用率真的心去拥抱世界，在岁月更迭间，感受着阳光般的彼此温暖。当看到异国他乡一张张温和友好的面容，我在想：眼界决定境界，境界决定格局，一个人有足够的眼界，才能建立起开阔的心胸境界，才能去担当，去扩展自己的格局。总会听到有人说局限，所谓的局限，是因为有限，所以有局，用有限的眼光去看待事物，理解事物，终会有所狭隘和偏执。德国留学，让我拥有了一种看世界、看人生不同以往的角度。

在接受国外学习和生活挑战的同时，留学又不失是一次美妙而独特的旅行。慕尼黑的奥林匹克公园就伫立在身后，抬眼就能望到莱茵河畔的城堡，而每一座城堡都有一段古老的故事和传说，记载着德意志民族的光荣与屈辱，流连着日耳曼人的精神追求与儿女情长。当听到晚风送来柏林宫廷剧院的序曲，当步入法兰克福车水马龙街道，当伫立在科隆大教堂这座用了600年才建起的传奇建筑，除了感受到精美建筑本身的震撼外，我更体味到一种亘古文明价值的存在方式。不走近这些建筑去了解西方文明，就难以找到文化互动的共鸣。

留学期间，我结识了很多不同文化背景的朋友，这让我更容易体会到不同文化间的美学差异，会更懂得人生活在同一个地球上，这个世界是一个大家庭。无论东西南北，地球是圆的，我们总会相遇，而每一种遇见，都是弥足珍贵的学习。

回国后，我怀着对东西方文化相互融合的美好愿望，继续着我的建筑专业实践，并逐步从一名职业建筑师转型成为了一名企业管理者，这其实也是一次跨界，更是一种学习。管理是一门综合学科，更是一种心灵艺术，好的管理是心与心的相通，是一种满怀善意的利他情怀，帮助别人创造和实现更好的生活。这份情怀，是刚性与柔性的美丽融合，用润物细无声的方式，注入管理的细节，做一个有影响的人，而不是一个有权力的人。我和他们一起走来——是这群专业的建

笔者在国外

筑师成就了这个专业的建筑设计研究院；是这一大批多工种的优秀技术员工，撑起了这个西部著名的科技型企业。没有要求苛刻的客户，何以成就优质的设计成果；没有业务超群的竞争对手，何以激励企业提升的动力；没有跨界互动的合作，何以系统化优势的面对市场；没有技术的不断创新，更不会有行业生存与发展的持续动力。我，将和他们一起执着地走下去。

达人与达己

英国诗人西格里夫·萨松有一句诗："我心中有猛虎在细嗅蔷薇。于我，过去，现在以及未来。"这是由台湾诗人余光中翻译的，是我比较喜欢的一句诗，讲的是人性中的刚柔并济。人生中阳刚与阴柔的结合之美，展露在如此细腻温柔的意境里，总能带给我莫大的感动与泰然。

2002 年，我的生命迎来了一次最完美的升华，那就是我有了女儿。作为女性，不管我们的社会角色是怎样的定义，或光鲜或卑微，但回到家里，却都是父母的女儿、丈夫的妻子、孩子的母亲。女儿幼小的生命是那么精致而柔弱，晶莹剔透的肌肤里流淌着我的基因。在孩子的成长中，我体会并享受着欢喜与劳顿，也在学习如何做一个善解人意的母亲，如何面对和解决孩子不同成长阶段的不同问题。女儿教会了我用一种直观的思维方式去直面人生，有时看着女儿弹琴、画画，心里就很温暖地充盈着。当女儿用纤细的心灵去感知成长，感知世界，我会在与她的交流中，培养她认知和接受的能力。作为母亲，对孩子最好的爱，是让孩子自己长大，而不是极力呵护。培养她建立起对世界的独立认知能力，要比帮助她适应世界来得更有意义。

生活就像一段段旅程，人来人往也必然影响着我们对世界的观感和判断。见识意识、融会贯通，阅读人生其实也是一种获益匪浅的游学。结识朋友、阅历世事、匆匆相遇、默默道别，岁月会铭记下曾经的知遇，时间会驻留下彼此相伴的温度。从与不同的朋友交往中，会学到更多朴素的真理，从与不同社群的交流中，会知晓处事应有的眼界与格局，人与人能够走得长远，一定是世界观、人生观、价值观站在同一高度。真可谓：若知四海皆兄弟，何处相逢非故人。

现代社会是一个价值多元的社会，而人在精神领域和物质领域也享受着更加多元的自由。我一直相信人有两个自己，一个是外在的，一个是内在的。外在的自己可以被看见，而内在的自己只可以自省。这就让我想起心理学上有一个说法：本我、自我、超我的三重境界。所谓本我，就是生物学之我；所谓自我，就是社会属性的我；所谓超我，则是“道德至美追求”的我。人生的道路是从本我到自我，再到超我的过程，其实也就是一个人寻求自我完善和自我救赎的过程。每个人的人生历程都必须经历这三个阶段，这三个阶段的衔接可能不会泾渭分明，但是一定会不断提升。在看得见的行为之外，还有一种看不见的东西，那才是比做事和交往更重要的东西，那就是做人。无论是“己欲立而立人，己欲达而达人”，还是“己所不欲，勿施于人”，这些都是先贤们的为德之警言，都是深藏于内心深处的壮阔波澜。这些波澜，会成就一个人的幸福指数，而人世间最真实的幸福是极其简单的——真诚地面对自己、真诚地面对世界、真诚地面对身边的每一个人。

人生是美好的，但人生之路却是多舛的。或现明媚春光、亦有风雨雷电，间或鲜花掌声、也有落寞惆怅，这些都是必须经历的心路历程。但只要心怀致美憧憬、初衷求善，就能在花开花落间，接受四季跌宕，潮起潮落中，笑迎风云变幻。对自然保持一种敬畏，与世界保持一种同步，在担当责任的同时，去践行生命价值的超越。虽然我的职业角色已转化为企业的领导者，但留于心底的眷念依旧，未敢忘怀那宿命中建筑师的梦。

2011 年，我发起并组织参与了“西南地域文化沙龙”系列活动， 这又是一种学习机会的创立。每一届的沙龙活动都会设立一个积极的主题，都是思想与智慧的盛宴；每一次与业界专家的聚首，都会给我和企业带来新的学习机会。读史，可以明智，而建筑作为一种历史、文化、科技之集成体，更需每一个建筑学子去用心解读建筑的人文价值和历史意义，并在期间探寻到建筑师的魂魄所依。大文豪雨果先生这样界定建筑的意义，“人类没有任何一种重要的思想不被建筑艺术写在石头上……”，而人类的全部思想在这部巨著和它的纪念碑上都有其光辉的一页。作为建筑师，我们天生与光荣和梦想同在，与使命和责任同舞。在数届地域文化的交流探索中，在几千年的建筑文化与地域文化演变过程中，我看到的不仅仅是石头与水泥、木头与钢筋的更替，还有更浓郁的情愫与人文沁入其中。沙龙的成功举办于年轻建筑师、于行业参与者都不失为一种互动给予的大学之道，一种自我提升之需。成功是人生的价值追求，但比成功更重要的是一个人拥有的内在丰富、率真性情和至臻情趣。我在热爱的建筑情怀里，尽享不断充实的愉悦与快乐!

与建筑相遇，是一次邂逅；与学习相遇，是一份本能；而与建筑文化相伴，则是一生幸福。一个人对学习的渴望有多强烈，取决于他对精神生活的态度。如果把生命的过程当作一场盛会，那终生学习的目的就是为了成就从序幕到终场的全剧辉煌。有了这样的心境，会让自己在苦辣酸甜的岁月更迭中感受到另一种美好。当学习成为一种生活方式，它的真正意义就会在心底浸润并弥漫开来，终究会让自己：学而时习之，不亦说乎……

“学为人师，行为世范”，借用这句著名大学的校训，与从事建筑教育和建筑实践的年轻朋友们共勉!

李纯

1964 年生，四川省建筑设计研究院院长，中国建筑学会理事，中国勘察设计协会常务理事。

丰富的大学味道

郝卫东

笔者近景肖像

我于1986进入华中理工大学（今华中科技大学，简称华中大）并开始我的大学学业，但这并不是我与大学缘分的开始，应该说早在此之前，我与大学的缘分就开始了。

四岁时我曾跟着姥姥到武汉看姨姥姥，那时姨姥姥一家住在华中大大学的联排别墅里，这些房子似乎长得都一个样。有一次我自己溜出家门玩耍，待想返回时，竟然迷了路，还是一位好心的阿姨帮我打听了很久，才找到家。因此在儿时的记忆里，这所大学好大。

第二次踏入华中大是在我高考前一年的暑期，那一年我十六岁。父母当时应该是想我更多地了解这所大学和锻炼我的独立能力，让我一个人出行，再次去往华中大。我第一次一个人到偌大的武汉，下了火车，徒步了很远，才弄明白坐哪路公交，几经周折终于到学校门口了，可是没想到从门口到姨姥姥家还要走很远。于是乎，我认为大学都这么大，否则怎么叫大学呢。直到后来我去过很多大学后，才知道华中科技大学，在那时的校园规模里是全国最大的之一，很少有学校有如此的规模。

由于我在中学的成绩一直很好，在高考模拟考试后，一部分高校便开始到学校里提前摸底、找成绩好的同学谈话。我有幸被大连理工大学和华中科技大学两所大学看中，填写了两所大学的推荐信。记得提前来招生的宋老师曾到我们家来做工作。那时我们家住在一个四合院里，我自己住在西厢房，我房间墙上贴了很多我写的、画的作品，这些东西成了我学建筑学的起因。看到这些涂鸦，宋老师强烈建议我去学建筑学，而我于建筑学可谓是一无所知。在填写志愿时，我自己做主，填写了另外两个专业，那时的志愿只能写两个专业，之后只能选择是否服从分配。父母看到我填写的志愿后，有些不快，为此打电话向宋老师请教，宋老师建议在是否服从分配一栏写上建筑学，我也只好就范。

正是对建筑学的一无所知，我在接到录取通知书、看到被建筑学专业录取时，很是不快，这种情绪一直到很久后才消散。于是乎就有了入学报到后，我第一时间去找了系里，向黄蓝谷老先生提出了换专业的诉求。黄先生当时跟我讲了两句话，第一、很多学生都渴望上建筑学，第二、想改专业那要等到一年后。随着学业的展开，慢慢地我发现建筑学与我认知的竟然大相径庭。在一年级临结束时，黄先生再度问起我转专业的事情时，我非常羞愧，至今也还记得黄先生脸上得意的笑容。

那时系里初建时间不长，我们班是系里的第五届，全系只有四个班的规模，老师们包括系里的后勤人员几乎全能叫出每个同学的名字，各年级之间也都大多认识，包括我们入学前已经离校的 1982 级很多师兄由于毕业后常常回来，我们也很熟悉，系里真的像一个大家庭。我们与大多数年轻教师既是师生更是朋友和哥们。当时的李保峰、李晓峰、李勇、黄涛、李刚等老师，常常与我们玩在一起，这对学生的影响无疑比今天要大很多，学生在课堂内外学到的东西也多很多。年轻的老师们常常到我们学生的宿舍来，当然我们也是教工宿舍的常客。高年级的师兄与师姐常常出入我们低年级的专业教室，给予学弟学妹们很多真诚的指导，我们也会常常溜到高年级教室去，看师兄师姐画图。那时年级间界限很是模糊，我想这对专业的学习非常有益。也正是有这样的氛围，毕业多年后，无论在哪里见到大学的老师、同学以及学友们，都会非常亲切和激动。

华中大建筑学当时办系时间还很短，为繁荣和提高教学质量，系里经常请国内外的大家来进行讲座和交流。我还在二年级时，也就是 1987 年，系里组织了柯布西耶百年纪念活动。我们班有幸参加了布展，当时系里的展廊墙面贴满了柯布西耶以及部分其他现代建筑运动大师的作品。展板以黑白色调为主，甚是震撼。活动开始后，全国各地的建筑业界、学界的很多大家来到系里，举办了很多场的报告，并进行了学生指导以及师生交流活动，系里热闹非凡。来参会的有建筑教育学家如侯幼彬、陈志华、罗小未等先生，设计界的年轻才俊有布正伟、向欣然等，其间有分享更有争论，让尚处入门的我们大开眼界。记得当时为仿古建筑的话题，陈志华先生与向欣然言辞非常地激烈，陈先生坚决反对假古董，认为那是文化的倒退，自然向总也剑拔弩张。陈先生的观点让我非常受益，也因此影响了我今后的建筑观。纪念活动结束后撤展时，我们不少同学收藏了来自国外的展览图片，当宝贝收藏起来，我的那几张至今还保存在我的家里。

学中国古代建筑史时，童鹤龄老先生做主讲。既有幸也不幸地，我被童先生选为了他的课代表。大家都知道，童先生的脾气非常大，所以当课代表时，我总是小心地伺候着。当时课堂上需要放大量的幻灯片，因此每次课前我的任务便是把诸多的幻灯片按课件的顺序放入幻灯播放盘里，除去顺序，幻灯片的方向也必须一一检查。老式的幻灯机常常出现卡片子的问题，这是作为课代表最紧张的时候。记得有一次上课时，幻灯机卡了，为不使幻灯片受损，我使出了浑身的解数，期间还不断地偷窥老先生的脸色，唯恐脾气暴戾的他突然发起飙来。好在整个学期下来，童先生非常给我面子，竟然没有对我这个小课代表发一次火。当然这也得益于我们平时对童先生的尊重，当时童先生一个人住在学校安排的住所，我们一批同学常常在课后去到老先生那里，会帮他做些事情，陪他聊天，听他讲故事，从中我们了解到了一个老建筑学人的艰辛。

大学里我们做过两次调研，有糗事也有震动。

三年级时我们一个组曾跟老师去襄樊做棚户区调研，记得第一天到襄樊时，县领导专门安排了接待，请我们在县招待所吃饭。我们几个同学坐在一个房间，老师和县里的领导坐在另一个房间。那时，不知道到底是因为年轻饭量大，还是平时油水少，人家每上一道菜我们便消灭一个，每上一道空盘一个。待县领导来敬酒，发现桌上的盘子里都是空的，让领导极为难堪，马上让下面人多加菜，我们也因此感觉非常不好意思。当然，其后老师也善意地批评了我们，说我们太“狼性”。此事也恰恰说明，当时学生们的生活条件的确很差，今天的大学生我想完全不可能像我们那样。

四年级时，我们开始学习规划，并做了一个武汉棚户区的真题规划课程作业。

有一段时间，我们一组人马天天要到项目所在地去做调研，挨家挨户地去了解情况、测面积和绘制平面图。当时那个棚户区卫生条件非常糟糕，居民房子的质量非常差，每户居住面积也非常小。记得有一户人家见到我们后，说起房子的事情竟然哭了起来。他家与邻居的隔墙由于只有一层薄薄的木板，隔壁家里的男孩竟然破墙而入，祸害了他家的女孩，听到后令我们极其震惊。那次调研，让我们开始懂得建筑设计与社会的关系，建筑设计是为人而服务的，建筑设计原来对老百姓来说这么重要。

大学时，正是精力充沛、无所畏惧的年龄，因此我们也制造了一系列说走就走的旅行。

那是三年级时的五一节前一天的晚上，当时已经九点多了，班里几个同学商量假日去哪里，不记得是谁最初的提议了，说骑自行车去东坡赤壁，大家一致同意马上出发。我们出发时已经是夜里十点多，真可谓黑灯瞎火。一路上我们穿过乡间小路，蛙声不断。骑行了十个小时，也就是次日的八点多，我们到达了鄂州，找了个招待所，冲了个凉稍事休息，继续前行。待游完东坡赤壁，已是下午四五点了，实在没有力气再骑了，于是乎我们选择了坐船返回。凌晨时，船停泊在汉口的码头，一行人扛着自行车沿着长江大桥的楼梯爬到大桥上，然后骑回远在武昌的学校。后来同学聚会时，大家回想起来，由衷感叹当年年轻时的激情。

四年级毕业设计前，我们组商议走了一趟丝绸之路，施老师带队，我任组长。从武汉出发，我们去了麦积山石窟、西安、西宁、兰州、武威、张掖、酒泉、敦煌、嘉峪关、吐鲁番、乌鲁木齐等地，历时 40 天。一路上住最便宜的旅社，吃各地最具特色的小吃。记得全程我个人花了不到 900 元，这在当时已经足够奢侈。为了省钱，我们每到一处，选择客房时，会给带队老师选一个带卫生间的房间，这样大家可以轮流去洗洗澡，我们学生则住普通房间或者打通铺。在敦煌县城，为了省钱，我们请酒店的经理帮我们找了很多自行车，我们享受了一把骑行旅游的莫高窟之行；在吐鲁番，凭借年轻力壮，我们爬一步滑半步地竟然爬上了火焰山顶；穿过祁连山脉时，感受到白雪茫茫、杳无人烟的荒凉；在塔尔寺领略了宗教信仰的力量；在西宁参加了回族的婚礼；在嘉峪关城台上把老师“墩”到求饶……当我们带着来自异域的葡萄干、藏刀等回到学校，可想而知迎接我们的是怎样一种艳羡。

因为年轻，我们当然也演绎过很多把握不住分寸的恶作剧。

一年级下学期，我们开始学色彩渲染。渲染有一个特点，就是一遍渲染要一气呵成，否则会留下水印，很难处理。那时系里来了一个新门卫，我们都叫他杨师傅。军人出身的他做事非常严格，也因此引发了我主导的那场恶作剧。有一天晚上十点钟，我们正在渲图，突然班里的灯灭了，引来大家的一片惊呼。于是我们马上去找杨师傅，请求再给一点时间，好说歹说，算是重新合了闸。可是没过多长时间，教室的灯又灭了，我们与杨师傅理论无果，只好草草收尾。离开时，我突发奇想，感觉应该给杨师傅一点“教训”，于是和其他几个同学，把系里两米多高的可移动展板，悄悄地、一个挨一个地分两排从门卫室一直排到了厕所门口，两排之间只留了五六十公分的通道。第二天一早，记得正在上设计课，上课时间不长，系里的靳书记满脸怒气地来到我们教室，质问是谁干的，原来是杨师傅上报了系里。在坚持了一会儿后，我忍不住站了起来，后果可想而知，我被书记带离了教室。靳书记严厉批评了我，并告知我们的行为属于侮辱教职员工，按校规应该受到处分，这时候才知道自己惹了大祸。怎么办？思来想去，想到了唯一的办法是去征得杨师傅的原谅。于是我和几个同学买了一些水果，去看望杨师傅。几经央求，杨师傅看到我们认真认错，心软下来，原谅了我们。待我再次去找靳书记时，他说杨师傅来给我们求了情，让系里和学校不要处分我们，当然系里最终也原谅了我们这次不当行为。

四年级时的元旦，在跳舞节目结束后，已是子夜时分，我们一帮来自不同专业的哥儿们尚在兴奋中，一行人一字排开、排着队在学校游荡。边走还边做着数学游戏，谁错了就自动移到最后一个。走着走着，看到迎面一个男生推着车子陪着一个女生向我们走来，明眼人一看就知道两人应该处在恋爱的初期，于是考验爱情开始了。我们一行人径直从两个人中间强行穿过，两个人被我们完全吓坏了，小伙子很是惊慌失措。待通过后，哥几个一起转身，对着两个人齐声喊出了——新年快乐，直到此时气氛才陡然改变，那两个人带着颤音也跟我们说了一句——新年快乐。不知道最终二人是否修得正果，希望可以吧！

对大学的恶作剧，我曾经一直难以启齿，在步入中年后，回想起来，开始认知到那可能正是人生的一部分，或许正是经历和反思促成了人的成长。

在离开大学20多年后，我开始带领我的团队进入大学校园设计。2007年我们中标了河北师范大学设计项目。在项目构思和深化中，脑中时时浮现华中大校园的影子。四年大学里对大学与大学空间的体会与记忆，成为了设计的重要资粮：秋季雨后梧桐落叶满铺的大道、建筑系馆布满展览的走廊、青年园中或匆匆或安静读书的师生……有人说，人生就是让儿时记忆变得更美的过程。确然，在校园的设计中我开始有了深刻的体会。由此也开始感悟到，大学给予人生的不仅仅是课堂，校园的空间、环境一样地有教育的价值。建筑师营造的空间应该是教育不可或缺的重要组成，因此建筑师的路任重而道远。

我离开大学快30年了，真的不知道时间都去哪儿了。每每想起大学，我心里总是充满敬意和感激，唯愿我的母校越办越好。

郝卫东

1968年生，北方绿野建筑设计有限公司董事长、总建筑师。

追忆80年代的青春

麦一兵

在20世纪的80年代初期，中国迎来了一片生机勃勃的改革开放。在知识分子的眼中“那是最好的年代”，学术界称其“大师辈出的时代”。是啊，彼时，中国正处于改革开放初期，在巨大的变革和转型中，中国传统文化精髓得以复苏，西方先进的理念与科技充斥着我们的眼球，新的事物和思潮不断涌现，各种新旧观念相互碰撞，迸发出智慧的火花。彼时中国像是一头苏醒的雄狮般稳稳站起，坚强屹立。社会各界从物质到精神都散发出蓬勃而生涩的活力。有人说，人们之所以怀念它，是因为它代表了思想解放、理想主义、成功机会等种种令人怀念和向往的东西，那时，真诚与信任是主流，理想与激情是标签。

很幸运，我的大学，我的青春，就在80年代！

离家，坐上开往希望的列车

1982年夏天的一个傍晚，我收到了重庆建筑工程学院建筑系城市规划专业的录取通知书。打开通知书，我激动地反反复复看了三四遍通知书上的文字，生怕是我弄错了，让我和家人空欢喜一场。因为在那个年代，中国的教育和师资力量都才渐渐有起色，大学生还是非常稀缺的资源，几万人里都难有一个，说是“天之骄子”毫不夸张。那一晚，我彻夜未眠，踌躇满志的我对未来的大学生活充满着幻想与期待，懵懂少年心中的火种彻底被点燃了。

等待开学的日子里，感觉时间过得很慢，我一边揣测着大学生活的种种，一边同身边的亲友伙伴们一一作别，大家的艳羡与称赞让我的父母亲特别自豪，也让我完全忽略了一个少不经事的男孩独自踏上求学之路的艰难与离乡背井的

师生在一起

恐惧。第一次走出云南，无知者无惧，心中只有对校园的渴盼与憧憬。

9月终于来了，我拿着简单的行囊，装着母亲给我缝在裤子口袋内侧的几十块钱生活费，相约着一同求学的小伙伴们，踏上了从昆明开往重庆的绿皮火车。作为人生中第一次外出求学，独自出远门、第一次坐火车，我心中既紧张又兴奋，坐在硬座车厢里，对眼前的世界与未来的不可知充满惊奇。

习惯了“四季如春”的昆明气候的我，对开往重庆的火车上的闷热印刻着不可磨灭的记忆，我不知道原来夏天可以这么热。车厢里各个角落都挤满了携带大包小包的旅客，空气中除了潮湿闷热，还夹杂着汗臭、脚臭、稀奇古怪的体味和行李中的各种土特产的味道，在阵阵热浪中裹挟着车厢里的每一个人。在近30个小时的车程中，汗水一遍又一遍地湿透了我们的衣服，年少青涩的我们也好像伴随着咣当当火车行进的旅途而迈出人生中成熟的一步。激情似火的我们并不会因为环境而影响到情绪中饱含的亢奋，一路上有说有笑，暑热难耐的夏日没让我们的旅行褪色半分。到了晚上，给我们带队的大哥哥建议我们可以趴到硬座的座位下面去睡觉，不一会，硬座底下便横七竖八地躺倒一片。望着脏脏的地板，我却久久不能入睡，大脑依然兴奋着，在这列开往希望的火车上，憧憬着即将到来的大学生涯。

校园生活之初体验

经过了漫长的“咣当当”后，火车到达贵阳，我们必须要在此地转车去重庆。时间紧迫，我们没有太多机会领略一下黔城的湖光山色，匆匆换车后又经过了一段时间的颠簸，30 多个小时的火车行程结束了，我们终于达到重庆。

现在，我经常会怀念 20 世纪 80 年代的乡土人情，那时的民风淳厚质朴，他乡偶遇的乡邻间情感也非常浓郁。回想我辈初到重庆，见到了我们的云南老乡——现任云南省设计院集团总建筑师的徐峰师兄。他热情亲切地迎接我们这群初来乍到的云南小学弟们，大大减轻了我们身处异乡时的陌生与距离。

当时重庆建筑工程学院的大门口有一尊毛主席的雕像，让我印象深刻，时隔 30 多年后的今天，这伟岸的雕像也只能成为学子的回忆和历史的印记了。当我们站在毛主席雕像下面，抬头仰望学校的大门口时，内心百感交集，等这一天仿佛等待了一个世纪，可是未来的不可知不确定让我内心深处有一种焦虑或是恐惧。刚一走进校门，热情的师兄师姐们便迎了过来，各种关切的嘘寒问暖和热情帮忙后，我心中的恐惧感被驱散，这分明是我青春灵魂的栖息之地。

那时的重建工是面向全国招生的，同学来自全国各地。我们宿舍 7 个人，就来自 7 个不同的省份——云南、北京、山东、湖南、江苏、广西、江西，简直是南北大汇合。而彼时的云南是一个神秘偏远不为大家熟知之地，同学们想象中的云南是一个大象肆意游走，孔雀满天飞的方外所在，我便打趣地逗同学们说“云南人出门都是骑大象”。因为大学教育制度刚刚恢复，我的同学们不光是地域有别，年龄也有不小的差距。除了我和另外两个同学是应届毕业生，其他几个舍友都是往届生，年龄比我们大了好几岁，处事为人比我们应届生老成圆滑许多。因为年龄的代沟与生活地域的差别，入学的前两年生活中，细枝末节的生活矛盾自然是难免的，如何与人相处成为大学生活的第一课。

那个年代的大学生活比较简单，远没有现在这般丰富多彩。尽管如此，我们充满求知欲望的青春里，每天的生活却是充实且快乐的。如今已过不惑之年的

大学时代 1

我，时常游走于世界各地，有机会品山珍海味，享饕餮之喜，但却经常会想念重建工食堂伙食，又便宜又好吃！重庆小面和豆花饭是我曾经的最爱，小面是 1 毛钱 1 碗，香辣劲道，特别好吃。当时父母每个月给我 20 块钱生活费，以那时的校园生活标准而言，可以过得温饱得当，比较惬意。生活虽谈不上富裕，却也没因为饿肚子而影响我那时的成长发育。

初遇重建工，这个质朴的校园让我多少有点失望，因为跟我想象中的综合类大学的硬件比起来，重建工校园小了很多，也稍显简陋。当时我们建筑系还没有自己的系馆，与其他系共用着教学楼，不过，建筑系比其他系好一点的是有自己固定的教室。在上课间隙，经常会看到其他系的同学，游走在各个教室之间，相比之下我们建筑系还是幸福的。感念清华大学老校长梅贻琦曾说过，“大学者，非谓有大楼之谓也，大师之谓也”。作为老八所建筑院校之一，重建工的教学水平和教学质量还是相当权威的，是值得所有重建工人骄傲的。在知识上得到了滋养的我很快就释然了，融入了校园集体并乐在其中。

上大学的终级目的——学习

如今的社会上，好像流行一个说法——大学即是一个小社会。因为历经惨烈的高考洗礼后，一批批高中生开始大学学习，既要脱离以前单纯的学习圈子，学会和形形色色的老师同学甚至社会人相处，也要学会如何辨识社会上的各种诱惑和复杂的人际关系。这样对大学生们的智商和情商都提出了更高的要求，大学也成为职场的预备役。跨入了大学，就等于进入了成年人社会。但在80年代，上大学就是来学习的，大家的目的都很单纯，没有太多诱惑或干扰学习的客观因素，更没有太多志得意满和胡思乱想。同学们彼此间的相处简单而温暖，所有心思都放在对知识的渴求上，好像每个人都具备着这个国家的主人翁意识，把自己当成国家未来栋梁一样去鞭策、去努力、去构建新的希望。

我很怀念那段纯粹的时光，懵懵懂懂中努力前行，赤忱的求知热情伴随着求学的整个历程。选择城市规划专业是受到了我父母的影响，因为我的父母都在建设行业工作，所以我也自然而然选了这个专业。当时报考志愿时我也不是特别懂得判定自己的职业选择，更别提清晰的人生发展方向了，因此听取了父母的报考意见，就这样懵懂地迈入了大学门槛。在学习中，我明白了自己对城市规划的理解不是太深，因缘际会里觉得自己更适合去学习建筑学，而在那个年代是不可以更换专业的，因此在以后的职业生涯里还是绕了一些弯路的。所有现在每每与身边的朋友和即将高考的孩子们聊起专业的时候，我都会多唠叨几句，希望大人们能放手让选择权回到孩子们的手中，而不要过多干预，孩子们也要理性地思考自己的兴趣爱好而不是选择盲从。

刚入大学我对大学生活颇不适应，大学一年级学得非常吃力。偏科是预料之中的，最喜欢的设计专业非常努力，而自己不太喜欢的一些科目就会忽略不计，所以大学一年级我就在各个课程补洞中度过。那是个学习竞争非要激烈的时代，每个人都因为大学学习机会得之不易而非常刻苦努力。当然，暗中较劲的还有学习成绩。即便周末，图书馆、教室也全都满员，要抢座才行。11点左右教室灯熄灭后，同学们还会在宿舍走道上继续学习。一向觉得自己还不错的我，感受到了前所未有的压力，内心焦灼而着急。所以大二学期刚刚开始，我就给自己定了一个小目标——争取获得学校的奖学金。

为了这个目标，我和所有刻苦的莘莘学子一样，每天天不亮起床，黎明在操场上背课本，深夜熄灯后还要在过道上继续读书，几乎所有课余时间都用在了跟书本较劲上。这大概是我这一生最勤奋最专注的一段学习生涯了。终于，功夫不负有心人，我连续两次获得了建筑系一等奖学金——200块钱！对于那时的我而言，这是一笔巨款，相当于我整整一学期的生活费。而且，在那个资料信息严重匮乏的时代，课外书籍、外文书、原版书、工具书都十分稀少，我的奖学金自然是帮助我成为了建筑系为数不多的书虫之一。

时至今日，我依然十分怀念这特别宝贵的 4 年大学光阴，淳朴热烈的学习氛围，执着努力的学习风气，影响了我的一生，这些良好的学习方式的养成让我终生受用无穷！即便是我不那么热爱却依然花费了四年时光去学习的城市规划专业让我在后来的职业发展中也获益良多。毕业之后，我在城市规划方面尝试了几年，后来还是因为对建筑行业无法割舍的情怀让我选择了改行。但在建筑设计生涯里，城市规划专业给了我很大的帮助，让我在进行建筑设计时能站在更全面更宏观的角度去思考，从城市规划角度去考虑问题，受益终生。

神一般存在的老师和师兄们

当时的重建工人才济济，在那个人才匮乏的时代，重建工竟然能够集结一批非常有才情、有愿景的教师队伍，如我们的系主任李再琛以及夏义民、杨嵩林、黄光宇、万钟英等先生，他们的专业水平出类拔萃，讲课生动且感染力强，让我逐渐对城市规划专业也产生了兴趣和学习的欲望，这真是太重要了，否则四年的大学生涯会让我味同嚼蜡。那时候很多老师不但业务水平高，也对生活品质抱有极高的要求，他们有的爱好音乐，影响了现在的我成为了音乐发烧友；有的爱好摄影，后来当我涉足建筑领域时，摄影帮助我更多地了解了空间、色彩与建筑美学之间的关系与深远意义；有的老师喜欢古典艺术，对后来成年的我在生活工作

大学时代 2

中奠定自己的审美能力与美学基础也有着不可替代的作用。现在的很多学生们爱追星，而我们那个年代爱追教授。有料有名望的老师讲课，特别是有些大师的讲座，教室总被挤得满满当当，门外过道上也围着很多人，同学们听课时认真做笔记，讨论时唇枪舌剑，好不热闹。

那时的学校里有一些1977级、1978级的师兄，他们犹如英雄般让我们这些小学弟们敬仰。以我们这样的应届生的资历跟背景与1977级、1978级甚至是1979级的师兄的经历来比，要单纯脆弱得多。他们大多年龄比我们大许多，有的还是老三届考上的，上大学是他们人生最重要的转折点，所以他们倍加珍惜这来之不易的机会。回顾中华人民共和国成立后的人才成长发展历史脉络，20世纪70年代的那些师兄们是非常特殊的一代，而在如今的中国建筑领域中，很多对中国发展产生影响和贡献巨大的建筑师或是其他专业人员，1977、1978级的占有很大比重。

在我们建筑行业，1977级的华林、戴志中、汤桦、刘家琨，1978级的甘川、区启高、林毅等，他们都是我们这些学弟心中真实佩服和学习的榜样，因为他们的存在影响了中国的建筑行业发展，也为中国大大小小城市的建设增添了亮丽的风景线。这些建筑行业的翘楚们对我们建筑从业者而言影响力是巨大的，毋宁说是树立了中国建筑行业的标杆，也影响了中国建筑行业几代人的发展。

我的毕业作品——朝天门的城市设计，正是在他们的影响下完成。毕业设计，对我来说应该是一种飞跃和升华。现在回想起来，毕业设计真的是很重要的，通过毕业设计，我发现我对设计有了更深刻的体会，用现在的话说就是有了感觉。

大学毕业后，我回到了家乡昆明，4年的城市规划工作后，我考上东南大学建筑研究所攻读建筑学硕士，之后有幸一直从事自己热爱的建筑设计工作。东南大学的3年对我职业生涯的专业度影响也很大，但在重庆建筑工程学院的4年，则为我一生的事业发展夯实了基础。这4年光阴让我对人生有了更深层的思考，对我的职业发展有了清晰的目标，人生的未来方向变得清晰而明确，最关键的是它让我有了自信和方法，让我在满布荆棘的人生道路上从不去怀疑自己的选择、放弃自己的信念。4年光阴，无悔青春。

结语

同样在20世纪80年代读大学的高晓松，就曾在节目中探讨过80年代的可贵之处。在他看来，“从100年前开始一代又一代的少年都是胸怀天下，纵横四海，抱着改造国家的梦想，要做天下的主人翁，20年前也是这样。而现在的年轻人的理想变成我要成为一间屋子的主人翁。你问一个年轻人的理想，他会直接告诉你，我要出名，我要赚钱，我要买房。买房竟然成为理想”。这是理想还是功利？

在80年代，学生们谈论的是“诗与远方”。他们喜欢诗歌，关心哲学，探讨人生意义，远离现实束缚。而现在学生们谈论的是买房买车，成名成气，没人关心如何成为一个学者。功利主义，是我们如今不得不面对的话题及反思。

有时候我也会问自己，为什么我们怀念80年代。

在80年代的大学校园里，几乎集聚了当时中国的所有精英学子，他们来自不同的地方，不同的家庭，有着不同的年龄，不同的文化背景，却一起铸造了一个前所未有的大时代，一个为理想而努力奋斗的时代。80年代的时代主题是“一代人的光荣与梦想”，在当今这个物质丰富但精神空虚的时代，也许我们怀念的不是某个年代，而是我们对自身实现光荣与梦想的憧憬，我们羡慕那个有理想就敢干的时代。

我很庆幸，我的大学，我的青春，就定格在80年代！

麦一兵

1962年生，昆明中森华创建筑设计有限公司董事长，云南土木建筑学会建筑师分会副理事长。

我的历练始于“袖珍大学”

安　军

“哈建工”—“重建工”，我纠结、徘徊在这两个学校之间，但最后还是选择了“哈建工”，只是毫不犹豫地都选择了“建筑学”专业——这是 1984 年那个盛夏我的选择，也是我大学梦的开始。学校“哈建工”，城市哈尔滨，都是一个未知的世界，充满新奇，也是一个遥远的地方。西安到哈尔滨坐火车不能直达，要在北京转车，两段火车都要坐一天一夜，大约有 2 300 公里。而在那个我一无所知的大学里，还有一个似是而非的专业——“建筑学”等着我。

一、马路、袖珍大学

哈尔滨西大直街 144 号，一个马路袖珍大学。大家都这么说，我起初还怀疑，而走进之后还果真如此。学校教学区和生活区横跨哈尔滨最直最宽最长的城市道路——西大直街两侧，还错着一个街区遥遥相对，学生上课下课都须穿越于大街之间，这可能就是马路大学的由来。教学区最多有两栋教学楼，一老一少。老的是一栋新艺术运动风格的建筑，始建于 20 世纪初，已被哈市列为文物建筑，也曾经是哈尔滨工业大学原土木系土木楼的旧址。新一点大一点的是前苏联人设计的具有典型古典主义的教学大楼，也曾是哈工大的主楼。所谓袖珍大学主要是

大学时代

和哈工大相比。哈工大的确大得多，哈建工开运动会都要借用哈工大的操场来举办。至于生活区就更可怜，仅有一栋宿舍楼，当时全校师生总的人数也就 3 000 来人。

在我上学期间，学校已经开始谋划在老机场兴建新的校区。学校曾经搞了一个新校区规划展览，征求师生意见。印象深刻的是我的一个年轻老师——张路锋的设计，规划的教学区由数个规整的庭院组成，每个庭院都被赋予了不同的具有建筑寓意的主题。就在这个马路、袖珍大学里也蕴藏着对未来憧憬的建筑梦，也培养教育出了一批批具有哈建烙印的建筑学子。

哈建工的新校区早已建成，离开学校近三十年了，世事变迁，院校也几易其名，现在是哈工大的建筑学院。但新的校区我始终没有去过，留在我记忆中的母校还一直是那座马路、袖珍大学。

二、异域情调的冰雪世界

西安冬天很冷，哈尔滨更冷。我也算是北方人，但刚到不久，十月一日国庆节就下雪了，这让我开始“怀疑人生”。东北冬季漫长，一片冰雪天地，必不可少的是棉衣棉裤、棉鞋棉帽……记得那时有机构统计穿着消费城市排名，花销最少的是海口，最多的是哈尔滨。这好像不用调查，是人都知道吧！而学校很奇怪的现象是，冬季来临，哈市当地同学早早棉衣棉裤全副武装，而南方来的学生尤其江浙籍的，天都很冷了还简衣单裤。是南方阴冷天气造就了耐寒，还是对身材体型的自我要求？至今不得而知。

但是让我好奇和感知最深的还是冰雪遮盖后面的那一座座充满异域风情的城市建筑。哈尔滨素有“东方莫斯科”“东方小巴黎”之称，市中心放射状的街道就有巴黎城市规划的影子。我这个生长在古城西安、故都长安的学生，之前其实也没有去过几个地方，在此的确改变了不少“世界观”。洋葱头、尖坡顶、山花、柱廊等，都是建筑系学生美术写生的极佳素材，大街小巷的每处景观好像都能入画。在学校大家司空见惯了描绘哈尔滨建筑的绘画，反倒在暑假期间我在陕西关中老家的一组民居写生，引起了老师同学的关注，让大家耳目一新。

笔者手绘两幅

从西北到东北，从西安到哈尔滨，从中国文化的故乡到风情异域的冰雪之城，让我这个对建筑一无所知的懵懂少年，领略了文化的多样，感受到了建筑生态的丰富，开阔了跨越千里的视界。

三、师尊垂范，铭记于心

大学之大，不在大楼，而在大师。——梅贻琦

大学老师之于学生，就是明星，就是让人仰视的大师。学生从老师那里学到知识、了解社会、认识人生，而其性情学识、音容笑貌，可以影响每一个年轻人的一生。

黄佳老师，个子不高，头发花白，慈祥和善的一个老头，是我们的美术老师，也是美术教研室的主任。老人家已然仙逝，十分怀念！他总是拽着我们讲绘画、讲艺术、讲做人，生怕我们不理解、走弯路，实可谓苦口婆心。20 世纪 80 年代，当时五十多岁的他，只身前往西藏采风，回来后还给学生放幻灯讲高原之行。当时新生班级划分为数个学习小组，每组六七人，黄老师负责带我所在的小组。除了关心我们的学习之外，还经常周天邀请小组同学到他家里，让师母做好吃的给我们。这让刚到学校的外地同学倍感温暖，消解思乡之情。我是美术课代表，有更多的机会接触到黄老师，也喜欢在美术教研室帮这帮那。后来听有同学说，我就像黄老师的干儿子，云云。现在想来那可能是妒忌心理，哈哈。的确，一日为师，终身为父，黄佳老师给我们不只带来了绘画艺术的给养，更给我们这些青

笔者与同学合影

年学生带来了父辈的温暖和心灵的依靠。

侯幼彬老师讲的“中国古代建筑史”（简称中建史）是学生们最爱听的课，至今我还保留着两大本课堂笔记。侯老师是福建人，深眼长眉厚唇是他的特征。国家建筑史课题给他安排的是哈尔滨近代建筑研究，而他却喜爱研究中国古代建筑。侯老师把中建史讲得已是出神入化，尤其讲到北京和故宫，那条天下第一轴线，更是入木三分，让人印象极深。我们从他的课中体会到了大师级的治学风范，他要求研究生每人各读一本书，定期开会交流介绍书籍和读书心得，这就相当于大家都读到了这些书。这种“读书会”的教学模式我也用到了我的研究生教学当中，恐怕这也是一种传承吧，没有白学。

在年轻老师当中，我接触最早的是江涛老师。那时他刚从鲁迅美院毕业，帮黄佳老师辅导我们班美术课。江老师帅气而温和，也许刚毕业不久，还没有老师架子，女同学们都很喜欢他。我记得很清楚，外出美术写生的时，他给我们示范水粉画技法，寥寥数笔就用色彩勾勒出物体形象，同学们很是佩服。他很随和，我和江老师还交换外套试穿，改变形象。青年老师的宿舍就设在学生宿舍楼的一层，我们晚上经常挤在他屋里谈天说地。由于年龄相仿，大家可谈话题很多。他给我们讲了很多美术大师，很多社会和艺术的新鲜思潮、新锐观点，尤其是他并不认同很多老教授的学术观点，这让我们感到很是新鲜。江老师给我们这些理工学生不经意地打开了一扇窗户，让我体验到了不一样风景。

带我们认识世界、认识建筑的大学老师，同学们难以忘怀，他们所展现出的校风、师风和学风深深感染并融入年轻人的内心，也使之能继续传承。带过我课的还有教设计的程友玲老师、教初步的李行老师、设计教研室主任邓林翰老师、系主任梅季魁老师、辅导员郭旭老师、教工业建筑的孙翠云老师、教医疗建筑的智宇春老师等，还有年轻的老师如梅洪元、张伶伶……

四、历练成长

经过“我的大学”，一个少年成长成为一个青年；一个只是喜欢画画的孩子变成有职业梦想的专业人员；一个圈在方城里的中学生，千里跋涉，成长为能感知万千世界的大学生。这是一个不断历练成长的过程。

建筑系建筑画社的工作、活动，其机缘还是来自于美术。最后我还担任了建筑画社社长，建筑系的学生几乎都是画社社员。画社经常举办画展、联谊、交流、讲座等活动，这在众多学生组织中，是比较活跃的，受到了大家的关注，当然也包括学校的关注。自己也慢慢意识到这不仅仅是简单的学生自发组织的课外活动，还应接受学校的统一管理和帮助指导，才会有发展的空间。

被同学们推选为班长是自己万万没有想到的，虽然绝对总票数也不算多，这也到反映了建筑专业的特点——没有什么一致性标准。当了班长，我还算是认认真真尽职尽责，尤其最后一个暑假，我领着全班到外地进行建筑认识实习。实习主要是参观，大家从哈尔滨出发坐火车到大连，再坐轮船颠簸到上海，然后火车再到苏州，最后一站坐火车进首都北京，实习结束后就地解散放假回家。全班三十多人 “跋山涉水”，途经三省五市几千公里，除站点有老师接待外，途中均要靠自己行动。二十多天的行程“一个都不能少”，总算安全到站。这过程是对自己前所未有的考验，我承受了很大的心理压力。但这对于一个出校门进校门的青年学生来说，受益匪浅、历练有加。

有人说：在中国，不经历高考，就不算是中国学生；没有大学集体生活的经历，就不算完美人生！一样的大学，也有不一样的经历和体会。我女儿现也在国外上大学，也在读建筑学专业，有时很想分享一下“我的大学”的故事和感受，但欲语还塞。其实，大学带给了我什么，至今还没有完全想清楚，也许大学的经历是值得我们用一生去品味的。

安军

1966 年生，中国建筑西北设计研究院副总建筑师，陕西省勘察设计大师，中国建筑学会建筑师分会副理事长，陕西省土木建筑学会副秘书长、建筑师分会秘书长。

大学感悟

刘　建

今天办公室来了两位年轻人，无拘无束的笑声和天南海北的谈话声给略显沉闷的办公室带来了几分活力。看着他们活泼开朗的样子和对环境的一种新鲜感，已经习惯了紧张有序的我，不由得也感到了一些久违的、被忽视的轻松。不知道为什么我突然想起了威廉·福克纳说过的一句话"倘若青年人有知识，倘若老年人有能力。"

我们都知道他所说的是什么意思，那就是：你年轻的时候，你有能力做任何事情，却不知道该干什么才好，可是后来，你上了年纪，经验、阅历教会了你一切，你却疲倦了，胆子也变小了；你什么都无所谓了，你只想安安静静地待着，平平安安度过余生，除非你自己受到冤屈，你是再也没有多余的能力与心气去管其他闲事的了。

因为年纪轻，你们可能不知道该干什么，那么站在这里的不管什么人，只要有满头白发，就应该能够告诉你们了。因为年纪轻，听到的、学到的就很容易淡忘，总觉得时间还有。

我所就读的学校是华中理工大学，她的建筑系历史不长，我们入校时只有十年时间，建筑系馆是保罗·鲁道夫风格的建筑，质朴且现代。老师们也很年轻，教起课来很放松，很有青春的活力。虽然我们体会到了这个行业历史的悠久和文化的厚重，但对建筑并没有更多更深刻的认识。老师们热衷于对建筑本身的讨论和争执，每个人都想表达出自己的理解，但好像又说不清楚，让我们本没有强求对专业的深究反而变得有些糊涂。似乎他们对这两个字也并没有把握，也许他们和我们一样年轻，一样在理解的过程中。

随后就读的是东南大学，她的建筑系历史悠久，院所更是采用典型的古典

与导师合影（前排右二为笔者）

山墙和柱式，扑面而来的是厚重的历史气息。尤其当一位满头白发的老人走出来，更是让你不由得安静下来，这就是我的老师齐康教授。

齐老师看起来总是很严肃的样子，接触多了你会发现老师还是很幽默的。记得我们这一届五个人第一次和他见面时，他看到我们比较拘谨，风趣地说道："上一届是三个人，你们这一届五个人。他们是三剑客，你们是五虎将。"这番话一下子打消了我们的紧张情绪，气氛变得轻松了许多。老师很少长篇大论地讲课，最常见的是身体力行的草图工作。他会看着图纸深思，然后用铅笔画着草图，飘逸的线条和他身上散发出的威严使我们目不转睛，视线无法离开。老师的钢笔画功底也很深，每次出差他都会抽出时间画速写。在他的影响下，建研所的师兄邱立岗、张彤的钢笔画也很出色。看出我们的兴趣，老师推荐了图书馆一本原版的钢笔画，我跑去借出来看了一个学期，把里面的画临摹了一遍。*Drawing with Pen and Ink*（©1928, The Pencil Points Press, N.Y.），这是一本很古老的书，据说全国不过只有三本。

老师对很多文学作品也很熟悉。记得毕业论文开题时，朱雷选的题目是建筑的屋顶，老师建议他去读一下《巴黎圣母院》，其中一章开篇就是对巴黎圣母院屋顶的描绘。我饶有兴趣地跑到图书馆，果然发现在第三卷的巴黎鸟瞰中有这样一段。后来读到大音乐家斯克里亚宾对年轻的荷洛维兹说，要培养良好的学养，多读文学作品，多看书画，多听钢琴之外的音乐作品。想想艺术是相通的，果然不错。

老师每天下班回家的路上会经过榴园宾馆。我记得他说过，每当有不开心的事情，看到自己的作品，就会开心一些了。当时真没想到老师这样有名望的建筑师，也会有着自己的烦恼。原来作为建筑师，无论名气多大，也要经历，也要面对很多事情，只有作品，虽然不会说话，却是最好的安慰。

在校园的日子，最大的收获也许是在于年轻的你有机会和一些已经卓越或是即将卓越的人在一起工作、生活，并且不是出于急功近利的心理。在学校里的很多东西当时并不觉得什么，也许在今后的某一时刻你会突然想到什么，意识到什么，这也许就是教育的魅力。

伟大的艺术家或多或少都具有人文情怀，这种人文情怀散发出的魅力往往超脱了专业，不仅仅能感染行业内部的人士，更容易打动行业外的人士。日本音乐人坂本龙一曾经当面质疑日本现代音乐大师武满彻在作品中增加日本元素是出于保守和狭隘的民族主义，武满彻则很耐心地和他谈了 30 分钟，深深地感动了坂本龙一。大家被大师的人格所折服，专业的争执已经微不足道。伟大的建筑师也是一样，最终被接受不仅仅是因为他的设计能力，更多是被他的人文情怀所感染。毕业后的一段时间虽然对老师的一些建筑手法有些不同观点，但是老师的那种人文情怀还是深深地感染着我。这种人文情怀会随着建筑师的成长逐渐积淀，厚积薄发。

2017 年 4 月 26 日贝聿铭先生度过了他的百年寿辰，很多机构和个人都献上了诚挚的祝福，祝福这位百岁老人，感谢他在建筑行业做出的卓越贡献。

《达拉斯新闻报》祝贺贝聿铭百岁寿辰，称赞他是达拉斯天际线的塑造者（原文是：Happy 100th birthday to I.M. Pei, architect of the Dallas skyline）。美国《纽约新闻》杂志说到：这位即将满百岁的美国贵族建筑师在他过去的职业生涯中，从中国的园林、美国远古科罗拉多州的悬崖住宅到埃及开罗的清真寺，都留下了灿烂的一笔。他大胆地将包豪斯现代质朴和包扎的古典豪华相融合，在技术上的创新既体现了对先例的尊敬也有对过去的分析研究（原文是：Over the course of his career, the aristocrat of American architects, who turns 100 on April 26, has drawn on a dazzling range of influences, from Chinese gardens to ancient Colorado cliff dwellings to the fountain in a Cairo mosque. He blended the austere modernism of the Bauhaus with opulent Beaux-Arts classicism, technological daredevilry with reverence for precedent and a minute study of the past）。

贝聿铭先生标志性的笑容，洋溢着人文情怀的魅力。这个笑容带来的信心曾经打动了无数业主，包括肯尼迪夫人，她在众多候选人中最终选择了贝聿铭作为肯尼迪图书馆的设计师。笑容的背后隐藏着多少辛酸和无奈无人所知，但从他对儿子说过的话我们不难有所体会："建筑师是一种老年人的职业，你必须到了四五十岁，才能取得一些成绩，这是很艰难的，这不像画家，甚至在 30 岁就可以成为国际名人。"

学校和社会的反差曾经让我对学校的教育有些微词，但时至今日，如果你像威廉·福克纳一样面对这些年轻的面孔，你是否会忍心过多过重地讲些什么，影响他们对纯洁美好的向往，影响他们对事物的判断，在他们最单纯简单的时代?

建筑这个行业真是让人又痛又爱，它不会许诺你什么，甚至一直在折磨你。无论遭到何种批判，它依然是国民经济中不可或缺的一部分，这不仅仅是在中国，就是在英国、在美国等发达国家也是一样。这个古老的行业，无论我们多么地痛恨，我们还是离不开它，政府更是如此。库哈斯也曾措辞激烈地指出，和其他行业相比，建筑业对时间过多地占用、效率低下、技术手段落后和提升缓慢。

"倘若青年人有知识，倘若老年人有能力"。如果年轻人一直热情地去掌握更多的知识，如果老年人获得能力后具有人文情怀，这对于建筑设计将是何等的可贵。更多的时候，我们时而偏左，时而偏右，像一个努力学习驾驶的新手司机一样，在这两个点之间徘徊。

写到这里，窗外忽然传来一首歌曲，是 Bob Dylan 的一首老歌《Blowing in

the Wind》。

How many roads must a man walk down before they call him a man？

How many seas must a white dove sail before she sleeps in the sand？

How many times must the cannon balls fly before they're forever banned？

The answer, my friend, is blowing in the wind。

The answer, my friend, is blowing in the wind

沉吟半晌，我觉得可以加一句，

How many designs must a man creates before they call him an architect？

The answer, my friend, is blowing in the wind.

刘建

1971年生，加拿大宝佳国际建筑师有限公司总建筑师。

我的系馆，我的老师

叶依谦

承蒙金磊主编抬爱，自《建筑师的自白》后，继续约稿《建筑师的大学》。这个命题难写，这本集子中有多位和我一个大学毕业的师兄前辈，想必很多内容写出来都将重复。想了很久，终于找到了几个自己感悟较深的点记录下来，勉强算是完成作业了。

我的系馆

我于 1989 年入学天津大学建筑系，1996 年研究生毕业，混迹天大 7 年时间。我是南开大学子弟，从小生活在南大，对我而言，天大、南大一直是没有边界的一个大院，仅仅是地名区别而已。天大的环境、建筑在我少年时代就已不陌生，只是当时对建筑的印象远不如环境深。记忆中天大的校园，湖面比南大更大、更好玩；至于建筑，反倒不如南大那么有特点。因为当年南大苏式风格的主楼在相当长一段时间里都是天津最高的标志建筑，南大的图书馆、老教学楼等也很洋气。相比之下，天大的房子好像都很普通。

这个印象在我入学天大后才发生改变。我们这届（建筑学 1989 级）学生进入天大后赶上的一件大事就是建筑系馆落成，我们有幸成为第一批在系馆上课的本科生。系馆由彭一刚先生操刀设计，在天大校园环境中的地位非同寻常，坐落在教学区主轴线的尽端，面对敬业湖和七里台主校门。突出的地理位置显示了建筑系在学校中的重要地位，作为建筑系学生，也平添了一份自豪感。

建筑系馆是建筑系学生最好的学习标本和榜样。回顾 80 年代末国内各大有建筑系的高校，能有一座像样系馆的并不多，我们作为天大建筑系学生是幸运的，

系馆东立面

系馆中庭

系馆西北立面

系馆中庭

系馆门厅主楼梯

能和这样堪称经典的建筑直接对话。彭先生在他同辈的建筑教育家中设计作品算高产的，在博物馆建筑、纪念建筑、校园建筑等领域均有建树。作为天大建筑系馆的亲身使用者，我始终认为这座建筑是彭先生的代表作，绝对的教科书级水准！

天大建筑系馆风格中正、厚重、内敛，建筑与校园环境关系恰当、和谐。建筑空间围绕一个开敞式水院中庭展开，比例、尺度准确且精细，是彭先生著作《空间组合论》的标准范例。特别是每个年级一间的大绘图教室，无柱空间，井字梁结构顶棚、三面大窗自然采光的明亮环境，既是建筑的核心空间，也成为了多届建筑系学生的集体记忆。

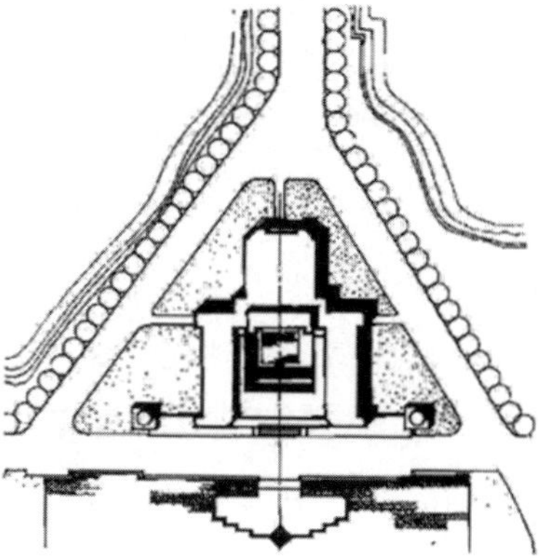

实施方案总平面图

系馆代表天大建筑系的价值取向，更反映彭先生本人的性格特点和审美偏好。读研之后我有机会深入了解了系馆的设计演进过程，对于彭先生几易其稿完成的设计方案也有了更深的认识。最初的方案是三角形平面构图，充满现代主义气息，建筑造型更细腻，与用地环境的关系也更契合。想必这稿方案才是彭先生理想中系馆的形象。最终“凸”字形平面的实施方案是总结各方面意见建议优化而成的。有些建筑评论说这个方案是妥协的结果，我却不这么看。我认为实施方案恰恰体现了彭先生中庸之道的设计观和高超的设计水准，能够在平衡诸多复杂因素、矛盾冲突的基础上得到最优的答案，绝不是一般功力的建筑师能企及的境界。

系馆受建造年代经济、技术条件的限制，是典型的“粗粮细作”。外墙材料是面砖、水刷石，推拉铝合金窗，室内装修、设备安装标准更是简朴，电梯也

彭先生原方案效果图

仅仅是预留了井道。尽管如此，建筑却有着很高的完成度和空间品质，处处都能感受到设计师的用心。

彭先生的钢笔渲染效果图堪称经典，更令人钦佩的是他建成作品跟效果图意境的高度统一，显示出极强的设计控制力。不过，由于彭先生的教师身份，他的作品多是委托设计院完成施工图设计。因此，设计院的设计深化水平在一定程度上会影响建筑的最终完成度。这个问题在系馆的设计中也有反映。我们当年在系馆学习时，对建筑很多构造细节的不理想也颇有体会，很多必须在施工图阶段设计到位的构造细部仅仅停留在构造图集水平，没能贯彻彭先生原设计的意图，经典作品留下一些小小的遗憾。

自20世纪90年代末以来，系馆经历了几次改造。目前建筑更换了外墙材料，外观基本保持了建筑原貌；内部空间则做了较大的调整，原来的开敞式中庭被封闭成了使用空间，原先的大绘图教室被分割成了多个教师工作室，曾经建筑系馆的核心空间不复存在了……

天大建筑系馆于我而是一座不可替代的建筑，上学时遇到的很多专业问题，答案都是从这座建筑上找到的，系馆是我专业学习的启蒙建筑。

实施方案效果图 1

MOULDING CLAY
THE UTILITY IN
DOORS AND
THE UTILITY IN
THE BEING OF
NON BEING OF

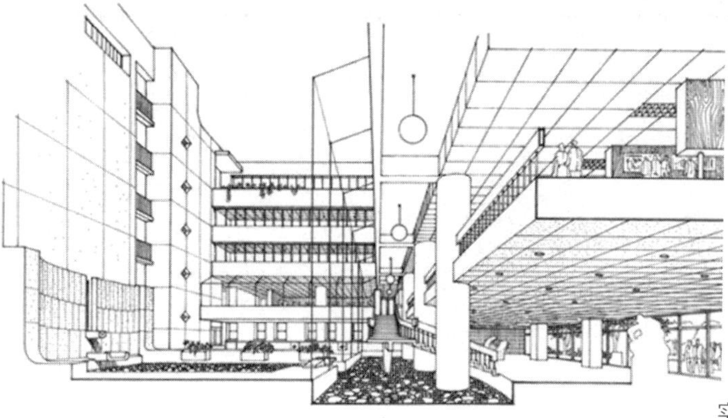

实施方案效果图 2

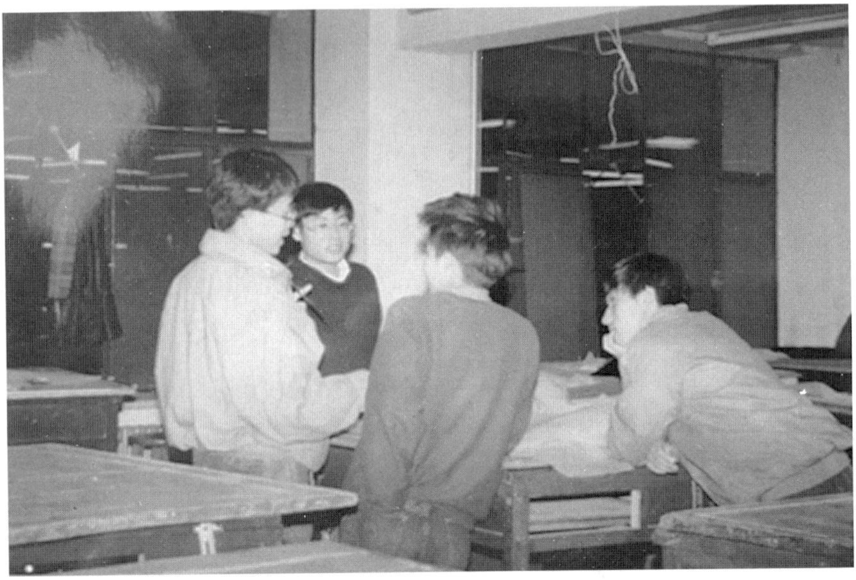

曾经的大绘图教室

研究生班在系馆前的合影（四排左四为笔者）

硕士论文答辩评审专家合影，左一是黄为隽，右二是邹德侬

我的老师

我在天大建筑系的这段时间，正是建筑系最繁星闪耀的阶段，老、中、青三代教师均工作在一线。老先生里，沈玉麟、冯建逵都在给本科生讲课；以彭一刚先生为代表的中年教师群体还在亲自带本科生的大设计，给我们上过课的有彭一刚、聂兰生、张敕、黄为隽、屈浩然、荆其敏、邹德侬、方咸孚、潘家平、魏浥礼等；青年教师有张玉坤、严建伟、荆子洋、徐苏斌、曾坚、方元、刘冠华、盛海涛、袁大昌、运迎霞等，更是跟学生们混成一片。另外，还有教授建筑历史的王其亨，画法几何的许松照，建筑画的章又新等，也都是业界的传奇人物。

我的研究生导师邹德侬，是天大老师中对我影响最深的人。邹先生学识广博，经历丰富，为人正直，做学问一丝不苟，待学生真诚严格。邹先生在建筑理论、设计、翻译等领域均有很深的造诣。论著代表作有《中国现代建筑史》《中国现代建筑论集》《中国建筑史图说·现代卷》《中国现代美术全集——建筑艺术》等，是中国建筑史学领域填补空白的著作；翻译代表作有《西方现代建筑史》《西方现代艺术史》《建筑形式美的原则》《建筑：形式、空间和秩序》等，都是建筑系学生的必读教材；设计代表作有南开大学经管学院教学楼和圆形阶梯教室等。

我入学时就有幸认识了邹先生，在我本科学习的过程中邹先生也一直给予指导。研究生期间，邹先生更是用他理性的、科学的、严谨的治学态度影响、启发我们这些弟子，谆谆教导，领我们真正在专业上入门。

邹先生有扎实的绘画功底，与艺术大家吴冠中交往很深，在“文革”期间还有过一段陪吴先生写生的经历。邹先生对绘画、艺术理解的深刻程度既反映了在他个人的理论学说之中，也通过他的教导，对我们这些弟子有了潜移默化的影响。天大建筑系的审美根源可以追溯到巴黎艺术学院，所谓经典学院派的艺术标准，强调构图、比例、尺度。这个可以说是天大建筑系的立系之本，每个学生都要接受系统而严格的专业训练。合格的天大建筑系毕业生往往都有较强的手绘能力和相似的审美取向。通过邹先生艺术史的教导，我们能够从更广的角度审视这种审美观，了解其存在的现实意义与局限性，在很大程度上拓展了视野。跳出问题看问题，往往能够得到更客观、更清晰的答案。

从业二十多年以后，回想当年受过的专业教育，本科学习可以算是基本功训练和入门时期；研究生阶段才是搭建自己的学习方法论，建立个人职业观的时期。邹先生在学术研究方面对学生要求之高是闻名的，也正是在他近于苛刻的要求下，我才得以在读研期间较为系统地学习专业理论，摸索研究方法，为日后工作建立起了比较扎实的知识框架。

邹先生现在已年近八旬，思维依然活跃，对网络时代新鲜事物的兴趣不输晚辈。他这种开放的心态和终生学习的精神对学生的影响非常深。他可能是同辈天大建筑系老师里最早接触并使用电脑的人，并斥巨资为他的研究室购买了多台电脑和正版设计软件，供我们这些学生学习使用。这在 20 世纪 90 年代初是极其超前的行为。

人生中能有这样一位导师实在是我的幸运，祝邹先生健康长寿！

天大建筑系与清华、同济、南工（今东南大学）建筑系并称“老四所”，关键在于有一批高水平的老师。建筑系的创始人、第一任系主任徐中先生那一代老师我们没赶上，上述教过我们的那些老师，也都是一等一的人物，这其中有几位老师对我的学业有过深刻的影响，留下了磨灭不掉的记忆。

建筑系的必修课之一是画法几何课，教我们这门课的老师是许松照，也是教材的编写者。许先生毕业于清华大学，在天大建筑系一直潜心于画法几何课的教学。本来这种工程制图类的基础课应该很枯燥乏味，但是上许先生的课却是一种乐趣和享受。他上课的标准方式是边在投影仪上徒手画图边讲解。许先生徒手画图的精确程度令人惊叹，而那些工程制图的原理经他一讲也变得极简单清晰。

画法几何实际上是训练对于工程制图的一种敏锐感觉，这是作为建筑师绝对必要的素质和基本功。等到工作之后，我才意识到我们当时打下的画法几何基础是多么扎实，尤其是徒手计算阴影、透视。上过许先生课的天大建筑系学生在这方面的能力要远胜过其他学校的学生。

带过我二年级设计课的屈浩然先生，是彭先生的同学。老头儿不修边幅，说话诙谐，有强烈的批判精神。上他的课很不轻松，相比于强调感性的图面表现，他更看重理性分析。在别的老师那里容易获得称赞的、草图画的漂亮的方案，在屈先生这儿往往因为分析问题的逻辑不清晰而被痛批。这样的教学风格在天大建筑系绝对另类。学生们都比较怵上他的课，怕挨骂。我却还好，没怎么被他骂过，反倒是获得过几次肯定，实属难得。屈先生有一种能够发现学生身上潜在闪光点的敏锐洞察力，然后以他独有的方式予以催化。这种教学方式有点像禅宗的棒喝，在他的课堂上我自己就有几次顿悟般的感受，至今记忆犹新。后来，屈先生调离了天大建筑系，不知是不是因为教学理念的差异所致。

王其亨先生教我们中国古建理论课，并带古建测绘实习。王先生是中国古建理论领域的大家，尤其在明清陵寝、古建测绘、风水学与传统城市研究等方面更是权威。当年王先生四十岁出头，满嘴四川话，精力旺盛，烟瘾极大。他上课的课堂效果永远是爆棚的，学生们无不被他渊博的学识和激情所感染。印象最深刻的是二年级暑假他带我们古建测绘的那段时间。我们测的是故宫博物院慈宁宫，当时还是未开放的区域。每天白天，我们都在王先生的指导下现场测量，他每每事必躬亲地登梯爬高，做具体辅导；晚上我们在附近一个租住的小学教室里趴图板画图，王先生就在边上陪着海阔天空地神侃。工作和生活条件是极其艰苦的，却也是我大学时期收获最大、最快乐的一段时光。

黄为隽先生当时带本科高年级的设计课，也是学生们最佩服的老师之一。黄先生画得一手漂亮的铅笔草图，学生们都以收藏黄先生的草图为荣。每次上他的课时，大家都会准备好铅笔、草图纸，等着他来改图。只要时间允许，黄先生也一定会给每个学生认真讲设计、改图。黄先生是标准的老派教授风格，在理论研究、设计实践、教学等方面水平都相当高，对学生要求也同样高。黄先生带过我一个学期的设计，也就是在这个学期，我的设计逐渐入门，对于如何做出一个完整的方案终于有了属于自己的感悟。我工作之后跟黄先生一直保持着联系，这位睿智的长者总是会给予我珍贵的教诲，也祝黄先生健康长寿！

叶依谦
1971 年生，北京市建筑设计研究院有限公司总建筑师、3A2 工作室主任。

校园与社会都是大学

朱　颖

笔者肖像

2018 年将是我大学毕业 20 周年了，按照惯例，毕业逢五逢十会有一系列活动，一般逢五小庆，逢十大庆。清华建筑系读五年，于是毕业逢五年恰就是入学逢十，毕业逢十就是入学逢五，依此类推，所以我们的毕业纪念活动经常会搞成入学纪念活动。毕业 15 年入学 20 年时，我作为班里的校庆活动召集人，26 名同学有 20 位从全国和世界各地赶回来参加活动，虽然辛苦却很是欣慰。

前几天学校召开了 1998 级毕业 20 周年入学 25 周年（2018 年）校庆聚会筹备的首次会议，年级总召集人安排我继续作为我们班的召集人。这次可是大庆之年，我深感责任重大，思绪却一下子回到那校园的菁菁岁月。

作为一个理工科学校里的偏艺术的专业学科，建筑学院一直是学校里的“异类”。高中的数理化尖子，来到建筑系，美术基础经常很不一样，适应建筑系的时间也不尽相同，不过懵懵懂懂地到大五时，基本也会开一些窍。按照清华的惯例，本科不设城市规划专业，只是在本科毕业设计才会分建筑学、城市规划、建筑科学与技术、建筑史等几个方向，我被分在了吴良镛先生主持的城市规划研究所，毕业设计导师是留德回来的城市规划博士吴唯佳先生。

很快我们组几位同学的毕业去向基本确定，都会在毕业后离开学校走上工作岗位，一位同学去了建设部设计院（今中国建筑设计研究院），一位同学去了外企宝洁，我也被北京市建筑设计研究院录用。考虑到毕业要离开学校，我的心里总是恋恋不舍，加之不知还有没有回学校深造的机会，就更加珍惜最后一年的学习时光。用今天的话讲，就是做毕业设计“很卖力气”，其实是为了更好地学习规划知识。

当时清华城市规划研究所由于有规划届的泰斗吴良镛先生，加上尹稚、吴唯佳、张杰等年轻教师的勤奋，我们毕业设计的题目都是真实的项目，在当年实属难得。我参与的项目是锡山市（现为无锡市锡山区）控制性城市规划和城市设计，对于临近毕业的本科学生来讲，确实是一次离实际工作最近的实践。一年的城市规划专业的学习与实践，帮我树立了建筑设计的城市观，以及从整体城市出发的思考习惯，到今天想起来，依旧感到受益匪浅。

城市规划是比建筑学更科学、专业覆盖更广泛的学科，建筑学学了四年尚不能独立工作，更别说参与城市规划工作了。我对于规划的概念基本是白纸一张。参与了一段设计工作之后我发现，由于我一直学习建筑设计，对于城市级尺度，说实话基本没什么概念，只会帮老师画图。一天，吴唯佳老师说：“你们下次出差，坐一次飞机吧，注意，我们的航线正好路过锡山市，如果天气好的话，可以在飞机上看到整个城市。”我们好几个同学都是第一次坐飞机，按捺不住兴奋的心情，都要了靠窗的座位，很早就都趴在舷窗口，生怕错过。天公很作美，飞到锡山时，飞机已经降下来很多了，估计 3 000 米高度的样子。“快看，那儿就是——”是的，我们清清楚楚地看到了我们天天面对的那张城市总图，城市的肌理、城市的交通体系一目了然。这也是我们第一次直观地在空中感受一个城市，90 年代，没有现在的 Google Earth，没有更多的途径和手段去认识一个城市，我们在空中、在飞机上，上了一次城市规划的入门课，老师可谓“用心良苦”。

那时中小城市只有江苏、浙江、广东等发达区域，才开始重视城市规划，很多城市还属于自然生长的状态。清华城市规划研究所一直并不希望承接更多的城市规划项目，但却用足够的时间调研，以使设计更尊重城市的历史，也更具操作性。当时有一种说法是，“规划规划，图上画画，墙上挂挂”，不似今天的“一张蓝图干到底”。由于有学生参与设计，所以调研的工作做得非常细致。我们本科生和研究生被分成三个小组，把整个城区分成三个区域进行调研，每组都是男女生搭配，其实不是为了“干活不累”，主要应该是女生怕狗之缘故（当时的实地考察中经常会碰到些大狗）。我们按照设计好的调研提纲，在图纸上编号，设计出调研路线，每条道路情况都作仔细了解，要进入到每个园区、每个院落、每个建筑，了解相关情况，和图纸不一致之处也要标注出来，补充信息。不仅仅对现状进行调研，对区域的历史也进行调研，查阅县志、走访老人以求发现有价值之处。自毕业设计始，直到工作多年之后，无论是城市规划还是建筑设计，我仍然还保持着对项目用地和城市事先进行详细调研的习惯。工作后负责江西吉安滨江新区城市规划时，由于项目用地有很多湿地、村落，民宅房前屋后还有很多百年榕树，我专门买了靴子，走了两三天，进行了详细的调研，把湿地进行了保护性整理规划，对于原生树木也提出保护原则，避免了开发中对于生态的毁灭性破坏。

在参与设计过程中，我的另一个感触是，我们必须要关注环境、爱护我们的家园。1998 年时的锡山市是原无锡县升级为县级市而来的（后来升格为无锡市锡山区）。无锡县是 20 世纪 90 年代中国百强县之首，经济发达，乡镇企业一枝独秀，但也带来了非常严重的污染问题。我们感触最深的是水污染，每次去调研，老师都是自己掏钱给我们学生买“有点甜”的农夫山泉。去调研时发现，很多河流污染很严重，我们在规划时也试着提出了关注环境保护的措施。

20 世纪 90 年代开始，中国开始了世界上最大规模的城市化运动和拆除老旧城区行动。老师专门带我们去了被划为文物保护单位而没有遭到拆除的阿炳故居，一个实在不能再破旧的小小的平房，在年少不知天高地厚的我们看来，实在不知有什么建筑学上的意义。老师还专门给我们讲无锡水利历史，特别提到“围堰”对于江南水乡、水利和城市发展的重要意义，要求我们在设计中关注。可惜，当年的我们，并不完全懂得文化和历史对于民族的价值，更不会体会文化和历史记忆失去之后的无奈和恢复的艰难。等我渐渐明白文化和历史的意义，开始敬畏历史、尊重文化，已是人近中年。今年我们参与了白浮泉、龙山、凤山区域城市设计。白浮泉作为京杭大运河北端水源的起点，意义经常为世间忽略，我此时突然忆起在学校懵懂之时老师讲的“围堰”，对大运河之于北京、白浮泉之于京杭大运河在后申遗时代的文化意义有了更深体会。我和同事们一起，用文化引领城市设计的方法，完成了白浮泉区域的城市设计，对于白浮泉文化的深入挖掘也受到社会各方的认可，对自己亦是为当年年少缺憾之补益。

回顾过去，展望未来，那个青葱岁月里的懵懂少年，如今在经过世事历练的洗礼之后，也越发地感慨，建筑师的大学既在学校中，也在社会实践中，师傅领进建筑之门，在社会实践大学中，如能经常温故知新，定有诸多裨益。

朱颖

1976年生，北京建院约翰马丁国际建筑设计有限公司董事长、总建筑师。

“留图”的启示

刘方磊

日月如梭，风雨如晦，时光一晃过去了 23 年。大学的岁月想来已然久远，又仿佛历历在目。大学是每个人的重要成长阶段，其间的事情一如昨日。多少回忆都是人生的重要片断，每当想起总是令人不断唏嘘，但哪一件事是在我的记忆中最为深刻呢?

想来那应该是大学四年级上半学期的建筑设计课程作业——北京新街口电影院设计。之前我没有留过图，这一直是我感到非常遗憾的事情（每次课程设计超过 90 分的会被老师将学生的课程设计图留存在教研室，而不再发还给学生。这代表着一种对本次课程设计的高度认可。我们这届学生共 90 多人，每次只会有 2 至 3 个作业会得到此等荣誉）。而我也每次很认真地去完成课程设计，但每次成绩都不理想。我感到困惑与徘徊。设计是一个美学命题，有的时候只是一种感觉，它永远没有标准答案。这一点对于原来偏理工科思维的我需要一段适应过程。但这一段时间有些长，以至于我有些担心它是否能结束。

我不知道如何请教老师和同学。我只能多去阅览室学习建筑大师的作品，期望从中获取建筑设计的灵感与悟性。我相信总能找到提高悟性的方法。

建筑设计原来与其他科目的学习是完全不一样的！很多时候依靠一种感觉来设计，设计的逻辑往往被隐藏在感觉之后，一个单单功能合理与逻辑严谨的作品往往却很难打动人。当一个技艺是依靠感觉的时候，当你不时地需要怀疑自己的感觉的时候，是需要不断进行自我的内心关照与领悟的，是需要不断提高自己的眼界和修养的。

每个课程设计大约有两个月的时间，现在想来应是比较充裕的了，但在学生时代很难找准方向与重点。同学们经常有临近交作业几天的时候对自我方案全

大学时代的考察组图

盘推翻重新设计的。最后交作业那晚往往会有很多同学熬夜赶图。今天想来也是一段美好的回忆。

我也有过同样的经历，但结果并不理想。这次我下定决心不推翻自己的方案，早点开始画正式图，一定避免熬夜。但我应该如何开始我的方案构思呢？

还好建筑系馆的阅览室永远面向我们开放，我只能向它寻求答案。将之前不大成功的感觉甩掉，寻找一个独特的方向。这成了我四年级上学期核心的事情，每天晚上我都会来到阅览室临摹大师的作品。只记得外面青年湖与敬业湖上的灯光闪烁，树影婆娑；只记得天大校园里四月里清新的花香；只记得天气慢慢开始热了起来，又临近交作业的时间了。

我好像已经找到了答案，答案就在各位大师的作品里。从柯布西耶到理查

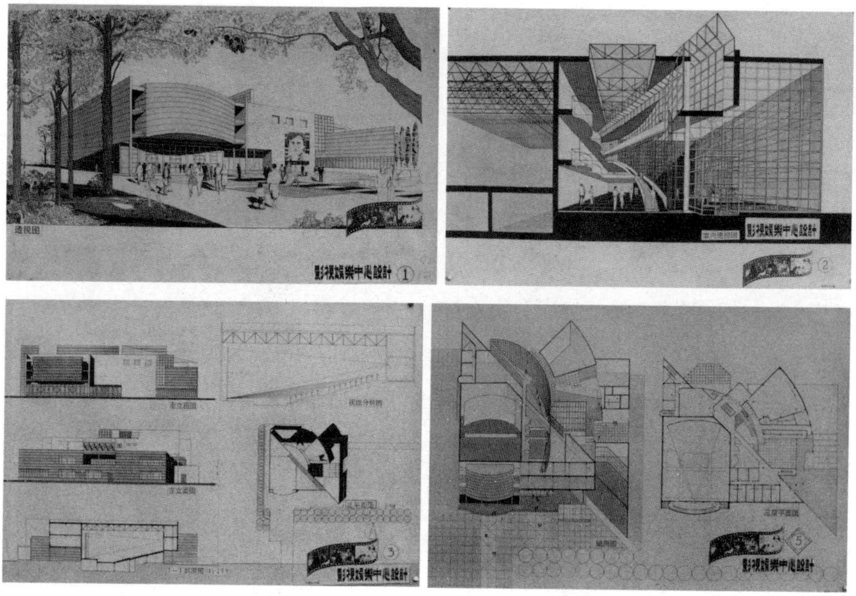

大学时代的手绘作品

德·麦耶，从路易斯·康到贝聿铭，他们在我眼前仿佛鲜活了起来。我好像可以读懂他们设计的初衷与匠心。这一刻，我深刻理解了“师傅领进门，修行在个人”这句老话的道理。天津大学有很好的师资与学风，这些都在潜移默化地影响着每一个学生。但对于设计的感悟好像只能依靠自己来完成，只有不断地学习才有可能在某一时刻感悟出规律与智慧。

找到了方向和感觉，接着就是一步步将图纸画细，把表现做得充分一些。我在临近交作业一周时就开始画正式图了。说来奇怪，以往的犹豫和纠结这次都没有出现。我很肯定地开始绘制一张张的图纸。我准备画 6 张 A1 大小的图纸来把方案表现得尽可能充分，我开始了从没有过的尝试。这个方案绘制的过程比较顺利，我提前半天已经画完了 6 张图，以至于可以安心地看看别的同学的设计方案绘制。毕竟我控制住了时间，而且是在图纸数量翻倍的前提下。先实现了第一步，方案老师们如何评价依然是个未知数。只是自我感觉还可以。

在用裁纸刀郑重地裁下 6 张图，交了作业之后，我好像又开始感到不安与紧张，等待成绩的突然到来，又感觉若晚一点揭晓就可以晚一点失望。

安静的两天过去了，中午下楼吃饭，在 28 斋门厅入口，与刚从教学楼回来的同宿舍好友王志军走个对面。他见我就笑着说“你留图了，是全年级最高分 93 分”。

这一刻，我有些不相信自己的耳朵，脱口而出：“真的吗？没骗我！”同时仔细看了看王志军的表情，来判断他是否在和我开玩笑。当确定是真实的消息之后，我的确在瞬间有了心花怒发的感觉。这个结果对我来说太重要了，这件事情重新建立了我的学习自信。虽然相对于广博深遂的建筑设计不值一提，但至少我感觉找到了一些入门的方法。建筑设计的大厦我仿佛已看出些轮廓与精妙。

通过这件别人看来只是一次课程作业的小事，但对于我，其意义重大。

我重新相信了自己，相信自己有可能在这个行业有所建树。一直以来，我认为建筑设计是挑战设计者内心素质的行业，是否辩证地自信？是否挫折后自愈？是否永保激情？是否相信自己总能有所突破？

时至今日，毕业已经 23 年了，从 1994 年到 2010 年的 16 年里，我仿佛又回到了大学的前 3 年里，好像永远等不到感觉与机会，但这一次更加漫长，期间虽然也做了几个有点影响力的作品，但总是没有畅快淋漓的感觉。

一直到 2010 年 10 月 8 号，有了绝佳的机会——雁栖湖国际会议中心（第 22 届 APEC 主会场）中标了；

2013 年 4 月 20 号，又有了一个机会——雁栖湖国际会展中心中标了；

2015 年 2 月第 11 届 G20 峰会会场项目（杭州国际博览中心改造）；

2016 年 11 月第 9 届金砖五国峰会会场项目（厦门国际会议中心改造）。

下一步，又需要等待好的项目与机会，当然也要不断地提高与努力。大学的这次“留图”教给我对待学业或者职业非常重要的是等待与提高，希望在前面，需要时刻准备好。

刘方磊

1972 年生，北京市建筑设计研究院有限公司副总建筑师。

大学五缘

叶　欣

我从小属于那种形骸不羁的孩子，成天精神头儿十足，周边总有小伙伴一道满世界地乱疯——摸鱼抓虾，翻墙爬树，过着在别人看来浑浑噩噩自己却感觉倍儿嗨的日子。偶尔有点小聪明，学习也算马马虎虎，老师却总看我不够努力。小升初那年出人意料，不仅结业考试列入了保送名单，还以倒数第二的运气进了声名赫赫的成都七中（米歇尔·奥巴马访华那年也曾去专访讲演过）。那里面优秀者众多，我也不敢太过造次。不过这并没改变我继续顽皮的本性，6 年当中一直以非优等生的方式藏在小角落里自娱自乐，匆匆那年却回忆满满：打粉笔仗、抄作业、整电游、玩排球、追名牌、飙自行车……待到高中快毕业要选专业了，也不知道自己将来能干什么。有次课间操身边飘来几句，有个哥们儿想报考建筑专业但又不会画素描令他挺挠头。这让我心生一念——画画嘛！这可是本人的专长：小时候跟着姑爷（姑父）和母亲学过中国画，后来又弄点西画，也算当了 N 年的宣传委员小干部，头回听说有这么个专业。我认定比那种纯学习的专业要爽，就填报志愿了。没想到原以为自由好玩没人管的专业，是一个自己全然不知的天地，里面卧虎藏龙，牛人辈出。我呢，就这样随着大流混入了有史以来人类最大的一次建筑活动，从建筑生到建筑师，满腔热血，一路风尘，磕磕碰碰，四处伤痕。而其间屡屡停下或路过的大学校园，在我犹豫彷徨之时得以去去火、收收心，也与之结下了 5 次不解之缘。

交大寻路

1996 年我入校时正好赶上西南交通大学（简称西南交大）“百年校庆”，

学校张灯结彩，热闹无比。

西南交大，上大学之前我从未去过。那时成都市的新规划、新建筑不多，这个刚建成的校园，大广场、大水面、大高楼、大幕墙，全新的世界扑面而来，让我很好奇吃惊。“校园环游”可以算是我的现代建筑启蒙吧。

本科时期任课的陈大乾先生、沈中伟先生等给过我很多的帮助。我依然比较喜欢画画。教美术的张小涛老师是一位很有思想范儿的“愤青”，推荐我们看《读书》《方法》（后被禁刊），讲施奈肯伯格，让我们跟着弄油画。我的第一幅油画竟然拿了大学生艺术节的奖，让初涉油画的我膨胀了好几天。

不过总体来讲，我的本科时光比较茫然困惑、无方位，上课时经常悄悄在下面看各类小说。

五年的学业可谓波澜不惊，记忆深的是毕业答辩时跟主考官吵起来了。

老师让做一个某市政府大楼，我当时没有按照任务书端庄、大气的要求，而把底层搞空做了集会广场，前面整上民众讲坛，还到处载树，妄议达官贵人……老师指出我的言论太离谱。我却不知好歹不听劝，强辩、狡辩、诡辩全用上了，桀骜不驯的态度激起了群愤。一位老师说按照防火规范某条我的共享空间疏散到消防楼梯距离少了 10 米……天！啥防火规范！我那时还真没听说过，顿时傻了……

毕业设计理所当然地得了本科生涯的最低分。时隔 13 年后，我的这件糗事还被《中国青年报》“冰点”栏目“大学空间的精神实验”给报道了。

本科学习阶段最难忘的是 2000 年在设计单位实习的那半年时光。

估计是在学校和家里玩腻了，实习阶段很想出去看看，于是只身来到北京。在学校联系好的实习单位突生变故，介绍人几个电话后，我在毫无思想准备的情况下到了“建学建筑与工程设计所”。就在这里，改变了我的人生轨迹。

建学设计所早年由戴念慈先生创办，后来发展至 7 个工作室，分布在北、上、广、深等地。当时，许溶烈、张钦楠、孙芳垂、张永和、张在元、鲍家声这些大名鼎鼎的人物就在各个工作室领衔挂帅，这些名人我以前只能从书上看到。由于北京是建学设计所总部，他们常来开会，我不仅可以经常接触到他们，感受其学者风范，还能聆听他们的教诲。在那里，我跟着李志立先生参与了山东电视台第

1997 那年上大二

建学各创作室领导合影（2000 年笔者摄），前排左起为冯康曾、高越、张钦楠、许溶烈、孙芳垂、鲍家声，后排左起为张在元、鲁力佳、张永和、鲍冈

笔者（后排中）实习结束与建学各前辈老师合影

一轮投标，在 20 个方案里排第一。同时，我也跟见了各类业主，了解建筑方面的各类知识，大大开阔了眼界，日子过得很充实。

实习结束，张钦楠先生和孙芳垂先生特为我安排了一次聚餐。孙总给了我平生第一笔薪水，还说建筑师应该到处走走，买了一张机票让我去上海看看。这成为我第一次坐飞机的经历，至今谈起来都兴奋不已。

见识了这些“高人”和“大家”，我决定将来工作去北京。

中央财经大学本部学术会堂

中财“践”“筑”

2001 年我来到孙总工作过的国家广播电影电视总局设计院（今中广电广播电影电视是研究院），一点点地尝试电视台、媒体中心、剧场、音乐厅这类项目的设计工作。由于此类工作的专业技术性，基本上很难与大学校园发生交集。直到 2007 年的一次投标，让我在之后近 10 年的工作中又跟校园发生了极密切的联系。这些年间，我和我的团队为中央财经大学设计了不少建筑。

这些建筑项目都是通过方案竞标艰苦拿下的。当时我对校园建筑颇有新鲜感，2006—2010 年我设计了中央财经大学老校区前广场的一座国际会议中心。由于场地非常有限，便尝试着做多层次的立体空间，又在结构形式、模数化构建、音视频系统、景观及室内一体化设计各个环节挖空心思去琢磨、去把控。由于项目离住处很近，我经常蹬着自行车去工地转转。看着它一天天长高，我切实感受到建筑师能将冰冷的材料组合成鲜活的生命机体，其间，等待、焦虑、痛苦相互交织，坚持、无畏、欣喜贯穿始终，一切皆可体验。

那时候疯狂工作，几乎天天加班，5+2，白加黑。不过，每次去中央财大汇报，我都会有意早到一些。只要踏入校门，周围的一切仿佛都变得安静、善意、平和。站在校园中、草坪上、绿树边，总有一种格外清新的感觉，这是做别的工程完全没有的体会，可能是某种“书卷负离子”飘在空中吧，无车马之喧嚣，无案牍之劳形，真是难以名状。偶尔还会遇到向我问路的人：“同学（或老师），XXX 该怎么走？”我都特别愿意回答。当项目落成时，李岚清副总理在里面最大的报告厅演讲了“音乐 · 艺术 · 人生”。

后来，我又陆续做了中央财经大学沙河新校区一期 1 阶段、2 阶段及二期的不少建筑，尝试在京郊大尺度地景中穿插、扭转形成“中式书院”，由“学生街”

引领各级院落，重构规划逻辑，给当时流行大构图、大气派的非理性“鸟瞰校园”带去了一阵清新的风。为了营建书院朴实宁静的氛围，还“自讨苦吃”地尝试清水混凝土和清水砖砌筑……到后来，我经常听到中央财大的师生和参观者对这个建筑群的赞扬，感到非常欣慰。项目陆续获得了世界华人建筑师协会提名奖、中国建筑学会建筑设计奖（建筑创作）金奖、北京市勘察设计和全国勘察设计二等奖等各类荣誉。天津大学出版社和中国建筑工业出版社各自推出专辑，算是给了中央财经大学尤其是当时支持我的业主和同人们的一份礼物。

北语“插队”

就这么不懈工作到 2011 年，在经历了无数次的竞标、设计轮回之后，忽感一种前所未有的身心皆疲、腹中空空。

干不动了就歇歇，透口气呗。不少老同学到国外去了，既然都说世界那么大，不妨也出去看一眼吧。考虑身上银子有限，我便申请了国家留学基金委的公派访问学者项目。

10 年的工作业绩还算可以，申请基本通过。但英语把我挡住了。测试成绩仅拿到 B，需要通过出国留学部的考试。国家留学基金委指定在北京语言大学进行外语学习，我干脆跟单位办了全脱产，揣着学生证，当了大半年“北语插队生”。

北京语言大学的校园很漂亮，树木高大挺拔，尤其是柿树，到了冬天，白白的雪花攒落在红红的大柿子上，像一顶顶白色的小棉帽，非常动人。学校里老外很多，大多是来学习中文的，各种肤色，各类发型，异服奇装，特色迥异。学校的食堂很有趣，西班牙餐、墨西哥餐、希腊餐、日韩餐、俄罗斯餐等等，品种多样且价格便宜，我们中国学生在里面可以大饱口福。

我们出国留学部有 5 个班，同学都是各行业的青年科研领军人才，以高校教师为主。大家来自不同的城市、不同的行业，有着不同的学习背景，同学之间的关系非常好，交流起来感觉特别有意思。除了常规的听说读写外，学校组织了很多老外的讲座。来自不同国家的外籍教师讲述他们那里的风土人情，经常听得我们身临其境，如痴如醉。各种西方节日来临之际，院系会组织各类活动。

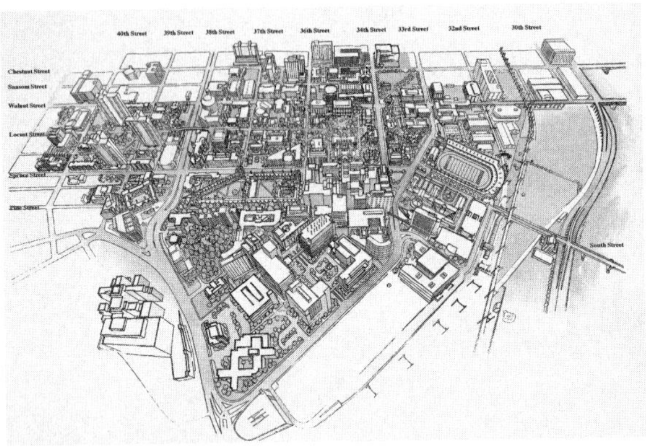

宾夕法尼亚大学校园

和著名的 Franca Trubiano 教授合影

遇到感恩节、万圣节，节目就更是丰富，和那些本科的帅哥靓女小朋友在一起玩，我们这帮洋插队“老知青”也充满了活力。

出国留学部还组织班级排球联赛，这正好发挥我当年中学时的特长。多年不打球了，跟同学们组成新的团队，拼杀其中，特别带劲。同班一位青海美女名叫盛丽，我们高喊着“胜利（盛丽）是属于我们的”冲进了决赛……

劳逸结合，学习效率就高。大小考试不间断，我们恶补英语。课余考后，同学聚餐，大碗喝酒，大块吃肉，然后再去 K 歌，疯到半夜。收入虽不高，但在学校里面花起来就很有“土豪”的感觉。只叹时光短暂，相逢恨晚。

宾大拾趣

几经努力，我终于拿到了宾夕法尼亚大学（简称宾大）的邀请函。

我原定 2010 年年底出国，但因为手上好几个建筑项目，不得不反复改签。

2011 年 5 月 30 日，揣着国家留学基金委奖学金，拖着行李，我心怀忐忑地走出了国门，开始了一年多的访问学习。

宾夕法尼亚大学位于费城，系八所常青藤盟校之一，既是一所古老的高等教育机构（在美国排行第四），也是美国第一所现代意义上的大学，在艺术、人文、社会科学、建筑与工程教育方面处于领先地位，美丽的校园里散落着很多有意思的东西。

首先，宾大（UPenn）的代表色红和蓝，就有着特殊的故事，据说与美国首位总统华盛顿有关。华盛顿应邀来参加毕业典礼，他当时穿的军装就是蓝色的束腰外衣装饰着红色的点缀物，后人由此推断用这两个颜色是为了纪念这位国父。

Benjamin Franklin 的“扣子”

宾大的创始人是本杰明·富兰克林先生（Benjamin Franklin）。该如何介绍本杰明校长呢？说他是科学家、发明家、政治家、航海家、教育家、外交家、文学家……洋洋洒洒上千万字，恐怕都无法说得齐全。宾大学生都亲切地称他为“本叔叔（Uncle Ben）”。本校长的发明在现代生活中比比皆是——比如每座大楼顶上都有的避雷针。至于本校长的长相，你可以举起 100 美元大钞，或是在宾大的校园里走上一遭，都可以清楚地领略他的风采。

宾大校园的主建筑是围绕着三条街道修建的，这三条街道分别是：Spruce Street，Locust Walk，Walnut Street。Van Pelt Library 是宾大校园 15 个图书馆里面最大的，藏书达 480 万本。在它前面的大草坪上，有一颗破碎成两瓣的巨大扣子形雕塑。关于这个雕塑还有一个故事：富兰克林晚年发胖，有一次竟然把衬衫的一颗扣子给撑破了，雕塑寓意了被撑破的扣子，也有人说雕塑中间的断痕就像环绕费城的美丽的特拉华河。而在这颗两瓣扣子的对面，正是一座富兰克林的坐像，据说雕像的衣服上就缺少一颗纽扣。

宾大的中心，则是由 Wynn Commons 和周边的四栋老建筑 Houston Hall，College Hall， Claudia Cohen Hall 和 Irvine Auditorium 组成。宾夕法尼亚大学的每名学生都必须选修文理学院的一门课，否则不能毕业，这也是宾大的学术精神所在。Irvine Auditorium 是宾大的大礼堂，克林顿总统、曼德拉总统都在里面做过演讲。宾大的主体建筑大多以红色为主，而历史系的主体建筑则是绿色的。当然了，在 Locust Walk 上前行的时候，可千万别忘了要和鲜红的 LOVE 雕塑拍照留念。

沿着 Locust Walk 继续前行，就能看到 Huntsman Hall，也就是大名鼎鼎的沃顿商学院（Wharton School of the University of Pennsylvania）。沃顿商学院创立于 1881 年，是美国第一所大学商学院，被誉为现代 MBA 的发源地。里面整洁、明亮、商务、气派，跟我平日上课的艺术范儿十足但却十分凌乱的设计学院形成鲜明对比。商学院后面有个小店，里面有书籍、纪念品、T-shirt、钥匙链、冰箱贴等，这些带有 UPenn logo 字样的物件是最畅销的抢手货。我曾随意挑了个便宜的名片夹，一直用到现在，可能是它为我后来去清华读 MBA 埋下了“心愿种子”。

在宾大期间，我听了很多大牌教授的讲课，参观了一些著名建筑，还结交了不少朋友。路易斯·康和文丘里都曾执教宾大，我们能看到很多他们设计的图纸、模型和建筑。景观设计在宾大相当有地位，其提出的时空生态学（aspace-timeecology）的理念对设计创作非常有启发。James Corner 和 Olin 这些世界牛人还一边带课，一边做设计。我也借机跟着去写生画画，参观他们的事务所，从中受益匪浅。

我的导师 Ali Rahim 教授致力于参数化设计的研究，和 Zaha、Kengo Kuma 关系甚密，他与 HinaJamelle 在纽约合作开设了当代建筑实践事务所，擅长于展现未来感的建筑空间。不少项目在纽约现代艺术博物馆、纽约艺术家空间、上海、北京、伦敦双年展、伦敦蛇形画廊、特拉维夫艺术博物馆等展出。他很绅士也很风趣，近年经常往返于中美两国之间。

清华园 go on

时光荏苒，我回国继续工作，奔走于各类项目。久违校园，到了 2016 年，我又开始悸动不安，总想寻个机会再去学校待一阵子。

平日里我对数字不甚敏感，常常算不清什么产值、设计费，也很少参与合同谈判，总怀疑自己没有商业头脑。如今提倡跨界，我便突发奇想，学点经济吧，便报考了清华大学经管学院的 MBA 研究生，在经历了一连串的闯关夺隘之后重归校园。

两张学生证

直到现在我都在怀疑自己当初到底是触动了哪根神经？转瞬数月过去，在新的课堂，当我实实在在亲密接触了清华形形色色的同学后，愈发觉得自己寻对了方向。徜徉在关肇邺先生设计的图书馆里，潜心阅读喜不自禁；坐在宋晔浩先生设计的清芬园食堂中，享受着天南地北性价比极高的美食，偷着乐开怀。

人说跟优秀的人在一起会相互激发、促进、感染，仔细想来的确如此。已经上课一学期了，我非常庆幸自己身边总有背景各异的才子佳人，他们都有着不寻常的经历和故事——有的热情、有的沉稳、有的牛气、有的包容，异彩纷呈，令人称羡。希望自己在这个温暖的大家庭里继续感知、学习、激励、奋发……

最近我同时在负责重庆市电视塔的设计工作和成都城市音乐厅、凤凰音乐谷的咨询工作，周末则需要在清华上课，所以几乎每周得往返于巴蜀、京城之间，非常疲乏。然而每当驻足清华园，总感觉无比踏实舒心。班里某才子写了首歌《交集》，道出了心声。

夏日的荷塘，听得见琴声悠扬；
晚秋的舜德，窗外落叶渐黄；
寒冬的路上，北风吹乱了衣裳；
春暖的校园，我们的梦在生长。
伟伦楼前，大雪纷飞，西装下是创业的无畏；
学堂路上，阳光明媚，白裙子有书的美；
清晨的裕元，讲课声安慰着疲倦；
黄昏的球场，白球衣湿了又干；
凌乱的杯盏，诉说着我们的衷言；

宁静的清华园，镌刻着你我的容颜。
百般曲折，来了又回，经历黑夜会迎来晨晖；
一种执着，走南历北，梦想浸湿了汗水。

在三十岁的年纪，我们相遇；
在这个古老的校园里，做着我们的梦；
我们曾经走过的路，在此交集；
前路漫漫也不会孤单，因为有你。
……
清华情，淡若水，谦谦与君随；
清华情，深似水，送君等君回。

我将来还会续写校园之缘么？不得而知。或许我会再次成为学生，或许我会成为老师，或许我一直就在某座校园中……

希冀以梦为马，诗酒趁年华。

趁还未老，赶紧去——

做些最有意思的事情，到些最有意思的地方，交些最有意思的朋友，一路high奔，以顺其自然的态度，过随遇而安的生活。

愿我们都有那一天，活成自己最想要的样子，让过去所有的狼狈与伤痕，变成不辜负自己的勋章。

仍同学少年，共揽一路风景。

叶欣
1978年生，中广电广播电影电视设计研究院主任建筑师。

大学——前行的精神驿站

陈天泽

我 1997 年 9 月进天津大学建筑学院就读。自中学时我便想考天大建筑系，成为一名建筑师，那年如愿以偿。

建筑学院教学楼坐落于天大主校区主轴线尽端，三湖之间。楼前是四百米纵长的敬业湖，风和日丽时，湖面倒映楼影，两岸绿树成荫，尤显端庄秀丽。楼后是爱晚湖和友谊湖，夕阳西下时，落日余晖将楼体上下抹了一层黄晕，与荷塘泛起的金色涟漪仿佛融化在了一起。当年上学时似乎对校园风光美景熟视无睹，毕业后每每回想起来才觉得当时的学习环境真是不错。

建筑系馆的外墙两边嵌着一段中英文，节选于老子道德经："三十辐共一毂，当其无，有车之用。埏埴以为器，当其无，有器之用。凿户牖以为室，当其无，有室之用。故有之以为利，无之以为用。"这段话极好地阐释了建筑本体与空间的关系，道清了建筑师追求的精髓。进了系馆，二楼是优秀作业展以及古建测绘展，我那时候很喜欢到这层来看，并且很是惊讶于如同印刷出来的图纸竟然是一笔笔手画出来的，惊讶于工艺品一般的模型竟然是手工做出来的。等后来自己也能画出差不多的图做出差不多的模型时，又觉得无它唯手熟尔，再等后来做设计时才又明白正是得益于这种强大的基本功训练，让今后的职业生涯受益匪浅。

大学是段有故事的人生经历，无论在学习上还是生活上。在五年的大学时光里，会遇到很多的人和事，日后或成为聚会谈资，或成为茶余感悟，或成为心底封存，每个人都有一段属于自己的大学回忆。当不同人的相似回忆交集在一起时，又会被归纳整理演义成为在每个大学坊间流传的传说，所谓的民间校志。毫不例外，我们在天大的那些年，遇到了很多传说中的优秀的老师以及他们所教授的精彩的课程，并又将它们演义一番继续传说下去，仿佛经年不断熬煮的

大学四年级参加国际竞赛

一锅老汤，已成为天大建筑人心中的经典，被一届届口耳相传。

教中国古建史的王其亨教授，那一年是最后一年带本科生课程。王老师在业界赫赫有名，古建专家、风水理论研究专家，此外某建设方不听其选址建议之后诡异逝去的真实传说更是给王老师蒙上一层神秘色彩。王老师不愧是学问大家，一上课，滔滔不绝，旁征博引，一口“川普”引经据典源源而来。他不讲课本，认为课本编得有问题，他的任务就是给大伙“洗脑”，洗去之前头脑里不恰当的认知和偏见，将历史的真相大白。王老师还会开出一堆书目清单，让大家底下去读，要交笔记，写读书收获和体会，培养质疑和自学能力。中国古代规划和建筑有很多寓意和象征，和传统文化息息相关。其实这门课不仅仅是学习中国古建史，更多的是让大家了解学习中华传统文化，才能知其所以然地去理解传统建筑，从更深更广的领域去接受领悟专业知识。另外，天大建筑系大二暑假的古建测绘活动也是王老师一手带领。那年我们去测的北京天坛，登梯爬高，零距离感受古建筑的一梁一柱、一檐一斗，回来还要根据测量数据绘制图纸，通过切身体会深刻领悟其结构建造的逻辑性，更加深了对传统建筑的理解。

教外国古建史的是王蔚教授，是极洒脱极、有学生缘的一位老师。上课根本不点名，但来的人只会多不会少——除了必修的还有一堆蹭听的。王老师从文化历史讲起，用外建史延展出一部世界通史。他对建筑产生的文化土壤、社会发展、风格流派等各个因素进行背景分析，来告诉大家，为什么会产生这种类型的建筑，它的社会意义是什么，以及建筑流派的特点是什么。建筑其实是历史文化发展的一个结果和载体。外建史一般是连着三节课，在午后透窗而入的阳光下，王老师在讲台上娓娓道来，每每讲至妙处，神态表情陶醉于其中，带入感极强，此时感觉民国长衫也许与他更搭。王老师的授课板书也是图文并茂洋洋洒洒，画满写满的黑板被擦净之后又重新画满写满，一般要擦净重来几次，蔚为壮观，课程全程无“槽点”。

天坛祈年殿测绘

教建筑构造的是高辉教授，上课也不点名，但来的人也只会多不会少——除了必修的还有一堆往届重修的。高老师的严谨是全系出名的，对课程的教授极为认真，一丝不苟，除了平时教学严谨，期末也是狠抓质量，这门课的重修率是最高的，甚至还有多次重修未过的“三朝元老”。我们学这门课时都提着个心，生怕被抓。当时觉得小题大做，而当日后走上工作岗位，惊奇地发现作为设计院的初到菜鸟，也能将图纸看个大概懂，才忆起高老师的用心良苦。如今高老师已然逝去，在此深深缅怀。

画法几何是王乃香教授上课，一位慈祥的老太太。但上起课来激情四射，给我们演示作图求解，用教学圆规和三角板在黑板上疯狂画图，一边画一边不停地讲，全程讲课不打一个磕绊，画图没有一下停顿，求透视灭点，求阴影落面，求各面交线，声动手动，声停手停，行云流水地一气呵成，最后的场景是，黑板上完成的精致图面，空中纷飞仿佛还未落下的粉笔屑，讲台上一个矍铄的老太太和讲台下目瞪口呆尚未反应过来的我们。

设计课是大学最重要的课程，我们那届这门课的师资力量雄厚。大一学基础设计时，都是老先生们带，一笔笔教、一笔笔带，打下扎实的基本功。大二以后做课题设计，学院领导和骨干教师都投入其中，张颀、荆子洋、宋昆、洪再生、肖宇澄、盛海涛、陈天、梁雪等中坚名师以及赵建波、刘彤彤、许臻等当时的青年骨干教师，偶尔周恺等客座教授也会来指点一二。老师们的才华和激情带动着学生，建筑学院的设计大教室一直都是灯火通明至深夜甚至天明，每个学生都趴在图板上对设计作业精益求精，在老师的指导和引领下，我们那届涌现出了不少才子才女和获奖作品。

天坛宰牲亭大殿内部测绘

大学回避不开值得一提的，还有建筑学院守护神一般存在的“达叔”。达叔虽然是校工不是教师，但绝对位居校友民间回忆录榜单之首。达叔大高个、大嗓门，总拿个大扫把，因长相酷似吴孟达而得名。达叔很敬业，凌晨清洁、夜里清楼，每天被精力充沛不爱睡觉的建筑系学生煎熬着。达叔心眼好，在学生堆里极有人缘。如今达叔因工作调动已然不在，但他的传说还在系馆流传。

那些年我们度过的大学生活，无法描绘完，更有根本无法描绘的只可意会不可言传。每个人心中都有一座大学，也有一份大学的回忆。久未谋面的老校友，见面一笑，目光一碰，或三言两语一切了然于胸，或经典段子每次百提不厌，有成就的精彩，有出过的大糗，有方案被毙的郁闷，有项目获奖的喜悦，都是那段肆意悸动的青春岁月。有时不经意间想起，闭目凝神，仿佛又穿越到了过去，甚至连午后阳光的味道、湖畔树下的气息、水彩红环的笔触都能感受得那么真实，随之感觉扑面而来，一霎那回到过去，仿佛未曾远离。大学给予我的，不仅有专业知识，还有体悟和经验，以及做人做事的执念和信仰。对于建筑师来说，毕业其实也是始业，大学是一座精神驿站，让我在后面人生这所大学中不忘初心，继续前行。

陈天泽
1978 年生，天津市建筑设计院副总建筑师。

山城记忆

薄宏涛

缘在重庆

笔者近影肖像

重庆这个城市对于从小在北方长大的我来说，是遥远得不能再遥远的地方了。然而1993年因为几次因缘际会，我选择了到重庆开始我的大学生活。

第一是志愿选择，我一直很喜欢文科，高二文理分班的时候想填报文科班，这一个“胆大妄为”的想法被工科出身且在“文革”期间吃了不少苦头的父母断然否决，“学什么不好非要学文？你是不懂得政治动荡的厉害！学理科！掌握一门一技之长将来什么都不怕！”没有任何回旋余地，我勉为其难学了理科。大约是年龄增长了两岁，高三填报志愿的时候，我很坚持希望选择和纯数理不相干的志愿。估计看我学理科确实学得费力，父母这次倒是很支持。查来找去，摆在我面前的只剩下了两个：“建筑”和“中医”。于是，从小喜欢画画的我填写了清一色的志愿——“建筑学”。清华考不上，同济估计也没戏，从小长在天大大院里，也没有了继续在这读书的欲望（其实天大八成也不要我）。这时候班主任老师推荐了“重建工”。我到现在都很感谢老师，没有他的推荐，或许我根本不会知道这样一个西南院校，也就和重庆擦肩而过了。

第二是琼瑶阿姨的连续剧《几度夕阳红》。这是姐姐最爱看的片子，她可能是爱看帅气的秦汉，我则是牢牢记住了嘉陵江畔浣纱的美景。电视剧里，嘉陵江是温婉的，水流是舒缓的，岸线是平坦的，主人公是可以闲适地在江边邻水

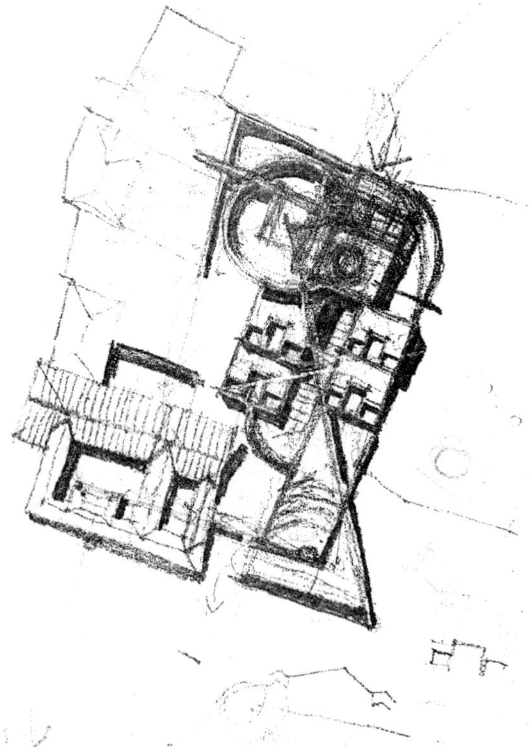

1997年乡土博物馆草图

漫步的！天知道，原来琼瑶阿姨骗人，这些场景居然全然是虚构的！当我第一次在夜晚坐着学校迎新的大巴车呼啸在嘉陵江畔的滨江公路上，在一片暗夜中，只闻江涛拍岸，漆黑一团全然不见深邃中的江面的时候，我虚拟的重庆意向轰然间崩塌了。

初见重庆

经常出差、拥有数张这个航空、那个联盟金卡的我，二十几年前可根本不曾想过可以坐飞机去重庆！那时标准线路是从天津出发，到北京西站转车南下，在襄樊换一次车头后往西，翻山越岭穿隧道无数，方可抵达。那会儿绿皮火车时速六十千米，车厢内人因为极多，往往可以多层重叠。座椅下面趟一排，座椅上坐一列，小桌板上蹲几个，行李架上挂几个，走道和厕所间全部塞满。在这样沙

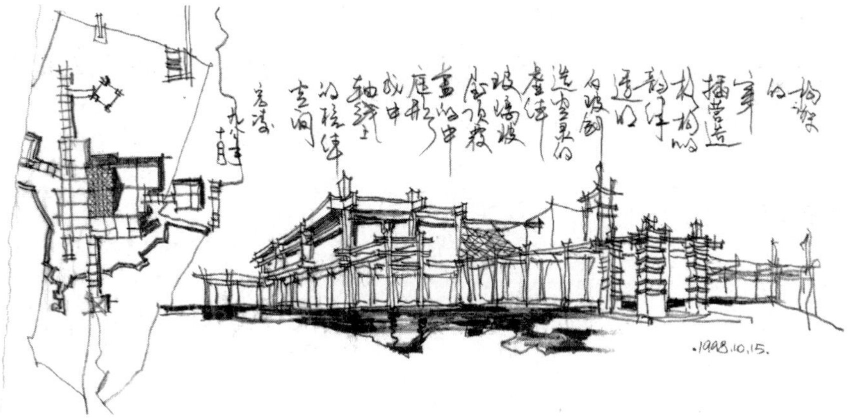

1998 年重庆新本土住宅大赛草图

丁鱼罐头似的车厢里，身边中各种大呼小叫不绝于耳，鼻腔中难于描摹的味道挥之不去，一路摇到重庆，现在想起来，确实不可谓不辛苦。还好那时年轻能睡，居然可以一路睡过去，尽量不喝水不去厕所，一到卖饭就醒过来吃，吃了继续睡，一直到重庆。

时隔多年后，一次路过北京西站，我的心头百感交集，在朋友圈写下了这样的文字——“北京西，我生命中的大站，就是在这每每坐上西行的火车，挥别父母。在四十个小时的车程后，我第一次踏上重庆的土地，在菜园坝火车站出站时仰望到山岗上漫布的灯火，璀璨如暗夜中的繁星。那样的场景，对于一个如我一般在平原长大的孩子，震撼到骨髓。如同归家时窗口母亲留下的一盏夜灯，重庆，就在一瞬间定格为永恒，成为我心底永远的温馨。”

绿皮火车四十多个小时的奔波后，学校迎新的大巴车总算安稳地停到了综合楼的大台阶前。那真是让人结结实实领略一下什么叫山城啊，拎着六十斤的行李，要爬几十级台阶到“一层大厅”报到。原来重庆的一层是可以在天上的！这之后又见到了“活”的吊脚楼，更见识了“十八层地狱”。重庆当时的规范九层住宅可以不设电梯，楼建在坡坎上，一个天桥从九层进楼，上九下九！正九层的住户掉落一件衣服，去捡一次，要上下爬三十六层楼！重庆的姑娘多是身材窈窕，但据说跳舞的话往往只能选民族舞而非芭蕾。成败皆萧何，爬坡上坎减去了赘肉，却造成膝盖骨偏大不太适合芭蕾。传闻真假不论，但重庆这座山城的魅力确实是浓缩在这立体的人间天梯间的。后来看《疯狂的石头》，在同一个地点上，三个人一个困在下水道里，一个坐在汽车里正好压住了窨井盖，另一个卡在空中的风管里，真是把这个多维的城市演绝了。

吃在重庆

北方人吃面，都是打卤面，边吃边吸，稀里呼噜，风卷残云，酣畅淋漓。入川之后，第一次吃小面，依然如法炮制，一吸之下那碗里红红的辣椒油半数进了鼻子！人世间最悲惨的鼻腔感受也不过如此了吧，这是渣滓洞拷打革命志士的待遇啊！从此才知道，原来四川的面要一口一口吃。

第一次班级活动去歌乐山，归程的路上晚饭点了个歌乐山辣子鸡，好大一盆端上来，全是红彤彤的辣椒，没有鸡块啊！经高人指点才知道，要在盆——里——找！无数双筷子在辣椒中寻找鸡块，和矿山探宝无异。最妙的是曲终宴罢，这碗色香味俱全的大菜，还是一盆辣椒，活色生香岿然不动。

学校周边分了几个“伙食团”：女生宿舍坎下的二食堂、大门出去的沙正街、侧门出去的一心村、再就是后门出去的沙杨路。二食堂是核心食堂，每天吃货必争之地。新生的时候不懂行情，慢慢摸到门道，每次打饭稍迟一些去，等到盛冬瓜排骨汤的时候，运气好总能捞到不少肉骨头，这就素菜变荤菜了！更有甚者，

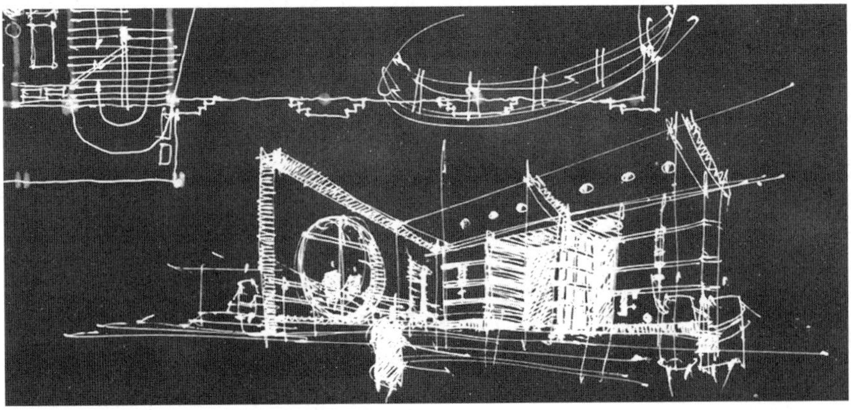

1999 年四川外国语学院设计草图

体会到了素变荤的极致境界，去打一份素菜，盛过来多了一大坨肉，正诧异间端详出那分明是一只倒霉的老鼠，不小心失足掉入大师傅的锅中，莫名奇妙变成了我碗里的荤菜！

重庆菜的麻辣是一到学校就给了我狠狠的下马威，不到一个月，就三四次去校医院，咽喉充血三四个加号！可怕的辣椒我是半年后才逐渐适应，更可怕麻椒就是逞威年余，害得我每次打饭都准备两个碗，回宿舍把菜倒扣过来，慢慢把菜里的青花椒挑拣出来，稍有不慎，一颗漏网之椒就足以毁了我一整顿饭。不过话说回来，谁又能想到当年横亘在面前的麻和辣两座大山后来成了自己的最爱，以致定居上海的我还开了一家重庆面馆来时不时牙祭一番呢。

学在重庆

20世纪90年代的重庆因为外来人口稀少，还处在本土文化自然繁衍的时代。走到哪里都是清一色的重庆话，保证你普通话过去重庆话回来，不是文化太强势，是真不会，不会讲普通话。记得开学辅导员训话，结束之后让大家提问题。我提了个老师要讲普通话的建议，得到的回复充分印证了重庆人的耿直："同学，你的意见很好，可是如果我说普通话可能你更听不懂！"这样耿直的川语教学延续在几乎所有科目上，我一个北方孩子，听起来真叫一个费劲啊，扳扳指头数一下，居然是英语课最亲切，至少听得懂！印象最深的一句川语是画法几何老师的口头禅"由你高兴结果不变"，大至就是大道至简、殊途同归的意思。就这么懵懵懂懂，基本听不懂课的我期中考试几门挂科，到期末时候听力水平大涨，才勉强考出了八十几分补上了期中的窟窿。后来学校实施了教学评估，老师必须普通话达到三级甲等，较小的学弟学妹估计少了我这般的听力障碍，当然，也就体会不到这种强烈的文化碰撞的个中之美了。

建筑学院是建在一个巨大的坡地上，东高西低，建筑系馆就在最东面校门的南侧，可以说是学校最一览众山小的位置。刚入学的时候建筑系晚上不熄灯，方便同学开夜车画图。姑且不论是否非得要熬夜才能画完图画好图（其实我很多年也没想明白这个道理，好像学建筑天生就是一群夜游神，都不需要睡觉），反正这个唯一一个不熄灯的系馆可是绝对支撑你牛哄哄地吼上一句“建筑系滴”，然后收获其他院系同学满满艳羡的目光。熬夜就要有熬夜的样子，一般到晚上十一二点，绘图教室里渐有困意袭来的时候，班上唯一一台双卡录音机里高亢的重金属摇滚便会提高了八个分贝！在那个中国摇滚最好的时代，崔健、唐朝、黑豹、零点……你方唱罢我登场，此起彼伏的铿锵声重重敲击着耳骨。这架势，周公早就被震到九霄云外了！于是，大家伴着音乐抖擞精神，挽起袖子，一根根或精细或粗犷的墨线在图板上铺展开来，一夜之工也必有小成。当然，跟随着卡带一路狂飙梦回唐朝，歌到嗨时用力过猛，一瓶墨水打翻在图板上，前功尽弃捶胸顿足者也自不在少数。

1996 年磁器口写生

去磁器口写生，这是美术课的必修课。这个离学校乘中巴车十分钟车程的水码头是曾经重庆著名的粮盐码头，虽然早就退去了商贾云集的繁华景象，但傍水而建的高高吊脚楼在山间栉比攀爬和长长的梯坎宛若在云端盘亘，美得像梦一样。每次写生，只要同学三三两两散开，便立即有很多周边的娃娃围将上来，叽叽喳喳随着画面的深入评头论足。“哥哥哥哥，你这个画画得好巴适（舒服）哦，真的一样，拼（送）给我嘛！”我倒是想给，可是要交给老师打分的嘛。得到了否定的回答后，一群小娃一哄而散，留下几句“撒子嘛，画得楞个屁（这么差），拼给我我也不要”在我们身边飘荡。

2004 年磁器口保护规划草图

牵挂在重庆

正在文章准备结稿的当口，突然收到一份成都寄来的快递。打开层叠精心包裹的信封，居然是我在进大学第一天买的三角板！虽然尺面有些污损，但仍赫然可见当年用两脚规刻下的“建筑城规学院九三一班、薄宏涛”。这是今年一筑考试后我一位未曾谋面的朋友借到的，当天发朋友圈，第二天另外一位朋友看到转发我的。芸芸众生，只在两次接力间就跨越二十四年的时空找到了交集！

这样的事情太过神奇，没办法不发朋友圈纪念——“这是进大学第一天买的三角板，那时学校还叫重建工，城市还叫四川重庆。二十四年，兜兜转转你又出现在我的面前。感谢成都和广州的两位美女朋友，万能的朋友圈，还有那些我未曾谋面却善待它的重建的校友们。慨喟奇妙的世事变迁和因缘际会，文以记之。”

世界真是奇妙，而这众妙之妙就是一根隐形的线索，它牵挂着那个城、那个学校、那段青春和那段永恒的记忆。

薄宏涛

1974 年生，杭州中联筑境建筑设计有限公司董事、总建筑师，中国建筑学会建筑理论与创作学组学组委员。

父师·师父
——大学的我

杨　瑛

于我，大学时代已经是些依稀恍惚的事了。若不是金磊先生一再鼓励，我几乎不会去想起那个风华少年。那仿佛不是曾经的自己，只是平行时空中重叠的关联事件。这也许是时间的磨蚀，也许是我瞻前忘后向前看的性情所致。而今的活动，恰好便成了记忆开启的引子，“其马蹻蹻，其音昭昭”。

当真回想起来，1983 年走进大学的经历，与多数人述说的确实还是有些差异。当年高考后估分填志愿，这种猜谜一样的方式，加上信息不流通共享，让人头绪难清。虽然不能说如坠烟云，但乱撞乱碰的成分很高。我们班 5 个女生一股脑儿填了湘潭大学锻造专业。后来真录取了，成了正儿八经的“铁匠”，让人唏嘘乐笑了好一阵子。我算是我们班上有清晰想法的学生之一。父亲对我的期望和要求就是像他那样成为杰出的医生，让我填报中山医科大学。当时父亲是地县人大代表，督促我填完草表，再三叮嘱后就开会去了。我是班上字写得好的，同班主任留下的另外几个同学一起为同学们抄写正式表格，得到了两天独立思考的时间。我把报上的学校仔仔细细端详了个遍，就想找到一个能用上我的画画特长的理工科学校和专业，当时的县里真的没人可以请教。须知，1983 年，刚刚改革开放不久，知识信息比较闭塞，老师和我们一样，对建筑学的了解也都是一抹黑。我能仅凭的一点点知识就是很小的时候在我的美术老师阮国新家里看到的一些关于达芬奇的资料。据此认定画画与建筑有关，因而斗胆违背父命填报了当时建设部唯一一所重点大学重建工为第一志愿，让父亲的期盼屈居第二了。但真到了填专业的时候麻烦又来了，就是弄不清建筑学和工业与民用建筑的差别。犹豫了好一阵子，最终加上了城市规划专业，心想学了这个专业一定不会回县里乡下去了，就把它放在两个专业的前面了。

大学时代

之后，回到家里，一直不敢和父母说真话，还花了我的积蓄 5 块钱买了两包糖给邮递员，让他收到录取通知书之后直接给我。收到通知书的那天是个金色彩霞的傍晚，揣着一份喜悦、一份不安和小伙伴们玩到了半夜，回到家里也不敢吭声……过了好几天，别人连大专的录取通知书都收到了，父亲发现我的通知书“还没有来”，急了，乘长途汽车跑到了当时的招生地点韶山，一看，早发榜了。连夜赶回来找我，嘿嘿，我却跑到了 30 里外的叔叔家躲起来了。因为此事，父亲很不爽，还念叨絮絮了我好一阵子“泥瓦匠”。直到我大学二年级他来学校看望我，见到了我那种投入和愉快满满的状态，父亲才转忧为喜，转变为我的盟友，逢人就夸我学了好专业，还经常写信鼓励我，把我原来每月 40 元的生活费提高了 10 元。当年在沙坪坝街上吃碗重庆小面 8 分钱，食堂吃份小炒水煮肉片 2 角钱，每天 1 块钱就可以吃个圆满肚。这真是慈爱满满的助力，为我的学习增添了十足的动力。许多年过去了，我都会和别人说起这件事，都会想起重建工那诱人胃口的食堂。

对于父亲，我总心怀一丝欠疚。直至 1997 年重回重建工念博士的时候，我煞有介事地又和父亲谈起当年违背他意愿的事情，父亲好像已经不当回事了，只是我从他的眼里和身体语言里读到了那一晃而过的失落感。我调侃说，博士在英文里和医生是同一个词，我终于也成为医生了，父亲嗤啦笑了，似乎一下释怀了、满足了……“三冬暂就儒生学，千耦还从父老耕。”可敬可爱的父亲。

毕业答辩（左三为笔者）

大学开始了，第一周，不知是看了我档案中的画，还是看到了我背的全班唯一一块画夹，我被漆德琰老师宣布不用参加入学美术考试，还被任命为美术课代表，这是我跨入大学美术教室获得的第一次愉悦；第二周上“大学语文”课，我上周写的文章被任课老师当成范文宣读，完毕，我被任命为语文课代表，收获了入学后第二次愉悦；紧接着“设计初步”课章老师由于我上两次课的表现，又任命我为设计课代表。连续三次得到任课老师的青睐，自视为是某种奖励，自然倍受鼓舞。正嘚瑟，第三周课来了，因为同一个理由“你已经是美术课代表了，没有精力胜任其他课代表了”，相继罢免了我的设计课代表和语文课代表。这是我上大学后最开始发生的趣事，让我有了一个记忆深刻的大学开启，也从此和美术老师结下了情缘。

两年半的美术课，有幸结缘了五位美术老师：符宗荣老师、任良贵老师，和难得的一家三口——漆德琰老师、昌莲玉老师、漆平老师。他们都给了我美的滋养和人生的关怀。歌乐山、青城山、大足、都江堰、嘉陵江、长江……从重庆到四川，树荫遮盖的小屋篱笆，微风摇颤的绿影丛林，云霓璀璨的大学校园……

凉爽的晨风夹着残存的睡意，在我们的画作里浑然交融，老师的叮咛如朝阳的爱抚在我们的手迹周遭漫韵。大自然的美景一路随着我们的作品撒欢，一路随我们成长。近水楼台，我常能因课代表的“特权”开点小灶，得到老师们的悉心指导，加上自己的那一点点天分，美术成绩都在“优 -”以上，作品被选送参加了重庆及四川省大学生美展。除此，我常借课代表送交作业之便，在漆老师家里蹭饭吃。那种在家一般的温暖感觉，让我如沐春风，一抹乡愁。

直到 1997 年回到重庆建筑大学念博士。报到一周后，我又在漆老师家回味了一顿饺子，昌老师还让我带回宿舍一个电汤锅，要我方便时自给自足解下馋。

博士毕业现场

结果两年在校的时间我都没有动过一下，完璧归赵了。而其中的师情师恩，仍然让我感念回味至今。

说到念博士，自然会想起1996年初春那天晚上，在大学同学喻定权家和导师朱昌廉先生初次相遇的情境。开门见山，一见面我就和朱先生谈到了我的宿愿——直接念博，朱老师平和地回答了我的请求。回到学校后立马与研究生院钟老师沟通协商，根据我各方面具备的条件破例允许我参加1997年博士招生考试。考前40多天，我来到学校集中复习，朱先生腾出他的办公室为我安了床，添置了一些生活用品，一间30多平方的办公室映下了我43天辛苦奋斗的身影。11月初，深秋，设计考试的那天，小雨，我感冒了，头晕脑痛。半个多小时过去了，也没看懂题，半天过去了，也没吃午饭。当我又累又饿又头痛的时候，卢峰师弟递过来了一块巧克力，他给了我一份支持，让我好不容易撑过了六小时的考试。还好，最终我的一套徒手设计图征服了评图老师，得到了最高分，顺利进入了重庆建筑大学建筑设计及其理论专业攻读博士学位，成为重庆建筑大学建筑城规学院第一位直博生。

两年在校读博期间，朱先生又招了龙灏师弟，从此再未招博士生，加上卢峰师弟，师徒四人被人戏称“唐僧师徒组”。朱先生是我国住宅研究的顶级教授专家，对我包容开明，不压任务不定题，完全由我自行选择方向，自给自足，自在自为，最后和我一起共同确定了我的博士生论文的方向，充分尊重我的兴趣爱好、所学所长，为我日后的建筑设计提供了坚实的理论后援，储备了充足的向纵深与宽广领域探索的能量。朱先生豁宏通达，兼容并蓄，严谨求实的工作与学术风格让我如沐甘露，受益终身。

对于我这种天天干活工作的建筑师来说，撰写博士论文是件不小的工程，绝不亚于完成一个大型公建项目所付出的艰辛。从资料的收集准备到完稿，差不多花了我四年的时间。在这段时间里，我既要读书写作、查找资料，又要设计和审图，再加上较多的社会活动和各种杂活，真把我弄得晕头转向，狼狈不堪，心头如有千钧重负。所幸的是在朱先生的鼓励、点拨教诲下，我得以理清思路，开云拨雾，用见缝插针、马背上写诗的方式，艰难地完成了论文的全部章节。朱先生不仅从总体结构上审核了论文，而且非常仔细地纠正了论文中出现的若干错

师生合影

误，甚至对论文的遣词造句、标点符号和错漏空缺等都亲自批改修正。每当我收到先生的修改意见书时，我都感激有加，从不敢怠慢。为论文的完成，先生付出了巨大的辛劳。

2004 年，终于到了论文答辩，卢峰和我一样忙得不亦乐乎。龙灏师弟作为我的答辩秘书，把我们的所有答辩相关事宜一并包揽，为我减轻了不少负担。他的照相机在我的面前晃悠得和他的人一样热情，许多年过去了还让我记忆犹新。读博过程尽管步履蹒跚，却依然在导师和师弟们的支持下实现了跨越，为博士人生划上了一个饱含故事的句号。

记忆，也是一个空间。在这个空间里，主体可以占有一席之地。我相信，借助各种声音的独白，必定会唤醒我们欲将沉睡的心灵。

“在阅读这些文字的路上你会遇见你自己”。

杨瑛

1964 年生，全国工程勘察设计大师，湖南省建筑设计院有限公司总建筑师，湖南省建筑师学会理事长。

建筑师的大学

——我的建筑学术研究道路

崔　勇

同济大学德国哲学与文化研究所客座教授张志扬著有《门——一个不得其门而入者》，讨论的是一个知其门而又不得其门而入的文化学者的感觉，正是回归学术之路的不懈努力的写照，也是20世纪80年代的某一类人的某一种求学记实——个人的现实性及其限度，一个几近悖论式的文化学术选择的两难生存境地。20世纪90年代我便处于这种两难境地，终于在20世纪的末端实现由人文学科的文艺美学转入理工科的建筑与历史博士学习历程。

这是一种特殊的建筑学学习历程，因为我不是五年制本科班出身的建筑学

与博士答辩委员会罗哲文（主席）、杨鸿勋、罗小未、路秉杰、莫天伟、常青等教授合影

与杜仙洲高工合影

与郭黛姮教授合影

与高介华教授合影

与郭湖生教授合影

学子，而是越级建筑学学士、硕士阶段由博士直接界入建筑历史与理论博士攻读的门外汉。某种意义上，我也是连续重读了一个五年制的大学建筑系，1998—2001 年在同济大学建筑与城市规划学院建筑系三年博士生师从常青教授攻读建筑历史与理论博士学位课程，并完成博士论文《中国营造学社研究——中国近代建筑学术思想流变》；2003—2005 年，在天津大学建筑学院建筑历史理论研究所进行了两年博士后工作，与邹德侬教授合作研究《影响的焦虑——20 世纪中国现代建筑史论》。所不同的是这样的建筑学学习不是以建筑设计与创作为主体，而是以建筑历史与理论为主旨。我这种文化学术背景界入建筑历史与理论学习的好处是人文基础实在而劣于建筑设计创作；与建筑学相关的文化哲学、美学、艺术理论等素养相对充实，而建筑设计则显得捉襟见肘。

由于建筑学教学教育的需要以及专家学者的学术专长所规定与限制，中国的建筑历史与理论教学一直是泾渭分明地分列为古代、近代、现当代几个历史阶段，中国建筑历史与理论学科的诸多著名专家学者多般是局限于或古代或近代或

与刘先觉教授合影

与刘叙杰、常青教授合影

与沈福煦教授合影

与罗哲文高工合影

现当代建筑史的范围内而难以越雷池一步，而且相形之下，教学与研究学术队伍的形成基本上是研究中国古代建筑史者前后有几代人，研究中国近代建筑史者有一大批人，研究中国现当代建筑史者则仅有寥寥无几的坚守者。我总以为中国建筑史不应有古今之分，而应当将之视为通古今之变前后文化脉络相互连贯的完整整体。因此我在完成博士论文《中国营造学社研究——中国近代建筑学术思想流变》之后，转即联系天津大学建筑学院著名中国现代建筑史教授邹德侬合作研究中国现当代建筑史，尔后又与中南建筑设计院高介华教授合作研究涉及中国古代建筑的《中国建筑文化学》，目的是试图打通中国建筑史的古今界限。我在博士后研究报告《影响的焦虑——20 世纪中国现代建筑史论》序言中曾感喟道：“倘若有一天古代、近代、现代中国建筑史学者们能济济一堂共讨中国建筑史学的来龙去脉那将是中国建筑历史与理论研究的盛事。”

我对中国建筑历史与理论古今流变梳理的心得体会在已经完成的博士后报

与杨鸿勋教授合影

与郑孝燮高工合影

告《影响的焦虑——20世纪中国现代建筑史论》和建筑文化专题《中国建筑文化学》目录中可略见一斑。作为一介学生的感悟。

《影响的焦虑——20世纪中国现代建筑史论》涵盖的内容有：导论：冲突与交融的变奏——20世纪的建筑文化焦虑；历史与现实及未来的整体思考——20世纪中国现代建筑史研究发凡；科学与民主的现代思维向度——20世纪中国现代建筑现代性的文化哲学思考；隔而不绝的历史命脉——现代建筑在20世纪中国政治、经济环境中的命运；寰球同此凉热的文化定律——20世纪世界现代建筑运动与中国现代建筑互动；文化积淀与知识转型——20世纪中国传统建筑观念的现代转型与发展变化；文化本位的张力与异质文化的扬弃——后现代语境中的中国现代建筑立场；共同性与地域性并存——全球化与后殖民界语境中的中国现代建筑态势；亲苏与亲欧美影响的文化焦虑——20世纪中国现代建筑借鉴外国现代建筑的教训；形象工程与世纪景象——20世纪中国现代建筑大师及其经典作品解析；寂静的学术春天——20世纪中国现代建筑史研究学术衍变及成就；从世纪初的先驱到世纪末的先锋——20世纪中国现代建筑设计思想变化历程；有意味形式的文化范式——20世纪中国实验建筑师的存在及价值意义等。

《中国建筑文化学》涵盖的内容则是：上篇中国建筑文化学导论，各章分别用导论阐明中国建筑文化学研究的对象、本质、内涵及特征；下篇中国建筑文化的审美历程，旨在从文化审美的角度简明第概述中国建筑自远古至近代的发展历程，各章分别是建筑的混沌之美、建筑的宏达之美、建筑的超然之美、建筑的壮丽之美、建筑的优雅之美、建筑的意境之美等。

陈寅恪在《王静安先生遗书序》中总结了王国维的学术思想价值特点是："一曰地下的实物与纸上之异文互相辩证；二曰取异族之故书与吾国之旧籍互相补正，三曰取外来之观念固有之材料互相参照。此固不是王氏一人的特点，而是当时学术中坚力量的共同特点，也是中国现代学术的基本观点和方法。"《中国建筑文化学》《影响的焦虑——20世纪中国现代建筑史论》的学术价值定位与定向也可以此为准则，基本上体现了中国现代学术的态势。不仅如此，我在建筑历史与理论研究始终贯彻将历史的与美学的统一的文化审美观照的方法作为建筑学术研究的基本方法，因为这是文化艺术历史价值与艺术价值的最高标准。美学的观点即以艺术自身价值与特殊规律作为衡量标准与尺度；历史的观点即从特定的历史环境和条件加以考察，两者的统一即是康德所说的"合规律、合目的"。历史与美学的统一观，既考虑到建筑艺术作为历史现象的一般规律，又顾及建筑艺术自身的特性与规范发展规律。历史的真实性、思想性和艺术的审美性融合为真善美统一的境界。只有把历史的逻辑与美学的规律结合起来才是完整的建筑艺术史论观，因为人不仅按照物种的尺度，同时还会用人类自身的尺度来把握世界，即用历史的与美学的统一的规律来面对世界。

对中国建筑历史与理论予以探赜求微，研读中国建筑历史与理论的相关论著是必不可少的功课。我的建筑师的大学生活除研读之外，业师的醍醐灌顶的启智明心的点拨是至关重要的。同济大学博士导师常青教授三年授业过程中给予我最大教益是做学问要有发现问题解决问题的问题意识，学问正是基于一个基本问题止步于一个更加高深问题的不断追寻与思考探索。此外，天津大学博士后合作导师邹德侬教授基于东西方双重视野的学术研究理路给我至深的烙印。杨鸿勋教授的建筑考古学与中国有机建筑理论的教导、郭湖生教授论从史出以史为纲史论结合的治学观念与方法引导、张宇寰教授重视田野考察的实践理性启迪、沈福煦教授的建筑美学思想影响、高介华教授建筑文化思想的教诲、罗哲文教授建筑文化遗产保护与修复理念的感悟、路秉杰教授古建筑园林理论与实践的言传身教、罗小未教授高屋建瓴的点拨，在走南闯北转益多师的建筑历史与理论求学过程中，是上述良师益友引领我进入建筑门道。

协助常青教授、朱宇晖博士测绘上海嘉定秋霞圃

记得斯诺《两种文化》论及理工科与人文学科的两个境域由不老死相往来到彼此珠联璧合的学术境况，肖峰《科学精神与人文精神》中论及一个科学文化的的学者应该在人文浪漫的边际与科学理性的极限之间的游历。事实上，中国营造学社的先辈为如何处理科学精神与人文精神、理工与人文的关系树立了楷模，他们的身心无不灌注科学与人文双重精神。在五年的建筑历史与理论学习与研究过程中，我一直保持保持游历于理工与人文两重境地态势。

马丁·布伯在《人与人》论及人与人之间平等对话而非灌输式的自觉的性格教育之道是教育与教学相长的明智道路。硕博士阶段的学习相对于本科学习是重在自觉学习与思考探索。记得同道刘庭风博士曾经说过“如果说本科阶段的学习主要是被动性的接受知识灌输与填补的话那么研究生阶段的学习则是主动性自觉自悟的研读，同学彼此之间的交流与探讨比在课堂和导师所获得的收益多得多。”在同济大学、天津大学求学过程中，向王富臣、施梁、李秉毅、李晴、朱宇晖、周学鹰、刘捷、张威等博士学到很多东西，并在相互取长补短中成长。

李泽厚先生在《走自己的路》中国说到自己的研究志向时有言：“回过头来说，我虽中外哲学和美学的研究，其目的仍在为以后的哲学研究做些准备工作。因此，已出版的四本书（《批判哲学的批判——康德述评》《美的历程》《华夏美学四讲》《中国古代近代现代思想史论》），似乎题目很散，但也有有心的读者看出它们指向了一个共同的方向”，言下之意即是他的研究最终是指向中国哲学思想史及其理论的，美学、艺术、文化、翻译与介绍等均是为他的哲学思想史及其理论研究作文化学术的奠基。正因为如此，所以他说二十世纪以来，中国文化学术界“学问家凸显，思想家谈出”。也正因为如此，所以说中国现当代文化学术界堪称有思想的文化学术大家聊聊无几，而李泽厚则是其中难得一见的世界性的有思想的文化学术领军人物。我的建筑艺术及历史与理论研究的亦然，最终的指向是中国艺术及其历史与理论研究，不妨重复一次裴多芬和笛卡尔的的名言“走自己的路让人去说吧”“我思，故我在”。一个完善的中国文化学人的品格当是“志于道，据于德，依于仁，游于艺。”人生有涯而学无止境，我力所能及达到的境地是有限的，故而“风雨兼程是与非，但留足迹作诗篇。”

作为一名建筑艺术历史与理论学者，上述所涉及的我的大学所经所历仅供后学者参考。

崔勇

1963 年生，中国艺术研究院建筑艺术研究所研究员。

难忘青春年少

张　颀

都说大学能改变人的一生，对我而言，改变二字恰如其分。所以，回忆我的大学，就要从我走进大学校门之前说起。

我跨进建筑这一行当，很偶然。当然也许偶然中有必然的成分。这真不是得便宜卖乖，现在多少青年学生想学建筑还没机会呢，但我依然把我走进建筑学称之为误入“歧途”，当然，歧途是带引号的。

为什么这样说？我直到上大学之前几乎都不知道还有建筑学这样一门有意思的又能熬死人的学问。虽然我上大学之前甚至在规划部门工作过几年。1979年参加高考，成绩公布后选专业时，我曾满怀期望能实现我少年时代的梦想，现在想想当时真的很傻很天真，就是期望未来能成为一个技术革新的小能手，因此我毫不犹豫地选报了天津大学自动化专业。

当然，这是有原因的。

入学登记照片

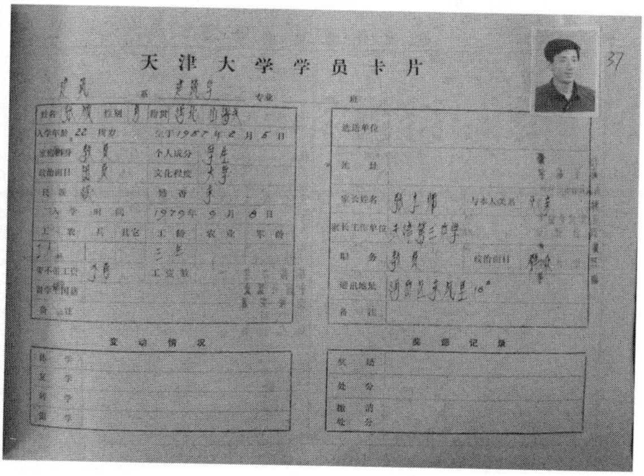

入学登记卡片

我初中三年是在1971—1974年，那时基本上到了“文革”后期。我小学二年级开始“文化大革命”，所谓十年文革，1966—1976年这十年伴随我度过小学、中学和技工学校，就是几乎大学之前的所有教育都在“文革”那十年完成的。上初中那几年，中央提出要发展生产，记得当时路边大标语写着“大搞技术革新是发展生产的重要途径”。当时，看《地道战》《地雷站》《英雄儿女》等革命电影时，正片儿前面都有“加片儿”，就是新闻简报。加片儿中有很多是展示当时技术革新的成果，我最感兴趣的是那些工业自动化生产线，虽然跟现在的产品流水线有天壤之别，但也如痴如醉。

看完电影回到家里我就总想鼓捣点儿什么，拿漆包线缠个马达装个小电风扇啦，修个水龙头或茅房水箱更不在话下，一辆破自行车拆了装装了拆，补个车胎比街边大爷慢不了多少，我甚至组装过整辆自行车（最技术的活儿是盘条和拿龙），那时幻想着中学毕业后能进工厂当一名技术工人，“大搞技术革新”。

我1974年初中毕业时，新的政策是老大可以留城不下乡，我便毫不犹豫就报了技校，感觉实现梦想的机会来了，当时最热门的是冶金局技校、化工局技校、轻工业局技校等等，但因为我的家庭出身原因排不上队，最后给我分在谁都不愿意去的规划局技校。可能没人相信，此一时彼一时，那时规划局根本没有现在这么牛气，还能给建筑师改方案？老百姓还以为规划局是种树搞绿化，或做卫生扫马路的。别说学生家长，就是当时的中学管分配的老师都不清楚规划局是干什么的，所以别人不愿意去的学校就留给我这个家庭出身不好的学生了。

两年的技校学习一晃就玩儿过去了，毕业后我被分配到规划局详细规划室。从那时起，学习正式开始，我在老工程师带领下做过两三个小区规划，学着摆房子，学着调色画图，记忆中领导的评价还不错。

工作三年后，因为当时不知哪阵风刮来，规划局开始精简机构，第一批精简了上山下乡选调回城的一批员工，我担心第二批就该轮到我们几个技校毕业的了，也正赶上国家恢复高考，于是哥几个、姐几个开始自学高中课程，准备考大学，不用你精简我们自己走，继续追求梦想去。

考大学因家在天津，当然首选天津大学。为了实现少年时的梦想，我决定报天津大学自动化专业，但不曾想“当局”不同意，领导特别有责任感，特别希望我们毕业后再回规划局，所以放下话来，要么别走，要走只能选报与规划设计相关的专业。已经考上了，必须得上不是？好在那时还是先参加考试，够录取分数线再报专业，而且天大建筑学的分数也远没有像现在这样高于其他专业，于是就学了建筑学，然后本科、硕士、留校教书这样一路走来……

1980 年 5 月于天津水上公园

其实，很多事情看似偶然，却是有着命中注定的内在关联。之所以慢慢喜欢上建筑学，可能因为技术革新是创新，建筑创作的精髓也在于创新的缘故。幸运的是，学生时代正值天大建筑复兴时期，入学第一天即亲耳聆听奠基人徐中先生教诲，至今历历在目。而后又得到诸多从坎坷中走来，却身怀绝技的恩师传道、授业、解惑，便有了中年、壮年，以至于余生都要倾注于建筑学的今天。

入学伊始，我便感觉到建筑学专业的与众不同。建筑设计初步课刚开始的仿宋字练习、爱奥尼克柱头水墨渲染相对有些枯燥，后来的水上公园茶室设计我们一下子来了兴趣，参观、游园、爬山、划船……同学们玩得不亦乐乎，这些回忆至今仍历历在目。之后每一个课程设计开始前按套路便是参观学习，毕业设计我们甚至走遍大江南北。时至今日，我每每对入学新生说，“走进天大校门，尤其是进了建筑学院，希望从明天起，你们要做一个勤奋的人，要读书、恋爱、周游世界”。古人说读万卷书行万里路，读书、恋爱、周游世界，或许就是我大学生活的真实写照。当然，那个年代我们眼中的世界，不过是祖国大地而已。

我入学的 1979 年，建筑系重新从土建系中分离出来，下设民用建筑设计、工业建筑设计、城市规划、建筑技术、建筑历史、建筑物理、美术等七个教研室。“新三届”学制为四年，在学期间除政治理论（三学年）、外语（两学年）、体育（两学年）、高等数学（一学年）以及古典文学或古汉语（一学年）等公共

1980 年 5 月合影于天津水上公园

承德棒锤山

1981 年 5 月于天津塘沽新港

课程外，其余学时全部为建筑专业课程，涵盖自然科学、社会科学与艺术等领域，内容广泛。

“文革”结束后的几年中，在建筑系领导的努力下，聂兰生、屈浩然、黄为隽等许多优秀教师先后回归天大建筑系。建筑学教育的中断使恢复高考后的所有重返教学一线的教师将积聚的满腔热情都投入到学生身上，童鹤龄先生的水彩渲染画、彭一刚先生的钢笔画、黄为隽先生的铅笔草图、王玉生老师的仿宋字、

1983 年于杭州六和塔

陈瑜老师的水粉画还有每一位设计课老师亲手改过的平、立、剖……凡此种种，不胜枚举。

四年的专业学习，已经记不清做过几个课程设计，能记住的是我们上一辈建筑系的先生们几乎都给我上过课、改过图，所谓尽得老一辈真传，但我天生愚笨又贪玩儿，专业上从未达到先生们的高度。

毋庸讳言，大学四年，印象最深刻的还是二年级暑期的古建筑测绘实习。两年前有天大建筑学院新媒体的学生记者来采访，摘录几段采访内容如下。

问：说到测绘这件事，这是天大的老传统了，大家其实也挺好奇，就是在院长您的学生时代，测绘是一番怎样的体验，您有没有印象特别深的一些事情或者感触？

答：说到我们当时的测绘，时间过去很多年了。我是 1979 年进的天大，测绘是在二年级末对吧，那就是 1981 年。想想到现在，也三十五年了。印象真的不是很深了，年头太多了。不过我们班同学，在二十周年，不记得是入学二十年还是毕业二十年的时候，还组织去过那儿，这样说来肯定是值得怀念的地方哈。

入学三十年北岳庙同学合影

那是曲阳县的北岳庙，前几天我还看到丁垚老师发了一篇整体介绍北岳庙的文章。

那个时候的测绘实习过程，应该说和现在差不多，因为天大的传统就是这样传承下来的嘛！我们也有几个带队老师，这还是印象深刻的。其中有教我们建筑历史的杨道明杨先生，杨先生讲课的风采我现在依然有印象。还有我们的班主任曹治政曹老师，他后来在天大设计院做过副院长，现在是天大规划建筑咨询有限公司负责人。另一位是我们当时的团委书记褚平老师。诶，现在慢慢想想还都能想起来了。褚平老师后来到了校团委，据说又到了团中央、到了全国工商联，是非常能干的一个老师。

我们那时候三十多个人吧，相对来讲，我觉得条件还是不错的。印象当中我们是住在曲阳县政府的招待所里边儿。那里边是一个大院子，院子里都是平房。为什么说条件不错呢，因为我们有一段时间都是在这个招待所食堂里吃饭，还是挺好的。那后来的测绘实习呢，我们学生都是吃……（记者：大锅饭）对，大锅饭嘛，学生们都是跟着那个苏师傅做啥吃啥，对吧（笑），学生们都要去帮厨，吃这个大锅饭。所以说，我们那时候的实习条件还是挺好的。

后来嘛，我记得当时北岳庙是要落架大修，所以需要比较详细准确的测绘，

毕业照

于是我们跟着施工队在北岳庙院子里临时搭建的伙房里吃饭，这样节省吃饭时间哈，我们就是在那儿吃的，那吃得可就差了。

我那时候测的是什么呢？我记得是北岳庙里面有一个大殿，它前面还有亭子，有山门。具体叫什么记不清了，因为我后来没有去搞建筑历史研究，测完就忘掉啦。

在大殿里，我负责测的是天花藻井，所以测的时候要爬到天花里面去。忘不掉的是，那时候是夏天，很热，我们每天都要从招待所走到北岳庙。然后我记得那天，就突然感觉身体不好受。那时候啊，还和现在不一样，现在都怕学生摔着，还会系个安全绳之类的。我们那时没有，就搭个架子顺着梯子往上爬，保护措施几乎没有，天还特别热，我爬到天花里边，那里面全是蝙蝠和蝙蝠粪。哎呀，那个味道一熏，我就晕了，差点就一脚踩在天花板上了，下面的人一看好像不对劲，就赶紧让我下来。我下来以后就浑身难受，倒也不是说吓的，可能这也是一个原因哈，主要是天气太不好了，于是我就回到招待所休息。

2013 年再聚北洋 1

从那时开始一直到现在，每到夏天我就会发一次烧，是毫无征兆地突然发烧，然后就靠吃那个藿香正气水，你们知道不知道那个药？夏天出去实习都要带着，很管用的。测绘那天发病我就是一下午隔两个小时吃一次，一次吃两瓶，然后盖上厚被子蒙头大睡，等到傍晚同学们下工回来我就都好了。他们就说：看！你这是在装病！

如果现在去想那时候有什么收获，我觉得除了通过测绘实习加深对中国建筑历史、建筑文化、传统建筑技术的认识之外，还有些意外的收获。我还记得那时候班里有个同学对书法特别感兴趣，他现在写的可以和书法家媲美。当时北岳庙里面有很多碑刻，像碑林一样，那个同学每天中午吃完饭不休息，就拿张宣纸坐在碑前面拓帖，测绘结束时他已经拓了厚厚的一摞，这个对他的影响非常大，而且他之后也勤加练习，后来字写得真像一个书法家了。

还有一个同学，他测的是屋顶的吻兽，每天都要爬上去坐那儿画，画得特别细致。忘记具体什么时候，天大又重新整理那时候的测稿，他的测绘草图还被保留了下来。后来这个同学去了日本、美国留学，在天大设计院也工作过，之后又在北京开了自己的设计公司。一两句难说清通过测绘究竟有什么具体收获，但感觉对后期的建筑师职业素质养成来说，应该有这样一个阶段。

2013 年再聚北洋 2

问：您当时测绘的成果有些什么要求，是纯手绘吗？

答：当然了，都是手绘的。

问：所以是不是需要特别细致？

答：对，测的时候画草图，尺寸都要记录下来。然后记得在回学校之前，我们在大殿的前面支了个桌子画图，要把仪器草图画出来，同时画的时候就会发现，有哪些地方还需要去补测。那个过程很紧张，也很艰苦，但是起的作用还是挺大的。尤其是我们当时测的是北岳庙的大殿，你想啊，一个月的时间，就天天在那儿，那种建筑的尺度，恢宏的气势，还有构图的手法，不见得印象很深刻，但是对我们就是一个启蒙的教育。虽然我现在很多细节都想不起来，但对于空间的感觉还是有印象。这些对于后来从事建筑设计应该是有潜移默化的作用的。

问：新一期的测绘马上就要开始了，您有什么想对我们这些后辈们说的吗？

答：就还是我刚才提到的吧，古建测绘教学环节，经过多年经验的积累被有效地传承下来，应该受到重视，师生也应该严格按照实习计划完成测绘教学任务。就像我刚才讲的，现在参加古建筑测绘不见得你将来就要从事建筑历史研究。天大建筑的培养目标是卓越的设计领军人才，主要还是优秀的建筑师，那和古建测绘有什么关系呢？这就是在测绘的过程中，加深对历史的认知、对传统空间的

天津大学建筑系系领导 · 学生会干部合影留念

体验和对传统建筑技术的理解。

挖掘一下，在我的一个可以算作作品的建筑设计里，现在想想会不会就是深受测绘实习的影响呢？因为当时测绘北岳庙大殿，我们每天测完就坐在大殿月台的大台阶上完善测绘草图，而在我的设计里，沿着建筑的主轴线就有一个直上三层的大台阶，用它去营造建筑与城市空间的关系。这个建筑是一个艺术的殿堂，和我们测绘的那个大殿，莫名地在我的设计构思里产生了一种关联。这么说可能有些牵强，但当时对于北岳庙大殿室内外空间的印象可能已经融化在血液里了，如果现在非得让我说测的大殿是个什么形制，说实话真的都忘了。

北岳庙现在也成为了全国文保单位了，它可能从唐宋元明清到当代都有过大修。我们当时也是因为北岳庙要落架大修而去测绘的，所以我们当时的测绘可以说非常重要，之前可能都没有过这样详细的测绘。这些年北岳庙也在持续地进行维修，那么维修的依据是否也是我们当时的测绘成果呢？所以说我们的测绘对于它成为国家文物保护单位，是做出了贡献的，我们都感到很自豪。

当然，入学三十年之际我们去故地重游，感触最深的还是曾在那个地方留下了我们年轻的足迹。

大学四年，我担任过班长和学生会主席，因为在同学中我的年龄大一些，被称作大哥，便有些被惯坏。当然肯定是尽心尽力地组织各种活动。那时建筑系党团工作只设一名党支部书记和一位秘书老师，学生工作几乎是学生会包揽，包括各种文体活动甚至一些学生思想工作，虽耽误了一些专业学习但也锻炼了组织协调能力。

1983 年本科毕业后又读了硕士研究生，导师是屈浩然先生。那两年多的时间跟随恩师进行高层建筑垂直交通方面的调查研究，最重要的是完成了从建筑学子到建筑师的启蒙，继而学着教了三四年书，又漂洋过海到日本神户大学攻读博士学位，1996 年再回到天大建筑系效力。我的大学是难忘的。难忘那时今宵，难忘恣意欢笑，难忘师恩如山，难忘青春年少。

张颀

1957 年生，天津大学建筑学院院长、教授、博士生导师，全国高等学校建筑学科专业指导委员会副主任委员。

桃李承露　师恩难忘

周　恺

1982 年二年级

我本不是一个善于表达情感的人，虽然过往的人和事都深植心里，但因自己的性格使然，再加上没有合适的场合与机会，很难得以表达。

近日，金磊主编专程来到我的工作室，告诉我他正在策划编辑《建筑师的大学》一书，想请我讲讲大学时的往事。虽然手中项目繁多，终日忙碌，我还是欣然应允，因为心中确有对我的恩师们、同窗们的真挚情感，更怀有对我的母校——天津大学持续至今的炽热深情。我在天大求学，继而在天大任教，后来组建华汇设计在外多年。近年受母校邀请担任天大建筑学院教授和博士生导师。今年恰逢天津大学建筑学院成立八十年华诞，谨以此文作为对她的祝福与纪念。

我的恩师

从 1981 年至 1988 年，我在天津大学度过了七年的大学时光，在人生最重要的成长阶段，我很幸运遇到了一批很好的老师，他们的无私敬业，他们的严谨求实，他们的倾心雕琢与培育给我的职业生涯奠定了扎实的基础。

1985 年国家第一年实行保送研究生政策，我有幸成为其中一员，师从彭一刚先生，继续在天津大学深造学习。

虽然没有亲聆天大建筑系创始人徐中先生的教诲，但他对现代建筑的精辟

1985 年毕业前

1988 年留校任教

见解以及倡导的严谨学风，经过一代代优秀的教师传承至今。

当时彭先生、聂兰生先生成立了研究室，后来邹德侬先生加入其中，三位先生各有所长、各具风格，在理论、实践中对我的教诲也是受益匪浅。

彭一刚先生是我从事建筑理论和设计研究的人生导师。他对我言传身教，一丝不苟，严格要求。他经常教导我们在中国做设计要注意传统与现代的结合，当时他已是学部委员（也就是现在院士的前身），但永远都比我们早出现在研究室里，让我们这些晚辈自叹不如。

聂先生是个多才而亲和的人，她就像家长般对我们关怀备至。她曾经在设计院工作，她大气而优雅的设计风格以及丰富的工程实践经验使我们在理论学习之外大受补益。

当年的物质生活非常简朴，老师待我却亲如家人。记得一次彭先生与师母留我在他家吃饭，我们三人边吃边聊，那种温馨和关爱至今难忘。

彭先生爱才惜才，始终把我当作自己的孩子一般，以至于我后来惜别学校自己创业，他倍感失落，多次联系我希望我回校继续教书，生怕耽误了我的前程。不过在得知我离校到工程实践中锤炼的想法，他认为也有道理，便心宽了许多。

后来，我慢慢做出了一些成绩，有了一些还过得去的作品，彭先生马上给我打电话鼓励，并嘱咐我要多总结，尤其要多写文章，多出版学术著作。即便现在，彭先生虽然自己年事已高，仍还常常询问我的工作生活情况，叮嘱我注意身体，真的就跟家人一样关怀备至，感情特别深厚。

除此之外，我也忘不了在天大学习和留校任教期间，许许多多老师给予我各个方面的殷切关怀与真诚帮助。例如本科学习期间曾经教授过我们的童鹤龄先生、冯建逵先生、何广麟先生、胡德君先生、屈浩然先生、张文忠先生、章又新先生、黄为隽先生、周祖奭先生、王福义先生、张敕先生、方咸孚先生、王育生先生、沈天行先生、王淑纯先生、荆其敏先生、魏挹澧先生、肖敦余先生、王乃香先生等。他们自身优秀的专业素养和近乎严苛的教学要求，让我终身受益。许多往事历历在目，记得童鹤龄先生，连削铅笔这种小事都严格训练，学生铅笔削得不标准，都会被他要求重削。正是这样的严格要求、谆谆引导，才使我们慢慢步入了建筑设计的美妙世界，并逐渐对它痴迷。

幸运的是，在大学期间我们不仅接受了系统的建筑设计理论学习，更在老师们的带领下提前接受了设计实践的锻炼，印象最深的有两件事。

大学三年级时我们参加了烟台开发区总体规划，这也是我最早接触的大尺度城市设计项目，是一个真要实施的工程。在肖敦余先生的指导下，我们画了大量的方案设计图纸。做完这个设计，我和肖宇成两个人，从四年级开始就不再跟班学习设计课程，而是跟随老师参与真刀真枪的工程设计实践。

后来，读研期间我随彭先生、聂先生与浙江省院的唐葆亨总建筑师联合承担浙江新沙岛规划与设计，虽然后来没有实施，但创作过程十分难忘。三位先生带着我们去当地调研，让我对乡土建筑有了具体而深刻的印象。后来，我就是以这个项目完成了毕业论文，除了写作之外，还画出整整一本一百多幅钢笔画图纸。

这些早年的学习经历和实际操作技能为我日后做设计以及创建设计事务所，坚持“建造”的理念打下了基础。

1981 年于天大学生宿舍 326 室

我的同学

大学期间，和我最亲近的就是同宿舍的同学了。当时宿舍条件不好，七人一间，四张上下铺，其中一张空床放行李。同宿舍的室友是张杰、朱建飞、刘恒谦、肖宇澄、王洪、赵建英。这几位个性鲜明，各有所长，大家济济一堂，在学业上相互促进，生活中互相关爱，共同度过了快乐而充实的大学时光。现在虽然每个人的执业领域不同，但都展示着各自的风采。张杰在文化遗产保护利用领域建树颇丰，现任教于清华大学；朱建飞与张杰当年都是公派英国留学，朱建飞理论研究很深，现在墨尔本大学任教授；王宏是当年江西省高考状元，毕业后在清华读研后出国深造，现在清华大学经管系任教，在所研究的领域卓有成效；肖宇成和我一同被保送读研，他现在天大教书，是个思路独特，常常另辟蹊径的怪才，他的教学深受学生欢迎。

记得当年我们经常探讨专业，画完图一起聊聊，说说各自的见解，气氛很融洽。那个年代没有现在这么好的学习条件，国内外的学习参考资料都不多，学生手中也没有照相机，系里也没有扫描仪，我和同学就去翻看学校的过刊找到有价值的图都靠手抄记录，反而练就了天大学子扎实的功底。

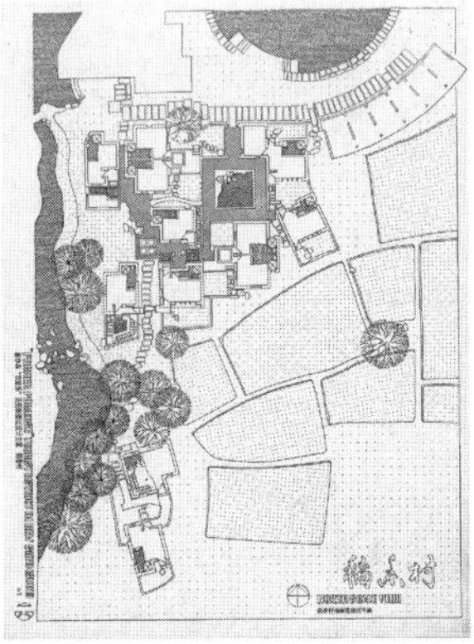

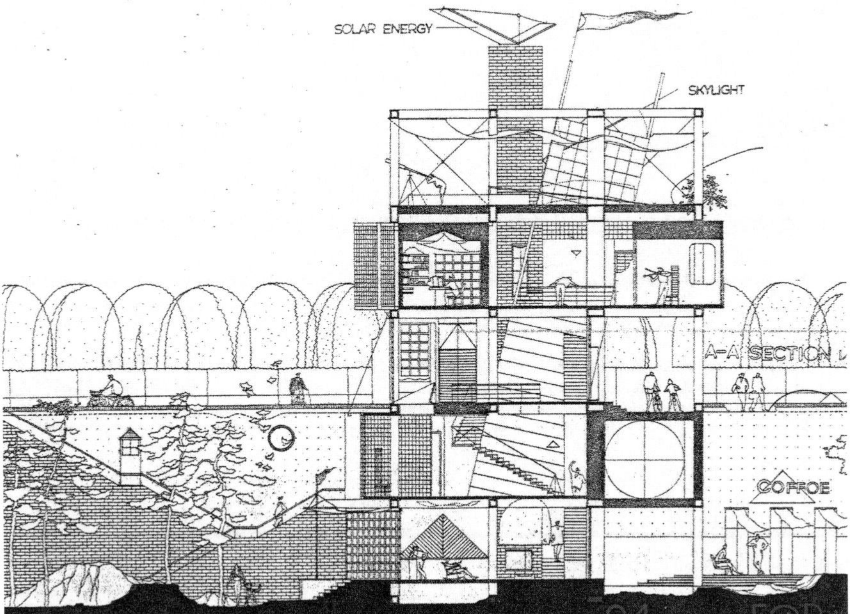

大学时期手绘作品

1989 年参加日本设计竞赛的获奖方案

当时设计竞赛是一件新鲜事物，对学生具有很强的吸引力。印象最深的是从外刊上得知张永和参加日本竞赛获奖，对我们激励很大，此后我们就一直找机会参加竞赛。终于大二时我和同学们有机会报名参加了一个全国的“住宅家具设计竞赛”。初生牛犊不怕虎，我们仅凭感觉做了设计，最后获得了第三名。记得奖金仅仅 40 元钱，我们拿到后立刻上街买了图纸、马克笔，非常开心。随后我又获得过两次日本国际竞赛的奖项。

因为家在天津，所以我没有天天住校，错过了许多与室友相处的宝贵时光，这也是我在大学时期的一大遗憾，如果时光可以倒流，我宁愿天天泡在宿舍里，和兄弟们朝夕相伴。

除了同年级同学外，高班同学对我们的学业帮助也很大，尤其是 1977 级和 1979 级的学长们。我们那时候高班低班在一起上课，大家也都相互认识。崔愷、覃力比我高四班，他们是 1977 级，我是 1981 级。刘燕辉总和崔院士当年是同班同学，毕业后也曾留校任教。我和同学们经常去看高班同学的作品展，对自己学业帮助很大。1979 级的张颀、孟令强、王兴田、张弛在学习阶段更是频频获奖，给我极大的鞭策和鼓励。

我一直认为，自己是一个幸运儿，并未刻意追求结果，却得到不少“意外收获”。我是个“散漫而慢热”的人，似乎所有的事情都是在乐趣中完成的，脑子里想得最多的就是搞设计。这样的我，大学生活本应是封闭、单调，缺乏乐趣的。可是天津大学给了我家一般的温暖，来自师长们的培育如阳光雨露滋养了我的生命。他们无私的奉献和付出令我终身难忘。老师们的谆谆教导和殷切希望始终鼓舞着我在设计道路上继续前行。

周恺

1962 年生，全国工程勘察设计大师，天津华汇工程建筑设计有限公司总建筑师，天津大学建筑学院教授、博士生导师。第八届梁思成奖获得者。

品读我们的大学故事

金　磊

从 2013 年 7 月建筑学编审杨永生辞世周年，本人动意编《建筑师的童年》到 2014 年该书出版，我一直以为建筑师写童年是以超然之境培育为人的笃实之悟；进一步 2016 年再推出的《建筑师的自白》，便发出了 51 位建筑师的广义文化普惠之声；始于 2016 年末的策划又历时 10 个月问世的《建筑师的大学》，用 59 位业界人士的大学感言，不仅坦言时代变迁，更书写建筑责任与大学教育，道出亦苍茫、亦苦涩、亦难忘、亦自由的校园内外的故事。对这建筑师的"第三部曲"，我的策划书写是于 2017 年农历丁酉年前夕发出的，当时曾这样表述：

风雨如晦，无碍大匠营国，何妨闻鸣起舞；

鸡鸣不已，以励济民兴业，以待复旦清原。

对于成就的建筑大家是需要解读他们是何以知行合一、建言践行；建筑师何以能用智慧之光为城市设计服务；建筑师何以理解文化传承且历久弥新地展示创作；又是如何群贤毕至、星光灿烂地成为建筑大家的，等等，哪样离得开大学阶段校园的熏陶。无论建筑教育理想的旭日之升，还是皓月之恒，任何在建筑艺术与建筑科技上有"出位之思"的建筑师都有一段难忘的建筑专业教育的经历。

2017 年是中国 1952 年实行高考、1966 年废止、1977 年 10 月 21 日宣布恢复的 40 周年纪念；同时也是 1952 年全国院系调整 65 周年纪念，以建筑师的大学生涯为基讲述不同历史阶段的"故事"，极有鉴史创新、朴风雅韵之意。无论从中华人民共和国成立前后至 1977 年恢复高考迄今，用回溯之笔写就历程有特殊的岁月留痕之意，是萌芽、绽放、成熟的时间穿梭；是教育定位、律动、

2014 年 5 月第一版《建筑师的童年》，中国建筑工业出版社

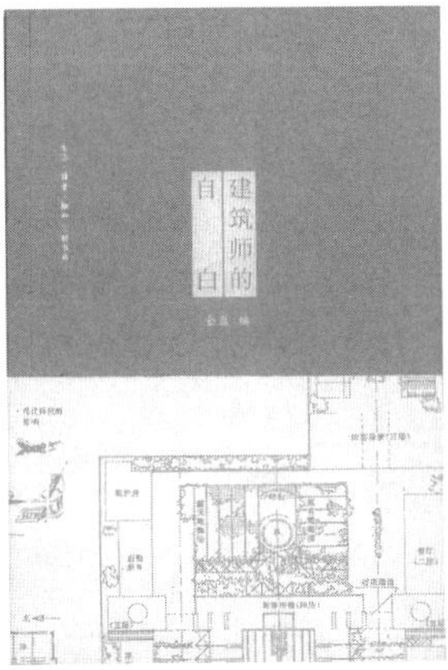

2016 年 5 月第一版《建筑师的自白》，生活 · 读书 · 新知三联书店

发展的空间穿越；更是发现从传承到创新的搏击。无论是高校建筑教育实践的当代性，无论是过去还是现在校园教育给出怎样的阅读“书单”，写就这段历程本身就是一个珍贵的“遗产史”；是中国建筑教育不可缺失的活生生的“年代史”；它也能丈量出中国建筑前进的脚步，成为大学、建筑与建筑史，筑牢思想阵地的硕果。

一、2017 年，何以是特殊年份

时光总是在不经意间悄悄流过，或许只有记忆还能唱起年少的歌，带着我们去寻觅那铭感不忘的光影岁月。因为每一个过去的时日，都有我们要致敬的青春。1952 年的院系调整，1977 年恢复高考，我相信，从如今已经 60~90 岁的历经者，都会为高考的私人故事永远感到富有魅力，因为若从一己角度说，它或许改变了个人原先几乎铁定的黯淡命运和人生之路。虽然 40 年前高考恢复要从 1977 年算起，但 1977 级、1978 级、1979 级，几乎成为同一个辞，是一个时代的象征，恢复高考只是回到常识与传统，但在当时却是从疯狂走向正常、从禁锢走向开放、从停止走向流动的关键步骤。当年青年学子们的价值体系在开放和

从天津市建筑设计院“汽车维修班”走出的大学生贾超、笔者、崔大成，摄于 1978 年 9 月

保守中缓慢建立。命运也许只敲一次门，它来得如此急促，它召唤那些有准备、有信念的人。1977 年有 27.8 万人、1978 年有 40.2 万人、1979 年有 28 万人成为被选中者，那三届全国高等教育毛入学率不到 1%（如今已超过 40%）。可见，只有具备独立之精神、理性之思维，才可真正地登堂入室。无论对文理专业的学生而言，大学培养的是精神、思想、气质、眼界与方法，绝不仅仅是传授某方面知识，切不可以同中学那样听课、做笔记，记忆知识，这是历史的经验，更是一介书生该懂得的人文历史的真谛。

2017 年除了是 1977 级进校 40 周年，还有中国一种很独特的历史现象。1917 年 1 月 4 日，蔡元培赴北京大学正式出任校长一职，这一年掀起了百年前的海归潮，新的北大崭露头角，庚子赔款留美学生及留日学生踏上回国的路程，一大批 30 岁左右的青年直接被聘为教授或系主任，中国的教育精神面貌一夜之间变年轻了。于是乎我联想到，学必悟，悟能生慧之理。纵览中外古今，自有文字与印刷术起，任何人都有读书上学的经历，但读书上学的结果判若霄壤。民国有文曾写道“以读书混文凭的人，不是读书人；以读书混官做的人，不是读书人；以读书为时髦为装饰品的人，更不是读书人”。清朝文人张潮在《幽梦影》中道出了读书学习的真谛“少年读书如隙中窥月，中年读书如庭中望月，老年读书如台中玩月，皆以阅历之浅深，为所得之浅深耳”。他以“窥”“望”“玩”三个字表述读书学习的态度，反映了不同年龄人的读书心境。无论是百年前的海归，还是中国历经的一代代学子，读书学习的目标不该是仅为了懂，而是为了“通”，悟性与“通”是区别读书优劣的标志。悟性可学但却难以教授，悟性是反复揣摩，靠内省、反思、渐悟、顿悟来获取智慧的，渐悟是逐渐的、顿悟是突发的灵动，是创造性的闪念，学会读书的“通”境界才是读书人的真正目标。

二、大学精神遗产，何以比高考更重要

其实这本《建筑师的大学》无意将中国各个历史时期，建筑界英才的高考故事赋予太多成功学的意味，不少第一次未考取清华大学、天津大学建筑学等名校名系的人，不也从普通工学院修成期满，成为国家建筑设计的栋梁之才吗？高考的成功不仅有时代的烙印还有个人的局限性。人生的每一步都锚定着后世的痕迹，若要从高考经历中找到哪些价值，那我认为，面对个人条件禀赋的不同，未来的成功与希冀往往是面向那些未必是“状元”，但会“调理气血”，不断激发强劲活力的后来者，因为他们懂得成功路上必经的荆棘路。我之所以说，比高考更重要的是大学精神，这不仅仅指大学本身的价值，更指一个为置身其中，有感悟的学子的执着抉择，面对由高考到大学的驿站，作为一介学子（无论学理学文），重在是否从容地修炼出自身内在的美善；面对各种“丰盛”，可否做到懂积淀简约般殷实的生活；在快节奏构建的嚣尘与浮躁中，可否淘洗纯粹安静的学习之心；在保持对校园与社会世情的尊重中，是否培育起面对大千世界经营世故的能力，这并非纵容对世俗的沉溺，而是青年学子在对未来的好奇中，也要感悟到大学精神的力量。

发达国家大学倡导的精神是平等和自由，在中国有着悠久的教育传统和优秀的教育思想中，《大学》就是传统教育思想的集大成者。人们可从一所所大学的精神中清晰地看到它的理想目标、精神信念、价值取向并感受到它的理性之光；从历史文化的视角，大学之道是通过长期的历史积淀、凝聚发展而来，是特定群体价值认同的产物。从源头讲，无论大学的组织和形态如何变化，大学都是“文化人”之所，是“明德亲民，止于至善”的教化之地。从此意义上讲，每个国度的文化自信从本质上离不开自身可贵的大学精神。

英国剑桥很能代表西方大学精神，因为培根、牛顿和达尔文是从剑桥走出的，大学校舍建筑场域与大学精神有某种神秘的、潜在的因果关系，没有那里独特校舍空间接纳和安顿，剑桥的精英便无法生成，它的建筑以一种特有的语言滋养、熏陶和潜移默化了一批伟人。

美国的世界名校居多，1890 年创立的芝加哥大学是美国高等教育的后来者，但它已是世界排名前 10 的研究型大学，它既是科学前沿的生长点，也是新发现的高产地。其大学精神体现在学术上，打破以往的学科隔阂，集群式优化学术资源，搭建综合平台以开展多学科参与的研究，尤其聚焦于学术前沿及重大发展问题，有效地促进了学科的交叉融合，培养创新能力人才。

清华大学的校训与精神是“天行健，君子以自强不息；地势坤，君子以厚德载物”，但也许不少走进清华，向往清华的学子并不知晓，这造就精英人杰的圣堂，也是记载 1900 年八国联军侵华，迫于 9 月签订丧权辱国《辛丑条约》，后由中国交涉“退款办学”第一功臣梁诚（1864—1917）经数年交涉赢得的清华建校的契机。所以，清华大学也有“国耻纪念碑”之称。从 1909 年 8 月至 1911 年 6 月，游美学务处先后招送了三批共 180 位 20 岁以下青少年赴美留学，建筑学有庄俊、罗邦杰等；1895 年中国近代第一所大学——北洋西学学堂（天津大学）诞生。从历史角度看，华夏早有学堂制度，古有岳麓、白鹿洞、睢阳、嵩阳四大书院，近有广方言馆、同文馆、天津水师学堂等，但它们均不是现代意义上的大学。茅以升（1896—1989）1983 年手书校训“实事求是”成为天津大学的精神象征。中外大学给我们留下其实最深的莫过于，大学的“名气”是靠精神得来的，需要办学者超出一时一地乃至超出自己这代人的长远眼光得来的。办大学、

初入学时的笔者，1978 年

毕业前夕的笔者，1982 年

育人才本质上是传承并守护文明，相比之下，它远远超过其他任何时代之需求。沐浴校园人文气息的大学，绝不只是红砖绿瓦、湖光塔影的景象，更应是格物致知、明德至善的人文精神，缺少内在文化的培育及养成，则无疑是买椟还珠；若开放大学校园旨在让文化气息感染公众，让公共资源惠及社会。高校是人文精神的高地，是一个社会或城市文化活动的甘泉，大学最可体现城市与社会的精神。

顾嘉福等著的《傲然风骨——大学里的老建筑》一书（中西书店 2013 年第一版），独辟蹊径地以大学老建筑为对象，展示了众多建造于 19 世纪末至 20 世纪中的老校舍。这些建筑反映出中西合璧、洋为中用的时代特色，其建筑风格多是西方古典主义或改良主义、折中主义作品，也有与中国传统结合极佳的项目。经过历史的变迁、岁月的筛选，它们远超越那些当代所谓的“玻璃盒子”，堪称中国 20 世纪建筑的瑰宝。本书许多作者文章都流露出对老校舍的珍爱，因为在这里他们度过了难忘的青春岁月，留下了他们璀璨人生的美好记忆，更因为不少建筑物大多是那些年代优秀建筑师的作品，老校园的恢宏大度、老建筑的精益求精，何不让莘莘学子怦然心动。

这些感悟人生的高校建筑当年的设计者，或许并不想在艺术史和博物馆中建树自己的牌位，但他们不经意间却左右着建筑文化的潮流和志趣。这些建筑不仅属于高校，更属于主流社会与设计界，属于为乏味的当代城市生活与建筑教育贡献出美与奇迹的建筑师们。但值得注意的是，高校建筑教育遗产的保护工作，是需要整个民族着力完成好的事业，一个传统教育大国，不能只靠“纸上斑驳的文字”说话。为此我们可发问：在一个人类聚集的地方，当你看不到500年前的影子，看不到100年前的影子，甚至连50年前的影子都找不到时，你会不会感到恐慌？据《光明日报》披露，辽宁39处孔庙百年后仅剩一处。事实上，离当代越近的遗产反而消失越快。

三、《建筑师的大学》，何以感怀最深的是学术蒙师

在《建筑师的大学》一书中有近一半以上的文稿是必提及恩师的。“师者，所以传道授业解惑也。”授业传心，亦师亦友几乎成为大多作者忆恩师的共同心声。面对时光的涵泳，岁月的沉潜，我们从恩师身上感恩世界之美好，体会待人之真切，慢慢地感悟师长优雅的面容随岁月雕刻的容颜。从现在的视点，重温那些碎片化的记忆，对每位作者来说，是一次百感交集的心灵之旅。虽然不少作者回望的目光紧扣那年那日校园事件及命运，但通过一个个际遇又辐射出社会历史舞台的风云，恰恰因为有校园叙事及亲缘叙事的精心绘制就很耐读。

在中国五六十年代的艰辛中，老一辈作者以宽厚之心直面了不少不解与苦难，显示出苍凉和静穆的勇气与风格；在“新三届”（1977、1978、1979级），他们作为与改革开放同呼吸共命运的一代，是最肯吃苦、自觉反思求索的一代。读书求学对每人而言，无论今日如何有成就，他内心深处一定蒙拜着助他学业有成的恩师，也无论师长曾是娓娓解惑，还是疾言厉色，学子记忆最深的莫过于蒙师的学人风骨与鲜明个性，最敬佩那些有真学问，而绝不是随人俯仰的“乡愿”之态。

《建筑师的大学》之所以荟萃了感人的故事，是因为它们是带着温度的书稿。老一辈建筑师的青春岁月不必多述，他们都有情有义地讲述着那些有岁月坚硬与精神传承的人和事：有以道自任文化担当的表述；有表露出真挚淳厚的师生情之温暖，既可看到先师潇洒风神的描摹，也体悟到他们一生坎坷且传奇的人格魅力。说到与我同龄的“新三届”（本人是1978级），他们更有追忆似水年华般的叙

述方式，在那些特殊的年代，他们先为知青或工人，血液里浸透大地与社会的基因；一旦有了读书学习机会，心中的常怀报国情就迸发出来，就能做到如饥似渴地学习和自觉地发奋。

《建筑师的大学》之所以能够成书还必须感恩所有参与撰稿的建筑学人们，因为任何有价值的策划与主编都仅仅是第一步，真的需要那些有感就忙碌的建筑师们放下手中设计研究项目，对过往来一个求索。2015 年笔者结合张锦秋、程泰宁、郑时龄、戴复东四位院士在中国建筑工业出版社出版的《建筑院士访谈录》一书，在《建筑师》杂志总第 175 期发表《填补中国当代建筑文化底气的“标杆”之作》的书评，意在表达中国应启动的 20 世纪建筑师文化的“抢救工程”的特殊行动；2017 年 3 月，王育老师带来两院院士吴良镛著《中国工程院院士传记——良镛求索》一书，扉页有吴先生给我的工整的小楷签名及印章。虽然，在此之前马国馨院士提醒我，吴院士在该书中有大学求学章节，我也亲自向吴院士讨教此文，但毕竟未得到这些段落，拿到书后便认真先拜读了其中两节：其一“在重庆中央大学学习”（P19-P25），其二“匡溪艺术学院的学习与生活”（P48-P62）。它留给我的感受和求索是：大学、恩师永远是我们心中的那块高地。时间越恒久，就会愈感到这是一笔财富，是一种比较优势，更应成为一种必须崇尚的使命。有人说，对国家、对行业命运的操心可能是中国知识分子（或称公共知识分子）特有的爱国情怀，那我更以为聚行业出色建筑师众人之力写尊师以及受教育的文字，不仅是对个人内心的交代，更是一份自我提醒与修炼，是对中国建筑界的一种责任。

《建筑师的大学》之所以顺利面世，不能不提我们的《中国建筑文化遗产》《建筑评论》编辑部团队，在《建筑传播论——我的学思片段》中，我称他们为“元老”。事实上，编辑部主编助理苗淼除担当该书全部文稿收集外，还至少三次以不同形式向建筑师作者催稿，协助我完成每文的从文字到题目的确定；副主编李沉、编辑部主任朱有恒、编辑部副主任董晨曦除帮助整理来稿配图外，还初排了版式，这些无疑都支撑着该书的顺利出版。殷力欣先生、舒莺女士、季也清女士等对该书也有贡献。我尤其要感谢中国建筑学会理事长修龙先生，他欣然为《建筑师的大学》作序，他指出“《建筑师的大学》《建筑师的大学》

《建筑师的自白》可以称为建筑师成长‘三部曲’，鲜活生动地复原了中国建筑学的近代史……”，这不仅是对该书的高度评介，也是对一介中国建筑学人推动建筑文化的肯定。还需要说明的是费麟总的《水木清华建筑像——十书清华园》因出版原因，题目改为《水木清华建筑像——九说清华园》，特此向费总致歉。

回眸自 2014 年至今用四载时光，汇集的超过 150 人次的建筑师小传的“三部曲”，我还是要感谢建筑师前辈与朋友们，感谢他们奉献出的亦童年、亦自白、亦大学的真诚，它们不仅可滋养建筑界，更可滋养公共社会生活，是有恒久文化之力的“精神灯塔”，它会使每位执着的读者找寻到心灵依旧之感，找寻到宁静与励志之路。在此我感到做了一件对设计行业发展有益的“实事”。

《中国建筑文化遗产》《建筑评论》主编

中国建筑学会建筑摄影专业委员会会长

2017 年 7 月 28 日